ITALIAN AND ENGLISH IDIOMS

2nd Edition

ESPRESSIONI IDIOMATICHE ITALIANE E INGLESI

Seconda Edizione

Daniela Gobetti
Dottoressa in Lettere e Filosofia
University of Turin

Robert A. Hall, Jr.
Professor Emeritus of Linguistics and Italian
Cornell University

Frances Adkins Hall
Former Staff Member, Council for American Studies
Rome, Italy

and

Susan Z. Garau
Dottoressa in Lingue Moderne
University of Rome

All inquiries should be addressed to:
Barron's Educational Series, Inc.
250 Wireless Boulevard
Hauppauge, New York 11788

Library of Congress Catalog Card No. 95-83272

ISBN-13: 978-0-8120-9030-7
ISBN-10: 0-8120-9030-6

PRINTED IN THE UNITED STATES OF AMERICA
15 14 13 12 11

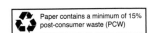

Paper contains a minimum of 15%
post-consumer waste (PCW)

SOMMARIO DELLE MATERIE

CONTENTS

PARTE I
ITALIANO-INGLESE

PART I
ITALIAN-ENGLISH

Prefazione alla prima edizione

Questo volume è indirizzato primariamente a due gruppi di persone: parlanti inglesi con un interesse nella lingua e cultura italiana, e parlanti italiani con un simile interesse nella lingua inglese. È indicato in particolare come testo di consultazione per gli studenti di entrambe le lingue che hanno già una discreta conoscenza della lingua, ma che a volte si imbattono in frasi sconosciute nelle loro letture e conversazioni; ma potrà anche essere una fonte di conoscenza della lingua e della cultura se verrà sfogliato prestando attenzione a temi e parole ricorrenti, che sono indice di valori, evvenimenti importanti, tradizioni nazionali.

Sia l'inglese che l'italiano contengono più di 2000 modi di dire, che appaiono in ordine alfabetico secondo la loro parola chiave. Ogni modo di dire si presenta in quattro parti: primo, il modo di dire in neretto, seguito dalla sua traduzione nell'altra lingua, in corsivo; terzo, una frase che esemplifica il suo uso in contesto, e quarto, la traduzione nella frase nell'altra lingua, in corsivo. Per l'inglese, sono stati adottati idiomi in uso nel Nord America; per l'italiano, si considera solamente la lingua standard. In entrambe le lingue, la scelta è caduta sui modi di dire più comuni e di uso corrente piuttosto che su espressioni di uso regionale o dialettale. Espressioni non-standard, volgari, antiquate, o rare non sono incluse. Per "modo di dire" si intende una frase di due o più parole il cui significato potrebbe essere non chiaro per lo studente, oppure diverso se tradotto parola per parola.

Le fonti consultate per il presente volume includono dizionari americani, inglesi ed italiani; dizionari bilingui inglese-italiano e italiano-inglese; dizionari di modi di dire; giornali e riviste, conferenze, TV, radio; e conversazioni amichevoli in entrambe le lingue.

In conclusione, desidero ringraziare i molti amici che mi hanno entusiasticamente assistita in questo lavoro, ma soprattutto ricordare la fu Frances Adkins Hall, che è stata un'organizzatrice meravigliosa e una collega di rara bravura ed efficienza e che ha iniziato e ispirato questo volume; e in ultimo Maria Grazia Calasso e Piero Garau, per il loro aiuto, i suggerimenti ed il tempo prezioso speso durante la preparazione di questo testo.

Robert A. Hall, Jr.
Frances Adkins Hall
Suzan Z. Garau

Prefazione alla seconda edizione

La seconda edizione di 2001, che esce a quindici anni di distanza dalla prima, mira ad offrire ai lettori una versione aggiornata e più ampia delle espressioni idiomatiche italiane e americane. Sono state eliminate espressioni non più di uso corrente e ne sono state aggiunte altre, che erano state omesse nella prima edizione per ragioni di spazio, o che sono state coniate in questi anni. Si è cercato di offrire agli studenti ed ai parlanti dell'italiano e dell'inglese uno strumento aderente al linguaggio scritto e parlato della vita di tutti i giorni.

Daniela Gobetti

Espressioni idiomatiche italiane (Italian idioms)

ABC — *ABC*

non sapere l'ABC — *not to know the first thing about.*
Non sa nemmeno l'ABC del suo nuovo lavoro. *He doesn't know the first thing about his new job.*

---

abito — *suit*

L'abito non fa il monaco. *It's not the cowl that makes the monk.*

---

acca — *the letter H*

non capirci un'acca — *not to understand a thing.*
Che cosa dici? Non ci capisco un'acca. *What are you saying? I don't understand a thing.*

---

accadere — *to happen*

Accada quel che accada. *Come what may. (Let the chips fall where they may.)*

---

accetta — *hatchet*

tagliato con l'accetta — *uncouth.*
È tagliato con l'accetta, ma è un uomo generoso e onesto. *He's uncouth, but he's a generous, honest man.*

---

accidente — *accident*

mandare degli accidenti a qualcuno — *to curse someone out.*
Quando i documenti che mi avevi promesso non sono arrivati, ti ho mandato tanti di quegli accidenti! *When the papers you had promised did not arrive, I cursed you out.*

un accidente — *not a damned thing.*
Non si vedeva un accidente. *One couldn't see a damned thing.*

---

accordo — *accord*

andare d'accordo — *(1) to get along.*

I bambini vanno d'accordo e giocano bene insieme. *The children get along and play well together.*

(2) to hit it off.

Siamo andati subito d'accordo con Matteo. *We hit it off with Matthew right away.*

essere d'accordo — *to agree with.*

Sono d'accordo con te. *I agree with you.*

---

acqua — *water*

Acqua! — *You're cold! (in children's games)*

Acqua! Acqua! Sei ancora lontano. Fuoco! L'hai trovato, finalmente. *You're cold, you're cold! You're still far away. You're hot! You finally found it.*

acqua cheta — *a sly one.*

Sta' in guardia! È un'acqua cheta e potrebbe farti del male. *Watch it! He's a sly one, and could be harmful to you.*

L'acqua cheta rovina i ponti. *Still waters run deep.*

Acqua in bocca! *Mum's the word!*

acqua passata — *water under the bridge.*

Abbiamo litigato, ma è tutta acqua passata. *We quarreled, but now it's all water under the bridge.*

Acqua passata non macina più. *Let bygones be bygones.*

agitare le acque — *to make waves.*

Non agitare le acque parlando di quell'affare a tuo padre. *Don't make waves by reminding your father of that deal.*

all'acqua di rose — *milk and water.*

Sono radicali all'acqua di rose. *They're milk and water radicals.*

all'acqua e sapone — *a simple type.*

Potrebbe permettersi grandi sarti e parrucchieri, ma è un tipo all'acqua e sapone. *She could afford great designers and hairdressers, but she's a simple type.*

avere l'acqua alla gola — *to be in a fix.*

Ho l'acqua alla gola perchè devo consegnare il progetto entro sabato. *I'm in a fix because I have to turn the project in by Saturday.*

della più bell'acqua — *arrant.*

Suo fratello è un furfante della più bell'acqua. *His brother is an arrant scoundrel.*

fare acqua — *to be very shaky.*

La sua teoria fa acqua da tutte le parti. *His theory is very shaky.*

gettare acqua sul fuoco — *to pour oil on troubled waters.*

Gli ha parlato con dolcezza e si è calmato: questo sì che si chiama gettare acqua sul fuoco. *He spoke to him sweetly and he calmed down: that's what pouring oil on troubled waters means.*

intorbidare le acque — *to stir up trouble.*

Lui racconta sempre un sacco di fandonie, perchè si diverte ad intorbidare le acque. *He's always telling a lot of lies because he likes to stir up trouble.*

Lasciar correre l'acqua per la sua china. *Let matters take their own course.*

lavorare sott'acqua — *to do something underhanded.*

Credo che lavori sott'acqua, ma non ne ho la prova. *I think he's doing something underhanded, but I don't have the proof.*

navigare in cattive acque — *to fall on hard times.*

Da quando il loro padre è stato licenziato, navigano in cattive acque. *Since their father lost his job, they've fallen on hard times.*

pestare l'acqua nel mortaio — *to beat the air (to spin one's wheels).*

Credeva di darci una mano, ma in verità pestava l'acqua nel mortaio. *He thought he was giving a hand, but he was really just beating the air.*

portare l'acqua al mare — *to carry coals to Newcastle.*

Quando si mise in testa di esportare la sua birra in Germania tutti gli dissero che era un po' come portare l'acqua al mare. *When he got the idea of exporting his beer to Germany, everyone told him it was a little like carrying coals to Newcastle.*

quando si siano calmate le acque — *when the dust clears (settles).*

Quando si siano calmate le acque potremo riparlare del nuovo libro di testo. *When the dust settles, we'll talk about the new textbook again.*

scoprire l'acqua calda — *to discover the wheel.*

Si capisce che tutti quei negozi chiuderanno se aprono un supermercato. Hai scoperto l'acqua calda! *Of course all those stores will close down if they open a supermarket. You've just discovered the wheel!*

tenere l'acqua in bocca — *to keep it to oneself.*

Te lo dico soltanto se sei capace di tener l'acqua in bocca. *I'll only tell you if you can keep it to yourself.*

tirare l'acqua al proprio mulino — *to bring grist to one's mill.*

Quel tipo cercherà sempre di tirare l'acqua al suo mulino, e approfitterà di te. *That guy will always try to bring grist to his own mill, and he'll take advantage of you.*

---

acquolina — *drizzle*

far venire l'acquolina in bocca — *to make one's mouth water.*

Solo a sentire la parola "pasticcini" mi viene l'acquolina in bocca. *Just hearing the word "pastry" makes my mouth water.*

---

acrobazie — *acrobatics*

fare acrobazie per vivere — *to have a devil of a job to make a living.*

Con sei figli da sfamare deve fare acrobazie per vivere. *With six children to feed he has a devil of a job making a living.*

---

addosso — *on*

dare addosso a qualcuno — *(1) to attack someone.*

Quando ha fatto quella proposta gli hanno dato tutti addosso. *When he made that proposal they all attacked him.*

(2) to blame someone.

Mi date sempre addosso perchè non sono abbastanza indipendente da mia madre. *You blame me all the time because I'm not independent enough of my mother.*

farsela addosso — *to piss in one's pants.*

Quando le pallottole cominciarono a fischiare, se la fece addosso dalla paura. *When the bullets began to fly, he pissed in his pants.*

parlarsi addosso — *to like the sound of one's voice.*

Lei interviene sempre alle conferenze. Si parla veramente addosso. *She offers her comments at every lecture; she likes the sound of her own voice.*

stare addosso — *(1) to breathe down one's neck (to be on one's back).*

Mi stanno addosso e devo finire il lavoro al più presto. *They're breathing down my neck (on my back), so I have to finish the job as soon as possible.*

(2) to fall all over someone.

Gli stava tutta addosso durante il ballo. *She was falling all over him at the dance.*

tirarsi addosso — *to bring down upon oneself.*

Si sono tirati addosso i suoi improperi perchè hanno concluso l'affare con il suo concorrente. *They brought his anger down on themselves because they made the deal with his competitor.*

---

affare — *business*

affare fatto! — *it's a deal!*

Affare fatto! Abbiamo firmato il contratto e non puoi più tornare indietro. *It's a deal! We signed the contract and you can't back out.*

bada agli affari tuoi — *mind your own business.*

Smettila di farmi domande sulle tasse che pago o non pago: bada agli affari tuoi. *Stop asking me questions about what taxes I pay and don't pay: mind your own business.*

bell'affare — *a fine state of affairs.*

Avevamo già messo le schede in ordine alfabetico e lui le ha mescolate. Bell'affare! Bisogna ricominciare. *We had already put the cards in alphabetical order, and he mixed them up. This is a fine state of affairs! We'll have to start all over again.*

fare affari d'oro — *to strike it rich.*

Ha inventato un aggeggio per accendere il gas e ora fa affari d'oro. *He invented a gadget for lighting gas stoves and he struck it rich.*

fare un buon affare — *to get a good deal.*

Abbiamo fatto un buon affare comprando quella macchina. *We got a good deal on that car.*

farne un affare di stato — *to make a mountain out of a molehill.*

I vicini stanno facendo un affare di stato del problema di confine. *Our neighbors are making a mountain out of a molehill about the property line.*

giro d'affari — *turnover.*
Mio cugino sta assumendo nuovo personale perchè il suo giro d'affari
è sempre più grosso. *My cousin is hiring more employees because
his turnover is getting bigger and bigger.*

---

aggiustare — *to mend*
   aggiustare qualcuno — *to fix somebody.*
   Se non mi restituerà il denaro l'aggiusterò io! *If he doesn't give me
   back the money I'll fix him!*

---

agio — *ease*
   trovarsi a proprio agio — *to feel at ease.*
   Non mi trovo mai a mio agio quando sono con loro. *I never feel at
   ease when I'm with them.*

---

ago — *needle*
   cercare un ago in un pagliaio — *to look for a needle in a haystack.*
   Come facciamo a trovare Giorgio a New York se non abbiamo il suo
   indirizzo? È come cercare un ago in un pagliaio! *How can we find
   George in New York if we don't have his address? It's like looking
   for a needle in a haystack!*

   essere l'ago (fare da ago) della bilancia — *to play the referee.*
   I due soci sarebbero già andati ognuno per la sua strada se Enrico

non facesse da ago della bilancia. *The two partners would have gone their individual ways if Henry hadn't acted as the referee between them.*

ala — *wing*

prendere qualcuno sotto le ali — *to take someone under one's wing.*
Ha preso il giovane ragazzo dei vicini sotto le sue ali. *He's taken the neighbor's young boy under his wing.*

tarpare le ali — *to clip someone's wings.*
Poteva diventare qualcuno, ma le difficoltà economiche gli hanno tarpato le ali. *He could have become someone, but economic difficulties clipped his wings.*

alba — *dawn*

sul far dell'alba — *at the crack of dawn.*
Partimmo sul far dell'alba. *We left at the crack of dawn.*

allocco — *owl*

fare la figura d'un allocco — *to look like a fool.*
Vestito così fai la figura d'un allocco. *You look like a fool dressed like that.*

alloro — *laurel*

addormentarsi sugli allori — *to rest on one's laurels.*
Ha avuto successo col suo primo romanzo, poi si è addormentato sugli allori. *He had success with his first novel, but now he's resting on his laurels.*

altare — *altar*

innalzare agli altari — *to lionize.*
È stato innalzato agli altari per le sue scoperte nel campo della medicina. *He has been lionized for his discoveries in medicine.*

altarini — *little altars*
   scoprire gli altarini — *to let the cat out of the bag (to give the show away).*
   Hai scoperto gli altarini quando hai ammesso di essere andato a
      pranzo con l'amministratore generale. *You let the cat out of the bag
      when you admitted you had lunch with the C.E.O.*

altezza — *height*
   essere all'altezza — *to be (live, measure) up to.*
   Speriamo che si riveli all'altezza del suo compito. *Let's hope that he'll
      be up to his task.*

alto — *high*
   alto come un soldo di cacio — *knee-high to a grasshopper.*
   Lo conosco da quando era alto come un soldo di cacio. *I've known
      him since he was knee-high to a grasshopper.*

   gli alti e i bassi — *the ups and downs.*
   Pensavo di avere provato tutti gli alti e i bassi della vita. *I thought I
      had experienced all the ups and downs of life.*

   guardare dall'alto in basso — *to look down one's nose.*
   Mi è sembrato che la sua amica ci guardasse dall'alto in basso. *It
      seemed to me that his friend was looking down her nose at us.*

   mirare in alto — *to reach for the sky.*
   Lei ha mirato in alto e alla fine ce l'ha fatta. *She reached for the sky
      and in the end she succeeded.*

altro — *other*
   altro che — *(1) you can say that again.*
   "Sei soddisfatto di come ti sono andate le cose?" "Altro che!" *"Are you
      satisfied with the way things have gone?" "You can say that again!"*
   (2) nothing but.
   Non fai altro che bere. *You do nothing but drink.*

   ben altro — *much more.*
   Ci vuole ben altro per convincerlo. *It will take much more than that to
      persuade him.*

   Ci mancherebbe altro! *God forbid!*

essere un altro — *to be another person.*

Da quando è tornato è un altro. *Since he came back he's another person.*

mancarci altro — *to be all one needs.*

"Vedi di non sbatterti di nuovo la porta sul dito." "Ci mancherebbe altro!" *"Try not to slam the door on your finger again." "That's all I need."*

più che altro — *above all.*

L'ho detto più che altro per spiegarlo a loro. *I said it above all to explain it to them.*

se non altro — *at least.*

Abbiamo guadagnato poco, ma se non altro non ci abbiamo rimesso. *We didn't earn much, but at least we didn't lose anything.*

senz'altro — *certainly.*

Lo farò senz'altro. *I'll certainly do it.*

tra l'altro — *by the way.*

Tra l'altro, non mi sono ricordato di dirti che lui ha telefonato. *By the way, I forgot to tell you he called.*

tutt'altro — *quite the contrary.*

Lo trovo tutt'altro che gentile. *I find him quite the contrary of courteous.*

amaro — *bitter*

masticare amaro — *to feel bitter.*

Credeva di essere eletto, ma ora che sa di aver perso, mastica amaro. *He thought he had been elected, but now that he knows he's lost, he feels bitter.*

amen — *amen*

in un amen — *in the twinkling of an eye.*

Credevo di averlo messo con le spalle al muro con quel compito, ma l'ha finito in un amen. *I thought I'd put him on the spot with that test, but he finished it in the twinkling of an eye.*

America — *America*

scoprire l'America — *to discover the wheel.*

Vedi **scoprire l'acqua calda.**

amico — *friend*

   amico del cuore — *bosom (best) friend.*

   Anna è la mia amica del cuore. *Ann is my bosom (best) friend.*

   amici per la pelle — *great buddies.*

   Abbiamo fatto il servizio militare insieme e siamo diventati amici per
      la pelle. *We were in the service together and have become great
      buddies.*

amo — *hook*

   abboccare all'amo — *to take the bait.*

   Gli abbiamo raccontato una storia assurda, ma ha abboccato all'amo.
      We told him a silly story, but he took the bait.

   prendere all'amo — *to snare.*

   Con le sue arti da seduttrice l'ha preso all'amo. *She snared him with
      her charms.*

amore — *love*

   andare d'amore e d'accordo — *to get along.*

   Vedi **andare d'accordo.**

   per amor di Dio — *for Pete's sake.*

   Per amor di Dio, smettila! *For Pete's sake, stop it!*

per amore o per forza — *by hook or by crook.*
Ci metterò una vita, ma glielo farò fare per amore o per forza. *It will take me forever, but I'll make him do it by hook or by crook.*

àncora — *anchor*

àncora di salvezza — *last hope.*
Finalmente Giovanni ha trovato un lavoro: è stato la loro àncora di salvezza. *Finally John found a job; it was their last hope.*

andare — *to go*

andare a qualcuno (contrario: non andare) — *to like (to feel like) (opposite: not to like, not to feel like).*
Ti va di uscire stasera? *Do you feel like going out tonight?*

andare da sè — *to go without saying.*
Va da sè che se mi darete una mano avrete anche voi il vostro vantaggio. *It goes without saying that if you give me a hand you'll have something to gain from it.*

andare fatto — *to have to be done.*
Quel lavoro non mi piace, ma va fatto. *I don't like that work, but it has to be done.*

andare giù pesante — *to come down hard on.*
L'insegnante è andata giù troppo pesante con gli allievi e adesso è nei guai. *The teacher came down too hard on her pupils and now she's in trouble.*

andarne — *to be at stake.*
Ne va del nostro onore. *Our honor is at stake.*

a lungo andare (con l'andare del tempo) — *in the long run.*
A lungo andare, sarai contento di aver studiato legge. *In the long run, you'll be happy you went to law school.*

a tutto andare — *(1) like mad.*
Correva per la strada a tutto andare. *He was running like mad down the street.*
(2) for all one is worth (flat out).
Hanno lavorato a tutto andare. *They worked for all they were worth.*

19

fare andare — *to use up.*

In tre giorni hanno fatto andare tutte le provviste. *In three days they used up all the provisions.*

finchè la va, la va — *as long as it lasts, it's fine.*

È un mestiere rischioso, ma finchè la va, la va! *It's a risky job, but as long as it lasts, it's fine!*

ma andiamo (va là) — *come off it.*

Ma andiamo (ma va là), non raccontare storie! *Come off it, don't feed me a line!*

stare sul chi va là — *to be on the lookout.*

Quando fai affari con lui devi stare sempre sul chi va là. *When you do business with him you must always be on the lookout.*

---

andatura — *pace*

fare l'andatura — *to set the pace.*

Correva davanti a tutti; era lui che faceva l'andatura. *He was running ahead of everyone; he was setting the pace.*

---

angolo — *corner*

dietro l'angolo — *around the corner.*

La gente si domanda che cosa ci sia dietro l'angolo. *People are wondering what's around the corner.*

i quattro angoli della terra — *the four corners of the earth.*

Ha viaggiato ai quattro angoli della terra. *He's traveled to the four corners of the earth.*

in ogni angolo — *high and low (in every nook and cranny).*

Dove l'hai messo? L'ho cercato in ogni angolo! *Where did you put it? I looked for it in every nook and cranny.*

smussare gli angoli — *to take off the edge.*

Nella prima stesura il discorso era troppo duro, poi ha smussato gli angoli. *The first draft of the speech was too harsh, so he took off the edge.*

---

anima — *spirit*

reggere l'anima coi denti — *to be on one's last legs.*

È stata un'esperienza durissima; alla fine, reggeva l'anima coi denti. *It was a very hard experience; in the end, he was on his last legs.*

rendere l'anima a Dio — *to give up the ghost.*
Ha sofferto molto prima di rendere l'anima a Dio. *He suffered greatly before giving up the ghost.*

rodere l'anima — *to prey on one's mind.*
Quel problema mi rode l'anima da giorni. *That problem's been preying on my mind for days.*

rompere l'anima a qualcuno — *to drive someone mad.*
Ha rotto l'anima a sua madre finchè non gli ha dato il permesso di uscire. *He drove his mother mad until she finally gave him permission to go out.*

animo — *courage, mind*
Animo! — *Cheer up!*
Animo! Tra poco avrai finito! *Cheer up! You will be finished soon!*

farsi animo — *to take heart.*
Fatti animo: sono qui per aiutarti. *Take heart; I'm here to help you.*

perdersi d'animo — *to lose heart.*
Non bisogna perdersi d'animo alla prima difficoltà. *We have to keep from losing heart when the first difficulties arise.*

stato d'animo — *mood.*
Non siamo nello stato d'animo per fare quella gita. *We aren't in the mood to go on that excursion.*

anno — *year*
Anno nuovo, vita nuova. *The new year calls for a new way of life.*

gli anni verdi — *heyday.*
Nei suoi anni verdi è stato un grandissimo giocatore di tennis. *In his heyday he was a great tennis player.*

anni suonati — *well over x years.*
Ha ottant'anni suonati. *He's well over eighty.*

anticamera — *anteroom*
passare per l'anticamera del cervello — *to cross one's mind.*
Non mi è passato nemmeno per l'anticamera del cervello. *It didn't even cross my mind.*

antifona — *reprimand*
capire l'antifona — *to take the hint (to get the message).*
Gliel'ho detto in dieci modi diversi, ma non ha capito l'antifona. *I told him the same thing in ten different ways, but he never took the hint.*

antifona — *antiphon*
sempre la stessa antifona — *it's always the same story.*
È sempre la stessa antifona; se non vince rimane di cattivo umore per una settimana. *It's always the same story; when he loses he is in a bad mood for a whole week.*

apertura — *opening*
apertura mentale — *openmindedness.*
Lavorare con persone che vengono da altri paesi richiede apertura mentale. *Working with people from other countries requires openmindedness.*

apparenza — *appearance*
L'apparenza inganna. *Beauty is only skin-deep.*

Aprile — *April*
Aprile, ogni goccia un bacile. *April showers bring May flowers.*

arabo — *Arabic*
essere arabo — *to be Greek.*
Non ricominciamo con l'elettronica! Sai che per me è arabo. *Let's not start in on electronics again! You know it's Greek to me.*

arca — *ark*
un'arca di scienza — *a walking encyclopedia.*
Mio zio è un'arca di scienza. *My uncle is a walking encyclopedia.*

argento — *silver*

avere l'argento vivo addosso — *to be like a cat on hot bricks.*

Siediti un po' e rilassati; oggi sembra che tu abbia l'argento vivo addosso. *Sit down a minute and relax; you're like a cat on hot bricks today.*

---

aria — *air*

andare all'aria — *to come to nothing.*

Il suo matrimonio è andato all'aria. *His marriage has come to nothing.*

aria fritta — *hot air.*

Non credere a quello che dice. Vende solo aria fritta. *Don't believe what he says. It's all hot air.*

buttare all'aria qualcosa — *to turn something inside out.*

Ha buttato all'aria tutti i cassetti, ma non ha trovato il documento che cercava. *She turned all the drawers inside out, but she didn't find the document she was looking for.*

buttar tutto all'aria — *to mess up everything.*

I ragazzi hanno buttato all'aria tutta la casa. *The children messed up everything in the house.*

campare d'aria — *to live on air.*

Non so come faccia a non lavorare. Campa d'aria? *I don't know how he manages not to work. Does he live on air?*

campato (per) in aria — *hot air.*

Fa sempre discorsi campati (per) in aria. *He is full of hot air.*

colpo d'aria — *chill.*

Si è preso un colpo d'aria andando a fare la gita con la pioggia. *He got a chill by going hiking in the rain.*

darsi delle arie — *to put on airs.*

Se sapesse cosa pensano di lui smetterebbe di darsi tante arie. *If he knew what people think of him he wouldn't put on so many airs.*

mandare all'aria — *to upset the applecart.*

Avevamo quasi raggiunto un accordo quando una sua dichiarazione ha mandato tutto all'aria. *We had almost reached an agreement when he made a statement that upset the applecart.*

nell'aria — *brewing.*
Sento che c'è qualcosa nell'aria oggi. *I feel something brewing today.*

per aria — *(1) in a mess.*
Mio figlio ha di nuovo lasciato la sua stanza tutta per aria. *My son left his room in a mess again.*
(2) up in the air.
I miei programmi estivi sono andati tutti per aria da quando mi sono ammalato. *My summer plans are all up in the air since I've been sick.*

saltare in aria — *to blow up.*
Hanno minacciato di far saltare in aria la banca. *They threatened to blow up the bank.*

---

arma — *weapon*

alle prime armi — *a novice.*
È ancora alle prime armi, ma si vede che ha la stoffa per diventare un campione. *He's still a novice, but you can tell he has the class to become a champion.*

armi e bagagli — *lock, stock, and barrel.*
Ha fatto armi e bagagli e se n'è andato. *He packed up and moved lock, stock, and barrel.*

combattimento ad arma bianca — *hand-to-hand fighting.*
Finite le munizioni si passò al combattimento all'arma bianca. *When they ran out of ammunition, they went to hand-to-hand fighting.*

passare per le armi — *to execute.*
Nei tempi antichi si usava passare i prigionieri per le armi. *In olden times they used to execute prisoners.*

un'arma a doppio taglio — *a double-edged sword.*
Nascondere le prove può rivelarsi un'arma a doppio taglio. *Hiding the evidence may prove to be a double-edged sword.*

---

arnese — *tool*

essere male in arnese — *(1) to be shabbily (or poorly) dressed.*
Càmbiati quei pantaloni, sei proprio male in arnese! *Change those pants. You really look shabby!*
(2) to be in a bad way (in financial straits).

Gli abbiamo dovuto imprestare dei soldi perchè è male in arnese. *We had to lend him some money, because he's in a bad way.*

rimettere qualcuno in arnese — *to set someone on his feet again.*
Le cose andavano male per me, ma Giorgio mi ha rimesso in arnese. *Things were going badly for me, but George set me on my feet again.*

---

arrivare — *to arrive*
arrivarci (contrario: non arrivarci) — *to get it (opposite: not to get it).*
Mi dispiace, ma non ci arrivo, puoi ripetere? *I'm sorry but I don't get it; can you repeat what you said?*

Dove vuoi arrivare? *What are you getting at?*

---

arte — *art*
a regola d'arte — *in a masterly fashion.*
Quel falegname è caro, ma lavora a regola d'arte. *That carpenter is expensive, but does his job perfectly.*

non avere nè arte nè parte — *(to be) a good-for-nothing.*
Sarà difficile per lui che non ha nè arte nè parte trovare lavoro. *It'll be difficult for that good-for-nothing to find a job.*

---

ascendente — *ascendancy*
avere un ascendente su — *to have pull.*
Ha un ascendente sul capo. *He has pull with the boss.*

asino — *donkey*
fare come l'asino di Buridano — *to be unable to make up one's mind.*

25

Fra queste due cose non so quale scegliere; farò la fine dell'asino di Buridano. *I don't know which of these two things to choose; I'll end up being unable to make up my mind.*

legar l'asino dove vuole il padrone — *to be a yes man.*

Lega sempre l'asino dove vuole il padrone perchè ha paura di essere licenziato. *He's a yes man because he's afraid of losing his job.*

Meglio un asino vivo che un dottore morto. *A live dog is better than a dead lion.*

quando voleranno gli asini — *when hell freezes over.*

Ho paura che mi restituerà quei soldi quando voleranno gli asini. *I'm afraid he'll pay back that debt when hell freezes over.*

(qui) casca l'asino — *(there's) the rub.*

Riuscirai a mettere in pratica quello che hai imparato? Perchè qui casca l'asino. *Will you succeed in putting what you learned into practice? There's the rub!*

---

aspettare — *to wait*

    aspettarselo — *to think (it), (to expect).* Me l'aspettavo! *That's what I thought (expected)!*

---

assenza — *absence*

    brillare per la propria assenza — *to be conspicuous by one's absence.*

    La festa è stata data in suo onore e lui ha brillato per la sua assenza. *The party was given in his honor and he was conspicuous by his absence.*

---

asso — *ace*

    lasciare (piantare) in asso — *to leave in the lurch.*

    Il mio socio è partito e mi ha lasciato (piantato) in asso. *My partner has gone and left me in the lurch.*

    un asso nella manica — *an ace up one's sleeve (in the hole).*

    È presto per dichiararlo sconfitto: lui ha sempre un asso nella manica. *It's too early to declare him defeated; he always has an ace in the hole.*

---

attento — *attentive*

    stare attento — *to pay attention.*

    Sta' attento a quel che dico. *Pay attention to what I say.*

    Sta' attento! *Watch out!*

attenzione — *attention*

    prestare attenzione — *to pay attention.*

    Prestate attenzione a quel che dico. *Pay attention to what I say.*

attivo — *active*

    in attivo — *in the black.*

    Grazie a quell'affare, i conti sono tornati in attivo. *Thanks to that deal, we're in the black again.*

atto — *act*

    all'atto pratico — *for all intents and purposes.*

    All'atto pratico è il suo braccio destro che prende tutte le decisioni. *For all intents and purposes all decisions are made by his right-hand man.*

    dare atto di — *to give credit for.*

    Gli diede atto delle sue buone intenzioni. *He gave him credit for his good intentions.*

    essere in atto — *to be taking place.*

    Sono in atto indagini sul suo conto. *He is under investigation.*

    fare atto di fare qualcosa — *to pretend to do something.*

    Fece atto di andarsene, ma poi rimase. *He pretended to go, but then he stayed.*

    fare atto di presenza — *to put in an appearance.*

    Il sindaco ha fatto atto di presenza al concerto. *The mayor put in an appearance at the concert.*

    prendere atto di — *to take note of.*

    Ho preso atto della sua disponibilità ad aiutarmi e la ringrazio. *I've taken note of your willingness to help me and I would like to thank you.*

avanti — *forward*
  farsi avanti — *to be a bit daring.*
  Fatti avanti e chiedigli un colloquio. *Be a bit daring and ask him for an interview.*

  mandare avanti la famiglia — *to provide for one's family.*
  Lavora anche di notte per mandare avanti la famiglia. *He works nights, too, to provide for his family.*

  tirare avanti — *to get by.*
  Tiriamo avanti con lo stipendio di mio marito. *We get by with my husband's salary.*

avanzo — *remnant*
  avanzo di galera — *ex-con.*
  S'era circondato di una banda di avanzi di galera. *He surrounded himself with a band of ex-cons.*

avere — *to have*
  avercela con — *to have it in for.*
  Non capisco proprio perchè ce l'hai con me. *I really don't understand why you have it in for me.*

  avere a che fare con — *to deal with.*
  È inutile che io le parli: vuole avere a che fare solo con te. *It's no use my talking to her; she only wants to deal with you.*

  aversela a male — *to feel bad.*
  Non avertela a male se non ti invito a quella cena. Ho già troppi invitati. *Don't feel bad if I don't invite you to that dinner. I have too many guests already.*

avvenire — *to happen*
  Avvenga quel che avvenga. *Come what may.*

avviato — *going*
  essere bene avviato — *to be on its way.*
  I suoi affari sono molto ben avviati. *His business is on its way.*

avviso — *notice*

a mio avviso — *as far as I can see (to my mind, if you ask me).*
A mio avviso, ha ragione. *As far as I can see (to my mind, if you ask me) he's right.*

mettere qualcuno sull'avviso — *to alert someone.*
L'hanno messo sull'avviso che non deve fidarsi del suo nuovo socio. *They alerted him that he shouldn't trust his new partner.*

stare sull'avviso — *to be on one's guard.*
Sta sempre sull'avviso; è difficile prenderlo alla sprovvista. *He's always on his guard; it's difficult to surprise him.*

badare — *to watch over*

tenere a bada qualcuno — *to keep (hold) someone at bay.*
È riuscito a tenerli tutti a bada. *He succeeded in keeping them all at bay.*

baffo — *moustache*

Io me ne faccio un baffo! *I don't give a damn!*

leccarsi i baffi — *to lick one's chops.*
Quando abbiamo sentito i profumi meravigliosi che venivano dalla cucina ci siamo leccati i baffi. *When we smelled the wonderful smells coming from the kitchen we licked our chops.*

ridere sotto i baffi — *to laugh up one's sleeve (to chuckle in one's beard).*
Il campione se la rideva sotto i baffi sentendo le spacconate dello sfidante e sapendo che avrebbe stravinto. *The champion laughed up his sleeve at his challenger's bragging, knowing that he would win hands down.*

bagnare — *to wet*

bagnare (un avvenimento) — *to celebrate (an event).*

Ha invitato tutti gli amici a bagnare la laurea insieme a lui. *He invited all his friends to celebrate his graduation with him.*

bagnato — *wet*
Piove sul bagnato. (1) (indicating good luck) Nothing succeeds like success.
(2) (indicating bad luck) When it rains, it pours.
Essere bagnato come un pulcino. *To be like a drowned rat.*

baleno — *flash*
in un baleno — (1) in a flash (immediately).
Ha capito in un baleno. *He understood in a flash (immediately).*
(2) like wildfire.
La storia si è diffusa in un baleno. *The story spread like wildfire.*

balla — *bundle, bale*
Sono tutte balle! *Rubbish!*
un sacco di balle — *a lot of tall tales.*
L'altra sera mi ha raccontato un sacco di balle; non è mai stato nè in Africa nè in Australia. *The other evening he told me a lot of tall tales; he's never been to Africa or Australia.*

ballo — *dance*
entrare in ballo — *to enter into.*
Qui entrano in ballo interessi diversi. *Various interests enter into this.*
essere in ballo — *to be at stake.*
In questa iniziativa c'è in ballo il futuro della mia impresa. *In this undertaking the future of my company is at stake.*
tirare in ballo — *to bring up something.*
Non tirare in ballo di nuovo quella questione. *Don't bring up that matter again.*

balzo — *leap*
cogliere la palla al balzo — *to seize the opportunity.*
Appena si è liberato quel posto, ha colto la palla al balzo e si è fatto

avanti. *As soon as there was an opening for that job, he seized the opportunity and came forward.*

bambagia — *cotton-wool*
  tenere nella bambagia — *to coddle.*
  È un bambino delicatissimo; l'hanno sempre tenuto nella bambagia, ma è sempre malato. *He's a very delicate child; they've always coddled him, but he's always sick.*

banco — *bench*
  banco di prova — *the acid test.*
  Quella strada sarà un banco di prova ideale per le sospensioni. *That road will be the real acid test for the suspensions.*

  sotto banco — *on the sly.*
  È finito in prigione per aver accettato una percentuale sotto banco. *He ended up in jail for having taken a cut on the sly.*

  tener banco — *to occupy center stage.*
  Sono stufa delle loro feste; è sempre lui che tiene banco. *I'm fed up with their parties; he always occupies center stage.*

bandiera — *flag*
  portare alta la bandiera — *to do honor to.*
  Meno male che lui è riuscito a portare alta la bandiera della nostra squadra. *Thank goodness he managed to do honor to our team.*

  voltare bandiera — *to change opinions.*
  Tu volti bandiera un po' troppo spesso! *You change opinions a bit too often!*

bandolo — *end of a ball of yarn*
  perdere il bandolo — *to lose the thread.*
  Mi hai riempito talmente la testa con le tue parole che ho perso il bandolo. *You filled my head with so many words that I lost the thread.*

  trovare il bandolo della matassa — *to find the key to the problem.*
  Ragioniamo un po' e forse troveremo il bandolo della matassa. *Let's think it over and maybe we'll find the key to the problem.*

baracca — *hut*

mandare avanti la baracca — *to make both ends meet.*

Stentiamo a mandare avanti la baracca. *We're struggling to make both ends meet.*

piantare baracca e burattini — *to drop everything.*

Sapessi quanta voglia ne ho di piantare baracca e burattini e di andarmene in vacanza! *If you only knew how much I want to drop everything and go off on vacation!*

---

barba — *beard*

aspettare di avere la barba bianca — *to wait forever.*

Sbrigati, non voglio aspettare di avere la barba bianca per uscire. *Hurry up, I don't want to wait forever to go out.*

Che barba! — *What a bore!*

far venire la barba — *to bore to death.*

La sua conversazione mi fa venire la barba. *His conversation bores me to death.*

fare la barba a qualcuno — *to get the better of someone.*

Gli ho fatto la barba così bene che quando se n'è accorto non si è neppure offeso. *I got the better of him by so much that when he realized it he didn't even get offended.*

farla in barba a — *to fool.*

È riuscito a farla in barba a tutti e ad entrare nello stadio senza pagare il biglietto. *He managed to fool everyone and get into the stadium without buying a ticket.*

servire qualcuno di barba e capelli — *to fix someone.*

Ti hanno proprio servito di barba e capelli; ormai c'è poco da fare. *They really fixed you; now there's not much to be done about it.*

barca — *boat*

nella stessa barca — *in the same boat.*

Ho cercato di convincere gli altri soci che siamo tutti nella stessa barca e che bisogna prendere una decisione comune. *I tried to convince our other associates that we're all in the same boat and that we'll have to make a decision together.*

una barca di — *a lot of.*

Quel vecchietto ha una barca di soldi. *That old man has a lot of money.*

barricata — *barricade*

essere (passare) dall'altra parte della barricata — *to have the shoe on the other foot.*

Quando mi sono ammalata, essere un medico non mi ha aiutata molto: ero dall'altra parte della barricata! *When I got sick, being a doctor didn't help much. I had the shoe on the other foot.*

bastian — *nickname for Sebastian*

essere un bastian contrario — *to be opposed to something just for the sake of it.*

Ti dirà di no semplicemente perchè è un bastian contrario. *He'll be opposed to it just for the sake of it.*

bastone — *stick*

mettere un bastone fra le ruote — *to throw a wrench in the works.*

Sta' attento; è geloso del tuo progetto e farà di tutto per metterti un bastone tra le ruote. *Be careful; he's jealous of your plans and will do anything to throw a wrench in the works.*

batosta — *blow*
   prendere una batosta — *to take a beating.*
   La nostra squadra ha preso una batosta senza precedenti. *Our team took an unprecedented beating.*

battente — *door*
   chiudere i battenti — *to close down.*
   La ditta chiuse i battenti dopo essere stata in perdita troppo a lungo. *The company closed down after having been in the red for too long a time.*

battere — *to beat*
   battere e ribattere — *to repeat over and over.*
   Batti e ribatti, finalmente ha capito. *When it had been said over and over again, he finally understood.*

batteria — *battery*
   scoprire le proprie batterie — *to come out in the open.*
   Ho l'impressione che tu abbia fatto male a scoprire le tue batterie così presto. *I have the impression that you've made a mistake by coming out in the open so soon.*

battuta — *remark, beating, beat, cue*
   avere la battuta pronta — *never to be at a loss for an answer.*
   Non si riesce mai a metterlo in difficoltà; ha sempre la battuta pronta. *One can never put him in a difficult spot; he's never at a loss for an answer.*

   in poche battute — *in a jiffy.*
   Si fa in poche battute. *It can be done in a jiffy.*

   perdere una battuta — *to miss a word.*
   Il discorso del presidente era molto lungo, ma lei non ha perso una battuta. *The president's speech was very long, but she didn't miss a word.*

una battuta d'arresto — *a standstill.*
I loro affari hanno subìto una battuta d'arresto. *Their business has come to a standstill.*

baule — *trunk*
viaggiare come un baule — *to travel without learning anything.*
Ragazzi, mi raccomando, non viaggiate come bauli. *Boys, watch out that you don't travel without learning anything.*

bava — *slobber*
avere la bava alla bocca — *to be foaming at the mouth.*
Quando ha saputo di essere stato truffato gli è venuta la bava alla bocca. *When he learned he had been cheated he began foaming at the mouth.*

bavero — *lapel*
prendere qualcuno per il bavero — *to swindle someone.*
Attento a non farti prendere per il bavero nel bazaar. *Watch out that you don't get swindled at the bazaar.*

beato — *lucky*
beato qualcuno — *to be lucky.*
Beato te che vai in Sardegna per l'estate. *You're lucky to be going to Sardinia for the summer.*

beccare — *to peck*
beccarsi qualcosa — *(1) to fall ill with.*
Mi sono beccato il raffreddore. *I caught a cold.*
(2) to walk off with.
Si è beccato il primo premio. *He walked off with the first prize.*

becco — *beak*
chiudere il becco — *to shut up.*
Chiudi il becco e lasciaci lavorare. *Shut up and let us work.*

mettere il becco — *to poke one's nose into.*
Mette sempre il becco negli affari degli altri. *She always pokes her nose into other people's affairs.*

Non ha il becco di un quattrino. *He's penniless. (He doesn't have a red cent.)*

tenere il becco chiuso — *to keep one's mouth shut.*

Ti ho detto dove tiene i soldi, ma tu tieni il becco chiuso. *I told you where she keeps the money, but you keep your mouth shut.*

bellezza — *beauty*

    in bellezza — *with a flourish.*

    Ha chiuso la partita a scacchi in bellezza con una mossa da campione. *He ended the chess game with a flourish, with a move worthy of a champion.*

bello — *beautiful*

    alla bell'e meglio — *any old way (any old how).*

    Ho rimesso a posto la barca alla bell'e meglio; tornati a riva dovremo farla riparare. *I fixed the boat any old way; once back on shore we'll have to have it repaired.*

    andare bel bello — *to go along one's way.*

    Gigi se ne andava bel bello verso casa. *Gigi was going along his way toward home.*

    avere un bel (più infinito) — *to be no use.*

    Hai un bel dire, nessuno ti ascolta. *It's no use talking, no one will listen to you.*

    bell'e buono — *out-and-out.*

    Questo è un ricatto bell'e buono. *This is out-and-out blackmail.*

    bell'e fatto — *ready-made.*

    Di solito compro i vestiti bell'e fatti. *I usually buy ready-made clothes.*

    del bello e del buono — *heaven and earth.*

    C'è voluto del bello e del buono per convincerlo. *It took heaven and earth to convince him.*

    farla bella (grossa) — *to put one's foot in it.*

    L'hai fatta bella (grossa)! *You've put your foot in it!*

    farsi bello di qualcosa — *to take the credit for.*

    Luigi si fa bello delle imprese altrui. *Louis takes the credit for other people's work.*

in bella — *final draft.*

Ha messo il suo saggio in bella copia. *She wrote the final draft of her paper.*

Non è bello quel che è bello, ma è bello quel che piace. *Beauty is in the eye of the beholder.*

Questa è bella! *That's a good one!*

raccontarne delle belle — *to tell amazing stories.*

Ne hanno raccontate delle belle sul mio conto. *They've told amazing stories about me.*

scamparla bella — *to have a close shave.*

L'abbiamo scampata bella; pochi metri in più e saremmo finiti sul burrone. *We had a close shave; a few meters more and we would have ended up in the ravine.*

sul più bello — *just at the right time (right at the crucial moment).*

Sei capitato sul più bello; senti questa! *You've come just at the right time (right at the crucial moment); listen to this!*

venire il bello — *for the fat to be in the fire.*

Ora viene il bello! *Now the fat is in the fire!*

---

benda — *bandage*

cadere la benda dagli occhi — *to have the scales fall from one's eyes.*

Quando li vide baciarsi, finalmente le cadde la benda dagli occhi. *When she saw the two of them kiss, finally the scales fell from her eyes.*

---

bene — *well*

ben (più aggettivo) — *quite, very.*

Prendo il latte ben caldo. *I drink my milk quite hot.*

ben bene — *thoroughly.*

L'ho sgridato ben bene. *I scolded him thoroughly.*

bene o male — *somehow or other.*

Bene o male, siamo riusciti a finire il lavoro in tempo. *Somehow or other we were able to finish the work on time.*

di bene in meglio — *(1) better and better.*

Gli affari vanno di bene in meglio. *Business is getting better and better.*

(2) worse and worse.

Andiamo di bene in meglio; è già tardi e ci è finita la benzina. *Things are getting worse; it's already late and we've run out of gas.*

far bene — *(1) to mean well.*

Credevo di far bene ad aiutarlo. *I meant well by helping him.*

(2) to do the right thing.

Faresti bene a prendere l'ombrello. *You'd better take your umbrella.*

passarsela bene — *to be well off.*

Ha passato un periodo difficile, ma adesso se la passa bene. *He went through some hard times, but now he's well off.*

per bene — *(1) properly.*

Fa' i compiti per bene. *Do your homework properly.*

(2) decent.

Il medico mi ha aiutato molto. È proprio una persona per bene. *My physician helped me a lot. He is really a decent person.*

presentarsi bene — *to make a good impression.*

È una che si presenta bene; ha buone possibilità di essere assunta. *She's a person who makes a good impression; she has a good chance of being hired.*

star bene — *(1) to be becoming (to suit).*

Quel vestito ti sta molto bene. *That dress is quite becoming on you.*

(2) to be nice (proper).

Non dire queste cose, non sta bene. *Don't say such things, it's not nice.*

(3) to serve one right.

Ti sta proprio bene; così imparerai a dare fastidio ai cani. *It really serves you right; now you'll learn not to bother dogs.*

venir bene — *to turn out well.*

Questo dolce è venuto bene. *This cake turned out well.*

voler bene — *to love.*

Chi non vuol bene ai propri figli? *Who doesn't love his own children?*

benedire — *to bless*

andare a farsi benedire — *to go to hell (pieces).*

Anche questo trasformatore è andato a farsi benedire. *This transformer has gone to hell (pieces) too.*

Ti ho ascoltato anche troppo. Va' a farti benedire. *I've been listening to you too long. Go to hell!*

beneficio — *benefit*

con beneficio d'inventario — *conditionally (for what it's worth).*

Prenderei quello che ha detto con beneficio d'inventario. *I would take what he said only for what it's worth.*

benservito — *reference*

dare il benservito a qualcuno — *to give someone his/her walking papers.*

Gli hanno dato il benservito perchè hanno scoperto che rubava. *They gave him his walking papers because they caught him stealing.*

bere — *to drink*

berci su — *to forget it.*

Beviamoci su! *Let's forget it!*

darla a bere a qualcuno — *to put something over on someone.*

Questa storia non me la dai a bere. *Don't try to put that story over on me.*

non la bere — *not to buy it.*

È una storia interessante, ma non la bevo. *It's an interesting story, but I don't buy it.*

(o) bere o affogare — *to sink or swim.*

Qui si tratta di bere o affogare; se non vendiamo la casa finiremo falliti. *Here it's a matter of sink or swim; if we don't sell the house we'll go bankrupt.*

berlina — *pillory*

mettere qualcuno alla berlina — *to expose someone to ridicule.*

Se racconti quello che hai saputo di lui lo metterai alla berlina. *If you spread around what you found out about him you'll expose him to ridicule.*

bestia — *beast*

   andare in bestia — *to lose one's temper.*
Va in besta per un nonnulla. *He loses his temper over nothing.*

   brutta bestia — *a tough one.*
Questo rebus è una brutta bestia; non riesco proprio a risolverlo. *This puzzle is a tough one; I really can't solve it.*

   da bestia — *slovenly.*
Questo lavoro è fatto da bestia. *This is slovenly work.*

   faticare come una bestia — *to work like a dog.*
Quell'uomo ha faticato come una bestia tutta la vita. *That man worked like a dog all his life.*

   una bestia nera — *bugbear.*
La chimica è la mia bestia nera. *Chemistry is my bugbear.*

   una bestia rara — *an extraordinary person.*
È proprio una bestia rara: non dimentica mai un favore ricevuto. *He's really an extraordinary person; he never forgets a favor he's received.*

bianco — *white*

   andare in bianco — *to get nowhere.*
È andato in bianco con quella ragazza. *He got nowhere with that girl.*

   far vedere bianco per nero — *to mislead (deceive).*
È facile far vedere bianco per nero alla gente quando la si tiene all'oscuro delle cose. *It's easy to mislead (deceive) people when you keep them in the dark about things.*

   in bianco — *(1) sleepless.*
Ho fatto la notte in bianco per studiare. *I spent a sleepless night studying.*
(2) unseasoned or without tomato sauce.
Preferisco gli spaghetti in bianco. *I prefer spaghetti without sauce.*

   passare dal bianco al nero — *to change the subject.*
Non passare sempre dal bianco al nero; chiariamo prima questo punto. *Don't always change the subject; let's clarify this point first.*

prendere bianco per nero — *to misunderstand completely.*

Hai preso bianco per nero; non volevo assolutamente dire questo. *You've misunderstood completely; that's not what I meant.*

bicchiere — *glass*

affogare (annegare) in un bicchier d'acqua — *to balk at the slightest difficulty.*

Non possiamo affidargli nessuna responsabilità perchè è uno che affoga in un bicchier d'acqua. *We can't entrust him with any responsibility because he balks at the slightest difficulty.*

essere facile come bere un bicchier d'acqua — *to be as easy as falling off a log.*

Non preoccuparti, vedrai, sarà facile come bere un bicchier d'acqua. *Don't worry; you'll see that it'll be as easy as falling off a log.*

bidone — *bin*

far (dare) il bidone — *to stand someone up.*

Ieri sera il suo ragazzo le ha fatto il bidone. *Her boyfriend stood her up last night.*

bilancia — *scales*

far pendere la bilancia — *to tip the scales.*

La sua conoscenza dell'italiano ha fatto pendere la bilancia a suo favore. *Her knowledge of Italian tipped the scales in her favor.*

bilancio — *budget*

arrotondare il bilancio — *to feather one's nest.*

Mentre lavorava all'università arrotondava il bilancio facendo il consulente. *While he worked at the university he feathered his nest by doing consulting work.*

fare il bilancio — *to evaluate.*

È giunto il momento di fare il bilancio della situazione. *The moment has come to evaluate the situation.*

bile — *bile*
   crepare dalla bile — *to be consumed with anger and envy.*
   Pietro crepa dalla bile perchè arriva sempre secondo dopo Andrea.
      Peter is consumed with anger and envy because he always comes in
      second to Andrew.

binario — *track*
   sul binario morto — *up a blind alley.*
   Siamo ad un binario morto; non ci rimane che riesaminare il problema
      per cercare altre soluzioni. *We're up a blind alley; there's nothing we*
      can do but reexamine the problem and look for other solutions.

birra — *beer*
   a tutta birra — *as fast as one can.*
   È scappato a tutta birra. *He ran away as fast as he could.*

   dare la birra — *to leave in the dust.*
   Abbiamo fatto una gara di corsa e gli ho dato la birra. *We raced and I*
      left him in the dust.
   farci la birra — *to become useless.*
   Questa farina è andata a male; puoi anche farci la birra. *This sack of*
      flour has gone bad; you may as well dump it.

bivio — *crossroads*
   trovarsi davanti ad un bivio — *to be on the horns of a dilemma.*
   Sono davanti a un bivio: o vado all'università o incomincio a lavorare.
      I'm on the horns of a dilemma; either I go to college or I get a job.

bizza — *naughtiness*
   fare le bizze — *to misbehave.*
   Il mio computer si è messo a fare le bizze. Speriamo che non sia rotto.
      My computer started to behave strangely; let's hope it isn't broken.

bocca — *mouth*
   cavare di bocca — *to make someone say something.*
   Non volevo dirlo, ma me l'hai cavato di bocca. *I didn't want to say it*
      but you made me.

chiudere (tappare) la bocca a qualcuno — *to silence someone.*
Ho cercato di protestare, ma le ragioni che mi ha esposto mi hanno chiuso la bocca. *I tried to protest, but the reasons he gave me silenced me.*

fare la bocca a qualcosa — *to grow to like something.*
Quando ci avrai fatto la bocca, vedrai che quel vino ti piacerà. *When you've gotten used to that wine, you'll like it.*

In bocca al lupo! — *Good luck!*

non aprir bocca — *not to say a word.*
È tutto il giorno che non apre bocca. *He hasn't said a word all day.*

non ricordarsi dalla bocca al naso — *to have a bad memory.*
Non so che mi succede di questi tempi; non mi ricordo dalla bocca al naso. *I don't know what's happening to me these days; I have a bad memory.*

parlare a mezza bocca — *to hint at something.*
Se hai qualcosa da dire, dillo, invece di parlare a mezza bocca. *If you've got something to say, say it, instead of hinting at it.*

restare a bocca aperta — *to be dumbfounded.*
Quando mi ha dato la notizia sono restata a bocca aperta. *When he told me the news I was dumbfounded.*

rimanere a bocca asciutta — *to be left with nothing.*
Era sicuro di vincere almeno un premio, e invece è rimasto a bocca asciutta. *He was sure he'd win at least one prize, but he was left with nothing.*

rimanere con la bocca amara — *to be disappointed.*
Sono rimasto con la bocca amara guando ho sentito che non saresti più venuta. *I was disappointed when I learned you weren't coming.*

sfuggire (di bocca) — *to blurt out.*
Senza pensarci, la notizia mi è sfuggita (di bocca). *Without thinking, I blurted out the news.*

sulla bocca di tutti — *the talk of the town.*
La sua impresa brillante è sulla bocca di tutti. *His brilliant feat is the talk of the town.*

boccata — *mouthful*
  boccata d'aria — *a breath of air.*
  Vado fuori a prendere una boccata d'aria. *I'm going out to get a
  breath of air.*

bocciare — *to hit (bowling)*
  essere bocciato — *to flunk.*
  Ho paura che sarò bocciato se non supero questo esame. *I'm afraid
  I'll flunk if I don't pass this test.*

boccone — *mouthful*
  avere il boccone in gola — *to have hardly finished eating.*
  Avevo ancora il boccone in gola, ma sono dovuto tornare al lavoro. *I
  had hardly finished eating, but I had to go back to work.*

  per un boccone (pezzo) di pane — *for a song.*
  Ho comprato questa scrivania per un boccone di pane. *I bought this
  desk for a song.*

  un boccone amaro — *a bitter pill.*
  Non vincere la borsa di studio è stato per me un boccone amaro. *Not
  getting the fellowship was a bitter pill for me.*

boia — *executioner*
  fare un [aggettivo] boia — *to be as . . . as hell.*
  Fa un freddo boia. *It's as cold as hell.*

bolletta — *bill*
  in bolletta — *broke.*
  Abbiamo speso tutti i nostri risparmi e adesso siamo in bolletta. *We
  spent all our savings; now we're broke.*

bomba — *bomb*
  scoppiare la bomba — *for the fat to be in the fire.*
  È scoppiata la bomba! *The fat is in the fire!*

  tornare a bomba — *to get back to the point.*
  Torniamo a bomba. Cosa stavi dicendo? *Let's get back to the point.
  What were you saying?*

bontà — *goodness*
bontà sua — *what an effort.*
Mi ha risposto dopo sei mesi, bontà sua! *It took him six months to an-swer my letter; what an effort!*

---

bordo — *ship's side*
d'alto bordo — *highly-placed.*
Sono molto snob: frequentano solo gente d'alto bordo. *They are very snobbish; they only associate with highly-placed people.*

---

bordone — *drone*
tenere bordone — *to act as someone's accomplice.*
Il "cervello" è riuscito a scappare; la polizia ha catturato solo quello che gli teneva bordone. *The brains of the outfit managed to get away; the police captured only the man who was acting as his accomplice.*

---

botta — *blow*
a botta calda — *on the spot.*
A botta calda, non saprei cosa dire. *If I had to answer on the spot, I wouldn't know what to say.*

a botta e risposta — *quick repartee.*
Hanno fatto a botta e risposta tutta la serata. *They engaged in quick repartee all evening.*

dare (menare) botte da orbi — *to deal out a shower of blows.*
È cominciata come una manifestazione pacifica, ma è degenerata e si sono dati botte da orbi. *It started out as a peaceful demonstration, but it degenerated and showers of blows were dealt out.*

---

botte — *barrel*
in una botte di ferro — *to be safe on all sides.*
Non c'è nulla che mi possa accadere qui; sono in una botte di ferro. *Nothing can happen to me here; I'm safe on all sides.*

La botte dà il vino che ha. *The proof of the pudding is in the eating.*

Voler la botte piena e la moglie ubriaca. *To want to have one's cake and eat it too.*

bottega — *store*

avere la bottega aperta — *to have one's fly open.*

Mi sono sentito imbarazzato quando mi sono accorto che avevo la bottega aperta. *I was embarrassed when I realized I had my fly open.*

chiudere bottega — *to give up (to close down).*

In situazioni impossibili come questa, mi viene voglia di chiudere bottega. *In situations as bad as this one, I feel like giving up (closing down).*

botto — *blow*

di botto — *suddenly.*

Scoppiò a piangere di botto. *He suddenly burst into tears.*

bottone — *button*

attaccare un bottone — *to buttonhole.*

Mi dispiace essere in ritardo: ho incontrato Pasquale che mi ha attaccato un bottone. *I'm sorry to be late; I met Pasquale and he buttonholed me.*

braca — *leg (of a pair of trousers)*

calare le brache — *to chicken out.*

Non appena lui ha minacciato di dire tutto a tuo padre, tu hai calato le brache. *As soon as he threatened to tell everything to your father, you chickened out.*

braccio — *arm*

a braccetto — *arm-in-arm.*

Passeggiavano a braccetto per la strada. *They strolled down the street arm-in-arm.*

braccio di ferro — *tug-of-war.*

Il costante braccio di ferro tra i due fratelli ha danneggiato l'azienda. *The ongoing tug-of-war between the two brothers has damaged the business.*

cascare (cadere) le braccia — *to lose heart.*

A sentire quelle brutte cose, mi cascano (cadono) le braccia. *Listening to those things makes me lose heart.*

essere il braccio destro — *to be someone's right-hand man.*

Senza il suo braccio destro lui non è nessuno. *He's nothing without his right-hand man.*

incrociare le braccia — *to go on strike.*

I metalmeccanici hanno incrociato le braccia. *The metal workers have gone on strike.*

tendere le braccia a qualcuno — *to ask for help, to help someone.*

Lui ci ha sempre teso le braccia nel momento del bisogno. *He always gave us a helping hand in times of need.*

---

branco — *herd*

stare nel branco — *to follow the crowd.*

Non è certo un leader; è uno che starà sempre nel branco per sicurezza. *He's certainly not a leader; he'll always follow the crowd for safety.*

---

bravo — *clever, good*

Da bravo (a)! — *Be a good boy/girl!*

---

breccia — *breach*

fare breccia — *to win someone over.*

Il suo racconto ha fatto breccia in tutti noi. *His story won us all over.*

rimanere sulla breccia — *to keep at it.*

Solo una grande artista come lei rimane sulla breccia per tanti anni. *Only a great artist like her keeps at it for so many years.*

---

breve — *short*

per farla breve — *to make a long story short.*

Per farla breve, sono andato a vedere quel film, ma non mi è piaciuto. *To make a long story short, I went to see that movie but I didn't like it.*

---

briciola — *bit, crumb*
   non una briciola di — *not a grain of.*
   Non c'è una briciola di verità in quello che dici. *There's not a grain of truth in what you're saying.*

   ridurre in briciole — *to cream.*
   Dici di essere bravo a tennis, ma lui ti ha ridotto in briciole. *You say you're good at playing tennis, but he creamed you.*

briga — *trouble*
   attaccare briga (lite) — *to pick a quarrel.*
   Quel ragazzo attacca briga (lite) con tutti. *That boy picks a quarrel with everybody.*

   prendersi la briga di — *to take (go to) the trouble to.*
   Si è presa la briga di avvertire tutti che la riunione era stata rinviata. *She took the trouble to inform everyone that the meeting had been put off.*

brigata — *company*
   Poca brigata, vita beata. *Two's company, three's a crowd.*

briglia — *bridle*
   a briglia sciolta — *at full speed.*
   Correva a briglia sciolta. *He was going at full speed.*

   lasciare la briglia sul collo a qualcuno — *to give someone free rein.*
   Hanno educato i loro figli lasciando loro la briglia sul collo. *They brought up their children giving them free rein.*

brivido — *shiver*
   far venire i brividi — *to give the creeps.*
   Quel film del terrore mi ha fatto venire i brividi. *That horror movie gave me the creeps.*

brodo — *broth*

  andare in brodo di giuggiole — *to be overjoyed.*

Ogni volta che riceve una lettera dalla sua ragazza, Marco va in brodo di giuggiole. *Every time he gets a letter from his girlfriend, Mark is overjoyed.*

  il brodo di coltura — *breeding ground.*

La povertà è spesso il brodo di coltura ideale per il crimine. *Poverty is often the ideal breeding ground for crime.*

  lasciar cuocere qualcuno nel suo brodo — *to let someone stew in his own juice.*

Se non vuole unirsi a noi, lasciamolo cuocere nel suo brodo. *If he doesn't want to join us, let him stew in his own juice.*

  Tutto fa brodo. *It's all grist to one's mill.*

bruciapelo — *at close range*

  a bruciapelo — *point-blank.*

Me l'ha chiesto a bruciapelo e non ero preparato a rispondere. *He asked me point-blank (suddenly), and I wasn't prepared to answer.*

brutto — *ugly*

    alle brutte — *if worst comes to worst.*

    Alle brutte pagheremo i danni. *If worst comes to worst we'll pay the damages.*

    con le brutte — *by the use of threats (or force).*

    Se non acconsenti subito, ti convincerò con le brutte. *If you don't agree at once, I'll make you see reason in a way you won't like.*

    Essere brutto come la peste (il peccato, da far paura) — *To be as ugly as sin.*

    la brutta (copia) — *rough copy.*

    Non badare a tutte queste correzioni, è solo la brutta. *Never mind all these changes; it's only a rough copy.*

    passarsela brutta — *to be through the mill.*

    Ha tutta l'aria di essersela passata brutta. *He looks as though he's been through the mill.*

    vederne di brutte — *to see hard times.*

    Ne abbiamo viste di brutte in tutti questi anni! *We've seen hard times over all these years!*

    vedersela brutta — *to look death in the face.*

    Se l'è vista brutta, ma grazie all'intervento ora guarirà. *He looked death in the face, but thanks to the operation, he'll be all right now.*

---

buchino — *little hole*

    Chi non cuce buchino cuce bucone. *A stitch in time saves nine.*

---

buco — *hole*

    essere un buco di provincia — *to be a one-horse town.*

    Questa cittadina è un buco di provincia. *This is just a one-horse town.*

fare un buco nell'acqua — *to waste energy in vain.*
Non illuderti, farai un buco nell'acqua. *You'll see, you'll have done everything in vain.*

starsene nel proprio buco — *to be a recluse.*
Non vale la pena telefonarle: le piace starsene nel proprio buco. *It's not worthwhile calling her up; she likes being a recluse.*

tappare un buco — *to pay off a debt.*
Ho finalmente tappato tutti i buchi con i creditori. *I finally paid off all my debts.*

---

budella — *guts*
cavar le budella a qualcuno — *to kill someone.*
Zorro cava le budella solo ai cattivi. *Zorro only kills bad guys.*

riempirsi le budella — *to stuff oneself.*
Mi sono riempito le budella e ora mi sento male. *I stuffed myself and now I feel sick.*

sentirsi rimescolare le budella — *to be outraged.*

Quando mi hai raccontato quello che ti ha fatto, mi sono sentita rimescolare le budella. *When you told me what she did to you, I felt outraged.*

bufalo — *buffalo*

mangiare come un bufalo — *to eat like a horse.*

Mangia come un bufalo e non ingrassa di un etto. *He eats like a horse and never gains an ounce.*

buffone — *clown*

fare il buffone — *to clown around.*

Non fare il buffone: vieni subito qui e mettiti a fare i compiti. *Stop clowning around; come here immediately and start doing your homework.*

bugia — *lie*

Le bugie hanno le gambe corte. *Truth will out.*

buio — *dark*

al buio (all'oscuro) — *in the dark.*

Non ne so niente; sono completamente al buio (all'oscuro) della vicenda. *I don't know anything about it; I'm completely in the dark about that matter.*

buio fitto (pesto) — *pitch dark.*

Quando siamo tornati a casa era buio pesto. *It was pitch dark when we got home.*

buonanotte — *good night.*

Buonanotte al secchio! *That's that!*

buonanotte ai sonatori — *and that's the end of that.*

Il ladro è fuggito e buonanotte ai sonatori. *The thief escaped and that's the end of that.*

buono — *good*

alla buona — *simply (informally, without ceremony).*
A casa nostra si mangia alla buona. *At our house we eat simply (informally, without ceremony).*

andarci con le buone — *to go about something in a friendly way.*
Bisogna andarci con le buone. *We have to go about it in a friendly way.*

Buon pro vi faccia! *Much good may it do you!*

buono come il pane — *as good as gold.*

con le buone o con le cattive — *by hook or by crook.*
Con le buone o con le cattive, convincerò mio figlio a venire a casa. *By hook or by crook, I'll get my son to come home.*

essere in buona — *to be in a good mood.*
Parlale del tuo progetto stasera, visto che è in buona. *Talk to her about your project tonight, since she's in a good mood.*

prendere il buono con il cattivo — *to take the rough with the smooth.*
Devi imparare a prendere il buono con il cattivo; non tutto può sempre andare come vuoi tu. *You have to learn to take the rough with the smooth; you can't always have things your own way.*

tenere buono qualcuno — *to stall someone.*
L'ha tenuto buono promettendogli che verrà promosso la prossima volta. *He stalled him by promising he would get promoted next time.*

tenersi buono qualcuno — *to keep on friendly terms with someone.*
Tientelo buono: conosce molta gente importante. *Keep on friendly terms with him; he knows lots of important people.*

tornare in buona — *to be on friendly terms again.*
Finalmente ci siamo spiegati con Giovanni e siamo tornati in buona. *We finally talked things over with John and are on friendly terms again.*

un buono a niente (nulla) — *a good-for-nothing.*
Suo cugino perde sempre il lavoro: è proprio un buono a niente. *Her cousin is always losing his job; he's really a good-for-nothing.*

un poco di buono — *to be no good.*
Quel ragazzo è un poco di buono. *That boy is no good.*

53

vivere alla buona — *to rough it.*

È bello vivere alla buona per un po' in campeggio, ma ogni tanto un letto vero e una doccia calda ci vogliono. *It's great to rough it camping, but every so often you need a real bed and a hot shower.*

burro — *butter*

diventare un burro — *to turn quite sweet.*

Quando gli ho promesso di portarlo al circo è diventato tutto un burro. *When I promised to take him to the circus he turned quite sweet.*

busca — *search*

vivere alla busca — *to live off other people.*

Lui intende le vacanze come un'occasione per viaggiare e per vivere a busca dagli amici. *He thinks of vacations as a chance to travel and live off his friends.*

bussola — *compass*

perdere la bussola — *to lose one's bearings.*

Con tutte le sue chiacchiere mi fa perdere la bussola. *With all her chattering she makes me lose my bearings.*

buzzo — *paunch*

di buzzo buono — *in earnest (to set one's mind to).*

Voglio proprio mettermi a studiare di buzzo buono. *I really want to start (set my mind to) studying in earnest.*

caccia — *hunt*

a caccia di — *in search of.*

Era a caccia di facili guadagni. *He was in search of easy money.*

dare la caccia — *to hunt for.*
Ti ho dato la caccia per tutta la città. *I hunted for you all over town.*

cacciare — *to hunt, to drive*
cacciar fuori — *to cough up (to shell out).*
Caccia fuori i soldi. *Cough up the money!*

cacio — *cheese*
come il cacio sui maccheroni — *just what the doctor ordered.*
Questo assegno arriva proprio come il cacio sui maccheroni. *This check is just what the doctor ordered.*

caffettiera — *coffeepot*
una vecchia caffettiera — *an old rattletrap.*
Sono affezionato alla mia macchina, anche se è una vecchia caffettiera. *I'm fond of my old car, even if it's an old rattletrap.*

cagnesco — *(only in the expression)*
guardare qualcuno in cagnesco — *to look daggers at someone.*
È tutta la mattina che mi guarda in cagnesco: ma che cosa gli ho fatto? *He's been looking daggers at me the whole morning; what have I done to him?*

calcagno — *heel*
stare alle calcagna — *to dog one's steps.*
Non starmi sempre alle calcagna! *Don't dog my steps all the time!*

calcio — *kick*
dare il calcio dell'asino — *to hit someone when he's down.*
Non criticarlo adesso; non è da te dare il calcio dell'asino. *Don't criticize him now; it's not like you to hit someone when he's down.*

dare un calcio alla fortuna — *to miss one's chance.*
Non ha voluto amministrare i beni di suo zio e così ha dato un calcio alla fortuna. *He didn't want to manage his uncle's estate and thereby he missed his chance.*

caldo — *hot*

non fare nè caldo nè freddo — *to leave one indifferent.*
Non mi fa nè caldo nè freddo. *I couldn't care less.*

prendersela calda — *to take to heart.*
Non prendertela calda, stavo solo scherzando. *Don't take it to heart; I was only joking.*

calende — *calends*

rimandare alle calende greche — *to put off indefinitely.*
Sembra che il governo voglia rimandare la riforma alle calende greche. *It seems the government wants to put off the reform indefinitely.*

calibro — *caliber*

essere dello stesso calibro — *to be at the same level.*
Non sono dello stesso calibro, ma lavorano benissimo insieme.
They're not at the same level, but they work really well together.

i grossi calibri — *the big shots.*
I grossi calibri hanno deciso tutto e noialtri dobbiamo fare quello che dicono. *The big shots decided everything, and the rest of us have to do as they say.*

callo — *corn*

farci il callo — *to be hardened to.*
Ci ho fatto il callo. *I'm hardened to it.*

pestare i calli a qualcuno — *to tread on someone's toes.*
Sta' attento a non pestare i calli a un tipo pericoloso come quello. *Be careful not to tread on the toes of a dangerous person like that.*

calma — *calm*

Calma e sangue freddo! *Keep cool, calm, and collected!*

prendersela con calma — *to take it easy.*
Prenditela con calma, non c'è nessuna fretta. *Take it easy; there's no hurry.*

cambiare — *to change*
   tanto per cambiare — *just for a change.*
   Andiamo in autobus oggi, tanto per cambiare. *Let's go by bus today, just for a change.*

camicia — *shirt*
   Essere nato con la camicia. *To be born with a silver spoon in one's mouth.*

   rimetterci la camicia — *to lose one's shirt.*
   Ha fatto un investimento sbagliato e ora rischia di rimetterci la camicia. *He made a wrong investment and now risks losing his shirt.*

   sudare sette camicie — *to sweat blood.*
   Ha sudato sette camicie per evitare la bancarotta. *He sweat blood to avoid bankruptcy.*

campana — *bell*
   sentire l'altra campana — *to hear the other side of the question.*
   Vorrei sentire l'altra campana prima di decidere. *I'd like to hear the other side of the question before making my decision.*

   stare in campana — *to watch out.*
   Sta' in campana, questo è un posto pericoloso di notte. *Watch out, this is a dangerous place at night.*

   tenere qualcuno sotto una campana di vetro — *to pamper someone.*
   Lei non sa far niente perchè i suoi l'hanno sempre tenuta sotto una campana di vetro. *She's incapable of doing anything because her parents have pampered her all her life.*

campanile — *bell tower*
   il proprio campanile — *one's own town.*
   Non vede più in là del suo campanile. *He won't look any further than his own town.*

campare — *to live*

  tirare a campare — *to scrape by.*

  Erano molto ricchi, ma ormai tirano a campare. *They used to be very rich, but now they only scrape by.*

campo — *field*

  mettere in campo — *to put forward.*

  Mìse in campo delle valide ragioni. *He put forward some good reasons.*

candela — *candle*

  a candela — *perpendicularly.*

  Ha tirato la palla a candela e gli è tornata in testa. *He threw the ball up perpendicularly and it came down on his head.*

  alla candela — *dying.*

  La giornata è alla candela e guardiamo gli ultimi raggi del sole. *The day is dying and we're watching the sun's last rays.*

  struggersi come una candela — *to pine away.*

  Non ti struggere come una candela; tornerà presto. *Don't pine away; he'll be back soon.*

cane — *dog*

  Can che abbaia non morde. *Barking dogs don't bite.*

  Cane non mangia cane. *There's honor among thieves. (Dog does not eat dog.)*

  da cane (da cani) — *(1) very poorly, very badly.*

  Non andare in quel ristorante: ci ho mangiato da cani. *Don't go to that restaurant; I ate very badly there.*

  (2) a devil of a job.

  Abbiamo ridipinto tutta la casa, ma è stato un lavoro da cani. *We painted the whole house, but it was a devil of a job.*

  Fa un freddo cane. *The weather is as cold as ice.*

  menare il can per l'aia — *to beat about the bush.*

  Smettila di menare il can per l'aia e dimmi che cosa è successo. *Stop beating about the bush and tell me what happened.*

morire come un cane — *to die a dog's death.*

Non era simpatico, ma non meritava di morire come un cane. *He wasn't very nice, but he didn't deserve to die a dog's death.*

Non svegliare il can che dorme. *Let sleeping dogs lie.*

sembrare un cane bastonato — *to be a beaten dog.*

Te l'avevo detto che lui era troppo forte per te; adesso sembri proprio un cane bastonato. *I warned you he was too strong for you; now you're really a beaten dog.*

solo come un cane — *completely alone.*

Se ne sono andati tutti al cinema e mi hanno lasciato solo come un cane. *They all went to the movies and left me all alone.*

un cane — *a soul.*

Ho bussato a tutte le porte ma non ho trovato un cane. *I knocked on every door, but I didn't find a soul.*

---

cantare — *to sing*

cantarla chiara — *to speak one's mind.*

Gliela canto chiara e così non ci saranno equivoci. *I'll speak my mind to him so there won't be any misunderstandings.*

---

cantiere — *yard*

avere qualcosa in cantiere — *to have something in preparation.*

Abbiamo un nuovo articolo in cantiere, ma dobbiamo ancora leggere parecchio prima di trarre le conclusioni. *We have a new article in preparation, but we still have to read a lot before we can come to any conclusions.*

---

cantilena — *sing-song*

essere sempre la stessa cantilena — *to be the same old story.*

È sempre la stessa cantilena: "Mi sono dimenticato." *It's always the same old story: "I forgot."*

---

canto — *corner*

dal canto mio — *as for me (as far as I'm concerned).*

Dal canto mio, glielo lascerei presentare così. *As for me (As far as I'm concerned) I'd let him present it as is.*

d'altro canto — *on the other hand.*

D'altro canto, sarebbe più giusto che lo facesse come l'hanno fatto tutti gli altri. *On the other hand, it would be fairer if he did it the same way the others did.*

canzone — *song*

    cantare sempre la stessa canzone — *to keep harping on the same string.*

    Perchè canti sempre la stessa canzone? Ti ho già detto che lo farò quando avrò tempo. *Why do you keep harping on the same string? I already told you I'll do it when I have time.*

capello — *one hair*

    a capello — *to a tee.*

    Questa sciarpa mi sta a capello, grazie. *Thank you, this scarf suits me to a tee.*

    averne fin sopra i capelli — *to be fed up with.*

    Ne ho fin sopra i capelli di te e dei tuoi amici. *I'm fed up with you and your friends.*

    far venire i capelli bianchi — *to give someone gray hair.*

    A furia di combinare guai ha fatto venire i capelli bianchi a sua madre. *He was so much trouble that he gave his mother gray hair.*

    non torcere un capello — *not to touch a hair.*

    I rapitori non gli hanno torto un capello. *The kidnappers didn't touch a hair on his head.*

    prendersi per i capelli — *to come to blows.*

    La loro discussione era diventata troppo animata e rischiavano di prendersi per i capelli. *Their conversation was getting too heated, and they risked coming to blows.*

    rizzarsi i capelli — *to have one's hair stand on end.*

    Mi si sono rizzati i capelli a sentire il suo racconto. *My hair stood on end when I heard his story.*

    spaccare un capello in quattro — *to split hairs.*

    Perchè spaccare un capello in quattro per una questione così marginale? *Why split hairs over such a marginal problem?*

tirare per i capelli — *to drag (to force).*

Lo ha tirato per i capelli in questo affare. *He dragged him into this business.*

tirato per i capelli — *far-fetched.*

I suoi metodi non sono molto ortodossi, ma la soluzione non è per niente tirata per i capelli. *His methods aren't very orthodox, but his solution is not at all far-fetched.*

---

capitare — *to happen, to arrive*

Siamo proprio capitati bene! *This is a fine kettle of fish!*

---

capire — *to understand*

si capisce — *of course.*

Si capisce che puoi stare da noi; che domanda! *Of course you can stay with us; what a question!*

---

capo — *head*

alzare il capo — *to rebel.*

Questa situazione non può reggere; i giovani stanno già alzando il capo. *This situation can't continue; the young people are already rebelling.*

andare a capo — *to begin a new paragraph.*

Qui hai cambiato l'argomento del tuo saggio e saresti dovuto andare a capo. *At this point you changed the subject of your essay; you should have begun a new paragraph.*

capitare tra capo e collo — *to be saddled with.*

Come se non avessi già abbastanza da fare, mi è capitata anche questa tra capo e collo. *As if I didn't already have enough to do, I got saddled with this too.*

chinare il capo — *to eat humble pie.*

Mi rifiuto di chinare il capo; insisto che ho ragione io. *I refuse to eat humble pie; I insist on being right.*

da capo — *from the beginning (from scratch).*

Ora dobbiamo ricominciare da capo. *We have to start over again from the beginning (from scratch).*

da capo a piedi — *from head to toe (foot).*

Ho lasciato il bambino solo un momento in cucina, e l'ho ritrovato infarinato da capo a piedi. *I left the baby alone for a minute in the kitchen and found him covered with flour from head to toe.*

in capo al mondo — *the end of nowhere.*

Mi dispiace che si siano trasferiti in capo al mondo; è così lontano che ora non li vedremo più spesso come prima. *I'm sorry they moved out to the end of nowhere; it's so far that now we won't see them as often as before.*

nè capo nè coda — *neither rhyme nor reason.*

Secondo me il suo discorso non ha nè capo nè coda. *In my opinion, his speech had neither rhyme nor reason.*

rompersi il capo — *to rack one's brains.*

Mi sto rompendo il capo da stamattina, ma non riesco a ricordarmelo. *I've been racking my brains since this morning, but I just can't remember it.*

venire a capo di qualcosa — *to get to the bottom of something.*

Non smetterò di farti domande finchè non verrò a capo della situazione. *I'm not going to stop asking you questions until I get to the bottom of this.*

---

capocchia — *pin head*

parlare a capocchia — *to speak at random.*

Non ti aspettare una conclusione da lui: parla solo a capocchia. *Don't expect a conclusion from him; he's just speaking at random.*

---

capofitto — *headlong*

buttarsi a capofitto in — *to throw oneself wholeheartedly into.*

Vedi che non è pigro: si è buttato a capofitto nel lavoro. *You see he isn't lazy; he's thrown himself wholeheartedly into his job.*

---

capolino — *little head*

far capolino — *to peep.*

Faceva ancora freddo, ma il sole faceva già capolino. *It was still cold, but the sun was already peeping out.*

---

cappa — *cloak, hood*
(essere) sotto una cappa di piombo — *(to feel) oppressed.*
Devo uscire a divertirmi un po'. Mi sento come sotto una cappa di piombo. *I have to get out and have some fun. I feel oppressed.*

sotto la cappa del sole — *in the whole world.*
O grazie, questo è il più bel regalo sotto la cappa del sole. *Oh, thanks, this is the best gift in the whole world.*

cappello — *hat*
far tanto di cappello a qualcuno — *to take one's hat off to.*
Ti faccio tanto di cappello: hai giocato bene e hai meritato di vincere. *I take off my hat to you; you played well and deserved to win.*

prendere cappello — *to take offense.*
Non prendere cappello, stavamo solo scherzando. *Don't take offense; we were only joking.*

cappero — *caper*
Capperi! *Good heavens!*

cappotto — *overcoat*
fare cappotto a qualcuno — *to wipe the floor with someone.*
Pensavamo di perdere, ma ci hanno fatto proprio cappotto. *We thought we'd lose, but they really wiped the floor with us.*

capra — *goat*
salvar capra e cavoli — *to have one's cake and eat it too.*
Lui crede di riuscire a salvare capra e cavoli grazie al lavoro nero, ma fallirà in ogni caso. *He thinks he can have his cake and eat it too by exploiting the workers in his sweatshops, but he'll go bankrupt anyway.*

carbone — *coal*
essere sui carboni ardenti — *to be on tenterhooks.*
Siamo stati sui carboni ardenti mentre la commissione discuteva il problema. *We were on tenterhooks while the committee debated the issue.*

carcassa — *carcass*
  la mia vecchia carcassa — *my old bones.*
  La mia vecchia carcassa non è più quella di una volta. *My old bones aren't what they used to be.*

carica — *charge*
  tornare alla carica — *to keep insisting.*
  Nonostante il mio rifiuto è tornato alla carica. *Despite my refusal he kept insisting.*

carico — *load*
  farsi carico di — *to take on.*
  Vedi **prendersi la briga.**

carità — *charity*
  carità pelosa — *self-interested charity.*
  Danno i soldi alle organizzazioni di beneficenza che poi devono comprare i loro prodotti. Che carità pelosa! *They give money to charitable organizations, which then have to buy their products. It's just self-interested charity!*

  Per carità! *Not on your life! (God forbid!)*

carne — *meat, flesh*
  carne della propria carne — *one's own flesh and blood.*
  Lo so che è un ragazzo difficile, ma è pur sempre carne della tua carne! *I understand he's a difficult boy, but after all, he's your own flesh and blood!*

  essere bene in carne — *to be plump.*
  No, non è grassa; è bene in carne. *No, she isn't fat; she's plump.*

  essere fatto di carne ed ossa — *to be human.*
  È fatto di carne ed ossa, e non ha resistere. *He's human, and couldn't resist.*

  in carne ed ossa — *in the flesh (as big as life, in person).*
  Ho visto la squadra di tennis in carne ed ossa all'aeroporto. *I saw the tennis team in the flesh (as big as life, in person) at the airport.*

nè carne nè pesce — *neither fish nor fowl.*

Questo tema non è nè carne nè pesce: giri intorno al problema senza prendere mai posizione. *This paper is neither fish nor fowl; you talk around the problem without ever taking a position.*

troppa carne al fuoco — *(1) too many irons in the fire.*

Ha troppa carne al fuoco; non può prendere le vacanze adesso. *He has too many irons in the fire; he can't take a vacation now.*
(2) to bite off more than one can chew.

Ha messo troppa carne al fuoco e adesso teme di non finire il lavoro in tempo. *He bit off more than he could chew, and now he's afraid he won't be able to finish the job in time.*

---

carota — *carrot*

piantar carote — *to tell lies.*

È ovvio dalla sua espressione che sta piantando carote. *It's obvious from his expression that he's telling lies.*

---

carreggiata — *carriageway*

rimettersi in carreggiata — *to come back to the right path.*

Essere stato arrestato proprio al primo furto è stata la sua salvezza; si è rimesso subito in carreggiata. *Having gotten arrested at his very first theft was what saved him; he came right back to the right path.*

uscire di carreggiata — *to go too far.*

Hanno detto delle cose assurde di lei: sono proprio usciti di carreggiata. *They said absurd things about her; they went way too far.*

---

carretta — *cart*

tirare la carretta — *to plod along, to be the breadwinner.*

Ha tirato la carretta tutta la vita e quando stava per andare in pensione è morto. *He plodded along as the only breadwinner for the whole family, and when he was about to retire he died.*

---

carro — *cart*

Non mettere il carro davanti ai buoi. *Don't put the cart before the horse.*

carta — *card, paper*

  a carte scoperte — *aboveboard.*

  Fidati di lei, è una persona che gioca sempre a carte scoperte. *Trust her, she always does things aboveboard.*

  alzare le carte — *to cut the cards.*

  Ho mescolato le carte; tocca a te alzarle. *I shuffled the cards; it's your turn to cut them.*

  avere le carte in regola — *to have one's papers in order.*

  Ha tutte le carte in regola e non mi sorprenderebbe se scegliessero proprio lui. *He has all his papers in order; I wouldn't be surprised if they chose him.*

  cambiare le carte in tavola — *to shift one's ground.*

  Non ti puoi fidare di lui perchè ti cambia sempre le carte in tavola. *You can't trust him because he's always shifting his ground.*

  dare carta bianca a qualcuno — *to give someone a free hand.*

  Mi hanno dato carta bianca per sviluppare i programmi. *They've given me a free hand in developing the programs.*

  fare carte false — *to go to any lengths.*

  Farebbe carte false pur di diventare suo amico. *He'd go to any lengths to become his friend.*

  mandare a carte quarantotto — *to send to the devil.*

  Non è venuto e così ha mandato tutti i miei programmi a carta quarantotto. *He didn't come and that sent all my plans to the devil.*

  mettere le carte in tavola — *to put (lay) the cards on the table.*

  Ha fatto tutto di nascosto senza informarci, ma lo obbligheremo a mettere le carte in tavola. *He did everything on the sly, but we'll make him put his cards on the table.*

  mettere qualcosa sulla carta — *to put something in writing.*

  Non mi sono mai fidata di loro: gli ho sempre fatto mettere tutti i nostri accordi sulla carta. *I never trusted them; I always made them put all our agreements in writing.*

  puntare tutto su una carta sola — *to put all one's eggs in one basket.*

  Ha investito tutta l'eredità in azioni, ma non è prudente puntare tutto su una carta sola. *He invested the entire inheritance in stocks, but it isn't prudent to put all your eggs in one basket.*

scoprire le carte — *to tip one's hand.*

Finalmente ha scoperto le carte: venderà la società ai nostri concorrenti, come avevamo pensato. *Finally he tipped his hand; he'll sell the company to our competitors, as we guessed.*

cartuccia — *cartridge*

sparare l'ultima cartuccia — *to play one's last card.*

Offrendoci del denaro per lavorare con noi, ha sparato la sua ultima cartuccia, ma non accetteremo la sua proposta lo stesso. *Offering us money to work with him, he played his last card, but we won't accept his proposal anyway.*

una mezza cartuccia — *(1) a shrimp.*

Quella mezza cartuccia non ce la farà mai a sollevare il baule; è troppo pesante. *That shrimp will never manage to lift the trunk; it's too heavy.*
(2) a man of no account.

Ti aspettavi che lui la cantasse chiara al suo socio? Ma lo sai che è una mezza cartuccia. *You expected him to give his partner his due? You know he's a man of no account!*

casa — *house*

A casa del ladro non si ruba. *There's honor among thieves.*

abitare a casa del diavolo — *to live in the boondocks.*

Giovanna e Paolo abitano a casa del diavolo. *Joanne and Paul live in the boondocks.*

di casa — *one of the family.*
Maria Grazia è di casa. *Maria Grazia is one of the family.*

metter su casa — *(1) to set up house.*
Si sono fidanzati e stanno mettendo su casa. *They're engaged and are setting up house.*
(2) to settle down.
Pare che lei sia quella giusta per fargli metter su casa. *It seems she's the right one to make him settle down.*

non sapere neanche dove stia di casa — *not to know the slightest thing about something.*
La voglia di lavorare? Non sa neanche dove stia di casa e non fa niente tutto il giorno. *Willingness to work? He doesn't know the slightest thing about it, and he doesn't do a thing all day long.*

tutto casa e famiglia — *a stay-at-home type.*
Suo marito è tutto casa e famiglia e non esce mai la sera. *Her husband is a stay-at-home type, and never goes out evenings.*

---

casaccio — *misfortune*
a casaccio — *any which way.*
Fa le cose come le salta in testa, a casaccio. *She does things any which way.*

parlare a casaccio — *to speak at random (to speak for the sake of speaking).*
Vedi **parlare a capocchia.**

---

cascare — *to fall*
Ci sei cascato! *You've been had!*

---

casino — *whorehouse*
fare casino — *to make a mess.*
Non fate tanto casino, poi sono io che devo pulire! *Don't make such a mess. I'm the one who has to clean up afterwards!*

piantare casino — *to make a fuss.*

Hanno dovuto piantare casino per farsi dare la stanza che avevano prenotato. *They had to make a fuss to get the room they had reserved.*

caso — *chance*

caso mai — *if by chance.*

Ti telefonerò; caso mai dovessi uscire lascia detto dove vai. *I'll call you; if by chance you should go out, leave a message where you're going.*

darsi il caso che — *for it to happen that.*

Adesso accetti la mia proposta, ma si dà il caso che mi sia già rivolta ad un altro. *You're accepting my proposal now, but it so happens that I've already turned to someone else.*

essere il caso — *to be appropriate.*

Sarebbe il caso che passassimo da loro a fare le condoglianze. *It would be appropriate for us to stop over and offer them our condolences.*

fare al caso — *to be just what one needs.*

La tua penna fa proprio al caso mio: me la regali? *Your pen is just what I needed; can I have it?*

fare caso — *to notice.*

Facci caso: tutte le volte che parli del tuo stipendio le brillano gli occhi. Forse è invidiosa. *Notice it; every time you talk about your salary her eyes glisten. Maybe she's envious.*

guarda caso — *oddly enough.*

Siamo uscite per commissioni e guarda caso l'abbiamo incontrato tre volte; forse ci seguira. *We went out to do errands, and oddly enough we ran into him three times; maybe he was following us.*

non essere il caso di — *to be not even worth mentioning.*

Non è neppure il caso di parlarne; le dò un passaggio volentieri. *Don't even mention it; I'll be glad to give her a ride.*

cassetta — *box*

lavorare per la cassetta — *to work just for the money.*

Non farà mai un film impegnato perchè non farebbe soldi e lui lavora solo per la cassetta. *He'll never do a serious intellectual film because it wouldn't earn anything, and he works just for the money.*

castagna — *chestnut*

cavare le castagne dal fuoco — *to pull someone's chestnuts out of the fire.*

Lo pagano bene perchè cava le castagne dal fuoco al principale. *They pay him well because he pulls the boss's chestnuts out of the fire.*

prendere qualcuno in castagna — *to catch someone in the act.*

Ha preso suo figlio in castagna mentre mangiava la torta che aveva preparato per la festa. *She caught her son in the act of eating the cake she had made for the party.*

castello — *castle*

fare castelli in aria — *to build castles in the air.*

Ha vinto un bel po' di soldi alla lotteria e ora fa castelli in aria dal mattino alla sera. *He won a lot of money in the lottery and now he's building castles in the air all day long.*

catafascio — *topsy-turvy*

mandare a catafascio — *to send to pieces.*

Avevamo progettato la gita in barca due mesi fa, ma la sua malattia ha mandato tutto a catafascio. *We had planned the boat trip two months ago, but his illness has sent everything to pieces.*

catinella — *basin*

piovere a catinelle — *to rain cats and dogs.*

Il tempo è bruttissimo e piove a catinelle. *The weather is terrible and it's raining cats and dogs.*

cattedra — *desk*

   in cattedra — *on one's high horse.*

   Invece di parlare con semplicità, sale in cattedra e pontifica. *Instead of talking simply, he gets on his high horse and pontificates.*

causa — *cause, lawsuit*

   Chi è causa del suo mal, pianga se stesso. *You made your bed, now lie in it.*

   dare causa vinta a qualcuno — *to throw in the sponge (to grant someone the point).*

   Ne avevo abbastanza di discutere e gli ho dato causa vinta. *I'd had enough of the argument and I threw in the sponge (granted him the point).*

cavalleria — *cavalry*

   passare in cavalleria — *to be long gone.*

   Il mio bel vestito di seta à passato in cavalleria, perchè era tutto strappato. *My pretty silk dress is long gone because it was all torn.*

cavallina — *young mare*

   correre la cavallina — *to sow one's wild oats.*

   È giovane ma non giovanissimo, eppure corre ancora la cavallina e non perde un'occasione per divertirsi. *He's young, but not that young, but he still sows his wild oats and doesn't pass up any chance for having fun.*

cavallo — *horse*

   A caval donato non si guarda in bocca. *Don't look a gift horse in the mouth.*

   a cavallo di due secoli — *at the turn of the century.*

   La rivoluzione industriale incominciò a far sentire i suoi effetti a cavallo del XIX secolo. *The effects of the Industrial Revolution began to be felt at the turn of the nineteenth century.*

Campa cavallo che l'erba cresce. *There will be the day when the cows come home.*

cavallo di battaglia — *battlehorse.*

"E lucean le stelle" è il cavallo di battaglia di Pavarotti. *"E lucean le stelle" is Pavarotti's battlehorse.*

il cavallo di S. Francesco — *shank's mare.*

Il traffico in centro è tale che non si può andare nè in autobus nè in macchina; preferisco il cavallo di S. Francesco. È più veloce. *The traffic downtown is so heavy that you can go neither by bus nor car; I prefer shank's mare. It's faster.*

puntare sul cavallo perdente — *to back the wrong horse.*

Hai fiducia in lui, ma punti sul cavallo perdente, perchè non è in grado di fare ciò che gli hai chiesto. *You trust him, but you're backing the wrong horse, because he won't be able to do what you asked.*

Siamo a cavallo! *It's in the bag!*

---

cavalluccio — *small horse*

a cavalluccio di qualcuno — *to carry someone piggyback.*

La bimba non cammina ancora bene e le piace andare a cavalluccio di suo padre. *The baby doesn't walk well yet, and she likes to be carried piggyback by her father.*

---

cavare — *to extract*

cavarsela — *(1) to get off (to come away with).*

L'incidente è stato orribile, ma ce la siamo cavata con un po' di spavento. *The accident was horrible, but we got off with a scare.*

(2) to manage.

Sai guidare la macchina? Me la cavo. *Can you drive the car? I manage.*

---

cavolo — *cabbage*

Che cavolo fai? *What the hell are you doing?*

Col cavolo! *By no means!*

come i cavoli a merenda — *to have nothing to do with.*
Quella cornice sta col quadro come i cavoli a merenda, perchè non
s'accorda nè con lo stile nè col colore del dipinto. *That frame has
nothing to do with the painting, because it goes neither with the style
nor with the colors.*

cencio — *rag*
 ridursi a un cencio — *to become the shadow of one's former self.*
 Ha lavorato tanto che si è ridotta a un cencio. *She's worked so much
 that she's become the shadow of her former self.*

centro — *center*
 far centro — *to hit the bull's eye.*
 Gli ho parlato dei miei programmi e ho fatto centro: mi darà l'aumento di stipendio. *I told him about my plans and he liked them;
 he'll give me a raise.*

cera — *wax*
 avere una brutta cera — *to look bad (sick).*
 Hai una brutta cera oggi. Ti senti bene? *You look bad (sick) today. Do
 you feel all right?*

 far buona cera (buon viso) a qualcuno — *to give someone a hearty
 welcome.*
 Non lo posso soffrire, ma gli ho fatto buona cera (buon viso) perchè
 non posso fare a meno di lui. *I can't stand him, but I gave him a
 hearty welcome because I need him.*

cero — *candle*
 accendere un cero alla Madonna — *to thank one's lucky stars.*
 Siete riusciti ad evitare la bancarotta: dovreste accendere un cero alla
 Madonna. *You managed to avoid bankruptcy; you should thank
 your lucky stars.*

cervello — *brain*
 agire con poco cervello — *to act without thinking.*

Non riesce a combinare niente di buono, perchè agisce con poco cervello. *He can't accomplish anything because he acts without thinking.*

avere il cervello a posto — *to have one's head screwed on the right way.*

Non ha mica il cervello a posto! Ha speso l'intero stipendio al casinò. *He doesn't have his head screwed on right! He spent his whole salary at the casino.*

avere il cervello da gallina — *to be harebrained.*

Non ce la farà mai a dirigere l'azienda: ha un cervello da gallina. *He'll never be able to manage the company; he's harebrained.*

dare di volta il cervello a qualcuno — *to go crazy.*

Vuole andare a fare il mercenario in Africa. Gli ha dato di volta il cervello! *He wants to go to Africa as a mercenary. He's gone crazy!*

farsi saltare le cervella — *to blow one's brains out.*

Nessuno ci credeva quando lui minacciava di uccidersi e invece si è fatto saltare le cervella. *No one believed him when he threatened to kill himself. He did it; he blew his brains out.*

lambiccarsi il cervello — *to beat one's brains out (to rack one's brain).*

Mi sto lambiccando il cervello per trovare il modo di farlo. *I'm beating my brains out to find a way to do it.*

mettere il cervello a partito — *to settle down.*

Hai 20 anni; è ora che tu metta la testa a partito e ti decida a lavorare sul serio. *You're 20; it's about time you settled down and decided to work seriously.*

non avere un briciolo di cervello — *not to have a grain of sense.*

Ha speso dieci milioni per un orologio. Non ha un briciolo di cervello. *She spent ten million lire for a watch. She doesn't have a grain of sense.*

chiacchiere — *gossip*
    Le chiacchiere non fan farina. *Talking gets you nowhere.*

chiaro — *clear*

chiaro e tondo — *straight out.*
Me lo ha detto chiaro e tondo che non gli sono simpatico. *He told me straight out that he doesn't like me.*

con questi chiari di luna — *in these difficult times.*
Faresti meglio a non spendere troppi soldi con questi chiari di luna. *You'd better not spend too much money in these difficult times.*

parlar chiaro — *to be frank.*
Smettila di fare tanti discorsi: parla chiaro e ci metteremo d'accordo più in fretta. *Stop lecturing; be frank and we'll come to an agreement sooner.*

vederci chiaro — *for something to be clear.*
Vorrei saperne di più sugli affari che combina; non ci vedo chiaro. *I'd like to know more about what he's up to; it isn't clear to me.*

china — *slope*

mettersi su una brutta china — *to start going wrong.*
Si è messo su una brutta china: scommette somme enormi alle corse. *He's started going wrong; he bets heavily at the racetrack.*

risalire la china — *to get back on top.*
Ha commesso tanti errori, ma adesso sta risalendo la china. *He made a lot of mistakes, but now he's finally getting back on top.*

chiodo — *nail*

attaccare al chiodo — *to give up.*
Ha attaccato la racchetta al chiodo. *He gave up tennis.*

avere un chiodo fisso — *to have a bug in one's brain.*
Andare in Antartide è un suo chiodo fisso da molto tempo. *He's had a bug in his brain about a trip to Antarctica for a long time.*

battere sullo stesso chiodo — *to harp on.*
È tutto il giorno che batti sullo stesso chiodo. *You've been harping on it all day.*

ciambella — *doughnut*
  Non tutte le ciambelle riescono col buco. *Things can't always be expected to turn out well.*

cicca — *cigarette butt*
  non valere una cicca — *not to be worth a damn.*
  Ho pagato un sacco per quel cappotto e non vale una cicca; si stropiccia tutto. *I paid a lot for that coat and it's not worth a damn; it gets all wrinkled.*

cieco — *blind*
  Essere cieco come una talpa. *To be as blind as a bat.*

cielo — *sky, heaven*
  al settimo cielo — *in seventh heaven.*
  Non potrei essere più felice di così; sono al settimo cielo. *I couldn't be happier than this; I'm in seventh heaven.*

  Cielo a pecorelle, acqua a catinelle. *Fleecy clouds are a sign of heavy rain.*

  muovere cielo e terra — *to leave no stone unturned.*
  Ha mosso cielo e terra per farsi presentare a lei. *He left no stone unturned to get introduced to her.*

  non stare nè in cielo nè in terra — *to be utter nonsense.*
  La tua spiegazione non ha senso; non sta nè in cielo nè in terra. *Your explanation is utter nonsense.*

  portare ai sette cieli — *to praise to the skies.*
  È innamorato di lei; la porta ai sette cieli e non riesce più a vedere i suoi difetti. *He's in love with her; he praises her to the skies and can't see her defects any more.*

  toccare il cielo con un dito — *to be in Heaven.*
  Ha vinto il primo premio; ora sì che tocca il cielo con un dito. *He won the first prize; now he's in Heaven.*

cifra — *amount*

sborsare una cifra da capogiro — *to shell out an exorbitant sum.*
Per questo tavolo antico ho sborsato una cifra da capogiro. *I shelled out an exorbitant sum for this antique table.*

ciglio — *eyelid*

non battere ciglio — *not to bat an eye(lid).*
Ha un ottimo controllo di sè e anche se lo provocano non batte ciglio. *He has very good self-control; even when provoked he doesn't bat an eye.*

cilecca — *banter*

far cilecca — *to fail.*
Vedi **fare fiasco.**

ciliegia — *cherry*

Una ciliegia tira l'altra. *One thing leads to another.*

cima — *top*

da cima a fondo — *(1) from top to bottom.*
La casa è stata inondata dall'acqua e ho dovuto farla ripulire da cima a fondo. *The house was flooded with water, and I had to have it cleaned from top to bottom.*
(2) from cover to cover.
Ho letto il libro da cima a fondo; lo so a memoria. *I read the book from cover to cover; I know it by heart.*
(3) inside out.
Conosco questo edificio da cima a fondo; ci lavoro da vent'anni. *I know this building inside out; I've worked here for twenty years.*

cinghia — *belt*

tirare (stringere) (contrario: allentare) la cinghia — *to tighten (opposite: to loosen) one's belt.*
Abbiamo dovuto tirare la cinghia per molto tempo, ma adesso siamo benestanti. *We had to tighten our belts for a long time, but now we're well off.*

civetta — *screechowl*
  fare la civetta — *to flirt.*
  Ha fatto la civetta con lui tutta la sera. *She flirted with him all evening!*

---

coda — *tail*

  avere la coda di paglia — *to have a guilty conscience.*
  Ci ha ingannati e sa che ce ne siamo accorti; per questo non si fa più
    vedere, perchè ha la coda di paglia. *He fooled us and he knows that
    we know it; that's why he doesn't show his face around here, because
    he has a guilty conscience.*

  con la coda dell'occhio — *out of the corner of one's eye.*
  Non potevo guardarlo in faccia perchè stavo scrivendo, ma potevo
    vederlo con la coda dell'occhio. *I couldn't look at him directly be-
    cause I was writing, but I could see him out of the corner of my eye.*

  con la coda fra le gambe — *with one's tail between one's legs.*
  Credeva di farla da padrone, ma abbiamo reagito e se n'è dovuto an-
    dare con la coda fra le gambe. *He thought he was the boss, but we
    reacted and he had to go off with his tail between his legs.*

  fare la coda — *to queue up (to stand in line).*
  Il negozio aveva dei saldi favolosi, ma bisognava fare la coda per ore.
    The store had fabulous sales, but you had to queue up for hours.

  tirare la coda al gatto — *to go too far.*

2

Non dargli altre noie, è meglio non tirare la coda al gatto. *Don't bother him any more; it's better not to go too far.*

collo — *neck*

allungare il collo — *to crane one's neck.*
La folla circondava l'oratore; allungavo il collo ma non riuscivo a vederlo. *The crowd surrounded the orator; I craned my neck but couldn't manage to see him.*

fino al collo — *up to one's ears (neck, chin).*
È nei guai fino al collo. *He's in trouble up to his ears (neck, chin).*

prendere qualcuno per il collo — *to squeeze someone.*
Ha dovuto accettare un prestito ad un interesse altissimo perchè aveva bisogno urgente di soldi: l'hanno preso per il collo. *He had to accept a loan at very high interest because he desperately needed money. They squeezed him.*

colmo — *height*

essere il colmo — *to be the limit (the last straw).*
Gli ho sempre imprestato del denaro e non me lo ha mai reso. Ora dice che gliene devo io. È il colmo! *I've always lent him money and he never returned it; now he says I owe him. It's the limit!*

colonna — *column*

la colonna della famiglia — *the mainstay of the family.*
È l'unico che guadagna: è la colonna della famiglia. *He's the only breadwinner; he's the mainstay of the family.*

colore — *color*

cambiare colore — *to turn pale.*
Quando l'ha visto al parco con lei, ha cambiato colore. *When she saw him with her at the park, she turned pale.*

combinarne di tutti i colori — *to be up to all kinds of mischief.*
L'ho lasciato andare in gita coi compagni, ma ne ha combinate di tutti i colori. *I let him go on the trip with his friends, but he was up to all kinds of mischief the whole time.*

dirne di tutti i colori — *to cover with insults.*

Credevo che mi ringraziasse e invece me ne ha dette di tutti i colori. *I thought he'd thank me, instead he covered me with insults.*

vederne di tutti i colori — *to have seen all kinds, shapes, and sizes.*

Nulla può sorprenderlo, perchè nella sua vita ne ha viste di tutti i colori. *Nothing can surprise him, because in his lifetime he has seen all kinds, shapes, and sizes.*

colpa — *fault*

    essere colpa di — *to be the fault of.*

    È colpa dell'autista se abbiamo bocciato. *It's the driver's fault that we ran into the other car.*

colpo — *blow*

    a colpo d'occhio — *at a glance.*

    Si vede a colpo d'occhio che tu sei più alto; è inutile misurare. *One can see at a glance that you're taller; there's no use measuring.*

    avere un colpo di fortuna — *to have a stroke of luck.*

    C'è crisi di alloggi, ma ha avuto un colpo di fortuna e ne ha trovato uno a poco prezzo. *There's a housing shortage, but he had a stroke of luck, and found an apartment at a low price.*

    dare (infliggere) colpi bassi — *to hit (strike) below the belt (to deal a low blow).*

    Un uomo onesto non dà colpi bassi. *An honest man doesn't hit below the belt.*

    Dare un colpo al cerchio e uno alla botte. *To run with the hare and hunt with the hound.*

    dare un colpo di telefono — *to give a ring.*

    Se non posso venire ti dò un colpo di telefono. *If I can't come I'll give you a ring.*

    di colpo — *all of a sudden.*

    Si è fermato di colpo e l'ho tamponato. *He stopped all of a sudden and I ran into him.*

far colpo su qualcuno — *to make a strong impression on someone.*

Ha fatto colpo sui suoi futuri datori di lavoro; otterrà il posto senz'altro. *He made a strong impression on his future employers; no doubt he'll get the job.*

far prendere un colpo — *to scare the daylights out of.*

Credevo che non ci fosse nessuno in casa, quando sei comparso all'improvviso; mi hai fatto prendere un colpo. *I thought there wasn't anyone at home; when you appeared suddenly, you scared the daylights out of me.*

infliggere un colpo a qualcuno — *to deal a blow to someone.*

Dicendole che hai visto Sam con Elena le hai inflitto un bel colpo. *By telling her you saw Sam with Helen you dealt her a blow.*

morire sul colpo — *to be killed instantly.*

Il tetto è crollato e lui è morto sul colpo. *The roof collapsed and he was killed instantly.*

senza colpo ferire — *without striking a blow.*

Lei è molto astuta e ottiene tutto quello che vuole senza colpo ferire. *She's quite cunning; she gets everything she wants without striking a blow.*

un colpo di testa — *a rash act.*

Suo padre ha minacciato di buttarlo fuori di casa se la sposava, ma lui ha fatto un colpo di testa e l'ha sposata lo stesso. *His father threatened to throw him out if he married her, but he did a rash act and married her just the same.*

un colpo gobbo — *a lucky shot.*

Trovare un impiego tranquillo e sicuro con uno stipendio da direttore generale: questo sì che è un colpo gobbo. *Finding a quiet and secure job with a manager's salary; that would be a lucky shot.*

coltello — *knife*

aver il coltello per il manico — *to have the upper hand.*

È inutile opporsi, tanto il coltello per il manico ce l'ha lui. *It's useless to resist; anyway, he has the upper hand.*

da tagliarsi col coltello — *so thick you could cut it with a knife.*
C'era tanto fumo che lo si poteva tagliare col coltello. *The smoke was so thick you could cut it with a knife.*

rigirare il coltello nella piaga — *to rub salt into the wound.*
Lo so che ho sbagliato con mio figlio, ma perchè tu rigiri sempre il coltello nella piaga? *I know I made mistakes with my son, but why do you always rub salt into the wound?*

combattimento — *battle*
fuori combattimento — *done in.*
Ho lavorato troppo oggi; sono fuori combattimento. *I worked too hard today; I'm done in.*

come — *how*
come mai — *how come.*
Non hai fatto le vacanze quest'anno. Come mai? *You didn't go on vacation this year. How come?*

commedia — *comedy*
fare la commedia — *to put it on.*
Stai facendo la commedia per convincermi, ma non ti credo. *You're putting it on to convince me, but I don't believe you.*

comodo — *comfortable*
fare i propri comodi — *to do as one pleases.*
È un ospite insopportabile. Fa i suoi comodi dal mattino alla sera. *He's an unbearable guest. He does as he pleases all day long.*

prendersela comoda — *to take one's sweet time.*
Te la sei presa comoda! Hai un'ora di ritardo. *You took your sweet time! You're an hour late.*

compagnia — *company*
e compagnia bella — *and co.*
Alla manifestazione ho visto Marco e campagnia bella. *I saw Mark and co. at the demonstration.*

compito — *duty*
    assolvere il proprio compito — *to do one's duty.*
    Se ognuno assolve il suo compito, andrà tutto liscio. *If everyone does his duty, everything will go smoothly.*

complesso — *combination*
    nel complesso — *on the whole (all in all).*
    La casa non è l'ideale, ma nel complesso mi piace. *The house isn't perfect, but on the whole (all in all) I like it.*

completo — *full*
    al gran completo — *in full force.*
    Tutta la parentela era presente al suo matrimonio al gran completo. *All her relatives were present in full force at her wedding.*

complimento — *compliment*
    andare a caccia di complimenti — *to fish for compliments.*
    Fa sempre notare il suo buon gusto: va a caccia di complimenti. *She's always drawing attention to her good taste. She fishes for compliments.*

    fare complimenti — *to stand on ceremony.*
    Se il dolce non ti piace, lascialo; non fare complimenti. *If you don't like the cake, leave it; don't stand on ceremony.*

comune — *common*
    fuori dal comune — *outstanding.*
    I suoi commenti sulla situazione politica sono sempre originali; è una persona fuori dal comune. *Her comments on the political situation are always original; she's really outstanding.*

condizione — *condition*
    essere in condizione — *to be in a position to.*
    Ora che guadagnero di più sono in condizione di aiutarti. *Now that I earn more I'm in a position to help you.*

mettere in condizione — *to enable.*
Le sue spiegazioni sono state chiarissime e mi hanno messo in condizione di usare il computer immediatamente. *His explanations were very clear; they enabled me to use the computer immediately.*

confidenza — *confidence, trust*
essere in confidenza con — *to be on familiar terms with.*
È in confidenza con il miglior amico di suo padre, anche se è una persona che incute un po' di timore. *He's on familiar terms with his father's best friend, although he seems to be quite a severe man.*

confronto — *comparison*
nei confronti di qualcuno — *toward someone.*
Nei miei confronti si è comportato benissimo; non ho niente da rimproverargli. *He's always behaved himself very well toward me; I don't have anything to say against him.*

connotato — *personal characteristic*
cambiare i connotati a qualcuno — *to beat someone to a pulp.*
Ha minacciato di cambiargli i connotati. *He threatened to beat him to a pulp.*

consegna — *delivery*
passare le consegne — *to hand over.*
Mio padre è andato in pensione dalla ditta e mi ha passato le consegne. *My father retired and handed the firm over to me.*

consiglio — *advice*
venire a più miti consigli — *to see the light.*
Gli ho spiegato la situazione con calma e finalmente è venuto a più miti consigli. *I calmly explained the situation to him and finally he saw the light.*

contare — *to count*
contarci — *to count on.*
Vengo sicuramente da te; contaci! *I'll certainly come; you can count on it!*

contare su qualcuno — *to count on someone.*

Se hai bisogno di aiuto, puoi contare su di me. *If you need help, you can count on me.*

contento — *glad, happy*

contento (felice) come una Pasqua — *happy as a lark.*

In vacanza con noi era contento come una Pasqua. *While vacationing with us, he was happy as a lark.*

Contento lui, contenti tutti. *Well, if he's happy about it we all are.*

conto — *account, bill*

a conti fatti — *when all is said and done.*

Non ci ho guadagnato molto a lasciare la città per la campagna, però a conti fatti sono contento; almeno non c'è smog. *I didn't gain much by leaving the city for the country, but when all is said and done, I'm happy; at least there's no smog.*

ad ogni buon conto — *in any case.*

D'accordo, la relazione la farai tu; ad ogni buon conto la firmeremo tutti e due. *OK, you'll write the paper; in any case, we'll both sign it.*

essere un altro conto — *to be another matter.*

Avevo rifiutato il lavoro perchè mi sembrava troppo difficile, ma ora che ti sei spiegato meglio è un altro conto. *I turned down the job because it seemed too hard, but now that you've explained yourself more clearly, it's another matter.*

far tornare i conti — *to balance the account.*

Vuoi far tornare i conti a tutti i costi, ma è evidente che ti sei sbagliato. *You want to balance the account at all costs, but it's clear that you've made a mistake.*

fare conto di — *to suppose.*

Facciamo conto di aver già finito il lavoro. *Let's suppose that we've already finished the job.*

fare i conti in tasca — *to pry into someone's financial situation.*

I tuoi cugini ci fanno sempre i conti in tasca perchè sono invidiosi che tu guadagni così bene. *Your cousins are always prying into our financial situation because they're jealous of your financial success.*

in fin dei conti — *after all.*

In fin dei conti, potrebbe anche dimostrare un po' di riconoscenza per tutti i favori che gli abbiamo fatto! *After all, he could show us some gratitude for all the favors we did him.*

non rendere conto a nessuno — *to account to no one.*

Sono libero e guadagno quanto basta. Sono contento di non dover render conto a nessuno di ciò che faccio o non faccio. *I'm free and I earn enough to get by. I'm happy not to have to account to anyone for what I do or don't do.*

per conto di — *on behalf of (for).*

Vendiamo macchine da scrivere per conto della Olivetti. *We sell typewriters on behalf of (for) Olivetti.*

per conto proprio — *on one's own.*

Preferisco andare in vacanza per conto mio. È troppo faticoso mettersi d'accordo con loro. *I prefer to go on vacation on my own. It's too hard to reach an agreement with them.*

regolare i conti con qualcuno — *to settle with someone.*

Vuoi fare a modo tuo? Fallo, ma poi regoleremo i conti. *You want to do it your way? Go ahead, but then we'll settle with you.*

rendere conto di — *to account for.*

Per fortuna non sempre siamo chiamati a rendere conto delle nostre azioni. *Luckily we aren't always asked to account for our actions.*

rendersi conto di qualcosa — *to realize something.*

Mi spiace di aver detto che eri arrivato; non mi sono reso conto che volevi rimanere in incognito. *I'm sorry I said you had arrived; I didn't realize you wanted to be incognito.*

tenere conto di — *to take into account.*

Bisogna tener conto del fatto che non abbiamo tempo per studiare, se lavoriamo a tempo pieno. *We have to take into account that we don't have time to study if we work full time.*

tenere qualcosa da conto — *to take great care of something.*

È un mobile antico, tienilo da conto. *It's an antique, take great care of it.*

tenere qualcuno in conto — *to treat someone with respect.*

Lo tengono in gran conto perchè è furbo, ma in realtà non vale niente. *They treat him with a lot of respect because he's sly, but he really isn't worth anything.*

tornare i conti — *for there to be something wrong.*

I conti non tornano; dici di aver fatto questo e quest'altro, ma in realtà non hai fatto niente. *There's something wrong; you say you've done this and that, but you really haven't done anything.*

un vecchio conto da regolare (un conto in sospeso) — *to have a bone to pick with someone (a score to settle).*

Se ho finito con lui? No! Abbiamo ancora un conto da regolare (un conto in sospeso): deve riconoscere il suo torto. *Have I finished with him? No, we still have an old score to settle; he has to admit he was wrong.*

---

controcorrente — *against the current*

andare controcorrente — *to swim against the tide.*

Non è una sovversiva! Semplicemente, le piace andare controcorrente e dire sempre la sua. *She's not a subversive! She simply likes to swim against the tide, and say what she thinks.*

---

contropiede — *counterattack*

prendere in contropiede — *to catch someone unawares.*

Ha ottenuto quello che voleva da me perchè mi ha preso in contropiede. *He got what he wanted from me because he caught me unawares.*

---

convento — *convent*

quello che passa il convento — *pot luck.*

Durante la guerra bisognava accontentarsi di ciò che passava il convento; si mangiava quel che si trovava. *During the war one had to take pot luck; you ate what you could find.*

---

coppia — *couple*
fare coppia fissa — *to be an item.*
Fanno coppia fissa da molti anni, ma non si decidono mai a sposarsi.
*They've been an item for many years, but they can't make up their
minds and get married.*

coraggio — *courage*
farsi coraggio — *to take heart.*
Fatti coraggio. Tra un mese tornerà il tuo amico e non penserai più a
questi giorni solitari. *Take heart. Your friend will be back in a month
and you won't think about these lonely days any longer.*

prendere il coraggio a due mani — *to screw up one's courage.*
Lo so che è difficile parlargli, ma conviene prendere il coraggio a due
mani e farlo. *I know it's difficult to talk to him; but it's worth screw-
ing up one's courage to do it.*

corda — *rope*
avere la corda al collo — *to be like a rat in a hole.*
Ho tanti debiti che mi sembra già di avere la corda al collo. *I have so
many debts that I feel like a rat in a hole.*

dare corda — *to give (free) rein to.*
Pietro gli ha dato corda e lui ha raccontato tutto quello che sapeva di lei.
Peter gave him free rein and he told everything he knew about her.

giù di corda — *(1) in bad shape.*
È giù di corda dopo l'influenza, ma si metterà in sesto presto. *He's in
bad shape after the flu, but he'll be back in shape soon.*
(2) downhearted.
Da quando l'hanno bocciato all'esame, Enzo è molto giù di corda.
Since they flunked him at the test, Enzo has been very downhearted.

mostrare la corda — *to wear thin.*
Ha sostenuto quella tesi per molto tempo, ma adesso mostra la corda.
*He's been making that argument for a long time, and now it's wear-
ing thin.*

Non parlar di corda in casa dell'impiccato. *Don't talk about rope in
the hanged man's house.*

tagliare la corda — *(1) to cut out.*

Andrò al dibattito, ma se mi annoio taglio la corda e torno a casa. *I'll go to the discussion, but if I get bored, I'll cut out and go home.*

(2) to take off.

I ragazzi fumavano nascosti dietro il fienile, ma hanno tagliato la corda quando mi hanno sentito arrivare. *The boys were smoking behind the barn, but they took off when they heard me coming.*

tenere sulla corda — *to keep on tenterhooks.*

Non siamo riusciti a sapere niente; ci ha tenuti sulla corda per ore, ma poi non ci ha rilasciato nessuna dichiarazione. *We weren't able to learn anything; he kept us on tenterhooks for hours, and then didn't make any statement.*

tirare troppo la corda — *to go too far.*

Puoi insistere, ma non tirare troppo la corda, perchè altrimenti ti manderò al diavolo. *You can keep insisting, but don't go too far, because otherwise I'll send you to the devil.*

toccare la corda giusta — *to play it right.*

È un tipo difficile, ma ti verrà incontro se saprai toccare la corda giusta. *He's difficult to get along with, but he'll meet you halfway if you play it right.*

cordone — *cord*

stringere i cordoni della borsa — *to tighten the pursestrings.*
Stiamo spendendo troppo; dovremo stringere i cordoni della borsa.
We're spending too much; we'll have to tighten our pursestrings.

corno — *horn*

fare le corna — *to touch wood.*
Fa' le corna! Porta fortuna. *Touch wood! It brings good luck.*

mettere le corna — *to be unfaithful.*
Ha messo le corna a sua moglie dal giorno in cui l'ha sposata. *He's been unfaithful to his wife since the day he got married.*

rompersi le corna — *to come up against a brick wall.*
Fare una traduzione del genere è al di sopra delle sue forze; ci si romperà le corna e non gliene daranno più. *Doing a translation like that is more than he can do; he'll come up against a brick wall and they won't give him any more.*

stare sulle corna a qualcuno — *to be disliked intensely.*
Non capisco cosa tu ci trovi in lui: mi è sempre stato sulle corna. *I don't understand what you see in him; I've always disliked him intensely.*

coro — *chorus*

far coro a qualcuno — *to support someone.*
Tutti fecero coro alle sue richieste. *They all gave their unanimous support to his demands.*

corpo — *body*

a corpo morto — *as a dead weight.*
Per dimenticarla si è gettato a corpo morto nel lavoro. *He threw himself wholeheartedly into his work in an attempt to forget her.*

corpo a corpo — *hand-to-hand.*
I soldati lottarono corpo a corpo per il controllo della collina. *The soldiers fought hand-to-hand for the hill.*

dar corpo alle ombre — *to imagine something.*

Devi fare degli altri esami e per quello pensi di avere il cancro? Dai sempre corpo alle ombre. *You have to have more tests done, and you're afraid you might have cancer? You're always imagining things!*

in corpo — *inside one's body (inside oneself).*

Non ne potevo più delle storie che raccontava sul mio conto e gli ho detto tutto quello che avevo in corpo. *I couldn't take the rumors he was spreading about me, and I told him everything that was on my mind.*

passare sul corpo di — *over someone's dead body.*

Da qui non passerai mai; prima devi passare sul mio corpo! *You'll never get past here; it'll be over my dead body!*

prender corpo — *to take shape.*

Il progetto stava prendendo corpo. *The plan was taking shape.*

---

corrente — *current*

al corrente — *(1) in the know (informed).*

Tienimi al corrente della situazione; voglio seguirne gli sviluppi da vicino. *Keep me in the know about (informed of) the situation; I want to follow its development as closely as possible.*

(2) up to date.

Non si tiene al corrente nel suo campo e infatti non è molto considerato dai colleghi. *He doesn't keep up to date in his field and, in fact, he isn't very highly considered by his colleagues.*

---

correre — *to run*

correrci — *to be a difference.*

Anche tu sei un ragazzo in gamba, ma ce ne corre tra te e lui! *You too are a smart boy, but there's a big difference between you and him.*

lasciar correre — *to let things go.*

Sei sempre lì che lo sgridi; lascia correre ogni tanto. *You're always scolding him; let things go every now and then.*

corsa — *dash*

di gran corsa — *in a hurry.*

L'ho visto passare di gran corsa mentre andava all'appuntamento con l'avvocato. *I saw him go by in a hurry on his way to his meeting with the lawyer.*

corso — *course*

in corso — *under way.*

I lavori per la metropolitana sono in corso da anni, ma vanno così a rilento che sembrano non finire mai. *Work on the subway has been under way for years, but it's going so slowly it seems it'll never be finished.*

corto — *short*

farla corta — *to make it short.*

Vedi **farla breve.**

cosa — *thing*

come si mettono le cose — *how things shape up.*

Non so se potrò venire; vedremo come si mettono le cose. *I don't know whether I'll be able to come; we'll see how things shape up.*

come stanno le cose — *the lay of the land.*

Prima di esprimere un'opinione, vorrei vedere come stanno le cose. *Before expressing an opinion, I'd like to get the lay of the land.*

Cosa fatta, capo ha. *What's done is done.*

Da cosa nasce cosa. *One thing leads to another.*

Tante (buone) cose! *All the best!*

costare — *to cost*

costi quel che costi — *come hell or high water.*

Lo so che è pericoloso, ma voglio farlo, costi quel che costi. *I know it's dangerous, but I want to do it, come hell or high water.*

costo — *cost*

a nessun costo — *by no means.*

Non lo farò a nessun costo, è troppo difficile. *I won't do it by any means; it's too difficult.*

costola — *rib*

avere qualcuno alle costole — *to be dogged by someone.*

Ovunque vada, lui mi sta sempre alle costole. *Wherever I go he's always dogging me.*

cotto — *cooked*

farne di cotte e di crude — *to sow one's wild oats.*

Quando era giovane ne ha fatte di cotte e di crude. *When he was young he sowed his wild oats.*

prendersi una cotta per qualcuno — *to fall head over heels in love with somebody.*

Non avrei mai pensato di vedere mio fratello prendersi una cotta per una ragazza come lei! *I never thought I'd see my brother fall head over heels in love with a girl like her!*

crema — *cream*

la crema della società — *the upper crust (the crème de la crème).*

Sono molto snob: frequentano solo la crema della società. *They're very snobbish; they only hang around with the upper crust.*

crepare — *to die*

crepare dal ridere — *to die laughing.*

È un ottimo film comico; fa crepare dal ridere. *It's a great comic film; it makes you die laughing.*

cresta — *crest*

far abbassare la cresta a qualcuno — *to take someone down a peg.*

Ha tutta l'aria di sentirsi superiore a tutti, ma gli faremo abbassare la cresta. *He certainly acts as if he's superior to everyone, but we'll take him down a peg.*

crisma — *holy oil*
  con tutti i sacri crismi — *with all the rites and rituals (according to the rules).*
  È un impiegato che lavora con tutti i sacri crismi, ma ci mette una vita a finire una pratica. *That clerk does a perfect job, but it takes him forever to process a file.*

croce — *cross*
  essere una croce per qualcuno — *to be a sore trial for someone.*
  Quel ragazzo è la mia croce; ne combina sempre una. *That boy is a sore trial for me; he's always up to something.*

  fare la croce su — *to give up on.*
  Non ci vedevamo da dieci anni; ormai ci avevo fatto la croce su. *We hadn't seen each other for ten years; I had given up on him.*

  mettere qualcuno in croce — *to give someone a hard time.*
  All'inizio i ragazzi hanno messo in croce la supplente, ma adesso le si stanno affezionando. *At first the kids gave the substitute teacher a hard time, but now they're growing attached to her.*

cuoio — *leather*
  tirare le cuoia — *to kick the bucket.*
  È così vecchio che potrebbe tirare le cuoia da un momento all'altro. *He's so old he could kick the bucket any time.*

cuore — *heart*
  allargarsi il cuore — *for one's heart to lighten.*
  Gli si allargò il cuore quando vide suo figlio; non era successo niente di grave. *His heart lightened when he saw his son; nothing serious had happened.*

  col cuore in mano — *in all sincerity.*
  Sono venuto da te col cuore in mano per chiederti scusa per quello che ho fatto. *I've come in all sincerity to say I'm sorry for what I did.*

  fare male al cuore — *to sadden someone.*
  Mi fa male al cuore vederti in questo stato. *It saddens me to see you in this state.*

mettersi il cuore in pace — *to set one's mind at rest.*

Prima di mettermi il cuore in pace devo sapere chi ha cominciato a diffondere queste notizie. *Before setting my mind at rest, I have to know who started spreading this news.*

prendersi a cuore — *to take to heart.*

Si sono presi a cuore il destino dei profughi. *They took to heart the problem of the refugees.*

stare a cuore — *to be of great concern.*

La sua salute mi sta molto a cuore. *His health is of great concern to me.*

daffare — *task*

darsi un gran daffare — *to put on a big show.*

Si dà un gran daffare in ufficio per farsi notare, ma senza successo. *He puts on a big show at work to make himself noticed, but without success.*

dannato — *damned*

lavorare come un dannato — *to slave away.*

Perchè devo lavorare come un dannato per capire la matematica quando tu invece riesci a risolvere tutti gli esercizi subito? *Why do I have to slave away to understand math when you can work the exercises right away?*

danno — *damage*

Oltre al danno, anche le beffe. *To add insult to injury.*

dare — *to give*
  dare contro a qualcuno — *to contradict someone.*
  Non gli sono simpatico; è sempre pronto a darmi contro. *He doesn't like me; he's always ready to contradict me.*

  dare del — *as good as to call.*
  Mi ha dato del bugiardo! Non mando giù anche questa. *She practically called me a liar! I cannot swallow this one, too.*

  darsi da fare — *to get busy.*
  Cerchiamo di darci da fare, perchè se no non riusciremo mai a finire questo lavoro. *Let's get busy, otherwise we'll never finish this work.*

  darsi per vinto — *to give up.*
  Ho fatto tutto quello che ho potuto per dissuaderlo, ma ho dovuto darmi per vinta. *I did all I could to convince him not to do it, but I had to give up.*

  può darsi — *maybe.*
  Può darsi che venga domani; non lo so ancora. *Maybe I'll come tomorrow; I don't know yet.*

data — *date*
  di lunga data — *of long standing.*
  Siamo amici di lunga data, e penso di poter parlare anche a nome suo. *We're friends of long standing, and I think I can speak for him.*

davanti — *in front*
  davanti dietro — *backwards.*
  È un tipo distratto: si mette sempre i maglioni davanti dietro. *He's absent-minded; he always wears his sweaters backwards.*

debito — *debt*
  affogare nei debiti — *to be up to one's ears in debt.*
  Stanno affogando nei debiti. *They're up to their ears in debt.*

denaro — *money*

avere il denaro contato — *to have no extra money.*

Mi piacerebbe comprare quel quadro, ma ho il denaro contato e non me lo posso permettere. *I'd like to buy that painting, but I have no extra money and I can't afford it.*

denaro liquido — *ready cash.*

Hanno dovuto vendere dei terreni perchè non avevano abbastanza denaro liquido per coprire il debito. *They had to sell some land because they didn't have enough ready cash to cover the debt.*

denaro sonante — *hard cash.*

Vogliono tutto il pagamento in denaro sonante. *They want the whole payment in hard cash.*

fare denaro a palate — *to make money hand over fist.*

Non farò denaro a palate, ma almeno con questo lavoro potrò vivere bene. *I won't make money hand over fist, but at least I'll live well with this job.*

dente — *tooth*

a denti stretti — *with clenched teeth.*

Quando lei gli ha detto che avrebbe sposato un operaio, i suoi hanno dato la loro approvazione a denti stretti. *When she told them she would marry a factory worker, her parents gave their approval with clenched teeth.*

al dente — *slightly undercooked.*

Ci piacciono gli spaghetti al dente. *We like our spaghetti slightly under-cooked.*

armato fino ai denti — *armed to the teeth.*

I terroristi erano armati fino ai denti, ma la polizia è riuscita a prenderli lo stesso. *The terrorists were armed to the teeth, but the police managed to capture them just the same.*

avere i denti lunghi — *to be greedy.*

I suoi fratelli hanno i denti lunghi e vorranno anche la sua parte. *His brothers are greedy and will be after his share too.*

avere il dente avvelenato contro qualcuno — *to bear a grudge against someone.*

Non gli ho mai fatto niente: non capisco proprio perchè ha il dente avvelenato contro di me. *I never did anything to him and I just don't understand why he bears a grudge against me.*

cavarsi il dente — *to get it over with.*

Ho ancora da finire i compiti; fammi cavare il dente, e poi usciamo un po'. *I still have to finish my homework; let me get it over with and then we'll go out for a while.*

fuori dai denti — *in someone's face.*

Gliel'ho detto fuori dai denti che non voglio lavorare mai più con lei. *I told her to her face that I never want to work with her again.*

mettere qualcosa sotto i denti — *to eat something.*

Ho un buco nello stomaco; devo mettere qualcosa sotto i denti. *I'm really hungry; I must eat something.*

mostrare i denti — *to show one's teeth.*

Mostragli i denti e scapperà come una lepre. *Show him your teeth and he'll run off like a frightened rabbit.*

parlare tra i denti — *to mumble.*

Non ti capisco se parli tra i denti. *I don't understand you if you mumble.*

stringere i denti — *to clench (grit) one's teeth.*

È difficile, lo so, ma stringi i denti e ce la farai. *It's hard, I know, but clench your teeth, and you'll be able to do it.*

tirato con i denti — *far-fetched.*

Tu vuoi avere ragione a tutti i costi, ma quel ragionamento è proprio tirato con i denti. *You always want to be right, but that reasoning is really far-fetched.*

---

dentro — *inside*

darci dentro — *to pitch in.*

Diamoci dentro e finiamo una buona volta. *Let's pitch in and finish once and for all.*

essere addentro a qualcosa — *to be in on something.*
Lei ha uno zio cardinale: per quello è addentro alle cose della chiesa.
*Her uncle is a cardinal; that's why she's in on the affairs of the
church.*

nuotarci dentro — *to be swimming in large clothing.*
Quel vestito è talmente grande che ci nuoto dentro. *That dress is so
big I'd swim in it.*

deriva — *drift*
andare alla deriva — *to go adrift.*
Da quando è morto suo padre lei ha incominciato ad andare alla
deriva. *Since her father died, she began to go adrift.*

desiderare — *to wish*
farsi desiderare — *(1) to keep someone waiting.*
Ci dà gli appuntamenti per un'ora precisa, ma poi si fa sempre
desiderare. *He schedules our appointments for a specific time, but he
keeps us waiting every time.*
(2) to play hard to get.
Non prendertela troppo; lo sai che la sua tattica è di farsi desiderare.
*Don't let it bother you too much; you know her tactic is to play hard
to get.*

destra — *right*
a destra e a sinistra — *all over.*
Dov'eri? T'ho cercato a destra e a sinistra per un'ora. *Where were
you? I looked all over for you for an hour.*

destro — *opportunity*
cogliere il destro — *to seize the opportunity.*
Bisogna cogliere il destro quando si presenta. *One must seize the opportunity when it comes along.*

presentarsi il destro — *for a favorable occasion to present itself.*
Gli ho detto quello che pensavo quando si è presentato il destro. *I
told him what I thought when a favorable occasion presented itself.*

detto — *said*

a detta di tutti — *by all accounts.*
A detta di tutti sei il migliore della squadra. *By all accounts you're the best player on the team.*

come non detto — *I take it all back.*
Non sei stato tu a farmi quello scherzo? Scusa, come non detto. *Didn't you play that trick on me? Sorry, I take it all back.*

detto fatto — *no sooner said than done.*
Temevo di non finire il lavoro in tempo, ma è venuta Grazia e, detto fatto, abbiamo finito. *I was afraid I wouldn't finish the assignment in time, but Grazia came over, and — no sooner said than done — we finished.*

presto detto — *easier said than done.*
Tu dici che questo esercizio è facile, ma è presto detto! Perchè non ci provi tu? *You say this exercise is easy, but it's easier said than done! Why don't you try it?*

dì — *day*

da quel dì — *ages ago.*
È da quel dì che ho prenotato i biglietti. *I reserved the tickets ages ago.*

diavolo — *devil*

al diavolo — *the hell with (to hell with).*
Al diavolo tu e i tuoi esperimenti di biologia! Adesso abbiamo la cantina piena di rane. *The hell with you and your biological experiments! Now the basement is full of frogs.*

avere il diavolo in corpo — *to be as restless as one possessed.*
Quel ragazzino non sta mai fermo: ha il diavolo in corpo. *That kid is never quiet; he's as restless as one possessed.*

avere un diavolo per capello — *to be absolutely furious.*
La segretaria ha un diavolo per capello oggi, perchè le hanno affibbia-
to il doppio di lavoro. *The secretary is absolutely furious today because they dumped twice as much work on her.*

Che cosa diavolo fai? *What the hell are you doing?*

dove diavolo — *where the devil.*
Dove diavolo sei stato? Ti ho cercato dappertutto. *Where the devil
were you? I looked everywhere for you.*

essere come il diavolo e l'acqua santa — *to be like cat and dog.*
Quei due bambini sono come il diavolo e l'acqua santa; non vanno
d'accordo. *Those two children are like cat and dog; they can't get
along.*

fare il diavolo a quattro — *to make a racket.*
I bambini fanno il diavolo a quattro oggi; vorrei farli uscire, ma piove.
*The children are making a racket today; I'd like to have them go out-
side, but it's raining.*

fare un patto col diavolo — *to make a pact with the devil.*
Riesce sempre in tutto; deve aver fatto un patto col diavolo. *He always succeeds in everything; he must have made a pact with the devil.*

Il diavolo ci ha messo la coda. *The devil has had a hand in this.*

Il diavolo fa le pentole ma non i coperchi. — *The devil teaches us how
to do wrong; he doesn't teach us how to cover it up.*

101

Il diavolo non è poi così brutto come lo si dipinge. *The devil isn't as black as he's painted.*

Ne sa sempre una più del diavolo. *He's up to more tricks than Old Nick.*

un buon diavolo — *a good fellow.*
Brontola sempre, ma in fondo è un buon diavolo. *He's always growling, but deep down he's a good fellow.*

dietro — *behind*
correre dietro — *to run after someone.*
Corre dietro a tutte le ragazze che vede. *He runs after all the girls he sees.*

fare dietro front — *to do an about face.*
Inizialmente ha insistito per farlo tutto da solo, ma quando ha capito quanto c'era da fare, ha fatto dietro front e ha chiesto aiuto. *At first he insisted on doing it all himself, but when he realized how much there was to do, he did an about face and asked for help.*

star dietro a qualcuno — *(1) to satisfy someone.*
È impossibile stare dietro a tutte le sue esigenze; non ci provo neanche. *It would be impossible to satisfy him, so I don't even try.*
(2) to be after someone.
Devo sempre stargli dietro perchè faccia i compiti. *I always have to be after him to make him do his homework.*

dietrologia — *hindsight*
fare della dietrologia — *to second guess.*
Oh, è bravo a fare della dietrologia, ma non a fare delle previsioni. *Oh, he's good at second guessing, but not at forecasting.*

Dio — *God*
Dio ce la mandi buona! *Let's hope for the best!*

Dio ce ne scampi e liberi! *God help us!*

Dio li fa e poi li accoppia! *Those two were made for each other (ironic).*

Viene giù come Dio la manda. *It's pouring; the skies have opened up.*

dire — *to say, to tell*

a dir poco — *to say the least (to put it mildly).*

Il suo comportamento è inqualificabile, a dir poco. *His behavior is disgraceful, to say the least (to put it mildly).*

avere a che dire con qualcuno — *to have words with someone.*

Ho avuto a che dire con lui per una questione di principio. *I had words with him over a question of principles.*

come si suol dire — *as the saying goes.*

Il diavolo fa le pentole ma non i coperchi, come si suol dire. *As the saying goes, the devil teaches us how to do wrong, but not how to cover it up.*

Dimmi con chi vai e ti dirò chi sei. *Birds of a feather flock together.*

dire la propria — *(1) to shoot off one's mouth.*

Non so come faccia la gente a dire la sua anche quando non capisce l'argomento di cui si parla. *I don't know why people shoot off their mouths even when they don't understand the subject that's being discussed.*

(2) to speak one's mind.

Non essere così timido; dì la tua se vuoi difenderti. *Don't be timid; speak your mind if you want to defend yourself.*

non c'è che dire — *there's no denying it.*

Non c'è che dire, quel cappello ti sta proprio bene. *There's no denying it, that hat really suits you.*

Tra il dire e il fare c'è di mezzo il mare. *Easier said than done.*

---

disagio — *discomfort*

mettere a disagio — *to make uneasy.*

Le sue maniere scostanti ci hanno messi tutti a disagio. *Her cold manners made us all uneasy.*

---

disarmare — *to disarm*

un tipo che non disarma facilmente — *one who doesn't give up easily.*

Puoi contare su di lui al dibattito; è un tipo che non disarma facilmente, e starà dalla tua parte. *You can count on him at the debate; he's one who doesn't give up easily, and he'll be on your side.*

---

discussione — *discussion*
mettere in discussione — *to call into question.*
Mettono in discussione tutte le mie iniziative; come faccio a combinare qualcosa? *They call all my initiatives into question; how can I get anything done?*

disfare — *to undo*
disfarsi di qualcuno — *to get rid of someone.*
Non sono riuscito a disfarmi di quel seccatore. *I haven't managed to get rid of that bore.*

disgrazia — *accident*
Le disgrazie non vengono mai sole. *It never rains but it pours.*

disparte — *apart*
starsene in disparte — *to keep aloof.*
Non capisco quale sia il suo problema o perchè se ne stia sempre in disparte. *I don't understand his problem or why he always keeps aloof.*

disturbo — *inconvenience*
togliere il disturbo — *to leave.*
È quasi ora di cena, togliamo il disturbo. *It's nearly dinner time, so we'll be leaving.*

dito — *finger*
alzare (muovere) un dito — *to lift a finger.*
Cosa si aspetta da noi? Non ha mai alzato un dito per aiutarci quando ne avevamo bisogno. *What does he expect from us? He never lifted a finger to help us when we needed it.*

Dategli un dito e si prenderà un braccio. *Give him an inch and he'll take a mile.*

essere segnato a dito — *to have a bad reputation.*
Per le malefatte che ha commesso è segnato a dito da tutto il paese. *For the evil deeds he's done he has a bad reputation with the whole town.*

leccarsi le dita — *to smack one's lips.*

C'è da leccarsi le dita oggi; abbiamo fatto una torta di crema, cioccolata e panna. *You can smack your lips today; we've made a cake of vanilla, chocolate, and whipped cream.*

legarselo al dito — *never to forget (something negative).*

È una che fa osservazioni a tutti, ma quando le fanno a lei, se lo lega al dito. *She criticizes everyone, but when someone criticizes her, she never forgets it.*

mettere il dito nella piaga — *to touch on a sore point.*

Se gli parli della sua carriera, metti il dito nella piaga. Non riesce ad andare avanti. *If you talk to him about his career, you'll touch on a sore point. He can't manage to get ahead.*

mordersi le dita — *to be sorry.*

Non intendevo assolutamente insultarlo; mi mordo le dita per aver aperto bocca. *I certainly didn't intend to insult him; I'm sorry I opened my mouth.*

non muovere un dito a favore di qualcuno — *not to lift a finger to help someone.*

Quando ho avuto bisogno di lui non ha mosso un dito a mio favore. *When I needed him he didn't lift a finger to help me.*

scivolare tra le dita — *to slip through one's fingers.*

Non capisco perchè non ha mai soldi: è come se il denaro gli scivolasse tra le dita. *I don't understand why he never has any money; it's as if money slips through his fingers.*

sulla punta delle dita — *at one's fingertips; on one's fingers.*

So che andrà bene all'esame, perchè ha la materia sulla punta delle dita. *I'm sure he'll do well on his test because he has the material at his fingertips.*

Gli amici veri si contano sulle punta delle dita. *True friends can be counted on one's fingers.*

un dito — *a drop.*

"Vuoi ancora un po' di vino?" "Sì, grazie, solo un dito." *"Would you like some more wine?" "Yes, please, just a drop."*

do ut des — *to give in order to get back.*
    do ut des — *quid pro quo.*
    Dare bustarelle per ottenere dei permessi edilizi che violano le norme
      è una forma di do ut des. *Giving bribes in exchange for illegal build-*
      ing permits is a kind of quid pro quo.

doccia — *shower*
    una doccia fredda — *a slap in the face.*
    Eravamo felici e spensierati; quando è entrato a darci la brutta no-
      tizia, è stata una doccia fredda. *We were happy and carefree; when he*
      came in to tell us the bad news, it was a slap in the face.

donde — *whence*
    averne ben donde — *to have a good reason.*
    Protesto e ne ho ben donde; non mi avete ancora pagato lo stipendio!
      I'm protesting, but I have good reason; you haven't paid my salary
      yet!

dono — *gift*
    il dono della parlantina — *the gift of gab.*
    Riesce a convincere tutti perchè ha il dono della parlantina. *He man-*
      ages to convince everyone because he has the gift of gab.

dose — *dose*
    rincarare la dose — *to lay it on thick.*
    Non rincarare la dose; si è sbagliato ma non l'ha fatto apposta.
      Don't lay it on too thick; he made a mistake but didn't do it inten-
      tionally.

dosso — *back*
    togliersi un peso di dosso — *to take a weight off one's mind.*
    Devo togliermi un peso di dosso e dirgli quello che penso di lui.
      I must take a weight off my mind and tell him what I think of
      him.

dove — *where*

per ogni dove — *high and low.*

L'ho cercato per ogni dove ed era dietro l'angolo. *I looked high and low for him and he was around the corner.*

dovere — *must, duty*

a dovere — *properly.*

Si è preparato a dovere e ha superato la prova senza difficoltà. *He prepared properly and passed the test easily.*

chi di dovere — *the person responsible.*

Non è di mia competenza, me lo farò presente a chi di dovere. *It's not my job, but I'll refer it to the person responsible for it.*

come si deve — *decent.*

È un uomo come si deve e penso che ci si possa fidare. *He's a decent man and I think we can trust him.*

dritto — *straight*

Non ne va una dritta. *Nothing goes right.*

rigar dritto — *to toe the line.*

Ce n'è voluto prima di far rigar dritto quei ragazzi! Adesso, sono docili come agnelli. *It took a long time to get those children to toe the line! Now they're as meek as lambs.*

tirare dritto per la propria strada — *to keep at something.*

Non prestare ascolto ai cattivi consiglieri e tira dritto per la tua strada. *Don't listen to bad advisors and keep at what you're doing.*

due — *two*

contare come il due di briscola (picche) — *to count for nothing.*

Non so perchè chiedete il mio parere; tanto, qui dentro conto come il due di briscola. *I don't know why you ask my opinion; I count for nothing here.*

Non c'è due senza tre. *It never rains but it pours.*

piegarsi in due — *to double up (from laughter).*
Mi sono piegato in due dalle risate quando ho sentito quella barzelletta. *I doubled up from laughter when I heard that joke.*

dunque — *therefore*
venire al dunque — *to come to the point.*
Sì, ho capito quello che stai dicendo; ora vieni al dunque, decidiamo sul da farsi. *Yes, I understand what you're saying; now come to the point, let's decide what to do.*

duomo — *cathedral*
il Duomo di Milano — *(the Cathedral of Milan) a never-ending task.*
Questo lavoro è come il Duomo di Milano: non finisce mai! *This is a never-ending task!*

durare — *to last (to go on).*
Chi la dura, la vince. *Slow and steady wins the race.*

duro — *hard*
duro di comprendonio — *slow on the draw.*
Non provare a spiegarglielo: è duro di comprendonio. *Don't try to explain that to him; he's slow on the draw.*

Essere duro come una roccia. *To be as hard as nails.*

tener duro — *(1) to stick to one's guns.*
Se pensi di aver ragione, tieni duro. *If you think you're right, stick to your guns.*
(2) to hang in there.
Tieni duro e vedrai che supererai questo momento difficile. *Hang in there and you'll overcome this difficult moment.*

eco — *echo*

fare eco — *to approve what someone says.*
L'assemblea fece eco alle sue affermazioni. *The assembly approved his statements.*

sollevare molta eco — *to cause a stir.*
Il suo discorso ha sollevato molta eco. *His speech caused a stir.*

economia — *economy*

economia sommersa — *underground economy.*
È difficile calcolare il PIL italiano a causa dell'economia sommersa. *It's difficult to calculate the Italian GDP because of the underground economy.*

fare economia — *to save.*
Hanno fatto economia tutta la vita: come vuoi che approvino le tue vacanze ai Caraibi? *They saved money all their lives; how can you expect them to approve of your Caribbean vacation?*

effetto — *effect*

a tutti gli effetti — *in every respect.*
Ora che hai pagato l'iscrizione, sei un membro del circolo a tutti gli effetti. *Now that you've paid the membership fee, you're a club member in every respect.*

in effetti — *as a matter of fact.*
In effetti, quello che stai dicendo è vero, l'ho notato anch'io. *As a matter of fact, what you're saying is true; I've verified it too.*

elefante — *elephant*

È come un elefante in un negozio di porcellane. *He's like a bull in a china shop.*

elemento — *element, member*
un elemento da sbarco — *a character.*
Passa la vita a fare scherzi agli altri: è un bell'elemento da sbarco! *He spends his whole life playing tricks on others; what a character!*

elemosina — *alms*
ridursi all'elemosina — *to be reduced to total poverty.*
Con i suoi investimenti sbagliati si è ridotto all'elemosina. *Because of his unwise investments he was reduced to total poverty.*

eletto — *elected*
i pochi eletti — *the lucky few.*
Non si può nemmeno far domanda di ammissione a quel club: è per pochi eletti. *You can't even apply to that club; it's for the lucky few.*

entrare — *to enter*
Voi non c'entrate! *It's none of your business!*

non entrarci per niente — *to have nothing to do with.*
Il tuo ragionamento non c'entra per niente con quello che discutiamo. *Your reasoning has nothing to do with what we're discussing.*

epoca — *epoch*
fare epoca — *to be a landmark.*
La loro ricerca farà epoca nel campo della medicina. *Their research will be a landmark in the medical field.*

equivoco — *misunderstanding*
a scanso di equivoci — *to avoid any misunderstanding.*
A scanso di equivoci, chiariamo le cose fin dall'inizio. *To avoid any misunderstanding, let's clarify things right from the beginning.*

erba — *grass*
erba del proprio orto — *one's own work.*
So che ha consegnato un bellissimo tema, ma sei sicuro che sia erba del suo orto? *I know he handed in a very good essay, but are you sure it's his own work?*

fare d'ogni erba un fascio — *to mix the good with the bad indiscriminately.*

Alcuni adolescenti si drogano, ma non tutti! Non devi fare di ogni erba un fascio! *A few adolescents are on drugs, but not all! You must not mix the good with the bad indiscriminately.*

in erba — *budding.*

Mario è uno scrittore in erba. *Mario is a budding author.*

L'erba "voglio" cresce solo nel giardino del re. *"I want" never gets.*

---

erta — *steep ascent*

all'erta — *on the lookout.*

State all'erta; se vedete una macchina blu potrebbe essere papà che arriva. *Be on the lookout; if you see a blue car, it could be Dad arriving.*

---

esaurito — *used up*

Tutto esaurito — *Sold out.*

---

esca — *bait*

aggiungere esca al fuoco — *to add fuel to the fire.*

Se vai in giro a raccontare quei pettegolezzi aggiungerai solo esca al fuoco. *If you spread that gossip around, you'll only be adding fuel to the fire.*

dare esca al fuoco — *to foment.*

La pubblicazione di quel libro ha dato esca all'odio razziale. *The publication of that book has fomented racial hatred.*

---

escandescenza — *outburst*

dare in escandescenze — *to lose one's temper.*

So che è nervoso, ma non mi aspettavo certo che desse in escandescenze per una cosa di pochissima importanza. *I know he's nervous, but I certainly didn't think he'd lose his temper over something of such little importance.*

---

espediente — *expedient*

cavarsela con un espediente — *to find a way out.*

Non sapevo cosa fare, ma me la sona cavata con un espediente. *I didn't know what to do, but somehow I managed to find a way out.*

vivere di espedienti — *to live by one's wits.*

Non ha un lavoro fisso; vive di espedienti. *He doesn't have a steady job; he lives by his wits.*

---

essere — *to be*

che è che non è — *surprisingly and suddenly.*

Che è che non è, i soldi che mancavano sono saltati fuori. *All of a sudden, the money that was missing popped up.*

Ci sei? *Did you understand?*

Ci siamo! *We've come to a conclusion! (We've got it!)*

sia come sia — *be that as it may.*

Sia come sia, alla fine hanno deciso di venire. *Be that as it may, in the end they decided to come.*

---

estate — *summer*

L'estate di S. Martino dura tre giorni e un pocolino. *A good thing doesn't last long.*

---

età — *age*

di una certa età — *rather old.*

È una signora di una certa età e non può più fare tante scale. *She's a rather old woman and she can't walk up many stairs any more.*

---

eternità — *eternity*

metterci un'eternità — *to take ages.*

Preferisco non prestargli i libri perchè ci mette un'eternità a ridarmeli. *I prefer not to lend him books because he takes ages to give them back to me.*

---

ette — *the Latin word "et" (and)*
mancare un ette — *to just barely avoid.*
C'è mancato un ette che scivolasse con le bottiglie in mano. *He just barely avoided slipping with the bottles in his hands.*

non capire un ette — *not to understand a thing.*
Parla così in fretta che non capisco un ette. *He talks so fast that I don't understand a thing.*

evenienza — *event*
pronto ad ogni evenienza — *ready for anything.*
Tieni pronto ad ogni evenienza; potremmo aver bisogno di te. *Be ready for anything; we may need you.*

evidenza — *evidence*
mettersi in evidenza — *to draw attention to oneself (to show off).*
Si è messo in evidenza accettando di andare in trasferta in Africa. *He drew attention to himself by agreeing to work for a while in Africa.*

sottrarsi all'evidenza — *to gloss over something.*
Non sottrarti all'evidenza; il pasticcio l'hai fatto tu. *Don't gloss over it; you caused this mess.*

fabbrica — *factory*
la fabbrica di San Pietro — *a never-ending job.*
Vedi **il Duomo di Milano.**

facchino — *porter*
avere un linguaggio da facchino — *to swear like a trooper.*
Non è piacevole parlare con lui, ha un linguaggio da facchino. *It's not pleasant to speak with him; he swears like a trooper.*

faccia — *face*

avere la faccia di fare qualcosa — *to have the cheek.*
Non posso farlo, non ne ho la faccia. *I can't do it; I don't have the cheek.*

avere (fare) la faccia lunga — *to pull a long face.*
Non fare la faccia lunga: andremo al cinema un'altra volta. *Don't pull a long face; we'll go to the movies another time.*

avere la faccia tosta — *to have a lot of nerve (gall).*
Hai una bella faccia tosta a dirmi queste cose. *You have a lot of nerve telling me these things.*

avere una faccia da schiaffi — *to be brazen.*
Quel ragazzo ha proprio una faccia da schiaffi. *That boy is really brazen.*

avere una faccia di bronzo (tolla) — *to have some cheek.*
Hai una bella faccia di bronzo a chiedermi degli altri soldi in prestito. *You do have some cheek to ask me for another loan.*

cambiar faccia — *to change.*
Nonostante tutto non riuscirai a cambiar faccia alla realtà. *No matter what, you won't be able to change reality.*

dire le cose in faccia — *to say things to one's face.*
Non può certo lamentarsi che io parli male di lui a sua insaputa. Gli ho detto in faccia quello che pensavo. *He can't complain that I speak ill of him behind his back. I told him what I thought of him to his face.*

fare qualcosa alla faccia di qualcuno — *to do something to spite someone.*
Maria è uscita con il suo migliore amico. Alla faccia sua! *Mary went out with his best friend just to spite him.*

guardare bene in faccia — *to look someone in the eye.*
Guardami bene in faccia e dimmi quello che è successo veramente. *Look me in the eye and tell me what really happened.*

guardare in faccia la realtà — *to face up to things.*
Non sognare, guarda in faccia la realtà. *Don't dream, face up to things.*

l'altra faccia della medaglia — *the other side of the coin.*

Farai un mucchio di soldi con quel lavoro, ma dovrai anche lavorare molto: è l'altra faccia della medaglia. *With that job you'll make a lot of money, but you'll work long hours; that's the other side of the coin.*

leggerlo in faccia a qualcuno — *to see it written all over someone's face (to look it).*

Glielo si legge in faccia che è preoccupato. *You can see it written all over his face that he's worried. (He looks worried.)*

mostrar la faccia — *to show one's face.*

Non ha più osato mostrar la faccia dopo quello che è successo. *He didn't dare show his face after what happened.*

non guardare in faccia a nessuno — *not to bother about what anyone else thinks.*

Fai quello che devi fare; non guardare in faccia a nessuno. *Do what you have to do; don't bother about what anyone else thinks.*

perdere la faccia — *to lose face.*

In quell'occasione ho perso la faccia. *I lost face on that occasion.*

salvare la faccia — *to save face.*

L'ho detto giusto per salvare la faccia. *I said it just to save face.*

viva la faccia di — *hooray for.*

Viva la faccia della sincerità; almeno ha detto quello che pensava. *Hooray for sincerity; at least he said what he thinks.*

fagiolo — *bean*

andare a fagiolo — *to suit fine.*

Questo lavoro mi va proprio a fagiolo. *This job suits me fine.*

capitare proprio a fagiolo — *to turn up at the right moment.*

Capiti proprio a fagiolo. Puoi aiutarmi a spostare questo tavolo? *You turned up just at the right moment. Can you help me move this table?*

fagotto — *bundle*

far fagotto — *to pack up and get out.*

Mi hai stufato; fa' fagotto. *I'm fed up with you; pack up and get out.*

falla — *breach*
tappare le falle — *to do damage control.*
Aspettate sempre che arrivi a tappare le falle, ma non sarò mica qui in eterno! *You always wait for me to do damage control, but I won't be here forever!*

fallo — *fault*
cogliere in fallo — *to catch in the act.*
Questa volta ti ho colto in fallo; non dire di no. *This time I've caught you in the act; don't deny it.*

fame — *hunger*
brutto come la fame — *as ugly as sin.*
È una ragazza interessante; peccato che sia brutta come la fame. *She's an interesting girl; too bad she's as ugly as sin.*

fare la fame — *to have hard times.*
Era da anni che facevamo la fame, finchè suo zio non ci ha tirato fuori dai guai. *We had been having hard times for years, until his uncle bailed us out.*

lungo (alto e magro) come la fame — *tall and thin.*
Ha solo sedici anni, ma è cresciuto moltissimo; è lungo come la fame. *He's only sixteen but he's grown a lot; he's tall and thin.*

un morto di fame — *a nobody.*
Non ha mai avuto fortuna nel lavoro: è sempre stato un morto di fame. *He's never been lucky at work; he's always been a nobody.*

una fame da lupi — *to be so hungry one could eat a horse.*
Ho una fame da lupi; mi mangerei un bue intero. *I'm so hungry I could eat a horse.*

famiglia — *family*
di famiglia — *(1) a family matter.*
Preferiamo non discuterne con te: è un affare di famiglia. *We prefer not to discuss it with you; it's a family matter.*
(2) to run in the family.

I capelli rossi sono una caratteristica di famiglia. *Red hair runs in the family.*

---

fanalino — *tail-light*
  essere il fanalino di coda — *to come in last.*
  Studia come tutti gli altri, ma è sempre il fanalino di coda della classe.
    He studies as much as all the others, but he always comes in last in his class.

---

fare — *to make, to do*
  Chi fa da sè fa per tre. *If you want something done, do it yourself.*

  Chi la fa l'aspetti. *We reap as we sow.*

  farcela — *to make it.*
  Speravo di venire, ma non ce l'ho fatta. *I hoped to come but didn't make it.*

  fare e disfare — *to domineer.*
  Fa e disfa come meglio crede. *He domineers people as he wants.*

  fare per — *(1) to be about to.*
  Fece per andarsene, ma lo convincemmo a restare. *He was about to leave, but we convinced him to stay.*
  (2) to make as if.
  Fece per salire sulla macchina senza offrire resistenza, ma all'ultimo momento sgusciò tra i due poliziotti e fuggì. *He made as if to get into the car without resisting, but at the last minute he slipped between the two policemen and escaped.*

  far sì che — *to work things out in such a way that.*
  Lui ha fatto sì che loro due si incontrassero e finalmente hanno fatto pace! *He worked things out in such a way that the two of them met and finally made up!*

---

farfalla — *butterfly*
  andare a caccia di farfalle — *to waste one's time.*
  Non concluderà mai niente; va sempre a caccia di farfalle. *He'll never get anywhere; he's always wasting his time.*

---

farina — *flour*

farina del diavolo — *things acquired dishonestly.*

Quell'orologio è costato troppo poco; mi sa che è farina del diavolo. *That watch cost too little; I think it was acquired dishonestly.*

La farina del diavolo va tutta in crusca. *Ill-gotten gains do not bring prosperity.*

Non è farina del tuo sacco. *This is not your own work.*

fase — *phase*

essere fuori fase — *to be out of sorts.*

Oggi non ne faccio una giusta: sono proprio fuori fase. *I'm not doing anything right today; I'm out of sorts.*

fatto — *fact*

badare ai (farsi i) fatti propri — *to mind one's own business.*

Non ti impicciare; bada ai fatti tuoi. *Don't be nosy; mind your own business.*

cogliere qualcuno sul fatto — *to catch someone redhanded.*

Stava rubando la marmellata e l'ho colto sul fatto. *He was filching the jelly and I caught him redhanded.*

dire a qualcuno il fatto suo — *to give someone a piece of one's mind.*

L'ho incontrato l'altro giorno e gli ho detto il fatto suo. *I met him the other day and I gave him a piece of my mind.*

sapere il fatto proprio — *to know one's business.*

È un ragazzo in gamba che sa il fatto suo. *He's a clever boy; he knows his business.*

venire al fatto — *to come to the point.*

Lascia perdere i preamboli; vieni al fatto. *Stop beating around the bush and come to the point.*

venir fatto — *to happen.*

Se ti viene fatto di incontrarlo, digli che vorrei parlargli. *If you happen to bump into him, tell him I'd like to talk to him.*

favola — *story*

diventare la favola della città — *to become the talk of the town.*
Dopo la storia con quella ragazza è diventato la favola della città.
After his affair with that girl he's become the talk of the town.

favore — *favor*

col favore della notte — *under cover of darkness.*
Col favore della notte si eclissarono e nessuno trovò le loro tracce.
They disappeared under cover of darkness and no one found a trace of them.

fede — *faith*

prestare fede a — *to trust.*
Non è un tipo cui prestar fede. *He's not the kind you can trust.*

fegato — *liver*

aver fegato — *to have guts.*
Non ho avuto il fegato di dire di no. *I didn't have the guts to say no.*

mangiarsi il fegato — *to kick oneself.*
Dopo aver perso quell'occasione mi sono mangiato il fegato. *I kicked myself for missing that chance.*

fermo — *still*

essere fermo — *to stand one's ground.*
Ha cercato di convincerla a rivedere suo marito, ma è ferma nella sua decisione di divorziare. *He tried to convince her to see her husband, but she's standing her ground; she wants to divorce him.*

fermo restando — *it being understood.*
Fermo restando il fatto che ciascuno ha le sue opinioni, non puoi pretendere di averla sempre vinta tu. *It being understood that everyone has his own opinions, you can't insist on always having the last word yourself.*

tener per fermo — *to rest assured.*
Tieni per fermo che ti aiuterò sempre. *Rest assured that I'll always help you.*

ferro — *iron*

  battere il ferro finchè è caldo — *to strike while the iron is hot.*

Se vuoi ottenere quel posto, batti il ferro finchè è caldo. *If you want to get that job, strike while the iron is hot.*

  essere ai ferri corti — *to be at loggerheads.*

Siamo ai ferri corti a causa di una ragazza. *We're at loggerheads over a girl.*

  toccare ferro — *to cross one's fingers (knock on wood).*

Speriamo che non capiti a noi; tocchiamo ferro. *Let's hope it doesn't happen to us; cross your fingers (knock on wood).*

festa — *party*

  conciare qualcuno per le feste — *to beat (knock) the (living) daylights out of someone.*

Se ti trovo ancora qui quando torno, ti concio per le feste. *If I find you're still here when I come back, I'll knock the stuffing out of (fix) you.*

  fare la festa a qualcuno — *to kill someone.*

Se lo incontriamo gli facciamo la festa. *If we find him we'll kill him.*

  fare le feste a qualcuno — *to greet joyfully.*

Il cane fece le feste al padrone che era stato via tre settimane. *The dog greeted his master joyfully when he returned after a three-week absence.*

  guastare la festa — *to spoil.*

Col suo atteggiamento ha guastato la festa. *With his attitude he spoiled everything.*

fiacca — *weariness*

  battere la fiacca — *to be idle.*

È ora che ti metta a fare qualcosa; hai battuto la fiacca tutto il giorno. *It's time you did something; you've been idle all day.*

fiaccola — *torch*

  mettere la fiaccola sotto il moggio — *to hide one's light under a bushel.*

Non diresti mai che ha dipinto lei tutti quei quadri; mette sempre la fiaccola sotto il moggio. *You'd never say she was the one who painted
all those pictures; she always hides her light under a bushel.*

---

fiamma — *flame*

una vecchia fiamma — *an old flame.*

Ho incontrato per caso una mia vecchia fiamma e mi sono innamorato di nuovo. *I met an old flame of mine by chance and fell in
love again.*

---

fianco — *flank, side*

offrire (prestare) il fianco — *to lay oneself open.*

Negoziando con i terroristi ha prestato il fianco alle critiche dell'opposizione. *By negotiating with the terrorists he laid himself open to
attacks from the opposition.*

---

fiasco — *flask*

fare fiasco — *to fail badly.*

Agli esami ho fatto fiasco. *I failed my exams badly.*

---

fiato — *breath*

col fiato grosso — *exhausted.*

Sono arrivato alla fine degli esami col fiato grosso. *I got to the end of
the exams exhausted.*

col fiato sospeso — *with bated breath.*

Siamo rimasti col fiato sospeso in attesa di notizie dei dispersi. *We
waited with bated breath for news of the missing.*

mozzare il fiato a qualcuno — *to take someone's breath away.*

È bella da mozzare il fiato. *She's so beautiful it takes your breath away.*

restare senza fiato — *to be flabbergasted.*

Ha osato fare delle affermazioni così offensive che sono rimasto senza
fiato. *He made such outrageous statements that I was flabbergasted.*

tutto d'un fiato — *in one gulp.*

È amarissimo: bevilo tutto d'un fiato. *It's really bitter; drink it all down
in one gulp.*

---

fico — *fig*
importarsene un fico (secco) — *to give a damn.*
Non me ne importa un fico (secco). *I don't give a damn.*

fifa — *fear*
una fifa nera — *scared stiff.*
Quando viene la sera ho una fifa nera. *When evening comes I'm scared stiff.*

figlio — *son*
degno figlio del proprio padre — *a chip off the old block.*
È un genio, degno figlio del proprio padre. *He's a genius, a chip off the old block.*

figlio di nessuno — *second-class citizen (nobody).*
E che sono, il figlio di nessuno? *And who do you think I am, a second-class citizen (a nobody)?*

figlio di papà — *spoiled young man.*
Ha la macchina, ha i soldi; è proprio un figlio di papà. *He's got a car, he's got money; he's really spoiled.*

figlio di primo letto — *a child of the first marriage.*
Al contrario di suo fratello, è figlio di primo letto. *Contrary to his brother, he's a child of the first marriage.*

figlio d'un cane — *son of a bitch.*
Dov'è andato quel figlio d'un cane? *Where has that son of a bitch gone?*

figura — *figure*
di figura — *ornamental.*
Questo pannello non serve a niente: è lì solo di figura. *This panel serves no purpose at all; it's merely ornamental.*

fare la figura di — *to make oneself look.*
Sono passato da loro senza telefonare e ho fatto la figura dell'impiccione. *I stopped by their place without calling and I made myself look nosey.*

fare (una) bella figura (contrario: fare (una) brutta figura, fare una figura barbina) — *to cut a fine figure (opposite: to cut a poor figure, to make a poor showing).*

Con quel regalo ho fatto una bella figura. *I cut a fine figure with that gift.*

figurarsi — *to imagine, to make out.*
Ma si figuri! *Don't mention it!*

figuro — *character*
un losco figuro — *a shady character.*
Sul portone ho incontrato un losco figuro. *I met a shady character in the doorway.*

fila — *line*
di fila — *running.*
Ha parlato al telefono per tre ore di fila. *She spoke on the telephone for three hours running.*

disertare le fila — *to abandon a cause.*
Ha disertato le fila del movimento rivoluzionario perchè si sentiva in pericolo. *He abandoned the cause of the revolution because he felt his life was in danger.*

in fila indiana — *in single file.*
Gli anatroccoli camminano dietro la madre in fila indiana. *The ducklings walk behind their mother in single file.*

filo — *thread*
dare del filo da torcere — *to give a run for one's money.*
Non è un ragazzo facile da tirare su; mi dà spesso del filo da torcere. *He isn't an easy boy to raise; he often gives me a run for my money.*

essere cuciti (legati) a filo doppio — *to be inseparable.*
È inutile che cerchi di portare tua figlia in vacanza senza Giulia: sono legate a filo doppio. *It's no use trying to take your daughter on vacation without Giulia; they're inseparable!*

fare il filo a qualcuno — *to court someone.*

Le ha fatto il filo da quando aveva quindici anni e adesso si sposano!
He's been courting her since she was fifteen and now they're getting married!

filo d'aria — *a breath of air.*
Apri la finestra, non c'è un filo d'aria qui dentro. *Open the window, there's not a breath of air in here.*

per filo e per segno — *in minute detail.*
Le ho raccontato che cos'era successo alla festa per filo e per segno. *I told her what had happened at the party in minute detail.*

---

fine — *end*

alla fin fine — *after all.*
Alla fin fine, bisognerà pure che lui capisca la nostra situazione. *After all, he should be able to understand our situation.*

fare fine — *to be the thing.*
Tra i ragazzi fa fine portare la felpa al contrario. *Among teenagers it's the thing to wear sweatshirts inside out.*

in fin dei conti — *after all.*
In fin dei conti ho avuto ragione io. *I was right after all.*

la fine del mondo — *(1) out of this world.*
Aveva una giacca che era la fine del mondo. *He had a jacket that was out of this world.*

(2) pandemonium.

Lui annunciò le sue dimissioni e successe la fine del mondo. *He announced his resignation and all hell broke loose.*

finestra — *window*

    buttare i soldi dalla finestra — *to throw money out the window.*

    Lei spende e spande come se avesse i soldi da buttare dalla finestra. *She spends money as if she had so much she could throw it out the window.*

finire — *to finish*

    farla finita — *(1) to cut it out.*

    Falla finita, mi hai seccato. *Cut it out, I've had enough.*

    (2) to do away with oneself.

    Sono disperati perchè Enrico ha lasciato un biglietto dove dice che vuole farla finita, e poi è sparito. *They are desperate because Enrico left a note saying he wanted to do away with himself, and then vanished.*

finta — *pretense*

    far finta di — *(1) to make believe.*

    Facciamo finta di essere stranieri. *Let's make believe we're foreigners.*

    (2) to pretend.

    Hanno fatto finta di non sapere che lei era stata scoperta. *They pretended not to know she had been discovered.*

    far finta di niente — *to pretend not to notice.*

    Fa' finta di niente; sta arrivando quel tipo noioso. *Pretend not to notice; that boring guy is coming.*

fio — *penalty*

    pagare il fio — *to pay the consequences.*

    Ho pagato il fio degli errori di mio padre. *I paid the consequences of my father's errors.*

fiocco — *bow*

    coi fiocchi — *gala (slap-up).*

    Ha preparato un pranzo coi fiocchi in suo onore. *She prepared a slap-up dinner in his honor.*

fiore — *flower*

    a fior d'acqua — *on the surface of the water.*

    Guarda quell'insetto che scivola a fior d'acqua. *Look at that insect skimming on the surface of the water.*

    a fior di labbra — *confidentially.*

    Me lo disse una sera a fior di labbra. *He told it to me confidentially one evening.*

    a fior di pelle — *superficial.*

    Sembrava grave, ma era solo una ferita a fior di pelle. *It seemed serious, but it was only a superficial wound.*

    avere i nervi a fior di pelle — *to be a bundle of nerves.*

    Ho i nervi a fior di pelle; è meglio che tu non mi faccia arrabbiare. *I'm a bundle of nerves; you'd better not make me angry.*

    fior di quattrini — *a pretty penny.*

    Comprare il loro silenzio è costato fior di quattrini a quell'uomo politico. *Buying their silence cost that politician a pretty penny.*

    il fior fiore — *the elite.*

    Il fior fiore del mondo giornalistico era presente alla rassegna cinematografica. *The elite of the world of journalism was present at the film festival.*

    nel fiore degli anni — *in the prime of life.*

    Un male l'ha stroncato nel fiore degli anni. *An illness cut him down in the prime of life.*

    un fiore all'occhiello — *someone's pride and joy.*

    Sua figlia è molto intelligente; per suo padre, è un fiore all'occhiello. *His daughter is very smart; she's her father's pride and joy.*

    un fior di — *downright.*

    Quell'uomo è un fior di mascalzone. *That man is a downright scoundrel.*

fischio — *whistle*
prendere fischi per fiaschi — *to misunderstand completely.*
Ha scritto una brutta recensione di quel libro: ha proprio preso fischi per fiaschi. *He wrote a horrible review of that book; he misunderstood it completely.*

fiuto — *sniffing*
aver fiuto negli affari — *to have a nose for business.*
Lui ha fatto una barca di soldi perchè ha fiuto negli affari. *He made a lot of money because he has a nose for business.*

flagrante — *in the act*
cogliere qualcuno in flagrante — *to catch someone in the act (red-handed).*
Il ladro è stato colto in flagrante mentre cercava di fuggire con i gioielli. *The thief was caught in the act while trying to run away with the jewels.*

foglia — *leaf*
mangiare la foglia — *to get wise.*
Volevamo fargli uno scherzo, ma ha mangiato la foglia appena ha visto le nostre facce. *We wanted to play a joke on him, but he got wise as soon as he saw our faces.*

fondello — *seat of the trousers*
prendere per i fondelli — *to take someone for a ride.*
Guarda che ti hanno preso per i fondelli; domani non c'è nessuna festa. *They took you for a ride; there's no party tomorrow.*

fondo — *bottom*
a fondo — *completely.*
Ogni tanto bisogna pulire la casa a fondo, comprese le pareti. *Every so often you have to clean the house completely, including the walls.*

andare a fondo — *to be ruined.*
Se continueremo a far debiti, andremo a fondo e bisognerà dichiarare fallimento. *If we keep making debts we'll be ruined and will have to declare bankruptcy.*

andare a fondo di — *to get to the bottom of.*

Intendo andare a fondo di questa questione. *I intend to get to the bottom of this matter.*

dare fondo a — *to use up, to run through.*

In tre anni ha dato fondo a tutta l'eredità: incredible! *In three years he used up the whole inheritance: incredible!*

fino in fondo — *to the bitter end.*

Ho sbagliato e ne sopporterò le conseguenze fino in fondo. *I made a mistake, and I'll take the consequences to the bitter end.*

in fondo — *at heart.*

Forse non sembra a prima vista, ma in fondo è una brava persona. *Maybe she doesn't seem it at first, but at heart she's a good person.*

toccare il fondo — *to hit bottom.*

Credevano di aver toccato il fondo, ma le cose peggiorarono ulteriormente. *They thought they had hit bottom, but then things got even worse.*

---

forbici — *scissors*

lavorare di forbici — *to blue-pencil.*

La prima pagina del giornale era quasi vuota: i censori hanno lavorato ben bene di forbici. *The front page of the paper was almost empty; the censors blue-penciled almost everything.*

---

forca — *gallows*

far forca — *to play hooky.*

Hanno scoperto che il figlio ha fatto forca un giorno sì e uno no tutto l'anno. *They discovered their son was playing hooky every other day all year long.*

fare la forca a qualcuno — *to take someone in.*

Non lasciarti far la forca da quei politicanti. *Don't let those politicians take you in.*

passare sotto le forche caudine — *to run the gauntlet.*

Bisogna passare sotto le forche caudine degli esami per ottenere il diploma. *One has to run the gauntlet of the exams to get the diploma.*

---

forchetta — *fork*

parlare in punta di forchetta — *to speak with affectation.*

È una delle persone meno spontanee che conosca: parla sempre in punta di forchetta. *She's one of the least spontaneous persons I know; she always speaks with such affectation.*

una buona forchetta — *hearty eater.*

Fa piacere invitarlo a cena, è una buona forchetta. *It's a pleasure to invite him to dinner; he's a hearty eater.*

forma — *form*

in forma — *in good shape.*

Bravo, hai vinto una partita difficilissima; sei proprio in forma smagliante. *Good for you, you've won a difficult game; you're really in great shape.*

forse — *maybe*

in forse — *in doubt.*

La sua premiazione è in forse: parte della giuria è contraria. *His winning the prize is in doubt; part of the jury is against it.*

mettere in forse — *to cast doubt on.*

Nessuno mette in forse quel che dici. *No one casts doubt on what you say.*

forte — *forte*

andare forte — *to be going strong (seriously and ironically).*

Dài, che vai forte! Se continui così vincerai la corsa! *Keep at it, you're going strong! If you go on this way, you'll win the race!*

Essere forte come un toro. *To be strong as an ox.*

farsi forte — *to avail oneself of.*

Si fa forte della sua amicizia con il primo ministro per intimidire i suoi concorrenti. *He avails himself of his friendship with the prime minister to intimidate his competitors.*

il proprio forte — *one's forte.*

La matematica è il suo forte. *Mathematics is his forte.*

fortuna — *fortune*
  di fortuna — *emergency, makeshift.*
  Il pilota fece un atterraggio di fortuna, con mezzi di fortuna. *The pilot made an emergency landing, using makeshift equipment.*

  fare fortuna — *to make good.*
  Dopo la guerra è emigrato in Australia e ha fatto fortuna. *After the war he emigrated to Australia and made good.*

forza — *strength*
  a forza di — *by dint of.*
  A forza di sentire l'inglese per anni, l'ha imparato anche lei. *By dint of hearing English for years, she's learned it herself.*

  farsi forza — *to bear up, to brace up.*
  Fatti forza, tutti noi abbiamo passato dei momenti difficili. *Bear up, we've all gone through hard times.*

  per cause di forza maggiore — *because of circumstances beyond one's control.*
  Per cause di forza maggiore il sindaco non potrà intervenire. *Because of circumstances beyond his control the mayor will not be able to participate.*

  per forza — *anyway (against one's will).*
  Non ho nessuna voglia di andare dal dentista, ma dovrò farlo per forza; mi sta venendo un ascesso. *I have no desire to go to the dentist, but I'll have to go anyway (against my will); I'm getting an abscess.*

  rimettersi in forze — *to regain strength.*
  Adesso sta bene, ma gli ci è voluto molto tempo per rimettersi in forze dopo la malattia. *Now he's well, but it took him a long time to regain strength after his illness.*

fosso — *ditch*
  saltare il fosso — *to take the plunge (to burn one's bridges).*
  Abbiamo saltato il fosso e abbiamo deciso di emigrare. *We took the plunge and decided to emigrate.*

franco — *free*

farla franca — *to get away with.*

Non pensare di farla franca! Aspetta che metto al corrente tuo padre! *Don't think you'll get away with it — wait until I tell your father!*

freccia — *arrow*

un'altra freccia al proprio arco — *another string to one's bow.*

Se imparerai un'altra lingua, avrai un'altra freccia al tuo arco quando cercherai lavoro. *If you learn another language you'll have another string to your bow when you look for a job.*

freno — *brake*

mordere il freno — *to champ at the bit.*

Gli studenti stanno mordendo il freno; lasciamogli fare questa assemblea. *The students are champing at the bit; let's let them have their meeting.*

stringere i freni — *to tighten the reins.*

C'è troppa speculazione e ora tenteranno di stringere i freni. *There's too much speculation and now they'll try to tighten the reins.*

tenere a freno — *to keep a tight rein on.*

Non è mica facile tenere a freno i ragazzi in una situazione così difficile. *It's not very easy to keep a tight rein on the children in a difficult situation like this.*

fresco — *cool*

fresco fresco da — *fresh from.*

Guarda che abbronzatura! Arriva fresco fresco da una vacanza in Sardegna. *Look how tan he is! He's fresh from a vacation in Sardinia.*

stare al fresco — *to be in prison.*

Se sarà condannato starà al fresco per un bel po'. *If he's convicted he'll be in prison for a long time.*

stare fresco — *to be in for it.*

Se osi toccarlo stai fresco; ti prenderai almeno un paio di sberle. *If you dare touch him you'll be in for it; you'll get at least a spanking.*

fretta — *hurry*
  in fretta e furia — *in a rush.*
  Si vede che questo lavoro è stato fatto in fretta e furia: è pieno di
    errori. *You can tell this job was done in a rush; it's full of mistakes.*

friggere — *to fry*
  Va' a farti friggere! *Get lost!*

frittata — *omelet*
  fare la frittata — *to make a mess of.*
  Quando ho visto la sua faccia stupita, ho capito di aver fatto la frittata.
    Non doveva essere messo sull'avviso, e io invece gli ho raccontato
    tutto. *When I saw the surprise on his face I knew I'd made a mess of
    it. He shouldn't have been informed, and I went and told him every-
    thing.*

fritto — *fried*
  essere fritto — *to be done for.*

Se sanno cosa abbiamo combinato siamo fritti. *If they find out what
  we did, we're done for.*

fritto e rifritto — *old hat, rehashed.*

Quella storia è fritta e rifritta, ma lui la racconta ancora come se fosse una gran novità. *That story is old hat, but he tells it as if it were big news.*

fulmine — *lightning*

come un fulmine — *like a shot.*

Corse via come un fulmine. *He ran off like a shot.*

un fulmine a ciel sereno — *out of the blue.*

Le sue accuse sono state un fulmine a ciel sereno; nessuno se le aspettava. *His accusations came out of the blue; no one expected them.*

fumo — *smoke*

andare in fumo — *to go up in smoke.*

Lei si è ammalata e i nostri piani sono andati in fumo. *She got sick and our plans went up in smoke.*

come il fumo negli occhi — *not to stand.*

I cani vedono i gatti come il fumo negli occhi. *Dogs can't stand cats.*

Molto fumo e poco arrosto. *All show and little substance.*

Non c'è fumo senz'arrosto. *Where there's smoke there's fire.*

vender fumo — *to talk big.*

A sentir lei, ha tante offerte di lavoro che non sa quale scegliere; ma fidati di me, vende solo fumo. *If you listen to her, she has so many job offers she doesn't know which one to choose. But trust me, she's talking big.*

fuoco — *fire*

far fuoco e fiamme — *to go through the roof.*

Quando gli hanno detto dell'ammanco di cassa, ha fatto fuoco e fiamme. *When they told him of the cash shortage, he went through the roof.*

Fuoco! (nei giochi dei bambini) *You're hot! (in children's games)*

fuoco di fila — *barrage.*

I giornalisti la sottoposero ad un fuoco di fila di domande. *The journalists subjected her to a barrage of questions.*

un fuoco di paglia — *a flash in the pan.*

Il suo successo nel campo letterario è stato un fuoco di paglia; è durato un paio d'anni. *His success in the literary field was only a flash in the pan; it lasted just a couple of years.*

fuori — *out*

dar fuori di matto — *to go nuts (to lose it, to go haywire).*

Quando ho saputo che mia figlia aveva distrutto la terza macchina, ho dato fuori di matto. *When they told me my daughter had totaled her third car, I lost it.*

fare fuori qualcuno — *(1) to do someone in.*

I terroristi lo hanno fatto fuori. *The terrorists did him in.*

(2) to finish (off).

Ha fatto fuori tutta la torta. *He finished (off) the whole cake.*

fuori di sè — *beside oneself.*

Era fuori di sè dalla paura. *She was beside herself with fear.*

La mamma era fuori di sè perchè ha dovuto aspettarci un'ora al freddo. *Mother was beside herself because she had to wait for us an hour in the cold.*

saltar fuori (tirare fuori) — *(1) to pop up.*

È saltato fuori a dire che l'avevamo ingannato. *He popped up saying we had cheated him.*

(2) to turn out (suddenly).

È saltato fuori che la detestava. *It suddenly turned out that he hated her.*

venirne fuori — *to come out of it.*

È stato gravissimo per due mesi ma ora sembra che stia per venirne fuori; sono riusciti a trovare la cura giusta. *He was very ill for two months but now he seems to be coming out of it; they were able to find the right treatment.*

furia — *fury*

a furia di — *by dint of.*

See **a forza di.**

andare su tutte le furie — *to fly into a rage (to blow one's top).*
Quando la mamma lo saprà andrà su tutte le furie. *When mother learns about it she'll fly into a rage.*

fusa — *purring*
    fare le fusa — *to purr.*
    Mi fa tenerezza sentire il gatto che fa le fusa. *I'm touched when I hear the cat purring.*

gabbia — *cage*
    una gabbia di matti — *a madhouse.*
    Non vedevo l'ora di andarmene da quella casa; mi sembrava di essere in una gabbia di matti. *I couldn't wait to get out of that house; I seemed to be in a madhouse.*

galateo — *book of etiquette*
    non conoscere il galateo — *to have no manners.*
    Signorina, lei è maleducata; non conosce il galateo? *Young lady, you are rude; have you no manners?*

galla — *afloat*
    tenersi a galla — *to keep one's head above water.*
    Non so come si tengano a galla senza che la moglie lavori. *I don't know how they keep their heads above water since his wife doesn't work.*

    tornare a galla — *to come up again.*
    Pensavo che quella storia fosse finita, ma ora è tornata a galla. *I thought that story was over with, but now it's come up again.*

    venire a galla — *to surface.*
    Mario confessò tutto e così vennero a galla le sue malefatte. *Mario confessed everything and so all his bad deeds surfaced.*

galletto — *young cock*

fare il galletto — *to strut around.*
Si diverte a fare il galletto senza immaginare quanto è ridicolo. *He enjoys strutting around and doesn't imagine how ridiculous he is.*

gallina — *hen*
Chi di gallina nasce convien che razzoli. *Like father, like son.*

Hanno ammazzato la gallina dalle uova d'oro. *They killed the goose that laid the golden eggs.*

gamba — *leg*
a gambe all'aria — *(1) head over heels.*
Sono scivolata sulla scala e sono finita a gambe all'aria. *I slipped on the stairs and fell head over heels.*
(2) to go belly up.
L'affare è andato a gambe all'aria. *The deal went belly up.*

avere le gambe a pezzi — *to walk one's feet off.*
Siamo andati in centro a piedi e ora ho le gambe a pezzi. *We went downtown on foot, and I really walked my feet off.*

darsela a gambe — *to take to one's heels.*
Quando ha sentito le sirene se l'è data a gambe. *When he heard the sirens he took to his heels.*

in gamba — *with it.*

Ha finito l'università un anno avanti; è proprio in gamba! *He finished college in three years; he's really with it!*

prendere sotto gamba — *not to take seriously.*

Ha avuto varie minacce ma le ha prese sotto gamba. *He's had various threats, but hasn't taken them seriously.*

gambero — *crawfish*

fare come i gamberi — *to regress, to get worse.*

Ma non fai niente a scuola? Stai facendo come i gamberi: invece di migliorare peggiori. *Aren't you doing anything at school? You're getting worse instead of better.*

ganascia — *jaw*

mangiare a quattro ganasce — *to eat like a horse.*

Non ha più febbre e dopo tre giorni senza cibo, sta mangiando a quattro ganasce. *His fever is gone, and after three days without food, he's eating like a horse.*

ganghero — *hinge*

uscire dai gangheri — *to lose one's temper.*

Quando l'insegnante ha capito che copiavano, è uscita dai gangheri. *When the teacher realized they were cheating, she lost her temper.*

garganella — *(only in the expression)*

bere a garganella — *to gulp down.*

Aveva tanta sete che ha bevuto l'intera bottiglia a garganella. *He was so thirsty he gulped down the whole bottle.*

garibaldino — *Garibaldi's*

alla garibaldina — *daringly, impetuously.*

Non hanno nessun allenamento e vogliono andare sul Cervino! Fanno sempre le cose alla garibaldina. *They have no training, but they want to climb the Matterhorn. They always do things impetuously!*

gas — *gas*
a tutto gas — *to floor it.*
Andava a tutto gas; non c'è da stupirsi che abbia avuto un incidente.
He was flooring it; it's no surprise he had an accident.

---

gatta — *she-cat*
avere altre gatte da pelare — *to have other fish to fry.*
A lui non interessa perchè ha altre gatte da pelare. *He's not interested because he has other fish to fry.*

avere una gatta da pelare — *to get in a fix (to have a hard nut to crack).*
Ho accettato un lavoro difficile e adesso ho una bella gatta da pelare. *I accepted a difficult job and now I'm in a fix (I have a hard nut to crack).*

fare la gatta morta — *to be a hypocrite (to play up to).*
È riuscita a dirmi delle cose terribili; e pensare che faceva la gatta morta. *She managed to tell me some terrible things; and to think that she was such a hypocrite (played up to people so much).*

la gatta nel sacco — *a pig in a poke.*
Finalmente ha messo la gatta nel sacco: è riuscito ad avere il posto che gli interessava. *He finally put the pig in the poke; he managed to get the job he was interested in.*

Qui gatta ci cova. *There's more to this than meets the eye (There's something fishy going on; I smell a rat).*

Tanto va la gatta al lardo che ci lascia lo zampino. *The pitcher went to the well once too often.*

---

gatto — *cat*

Quando il gatto non c'è i topi ballano. *When the cat's away the mice will play.*

quattro gatti — *only a few people.*

Doveva essere una riunione importante, ma eravamo solo quattro gatti. *It was supposed to be an important meeting, but there were only a few people there.*

---

gavetta — *mess-tin*

venire dalla gavetta — *to rise through the ranks.*

Ora è direttore generale, ma è venuto dalla gavetta. *He's the C.E.O. now, but he rose through the ranks.*

---

gelo — *frost*

diventare di gelo — *to freeze.*

Quando ho saputo che mia nonna era morta, sono diventata di gelo. *When I found out my grandmother had died, I froze.*

mettere il gelo addosso — *to make one shiver.*

Quel racconto del terrore mi mette il gelo addosso ogni volta che lo leggo. *That horror story makes me shiver every time I read it.*

---

genio — *genius*

andare a genio — *to be to one's liking.*

Questo libro non mi va a genio. *This book is not to my liking.*

---

gente — *people*

la gente bene — *the upper classes.*

Montecarlo è un posto di vacanza per la gente bene. *Monte Carlo is a vacation playground for the upper classes.*

getto — *jet*
  di getto — *straight off.*
  Ha scritto il romanzo di getto, in soli sei mesi. *He wrote his novel straight off, in just six months.*

ghiaccio — *ice*
  rimanere di ghiaccio — *to be completely unmoved.*
  Speravo che mi compatisse, ma è rimasto di ghiaccio. *I hoped he would sympathize with me, but he was completely unmoved.*

  rompere il ghiaccio — *to break the ice.*
  Per aiutare a rompere il ghiaccio hanno fatto fare dei giochini ai bambini. *To help break the ice they had the children play games.*

ghingheri — *smartly dressed*
  mettersi in ghingheri — *to dress up.*
  Mi piace mettermi in ghingheri per uscire la sera. *I enjoy dressing up when I go out in the evening.*

ghiro — *dormouse*
  dormire come un ghiro — *to sleep like a log.*
  Quali rumori? Non ho sentito niente; dormivo come un ghiro. *What noises? I didn't hear anything; I was sleeping like a log.*

già — *already*
  già che ci + essere — *since one is at it.*
  Potevi prenderne uno anche per me, già che c'eri. *You could have gotten one for me too, since you were at it.*

Giacomo — *James*
  Le gambe mi facevano giacomo giacomo. — *My legs were shaking with fear.*

giallo — *yellow*
  libro giallo — *a detective, mystery story.*

Ha scritto un [libro] giallo di grande successo. *She wrote a very successful detective story.*

gigante — *giant*

fare passi da gigante — *to progress by leaps and bounds.*
Suo figlio sembrava avere problemi a scuola, ma negli ultimi mesi ha fatto passi da gigante. *Her son seemed to have problems at school, but recently he's been progressing by leaps and bounds.*

ginepraio — *juniper thicket*

cacciarsi in un ginepraio — *to get oneself into a fix.*
Per risolvere i problemi degli altri finisce sempre per cacciarsi in un ginepraio. *For trying to solve other people's problems he always ends up getting himself into a fix.*

giocare — *to play*

giocarsi — *to risk.*
Mi gioco la mia riputazione, però lo voglio fare lo stesso. *I'm risking my reputation, but I want to do it anyway.*

gioco — *game*

avere buon gioco — *to have a good chance of winning.*
Pensavo di avere buon gioco e allora ho tentato. *I thought I had a good chance of winning so I tried.*

entrare in gioco — *to come into play.*
Sono entrati in gioco fattori imprevisti che ci hanno fatto perdere molti soldi. *Unforeseen factors came into play which made us lose a lot of money.*

essere in gioco — *to be at stake.*
È in gioco il mio onore. *My honor is at stake.*

fare il doppio gioco — *to play both ends against the middle (to be a double-crosser).*
Riccardo non è un ragazzo leale; fa il doppio gioco. *Richard isn't a loyal boy; he plays both ends against the middle (he's a double-crosser).*

fare il gioco di — *to serve someone else's needs.*

Con le sue affermazioni fa il gioco degli avversari. *With his statements he's serving the needs of his adversaries.*

Gioco di mano gioco da villano. *It's not nice to use one's fists.*

Il gioco non vale la candela. *The game is not worth the candle.*

prendersi gioco di — *to make fun of.*

Quel bambino si è preso gioco dell'amichetta. *That child made fun of his little friend.*

stare al gioco — *to play along.*

Che noiosi che siete! Non sapete neanche stare al gioco. *How boring you are! You can't even play along.*

un gioco da ragazzi — *a piece of cake.*

Aggiustiamo noi la radio; è un gioco da ragazzi! *We'll repair the radio ourselves; it's a piece of cake!*

---

gioia — *joy*

darsi alla pazza gioia — *to let loose.*

Quando ha saputo di aver vinto l'Oscar, si è data alla pazza gioia. *When she heard she had won an Oscar she let loose.*

---

giornata — *day*

vivere alla giornata — *to live from hand to mouth.*

Io non penso al futuro; preferisco vivere alla giornata. *I don't think about the future; I prefer to live from hand to mouth.*

---

giorno — *day*

al giorno d'oggi — *nowadays.*

Al giorno d'oggi tutte le cose sono permesse. *Nowadays everything is permitted.*

avere i giorni contati — *to have one's days numbered.*

Il prigioniero ha i giorni contati. *The prisoner has his days numbered.*

sul far (allo spuntar) del giorno — *at daybreak.*

Sono andata al mare sul far del giorno per vedere l'alba. *I went to the seaside at daybreak to see the dawn.*

tutti i santi giorni — *day in and day out.*

Mia suocera mi telefona tutti i santi giorni. *My mother-in-law calls me day in and day out.*

girare — *to turn*

gira e rigira — *after long and careful consideration.*

Gira e rigira, arriviamo sempre alla stessa conclusione. *After long and careful consideration, we are back to the same conclusion.*

girarla come uno vuole — *any way one looks at it.*

Girala come vuoi, è sempre un fallito. *Any way you look at it, he's still a failure.*

giro — *turn*

andare su di giri — *to lose one's temper.*

Mio fratello va facilmente su di giri e insulta tutti. *My brother loses his temper easily and insults everyone.*

essere del giro — *to be in the swim.*

Quando hanno voluto avere delle informazioni riservate sul mercato dei diamanti, si sono rivolti a lui: è uno del giro. *When they wanted to get inside information about the diamond market, they turned to him; he's in the swim.*

essere su di giri — *to be elated.*

È così su di giri che non può star fermo. *He's so elated he can't stay still.*

in giro — *around.*

Sono andato in giro per la città. *I went around town.*

nel giro di — *in a (certain amount of) time.*

Nel giro di tre mesi, conto di aver finito questo lavoro. *In three months' time, I think I'll have finished this work.*

prendere in giro — *to pull someone's leg.*

Lo zio mi prende sempre in giro. *My uncle is always pulling my leg.*

un giro d'orizzonte — *a general survey.*

Abbiamo fatto un giro d'orizzonte della situazione economica e adesso sappiamo come regolarci. *We did a general survey of the economic situation and now we know how to proceed.*

un giro di parole — *to beat about the bush.*

Mi ha detto quello che voleva dirmi con un lungo giro di parole. *After a lot of beating about the bush, he told me what he wanted to say.*

un giro di vite — *a turn of the screw.*

Il preside è molto severo: ha dato un giro di vite a tutta la scolaresca. *The principal is very severe; he gave a turn of the screw to the whole student body.*

giù — *down*

andar giù — *not to be able to take.*

Quello che ha detto mia suocera non mi va giù. *I can't take what my mother-in-law said.*

buttar giù — *(1) to dishearten, to depress.*

La notizia mi ha buttato giù. *The news disheartened me.*

(2) to toss off.

Ha buttato giù la relazione in tre ore. *He tossed off his report in three hours.*

buttarsi giù — *to lose heart.*

Non ti buttare giù per un fatto così banale. *Don't lose heart over such a silly thing.*

giù di lì — *thereabouts.*

Siamo andati a pranzo alle cinque o giù di lì. *We went to dinner at five or thereabouts.*

mandare giù — *to swallow.*

Questa offesa non la mando giù. *I won't swallow this offense.*

giudizio — *judgment*

mettere giudizio — *to mature.*

Marco è stato un adolescente difficile, ma sembra che abbia messo giudizio. *Mark was a difficult teenager, but now he seems to have matured.*

giunta — *addition*

per giunta — *on top of that.*

Non ho dormito e per giunta sono dovuto andare a lavorare. *I didn't sleep and on top of that I had to go to work.*

gloria — *glory*

lavorare per la gloria — *to work for love.*

Non mi pagano affatto; lavoro per la gloria. *They pay me little or nothing; I work for love.*

---

gnorri — *(only in the expression)*

fare lo gnorri — *to play dumb.*

Non fare lo gnorri; lo sappiamo tutti che sei stato tu a cantare con la polizia. *Don't play dumb; we all know it's you who blew the whistle with the police.*

---

goccia — *drop*

assomigliarsi come due gocce d'acqua — *to be as alike as two peas in a pod.*

Le gemelle si assomigliano come due gocce d'acqua. *The twins are as alike as two peas in a pod.*

Questa è proprio la goccia che fa traboccare il vaso. *This is the straw that breaks the camel's back.*

una goccia nel mare — *a drop in the bucket.*

È talmente ricco che per lui un miliardo è come una goccia nel mare. *He's so rich that for him a million is just a drop in the bucket.*

---

gola — *throat*

fare gola — *to tempt.*

Questo melone mi fa gola. *This melon tempts me.*

prendere per la gola — *(1) to rely on someone's gluttony to conquer him/her.*

Lei è un'ottima cuoca: l'ha conquistato prendendolo per la gola. *She's a very good cook; she won him over by feeding his gluttony.*
(2) *to have someone by the throat.*
Ho dovuto accettare il prestito alle loro condizioni; mi hanno preso per la gola! *I had to accept the loan on their terms; they had me by the throat.*

rimanere in gola — *to stick in the throat.*
Era tanto sorpreso che la risposta gli è rimasta in gola. *He was so surprised that his answer stuck in his throat.*

---

gomito — *elbow*
alzare il gomito — *to drink.*
Quel vecchietto alza troppo il gomito. *That old man drinks too much.*

trovarsi gomito a gomito — *to rub shoulders with.*
Ci troviamo gomito a gomito con tutti i tipi di persone nel nostro lavoro. *We rub shoulders with all kinds of people in our work.*

---

gonnella — *skirt*
attaccato alle gonnelle della madre — *tied to one's mother's apronstrings.*
Quell'uomo è ancora attaccato alle gonnelle della madre. *That man is still tied to his mother's apronstrings.*

correre dietro alle gonnelle — *to be always after some woman.*
Marcello corre dietro a tutte le gonnelle. *Marcel is always after some woman.*

---

gozzo — *gullet*
stare sul gozzo — *to be unable to stand.*
Quella tua amica mi sta proprio sul gozzo. *I can't stand your friend.*

---

grado — *degree*
essere in grado di — *to be up to.*
Non sono in grado di fare sforzi fisici dopo la mia malattia. *I'm not up to doing physical exertion after my illness.*

mettere in grado di — *to enable someone to do something.*
L'eredità mi ha messo in grado di espandere la mia attività economica. *The inheritance enabled me to expand my business.*

gramigna — *weed*
  come la gramigna — *like weeds.*
  Gente da poco come lui è come la gramigna; se ne trova in ogni ambiente. *Petty people like him are like weeds; you find them everywhere.*

grana — *money*
  scucire la grana — *to fork over (shell out).*
  Avanti, scuci la grana! Hai detto che contribuivi anche tu. *Come on,
  fork over the money! You said you'd contribute too.*

grana — *grain (of wood), trouble*
  piantare una grana — *to raise a stink (to make a fuss).*
  Ho piantato una grana perchè il negoziante mi ha venduto della
  merce avariata. *I raised a stink (made a fuss) because the shop-
  keeper sold me spoiled goods.*

grancassa — *bass drum*
  battere la grancassa — *to make a big deal out of.*
  Le poche volte che ha ragione comincia a battere la grancassa. *The
  few times he's right about something he starts making a big deal out
  of it.*

granchio — *crab*
  prendere un granchio — *to goof.*
  L'ho accusato di aver preso la cioccolata, ma ho preso un granchio. *I
  accused him of having taken the chocolate, but I goofed.*

grande — *big*
  fare le cose in grande — *to do things in style.*
  Sebbene non siano ricchi, fanno le cose in grande. *Even though they're
  not rich, they do things in style.*

un gran che — *something special.*
Questo quadro non è un gran che. *This painting is nothing special.*

grandioso — *grand*
  fare il grandioso — *to act big.*
  Nella vita non fare mai il grandioso, ma comportati semplicemente.
  Don't act big in life, but behave simply.

grasso — *fat*
  grasso che cola — *it's a lot.*
  Ho comprato delle patate; se sono un kilo è grasso che cola. *I bought
  some potatoes; if they're a kilogram, it's a lot.*

grattacapo — *trouble*
  dare dei grattacapi — *to give someone problems.*
  Il mio bambino è capriccioso; mi dà sempre dei grattacapi. *My child is
  naughty; he's always giving me problems.*

grazia — *grace*
  nelle grazie di — *in good standing with.*
  È stato assunto per questo lavoro perchè è nelle grazie del direttore.
  *He was hired for this work because he's in good standing with the
  director.*

grembo — *lap*
  in grembo alla famiglia — *in the bosom of one's family.*
  Gli è andato tutto storto ed è tornato in grembo alla famiglia. *Everything went wrong for him, and he returned to the bosom of his family.*

grido — *cry*
  all'ultimo grido — *the last word.*
  Ho comprato un vestito all'ultimo grido. *I bought a dress that's the last
  word.*

  di grido — *well-known and fashionable.*
  È un medico di grido e quindi si fa pagare molto. *He's a well-known
  and fashionable physician and therefore his fees are very high.*

grillo — *cricket*

avere qualche grillo per la testa — *to have strange ideas.*

Di questi tempi Paolo ha qualche grillo per la testa; che cosa gli è successo? *Paul has strange ideas lately; what happened to him?*

saltare il grillo — *to be struck by the mood.*

Se mi salta il grillo, domenica vado al mare. *If the mood strikes me, I'll go to the seashore on Sunday.*

grinza — *wrinkle*

non fare una grinza — *to be watertight.*

Il suo ragionamento non fa una grinza. *His reasoning is watertight.*

groppo — *knot*

un groppo alla gola — *a lump in one's throat.*

Mi è venuto un groppo alla gola dalla commozione. *I got a lump in my throat from the emotion.*

grosso — *big*

contarle (spararle) grosse — *to tell tall stories.*

Quando parla della sua vita le conta sempre grosse. *When he talks about his life he tells tall stories.*

dormire della grossa — *to sleep like a log.*

Andai da lui verso le dieci e dormiva ancora della grossa. *I went to see him at around ten o'clock and he was still sleeping like a log.*

farla grossa — *to screw up.*

Ti ha scoperto che ascoltavi la sua telefonata; questa volta l'hai fatta grossa! *He found out that you were listening in on his conversation; this time you really screwed up.*

grosso come una capocchia di spillo — *the size of a pinhead.*

Ha un cervello grosso come una capocchia di spillo. *He has a brain the size of a pinhead.*

guadagnare — *to earn*
   tanto di guadagnato — *so much the better.*
   Se ci vai tu, tanto di guadagnato! *If you go, so much the better!*

guaio — *trouble*
   combinare un bel guaio — *to make a mess of things.*
   Pensava di essermi utile, invece ha combinato un bel guaio. *He thought he was helping me, but he made a mess of things.*

   guai a — *the worse for.*
   Guai a te se mi rompi il vetro. *The worse for you if you break my window.*

   passare un brutto guaio — *to have a bad time (to suffer for).*
   Ho fatto quello che voleva lui ed ho passato un brutto guaio. *I did what he wanted and I had a bad time (suffered for it).*

guanciale — *pillow*
   dormire tra due guanciali — *to have no worries.*
   Da quando abbiamo messo l'allarme, dormo tra due guanciali. *Since we installed the alarm, I feel safe.*

guanto — *glove*
   calzare come un guanto — *to fit like a glove.*
   Ho comprato un paio di pantaloni che mi calzano come un guanto. *I bought a pair of pants that fit like a glove.*

   raccogliere il guanto — *to take up the gauntlet.*
   Mi voleva sfidare, ma non ho raccolto il guanto. *He wanted to challenge me, but I didn't take up the gauntlet.*

   trattare qualcuno con i guanti — *to treat someone with kid gloves.*
   Lei è molto suscettibile e bisogna trattarla sempre con i guanti. *She's hypersensitive and she always must be treated with kid gloves.*

guardare — *to look*
   Guarda un po'! *That's odd. (How about that!)*

guardia — *guard*
   mettere in guardia qualcuno — *to warn someone.*

Vuole mettersi in affari con uno che è stato in prigione per truffa. Bisognerebbe metterla in guardia. *She wants to go into business with a guy who's been in jail for fraud. Someone should warn her.*

stare in guardia — *to beware.*
Sta' in guardia! È un'acqua cheta, ma potrebbe farti del male. *Beware! He's a sly one, and could hurt you.*

---

guscio — *shell*
  chiudersi nel proprio guscio — *to retreat into a shell.*
  Si è offesa per le mie critiche al suo progetto e da allora si è chiusa nel suo guscio. *She was offended by my criticisms of her project and since then she's retreated into a shell.*

---

gusto — *taste, gusto*
  prenderci gusto — *to take a liking to.*
  Questo nuovo gioco di carte è molto bello e ci ho preso gusto. *This new card game is really fun; I've taken a liking to it.*

  Non tutti i gusti sono alla menta. *Not all tastes are alike.*

  trovarci gusto — *to get pleasure out of something.*
  Che gusto ci trovi a stuzzicarlo sempre? *What pleasure do you get out of teasing him all the time?*

---

idea — *idea*
  accarezzare un'idea — *to toy with an idea.*
  Ha accarezzato l'idea di licenziarsi, ma poi non ne ha fatto nulla. *He toyed with the idea of quitting his job, but in the end he decided not to do it.*

  avere un'idea fissa in testa — *to have a bug in one's brain.*
  Vuole fare l'astronauta da quando aveva tre anni. È un'idea fissa! *He's wanted to be an astronaut ever since he was three. He has a bug in his brain!*

Nemmeno per idea! *Not on your life!*

non avere la più pallida idea — *not to have the faintest idea.*
"Dov'è il mio libro?" "Non ne ho la più pallida idea." *"Where's my book?" "I don't have the faintest idea."*

rendere l'idea — *to get the idea across.*
È così ricco che si fa preparare la cena in tre case diverse ogni sera. Non so se rendo l'idea. *He's so rich they prepare dinner for him in three different houses every day. Do you get the idea?*

un'idea — *a pinch.*
"Ci vuole ancora sale?" "Sì, ma solo un'idea." *"Should I add a little more salt?" "Yes, but just a pinch."*

---

imbarazzo — *embarrassment*
l'imbarazzo della scelta — *to have (too) many choices.*
Era così dotato che quando si è trattato di scegliere una carriera aveva solo l'imbarazzo della scelta. *He was so talented that when it came to choosing a career he had too many choices.*

mettere in imbarazzo — *to embarrass.*
Si diverte sempre a mettere in imbarazzo gli altri. *He always has a good time embarrassing others.*

togliere qualcuno dall'imbarazzo — *to get someone out of a fix.*
Non sapevo come fare a dirle che non potevo più ospitarla in vacanza, ma lui mi ha tolto dall'imbarazzo. *I didn't know how to tell her I couldn't invite her to my summer house anymore, but he got me out of the fix.*

---

imbeccata — *prompting*
dare l'imbeccata a qualcuno — *to prompt someone.*
La sua domanda mi ha colto alla sprovvista, ma per fortuna lei era lì a darmi l'imbeccata. *His question caught me off guard, but luckily she was there and prompted me.*

---

impagabile — *priceless*
Sei impagabile! *You're priceless!*

---

impalato — *stiff as a ramrod.*
starsene impalato — *to just stand there.*
Perchè non giochi con gli altri bambini invece di startene lì impalato? *Why don't you play with the other children instead of just standing there?*

impiccio — *fix*
cavare dagli impicci — *to get off the hook.*
Mi ha cavato dagli impicci dicendo che aveva perso lui le chiavi della cassaforte. *He got me off the hook by saying that he was the one who had lost the keys to the safe.*

importanza — *importance*
darsi importanza — *to try to look big.*
Invece di darsi importanza dovrebbe imparare ad ascoltare gli altri. *Instead of trying to look big he should learn to listen to others.*

impronta — *print*
lasciare la propria impronta — *to leave one's mark.*
Dove passa, lascia la propria impronta. *Wherever he goes he leaves his mark.*

incomodo — *inconvenience*
fare da terzo incomodo — *to play the odd man out.*
Non voglio più uscire con loro due perchè faccio sempre da terzo incomodo. *I don't want to go out with the two of them because I always have to play the odd man out.*

incontro — *towards*
andare incontro a qualcosa — *to be heading for (to run into).*
Andremo incontro a grandi spese quando cambieremo casa. *We'll be running into great expenses when we move to the new house.*

venire incontro a qualcuno — *to meet someone halfway.*
È impossibile fare un compromesso con lui; non ti verrà mai incontro. *It's impossible to compromise with him; he'll never meet you halfway.*

incudine — *anvil*

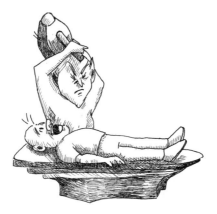

fra l'incudine e il martello — *between the devil and the deep blue sea.*
Da quando sono andato ad abitare con mia suocera mi trovo tra l'incudine e il martello. *Since I've been living with my mother-in-law I'm between the devil and the deep blue sea.*

indiano — *Indian*
fare l'indiano — *to turn a deaf ear.*
Non fare l'indiano, sai benissimo di cosa sto parlando. *Don't turn a deaf ear; you know very well what I'm talking about.*

indice — *forefinger*
mettere all'indice — *to blacklist.*
Durante il maccartismo molta gente del cinema venne messa all'indice. *During the McCarthy era, a lot of people in the movie industry were blacklisted.*

indietro — *back, behind*
tirarsi indietro — *to back away (out).*
Avevano detto che avrebbero firmato la petizione contro la centrale nucleare, ma poi si sono tirati indietro. *They said they would sign the petition against the nuclear power plant, but in the end they backed out.*

indirizzo — *address*
  sbagliare indirizzo — *to come (go) to the wrong person.*
  Se credi che io ti possa aiutare, hai sbagliato indirizzo. *If you think I can help you, you've come to the wrong person.*

infarinatura — *dusting with flour*
  avere un'infarinatura — *to have a smattering.*
  Ha la pretesa di sapere il francese, ma ha solo un'infarinatura. *He pretends to know French, but he has only a smattering.*

inglese — *English*
  svignarsela all'inglese — *to take French leave.*
  Per paura di far notare la loro assenza se la sono svignata all'inglese. *For fear of having their absence noticed, they took French leave.*

ingranaggio — *gear*
  lasciarsi prendere nell'ingranaggio — *to get caught up in the grind.*
  Non fa altro che lavorare: si è lasciato prendere nell'ingranaggio. *All he does is work. He got caught up in the grind.*

innocentino — *little innocent person*
  fare l'innocentino — *to look as though butter wouldn't melt in one's mouth.*
  Va' la, non fare l'innocentino; spesso anche tu ti comporti da mascalzone. *Come on, don't look as though butter wouldn't melt in your mouth; you often act like a rascal yourself.*

insegna — *sign*
  all'insegna di — *in the name of.*
  Hanno lanciato una campagna contro le riviste pornografiche all'insegna dei valori della famiglia. *They launched a campaign against pornographic magazines in the name of family values.*

intendere — *to comprehend*
  dare ad intendere — *to try to fool.*
  Non è vero; a chi la vuoi dare ad intendere? *It's not true; whom are you trying to fool?*

intendersela con qualcuno — *to have an affair with someone.*
Te l'ho detto che se la intendeva con lui! Le loro assenze dal lavoro coincidevano! *I told you they had an affair! They were always away from work at the same time!*

intenditore — *expert*
A buon intenditor poche parole. *A word to the wise is sufficient.*

intenzione — *intention*
avere una mezza intenzione di — *to have a good mind to.*
Avrei una mezza intenzione di piantare lì tutto e prendermi un giorno di vacanza. *I have a good mind to drop everything and take a day off.*

inteso — *understood*
darsene per inteso — *to take the hint.*
L'ho pregato più volte di andarsene, ma non se n'è dato per inteso. *I asked him to leave several times, but he didn't take the hint.*

ipoteca — *mortgage*
porre una seria ipoteca su — *to lay a strong claim to.*
Con l'ultima vittoria la nostra squadra ha posto una seria ipoteca sulla conquista dello scudetto. *With the last victory our team has laid a strong claim to winning the championship.*

ippica — *horse-racing*
darsi all'ippica — *to change one's trade.*
Il flauto non è per te; datti all'ippica. *The flute's not for you; change your trade.*

ira — *anger*
È successa l'iradiddio. *All hell broke loose.*

l'iradiddio — *an incredible amount.*
Quella notte ha piovuto l'iradiddio. *That night it rained an incredible amount.*

la — *the note A.*

dare il la — *to set the tone.*

Alla fine della festa erano tutti scatenati, ma è stata la padrona di casa a dare il la. *By the end of the party they were all going wild, but it was their hostess who set the tone.*

---

là — *there*

buttar là — *to toss off.*

Buttò là la proposta e attese le loro reazioni. *He tossed off his proposal and waited for their reaction.*

essere più di là che di qua — *to be more dead than alive.*

Quando l'hanno ricoverato era più di là che di qua. *When they admitted him to the hospital he was more dead than alive.*

---

labbra — *lips*

pendere dalle labbra di qualcuno — *to hang on someone's every word.*

È incredibile cosa non riesca a fare con i suoi studenti: pendono tutti dalle sue labbra. *It's incredible what he can do with his students; they all hang on his every word.*

---

laccio — *lace, string*

essere degno di legare i lacci delle scarpe a — *to hold a candle to.*
Non paragonarti a lei! Non sei neanche degna di legarle i lacci delle scarpe. *Don't compare yourself to her! You can't hold a candle to her.*

mettere il laccio al collo — *to catch someone.*
Era deciso a rimanere scapolo, ma s'è fatto mettere anche lui il laccio al collo. *He was determined to stay a bachelor, but someone caught him, too.*

lacrima — *tear*

avere le lacrime in tasca — *to be easily moved to crying.*
Non è il caso di impressionarsi; è una persona che ha le lacrime in tasca. *Don't bother to get upset; she's one who's easily moved to crying.*

lacrime di coccodrillo — *crocodile tears.*
È inutile che pianga lacrime di coccodrillo; quando l'hai detto sapevi quello che sarebbe successo. *It's useless for you to cry crocodile tears; when you said it you knew what would happen.*

lana — *wool*

lana caprina — *to split hairs.*
Non facciamo questioni di lana caprina; consideriamo solo gli aspetti importanti. *Let's not split hairs; let's consider just the important aspects.*

lancia — *spear*

partire lancia in resta — *to go full tilt.*
È partito lancia in resta contro il suo oppositore politico e l'ha coperto di insulti. *He went full tilt against his political opponent and showered him with insults.*

spezzare una lancia a favore di — *to go to bat for.*
Mio malgrado, ho spezzato una lancia a tuo favore. *In spite of myself, I went to bat for you.*

lanternino — *little lantern*

cercare col lanternino — *to look high and low for.*

Un lavoro come lo vuoi tu lo puoi anche cercare col lanternino, ma non lo troverai. *You can look high and low for a job like the one you want, but you'll never find it.*

largo — *wide, width*

al largo — *offshore.*

Erano andati al largo con un barchino e non riuscivano più a rientrare in porto. *They had gone offshore with a small boat and couldn't get back to the harbor.*

fare largo — *to make way.*

Fate largo che arriva la carrozza della regina! *Make way; the queen's carriage is coming!*

farsi largo — *to elbow one's way.*

Si è fatto largo tra la folla per raggiungerci. *He elbowed his way through the crowd to join us.*

girare al largo da — *to keep clear of.*

Gira al largo dalla mia casa, se no chiamo la polizia! *Keep clear of my house; otherwise, I'll call the police!*

prendere il largo — *to take off.*

Ha preso il largo con tutti i soldi della società. *He took off with all the company's money.*

stare (tenersi) alla larga da — *to give a wide berth to.*

Mi tengo sempre alla larga da tipi come lui. *I always give a wide berth to people like him.*

lasciare — *to leave*

lasciare a desiderare — *to leave much to be desired.*

Il tuo lavoro lascia molto a desiderare. *Your work leaves much to be desired.*

lasciar correre (perdere) — *to forget it.*

Lascia correre (perdere); non vale la pena di arrabbiarsi per così poco. *Forget it; it's not worth getting angry over such a little thing.*

lasciar stare — *to leave alone.*

Lascia stare quello strumento; è molto delicato. *Leave that instrument alone; it's very delicate.*

lastrico — *pavement*

gettare (ridurre) qualcuno sul lastrico — *to turn someone out into the street.*

Per raggiungere la sua posizione, ha gettato più di una persona sul lastrico. *To get where he is today he's turned more than one person out into the street.*

trovarsi sul lastrico — *to be down and out.*

Mi son trovato sul lastrico quando le azioni della Chester and Perry sono cadute così in basso. *I found myself down and out when my shares in Chester and Perry went so low.*

lato — *side*

da un lato ... dall'altro — *on the one hand ... on the other hand.*

Da un lato, sono contenta che siano venuti, dall'altro, avere ospiti è sempre un impegno. *On the one hand, I'm glad they came; on the other, having guests is always tiring.*

non sentirci da quel lato — *to turn a deaf ear.*

Ha chiesto un'altra volta al principale di non licenziare Giovanna, ma da quel lato lui non ci sente. *He pleaded once more with his boss not to fire Joan, but he turned a deaf ear.*

latte — *milk*

È inutile piangere sul latte versato. *It's no use crying over spilt milk.*

far venire il latte alle ginocchia (ai gomiti) — *to be a real bore.*

Con i suoi discorsi fa venire a tutti il latte alle ginocchia. *With all his talk he's a real bore.*

sapere di latte — *to be still wet behind the ears.*

Fa l'uomo vissuto, ma sa ancora di latte. *He acts like a man of the world, but he's still wet behind the ears.*

succhiare col latte — *to learn at one's mother's knee.*

Il figlio del senatore la politica l'ha succhiata col latte. *The senator's son learned politics at his mother's knee.*

lavata — *washing*
  una buona lavata di capo — *a scolding.*
  La terza volta che è arrivato in ritardo, il principale gli ha dato una
    buona lavata di capo. *The third time he came late the boss gave him
    a good scolding.*

legare — *to bind*
  legato come un salame — *bound up.*
  L'hanno derubato di tutti i suoi soldi e l'hanno lasciato imbavagliato e
    legato come un salame. *They robbed him of his money and left him
    gagged and bound.*

legge — *law*
  dettar legge — *to be the law.*
  Nel vecchio west la pistola dettava legge. *In the Old West guns were
    the law.*

leggero — *light*
  agire alla leggera — *to act irresponsibly.*
  Non affidargli questo incarico perchè agisce sempre alla leggera.
    Don't give him this job because he always acts irresponsibly.

  prendere alla leggera — *to take lightly.*
  Non prendere alla leggera le mie parole; te ne potresti pentire. *Don't
    take what I say lightly; you could be sorry.*

legna — *wood*
  aggiungere legna sul fuoco — *to fan the flames.*
  Con le tue insistenze non fai altro che aggiungere legna sul fuoco.
    With all your insistence all you do is fan the flames.

legnate — *beating*
  dare a qualcuno una buona dose di legnate — *to give someone a good
    beating.*
  L'hanno aspettato nel vicolo e gli hanno dato una buona dose di le-
    gnate. *They waited for him in the alley and they gave him a good
    beating.*

lei — *she, her, you*
   dare del lei — *to address someone using the formal address.*
   Ma perchè mi dai ancora del lei? Siamo amiche, dammi pure del tu.
   *Why are you still using the formal address with me? We're friends
   now, you can use the familiar form.*

lettera — *letter*
   alla lettera — *literally.*
   Non prendere alla lettera quello che ho detto; esagero sempre. *Don't
   take everything I say literally; I always exaggerate.*

   restare lettera morta — *to go unheard.*
   Ho parlato per delle ore cercando di convincerli, ma è rimasto tutto
   lettera morta. *I spoke for hours trying to convince them, but it all
   went unheard.*

letto — *bed*

   andare a letto con le galline — *to go to bed early.*
   In campagna vanno tutti a letto con le galline. *In the country everybody goes to bed early.*

   buttare giù dal letto — *to get someone out of bed (early).*
   Stamattina presto è arrivato il postino e mi ha buttato giù dal letto per
   aprirgli. *Early this morning the postman came and got me out of bed
   early.*

un letto di rose — *a bed of roses.*
Sebbene abbia un mucchio di soldi, la sua vita non è un letto di rose.
Even though he has a lot of money, his life is not a bed of roses.

levata — *rising*
una levata di scudi — *opposition.*
C'è stata una levata di scudi contro di lui e non è più stato rieletto.
There was a lot of opposition to him and he wasn't reelected.

lì — *there*
essere sempre lì — *to be the same old story.*
Siamo sempre lì: ha promesso di smettere di bere, ma ieri sera si è
scolato mezza bottiglia di whiskey. *It's the same old story; he
promised he'd stop drinking, but yesterday he put away half a bottle
of whiskey.*

lì lì per — *on the point of.*
È stato lì lì per suicidarsi. *He was on the point of committing suicide.*

lì per lì — *on the spur of the moment.*
Lì per lì, non sapevo cosa rispondere. *On the spur of the moment, I
didn't know what to answer.*

siamo lì — *almost.*
Se non è mezzanotte, siamo lì. *It's almost midnight.*

libertà — *freedom*
mettersi in libertà — *to put on casual clothes.*
Come siete eleganti! Ma qui siamo in campagna e potete mettervi in
libertà. *How elegant you are! But now that you're here in the country you can wear something more casual.*

libro — *book*
il libro bianco — *the official report.*
Il governo ha pubblicato il libro bianco sull'energia. *The government
published the official report on energy.*

parlare come un libro stampato — *to speak like a book.*

È noiosissimo; parla sempre come un libro stampato. *He's so boring; he always speaks like a book.*

sul libro nero — *in one's black book.*

Non avresti dovuto farle quello sgarbo; sei finito sul suo libro nero. *You shouldn't have slighted her; you ended up in her black book.*

limite — *limit*

al limite — *at worst.*

Al limite, possiamo sempre rimandare la partenza. *At worst, we can always put off our departure.*

limone — *lemon*

spremere come un limone — *to milk dry.*

Dopo essere stato spremuto come un limone, sono stato licenziato. *After being milked dry, I was fired.*

linea — *line*

in linea d'aria — *as the crow flies.*

Dista circa dieci chilometri in linea d'aria. *It's about ten kilometers away, as the crow flies.*

in linea di massima — *tentatively.*

In linea di massima ci vediamo domani per il tè. *Tentatively, let's meet tomorrow for tea.*

lingua — *tongue*

la lingua batte dove il dente duole — *the tongue always turns to the aching tooth.*

Parla sempre dei soldi che ha perso. La lingua batte dove il dente duole. *She keeps on talking about the money she lost. She can't avoid thinking about past misfortune.*

mordersi la lingua — *to bite one's tongue.*

Ho dovuto mordermi la lingua per non lasciarmi sfuggire il loro segreto. *I had to bite my tongue not to let out their secret.*

Parla solo perchè ha la lingua in bocca. *He talks for the sake of talking.*

sciogliere la lingua a qualcuno — *to make someone talk.*
Il servizio segreto lo ha torturato per sciogliergli la lingua. *The Secret Service tortured him to make him talk.*

sentirsi prudere la lingua — *itching to say something.*
A sentire questi discorsi inutili mi prude la lingua. *After hearing all these useless speeches I'm itching to say something.*

sulla punta della lingua — *on the tip of one's tongue.*
Non riesco a ricordarmi il suo nome, e dire che ce l'ho sulla punta della lingua. *I can't remember his name, but it's right on the tip of my tongue.*

una lingua lunga — *a gossip.*
Sta' attento a non fargli sapere queste cose perchè è una lingua lunga. *Be careful not to let her know these things because she's a gossip.*

una malalingua — *a backbiter.*
È evitata da tutti perchè è una malalingua. *Everyone avoids her because she's a backbiter.*

---

lira — *lira*
non avere una lira — *to be broke.*
Non ho una lira. *I'm broke.*

non valere una lira — *to be worthless.*
Non ha importanza se l'hai rotta: non vale una lira. *It doesn't matter that you've broken it; it's worthless.*

---

liscio — *smooth*
liscio come l'olio — *smoothly.*
All'esame è andato tutto liscio come l'olio. *At the exam things went very smoothly.*

passarla liscia — *to get away with it.*
Non credere di passarla liscia anche questa volta. *Don't think you'll get away with it this time too.*

---

lite — *quarrel*
attaccare lite — *to pick a quarrel.*
È un tipo litigioso e attacca lite con tutti. *He's quarrelsome; he picks a quarrel with everybody.*

---

litigante — *litigant*
   Tra i due litiganti, il terzo gode. *Between the two parties (to a lawsuit) it's the third who profits.*

livido — *bruise*
   coprire qualcuno di lividi — *to beat someone black and blue.*
   Gli hanno rubato il portafoglio e lo hanno anche coperto di lividi. *They stole his wallet and they beat him black and blue.*

lodare — *to praise*
   Chi si loda s'imbroda. *Those who praise themselves become ridiculous.*

lontano — *far*
   alla lontana — *distant, vague.*
   Siamo parenti alla lontana. *We're distant relatives.*

   andare lontano — *to go far.*
   Quel giovane andrà lontano. *That young man will go far.*

   prenderla alla lontana — *to approach indirectly.*
   Se vuoi convincere tuo padre a mandarti a studiare all'estero, devi prenderla alla lontana. *If you want to convince your father to let you go study abroad, you must approach the subject indirectly.*

lotta — *struggle*
   una lotta al coltello — *an all-out fight.*
   La successione alla presidenza si è risolta solo dopo una lotta al coltello fra i due candidati. *The presidential succession was resolved only after an all-out fight between the two candidates.*
   una lotta senza quartiere (all'ultimo sangue) — *a fight to the death.*
   Dopo una lotta senza quartiere gli attaccanti riuscirono a penetrare nel forte. *After a fight to the death, the attackers succeeded in breaking into the fort.*

lucciola — *glowworm, firefly*
   prendere lucciole per lanterne — *to misunderstand completely.*
   Vedi **prendere fischi per fiaschi.**

luce — *light*

alle luce del sole — *openly.*
Queste cose ormai si fanno alla luce del sole. *By now these things are done quite openly.*

brillare di luce riflessa — *to bask in reflected glory.*
Lui non ha fatto niente di importante, ma è il marito di un famoso chirurgo, e così brilla di luce riflessa. *He hasn't done anything important, but he's the husband of a famous surgeon and he basks in reflected glory.*

dare alla luce — *to give birth to.*
Ha dato alla luce un bel bambino. *She gave birth to a fine baby boy.*

luce degli occhi — *pride and joy.*
Quella macchina nuova è la luce dei suoi occhi. *That new car is his pride and joy.*

venire alla luce — *to come to light.*
Lo scandalo venne alla luce in maniera del tutto casuale. *The scandal came to light quite by chance.*

---

lucido — *shiny*

tirato a lucido — *dressed up.*
Era il suo primo appuntamento con una ragazza ed era tutto tirato a lucido. *It was his first date and he was all dressed up.*

---

lume — *lamp*

a lume di naso — *by the seat of one's pants.*
Non andare a lume di naso, ma tieni conto di dati precisi. *Don't proceed by the seat of your pants; rather, take into account precise data.*

chiedere lumi — *to ask for explanations.*
Non ho capito nulla della lezione di matematica; dovrò chiedere lumi al professore. *I didn't understand a thing in the math lesson; I'll have to ask the professor for explanations.*

perdere il lume degli occhi (della ragione) — *to fly off the handle.*
Quando ha insultato mia moglie, ho perso il lume degli occhi. *When he insulted my wife, I flew off the handle.*

spegnersi come un lume — *to fade away.*
Il mio interesse per quell'argomento s'è spento come un lume. *My interest for that subject faded away.*

lumicino — *small lamp*
ridotto al lumicino — *on one's last legs.*
Si è ridotto al lumicino correndo dietro a quella ragazza. *He's on his last legs after chasing after that girl.*

luna — *moon*
abbaiare alla luna — *to exert oneself for nothing.*
Protestare in questo caso non serve a niente; è come abbaiare alla luna. *Protesting in this case is useless; you'd be exerting yourself for nothing.*

avere la luna (di traverso, storta) — *to be in a bad mood.*
Lasciala perdere, chè oggi ha la luna. *Leave her alone; she's in a bad mood today.*

fare vedere la luna nel pozzo — *to string someone along.*
Non credere alla sua promessa; ti sta facendo vedere la luna nel pozzo. *Don't believe his promise; he's just stringing you along.*

lunario — *almanac*
sbarcare il lunario — *to make both ends meet.*
Col suo stipendio riesce a malapena a sbarcare il lunario. *With his salary he's barely able to make both ends meet.*

lungo — *long*
alla lunga — *in the long run.*
Vedrai che alla lunga riuscirai nel tuo intento. *You'll see, in the long run you'll succeed.*

andare per le lunghe — *to drag on.*
Andiamo via; questa riunione sta andando per le lunghe. *Let's leave; this meeting is dragging on.*

cercare in lungo e in largo — *to search far and wide.*
L'ho cercato in lungo e in largo, ma non sono riuscito a trovarlo. *I searched far and wide for him but wasn't able to find him.*

di gran lunga — *by far.*
È di gran lunga il miglior whiskey che abbia mai bevuto. *It's by far the best whiskey I've ever drunk.*

farla lunga — *to go on and on.*
Come la fai lunga! *How you go on!*

lungo come una quaresima — *to take forever.*
Non hai ancora finito di mangiare? Sei lungo come una quaresima! *You haven't finished eating yet? It's taking you forever!*

saperla lunga — *to know what's what.*
Non farti ingannare dal suo aspetto ingenuo. È uno che la sa lunga. *Don't be deceived by his naive appearance. He knows what's what.*

luogo — *place*
dare luogo a — *to give rise to.*
La sua intromissione ha dato luogo a una lunga serie di rappresaglie. *His interference gave rise to a long series of reprisals.*

fuori luogo — *out of place.*
Magari aveva anche ragione, ma il suo commento era fuori luogo. *Maybe he was right, but his comment was out of place.*

lupo — *wolf*
Il lupo perde il pelo ma non il vizio. *The leopard never changes his spots.*

In bocca al lupo! *Good luck!*

lusco — *sinister*
tra il lusco e il brusco — *unexpectedly.*
Capitò a casa nostra una sera tra il lusco e il brusco. *He showed up at our house one evening unexpectedly.*

ma — *but*
Non c'è ma che tenga. *No ifs, ands, or buts.*

---

macchia — *bush, spot*
darsi alla macchia — *to go into hiding.*
Si è dato alla macchia perchè era ricercato dalla polizia. *He went into hiding because he was wanted by the police.*

una macchia sull'onore — *a blot on one's honor.*
II figlio in prigione è una macchia sul loro onore. *Their son's being in prison is a blot on their honor.*

---

macchina — *machine.*
battere a macchina — *to type.*
Batte a macchina tutte le sue lettere. *She types all her letters.*

---

macello — *slaughterhouse.*
Che macello! *What a mess!*

---

maggiore — *greater*
andare per la maggiore — *to be popular.*
Si è messo a fabbricare borse di cuoio; vanno per la maggiore e sta facendo un sacco di soldi. *He started making leather purses; they're popular and he's making tons of money.*

---

magra — *low water*
essere in magra — *to be low on money.*
Non portarmi in quel negozio, lo sai che sono in magra. *Don't take me to that store; you know I'm low on money.*

fare una magra (figura) — *to make a blunder.*
Ha fatto una magra con lei lasciandosi sfuggire che non l'aveva invitata al matrimonio. *He made a blunder with her when he let it slip that he hadn't invited her to his wedding.*

---

magro — *thin*

Essere magro come un chiodo (un'acciuga, un grissino). *To be thin as a rail.*

---

male — *bad, evil, badly*

andare a finir male — *(1) for one to be sorry.*

Sta' attento o andrà a finir male per te. *Be careful or you'll be sorry.* *(2) to go to the dogs.*

Se l'inflazione continuerà ad aumentare, le cose andranno a finir male. *If inflation continues to rise, things will go to the dogs.*

andare a male — *to go bad.*

Il latte è andato a male. *The milk has gone bad.*

cascar male — *to be unlucky.*

Sono cascato male: credevo di vedere un bello spettacolo, invece mi sono annoiato a morte. *I was unlucky; I thought I'd see a nice show, but I was bored to death.*

conciar male — *to beat up.*

L'hanno conciato male perchè li aveva presi in giro. *They beat him up because he had made fun of them.*

di male in peggio — *from bad to worse.*

Ha cambiato lavoro, ma dice che va di male in peggio. Lavora di più e guadagna di meno. *He changed jobs, but says things are going from bad to worse. He works more and earns less.*

guardar male qualcuno — *to glare at someone.*

Il fratellino la guardava male perchè lei gli aveva preso il camion giocattolo. *Her little brother was glaring at her because she had taken away his toy truck.*

Mal comune mezzo gaudio. *Misery wants company.*

masticare male qualcosa — *not to be very good at.*

Mastica male la matematica. *He's not very good at math.*

meno male — *thank goodness.*

Meno male che sei venuto ad aiutarmi! Non ce la farei mai da sola. *Thank goodness you came to help me! I could never manage by myself.*

mettersi male — *to take a bad turn.*

Le cose si mettono male; gli ordini sono diminuiti e i magazzini
sono pieni di merci invendute. *Things are taking a bad turn;
orders are down and the warehouses are full of unsold
goods.*

non c'è male — *not bad.*

Non è una meraviglia questa casa, ma non c'è male; avremmo potuto
trovare di peggio. *This house isn't great but it's not bad; we could
have done worse.*

Non tutto il male vien per nuocere. *Every cloud has a silver lining.*

passarsela male — *to do poorly.*

Se la passa male da quando la ditta è fallita. *He's been doing poorly
ever since the firm went bankrupt.*

poco male — *never mind.*

"Mi sono dimenticato di portare l'ombrello." "Poco male, te ne im-
presto uno io." *"I forgot to bring my umbrella." "Never mind, I'll
lend you one of mine."*

prendersela a male — *to take amiss.*

Gli ho detto la verità e se l'è presa a male. *I told him the truth and he
took it amiss.*

rimanerci male — *to be disappointed.*

Quando gli ho detto che non c'era più posto in macchina c'è rimasto
male. *When I told him there was no room in the car he was disappointed.*

sentirsi male — *to feel sick.*

È rimasto a casa perchè si sentiva male. *He stayed home because he
felt sick.*

star male — *(1) not right.*

Sta male che tu vada in giro a dire quelle cose. *It's not right that you
go around saying those things.*

(2) to look bad.

Quel vestito ti sta male. *That dress looks bad on you.*

malora — *ruin*

andare in malora — *to go to ruin (pot).*

In poche settimane la società è andata in malora. *In a few weeks the business went to ruin (pot).*

mandare alla malora — *to tell someone to go to blazes.*

Se ti chiede ancora soldi in prestito, mandalo alla malora. *If he asks to borrow money from you again, tell him to go to blazes.*

mamma — *mommy*

come mamma l'ha fatto — *stark naked.*

S'è ubriacato al punto che andava in giro come mamma l'ha fatto. *He got so drunk that he went around stark naked.*

mancanza — *lack*

sentire la mancanza di — *to miss someone.*

Ho sentito moltissimo la mancanza di mia figlia quando per la prima volta è andata via da sola. *I really missed my daughter when she went away alone for the first time.*

mancare — *to be missing*

mancarci altro — *(1) to be the last straw.*

Ci mancherebbe altro! *That would be the last straw!*

(2) not at all.

"La ringrazio molto di aver chiesto quell'informazione per me." "Ci mancherebbe altro!" *"Thank you very much for getting that information for me." "Not at all!"*

Manco per sogno! *Not on your life!*

Non ci mancava che questo! *This is the last straw! (This is all we need!)*

manco — *not even*

manco a dirlo — *of course.*

Avevamo appuntamento per le 10 e, manco a dirlo, lui è arrivato in ritardo. *We had an appointment at 10, and of course, he came late.*

manica — *sleeve*
   di manica larga — *easy (indulgent).*
   È di manica larga: non l'ho mai visto dare un quattro. *He's easy (indulgent). I've never seen him give a failing grade.*
   di manica stretta — *strict.*
   È di manica stretta: dà sempre quattro a tutti le prime volte. *He's strict; he always gives everyone failing grades at first.*

   essere nelle maniche di qualcuno — *to be in with someone.*
   Lei è nelle maniche di tutti i professori, anche se non è molto intelligente. *She's in with all the teachers, even though she isn't very smart.*

manichino — *dummy*
   essere (sembrare) un manichino — *to look very smart.*
   Era vestita di tutto punto, cappello e guanti inclusi: sembrava un manichino! *She had dressed up, hat and gloves included; she looked very smart.*

manna — *manna*
   aspettare la manna dal cielo — *to wait for a miracle.*
   Perchè aspetti la manna dal cielo invece di reagire e cercare di fare da solo? *Why are you waiting for a miracle instead of reacting and trying to handle it by yourself?*

mano — *hand*
   a portata di mano — *within reach.*
   Preferisco tenere una torcia a portata di mano nel caso che manchi di nuovo la luce. *I prefer to keep a flashlight within reach in case the lights go off again.*

   alla mano — *simple.*
   Nonostante l'incarico che ricopre, è una persona alla mano. *Even with the position he holds, he's a simple person.*

   allungare le mani — *to grope.*
   Quel ragazzo non mi piace; allunga le mani con tutte le ragazze. *I don't like that boy; he gropes all the girls.*

alzare le mani su qualcuno — *to lay hands on.*
Non sopporto che si alzino le mani su un bambino che non sa difendersi. *I can't stand people who lay hands on a child who doesn't know how to defend himself.*

avere le mani bucate — *for money to burn a hole in one's pockets.*
Non gli basterebbero due stipendi; ha le mani bucate. *Two salaries wouldn't be enough for him; money burns a hole in his pocket.*

avere le mani d'oro — *to have gifted hands.*
Riesce a fare di tutto; ha le mani d'oro. *He can do everything; he's got gifted hands.*

avere le mani in pasta — *to have a finger in the pie.*
Chiedi consigli a lui che ha le mani in pasta! *Ask him for advice: he has a finger in the pie.*

avere le mani legate — *to have one's hands tied.*
Non posso farci niente, ho le mani legate. *I can't do anything about it; my hands are tied.*

avere le mani lunghe — *(1) to be long-armed.*
Se vuoi aiuto chiedi a lui. Ha le mani lunghe e conosce gente dappertutto. *If you want help ask him; he is long-armed and knows people everywhere.*
(2) to be light-fingered.
Se sparisce qualcosa sappiamo chi ruba: lui è qui e ha le mani lunghe. *If something is missing we know who steals; he's here, and is light-fingered.*

avere le mani pulite — *to have nothing to be ashamed of.*
È l'unico che può dire di avere le mani pulite in questo affare. *He's the only one who can say he has nothing to be ashamed of in this business.*

cambiare di mano — *to change hands.*
Il ristorante va molto bene da quando ha cambiato di mano. *The restaurant has been doing fine since it changed hands.*

capitare fra le mani — *to come across.*
Non riesco più a trovare il libro; e pensare che ieri mi era capitato fra le mani. *I can't find the book; and to think that I just came across it yesterday.*

caricare la mano — *to overdo it (to exaggerate).*

Puniscilo, ma non caricare la mano; potresti ottenere l'effetto contrario. *Punish him, but don't overdo it (exaggerate); you could get the opposite result.*

contro mano — *the wrong way.*

È andato contro mano e si è preso una multa. *He went the wrong way (on a one-way street), and got a ticket.*

dare una mano — *to give a hand.*

Non stare lì impalato! Dammi una mano a trasportare questo baule! *Don't stand there like a jerk! Give me a hand to move this trunk!*

dare una mano di bianco — *to give a coat of (white) paint.*

Se mi aiuti diamo una mano di bianco al soggiorno che ne ha proprio bisogno. *If you help me we can paint the living room; it needs it!*

darsi la mano — *(1) to help out.*

Lui e quell'altro si danno la mano quando si tratta di combinare qualcosa di poco pulito. *He and the other guy help each other out when it comes to playing dirty tricks.*

(2) to shake hands.

Non si usa più darsi la mano? *Isn't it still customary to shake hands?*

di prima mano — *first-hand.*

È una notizia di prima mano; me l'ha detto la persona direttamente interessata. *It's first-hand news; the person involved told it to me personally.*

di seconda mano — *second-hand.*

Sono libri di seconda mano, ma sono ben tenuti. *They're second-hand books, but they're in good condition.*

farci la mano — *to get used to.*

È un lavoro difficile, ma ci farai la mano e diventerai sveltissimo. *It's difficult work, but you'll get used to it, and will get to be quick at it.*

fare man bassa — *(1) to grab everything (all).*

Quando si è reso conto che volevo disfarmi dei libri, ha fatto man bassa di tutto e se li è portati via. *When he realized that I wanted to get rid of my books he grabbed them all and took them away.*
(2) to pillage.

Aveva talmente fame che ha fatto man bassa di tutto; non c'è più niente da mangiare. *He was so hungry that he pillaged everything; there's nothing left to eat.*

fuori mano — *out-of-the-way.*

È una bella casa, ma è un po' fuori mano: non c'è nessun mezzo pubblico che arrivi fino là. *It's a nice house, but it's a little out-of-the-way; no public transportation goes out there.*

largo di mano — *generous.*

È stato troppo largo di mano con il figlio; adesso è uno spendaccione. *He was too generous with his son; now he's a spendthrift.*

lavarsene le mani — *to wash one's hands of.*

Sono stanca di occuparmi della questione per niente. D'ora in poi me ne laverò le mani. *I'm tired of following this matter for nothing; from now on I'm washing my hands of it.*

lesto di mano — *light-fingered.*

È simpatico, ma lesto di mano; se non stai attento ti porterà via qualcosa. *He's nice, but light-fingered; if you're not careful he'll steal something from you.*

man mano — *little by little.*

Abbi pazienza: man mano vedrai che riuscirai ad imparare a suonare il piano. *Be patient; little by little, you'll learn how to play the piano.*

mani di burro (di pasta frolla) — *butter-fingers.*

Ha rotto l'unico bel vaso che avevo, con quelle sue mani di burro. *He broke the only nice vase I had; what a butter-fingers.*

mani di fata — *(1) beautiful hands.*

Non ha bisogno di portare gioielli, con quelle mani di fata; sono bellissime così. *She doesn't have to wear jewelry; she has beautiful hands. They're just fine the way they are.*

(2) to do beautiful work with one's hands.

Fa dei ricami meravigliosi con quelle sue mani di fata. *She does beautiful embroidery with her hands.*

menare le mani — *to fight.*

Non discutere con lui: è sempre pronto a menar le mani. *Don't argue with him; he's always ready for a fight.*

mettere la mano sul fuoco — *to speak for someone.*

Lo conosco bene; è una persona onesta e metterei la mano sul fuoco per lui. *I know him well; he's an honest person, and I can speak for him.*

mettere le mani avanti — *to safeguard oneself.*

Se fossi in te metterei le mani avanti e chiederei più tempo per fare quel lavoro. *If I were you, I'd safeguard myself; I would ask for more time to complete that job.*

mettere le mani su — *(1) to lay one's hands on.*

Se metto le mani addosso a quel lestofante, mi faccio ridare tutti i soldi. *If I can lay my hands on that knave, I'll force him to give me all the money back.*

(2) to lay hands on.

Finalmente hanno messo le mani sui documenti che provano che la terra appartiene a loro. *Finally they laid their hands on the documents that prove they own the land.*

mettersi le mani nei capelli — *to throw up one's hands.*

Quando ho visto tutti i vetri rotti mi sono messo le mani nei capelli. A parte il danno ci toccava passare la notte così. *When I saw all the broken glass, I threw up my hands. Besides the damage, we were forced to spend the night like that!*

mettere mano a — *to put one's hand to.*

Finalmente abbiamo messo mano a quel lavoro che avevamo in progetto da tanto tempo. *We finally put our hand to that job which we
planned so long ago.*

mettersi nelle mani di qualcuno — *to place one's trust in someone.*

Non sappiamo più a chi rivolgerci, perciò ci mettiamo nelle tue mani!
*We don't know who to turn to anymore, so we're placing our trust in
you!*

mordersi le mani — *to kick oneself.*

Mi morderei le mani per non aver comprato quel vestito; adesso non
ce l'hanno più. *I could kick myself for not buying that dress; now it's
gone.*

perdere la mano — *to lose one's touch.*

Sapevo fare la maglia molto bene, ma è tanto che non lavoro più e ho
perso la mano. *I knew how to knit well, but I haven't done it for a
long time, and I've lost my touch.*

prendere con le mani nel sacco — *to catch someone red-handed.*

Abbiamo preso il ragazzo con le mani nel sacco mentre stava scaval-
cando il muro per entrare in casa dei vicini. *We caught the boy red-
handed, while he was climbing over the wall to get into the
neighbors' house.*

prendere in mano — *to take charge of.*

Mi sono decisa a prendere in mano il lavoro personalmente perchè
mio padre non era più in grado di farlo. *I decided to take charge of
the work personally because my father was no longer able to do it.*

prendere la mano — *to get out of hand.*

Cerco di trattenere mio figlio, ma spesso mi prende la mano e finisce
per fare quello che vuole. *I try to control my son, but he often gets
out of hand and ends up doing whatever he wants.*

rimanere a mani vuote — *to be left empty-handed.*

Tutti ci hanno guadagnato; solo lui è rimasto a mani vuote. *Everybody
earned something; only he was left empty-handed.*

sfuggire di mano — *(1) to slip through one's fingers.*

L'affare mi è sfuggito di mano perchè mi son fidato troppo di voi. *The
deal slipped through my fingers because I trusted you too much.*
(2) to go by.

Non mi lascerò sfuggire di mano questa occasione. *I won't let this occasion go by.*

(3) to get out of hand.

La partita di calcio è sfuggita di mano all'arbitro quando due giocatori hanno incominciato a darsele. *The soccer game got out of hand for the referee when two players came to blows.*

sotto mano — *on the sly.*
Vedi **sotto banco.**

sporcarsi le mani — *to be corrupted.*
In questo ambiente è difficile non sporcarsi le mani. *In this environment it's difficult not to be corrupted.*

stare con le mani in mano — *to twiddle one's thumbs.*
Non fa niente dal mattino alla sera; se ne sta con le mani in mano a guardare la gente che passa. *He doesn't do anything all day long; he twiddles his thumbs and watches the people going by.*

toccare con mano — *(1) to see something with one's own eyes.*
Non ci credo se non lo tocco con mano. *I won't believe it if I don't see it with my own eyes.*

(2) to realize.

Sposala e potrai toccare con mano cosa vuol dire vivere in due. *Marry her and you'll realize what it means to live with somebody.*

Una mano lava l'altra. *You scratch my back and I'll scratch yours.* Or, more accurately, *one hand washes the other.*

venire alle mani — *to come to blows.*
Avevo paura che venissero alle mani tanto erano arrabbiati. *I was afraid they'd come to blows they were so angry.*

vincere a mani basse — *to win hands down.*
Ha vinto il torneo a mani basse. *He won the tournament hands down.*

---

mantice — *bellows*

soffiare come un mantice — *to huff and puff.*
Sono arrivata in cima alla montagna, ma soffiavo come un mantice. *I got to the top of the mountain, but I was huffing and puffing.*

---

marcia — *march*

fare marcia indietro — *to back down (out).*

Ha minacciato di dire tutto al capo, ma alla fine ha fatto marcia indietro. *He threatened to tell the boss everything, but eventually he backed down.*

mettersi in marcia — *to start out.*

Mettiamoci in marcia, altrimenti faremo tardi. *Let's start out, or we'll be late.*

mare — *sea*

cercare per mare e per monti — *to look high and low for.*

Ho cercato quella cravatta per mare e per monti, ed eccola qui appesa nell'armadio. *I looked high and low for that tie, and here it is right in my closet.*

essere in alto mare — *to be all at sea.*

Sono in alto mare da quando il mio socio è partito per le vacanze. *I'm all at sea since my partner went away on vacation.*

promettere mari e monti — *to promise the moon and the stars.*

Mi promise mari e monti purchè lo sposassi. *He promised me the moon and the stars if I married him.*

smuovere mare e monti — *to move heaven and earth.*

Ha dovuto smuovere mari e monti per poter ottenere quella pensione. *He had to move heaven and earth to get that pension.*

un mare di guai — *a sea of troubles.*

S'è cacciato in un mare di guai. *He's gotten himself into a sea of troubles.*

mascherina — *half-mask*

Ti conosco, mascherina! *You can't fool me!*

massimo — *maximum*

sfruttare al massimo — *to make the most of.*

Ha sfruttato al massimo le sue conoscenze per costruirsi una solida posizione economica. *He made the most of his connections to create a sound position for himself.*

masticare — *to chew*
  masticare qualcosa — *(1) to mumble something.*
  Non ho capito che cosa volesse; ha masticato qualcosa tra i denti e poi
    se n'e andato sbattendo la porta. *I didn't get what he wanted; he
    mumbled something and then went out slamming the door behind
    him.*
  (2) to have a smattering of something.
  Mastico un po' d'inglese, ma non lo capisco bene. *I have a smattering
    of English, but I don't understand it very well.*

matassa — *coil*
  arruffare (imbrogliare) la matassa — *to confuse the issue.*
  Ha cambiato idea cento volte e ha imbrogliato talmente la matassa
    che non se ne capisce più niente. *He changed his mind a hundred
    times, and he confused the issue so much that no one understands
    anything anymore.*

  dipanare (sbrogliare) la matassa — *to unravel a difficulty.*
  Mi hai mollato la dichiarazione dei redditi perchè è molto complicata
    e adesso devo dipanare la matassa. *You dumped the tax return
    on me because it's complicated, and now I have to unravel the
    problem.*

matematica — *mathematics*
  La matematica non è un'opinione. *Facts are facts.*
  La matematica non è un'opinione. Se continuiamo a spendere più di
    quello che guadagniamo, saranno guai. *Facts are facts. If we keep on
    spending more than we earn, we'll be in trouble.*

mattatore — *slaughterman*
  fare il mattatore — *to steal the show.*
  Chissà perchè, ad ogni riunione con più di tre persone si sente in do-
    vere di fare il mattatore. *I wonder why he feels the urge to steal the
    show whenever three or more people are gathered.*

mattina — *morning*

una bella mattina — *one fine day.*
Una bella mattina scoprii che il mio vicino se n'era andato per sempre. *One fine day I found out that my neighbor had left for good.*

matto — *mad*

come un matto — *like anything (like mad).*
Corre sempre come un matto. *He's always running like anything (like mad).*

dare fuori di matto — *to fly off the handle.*
Dà fuori di matto per un nonnulla: nessuno la sopporta più. *She flies off the handle for no reason; no one can stand her anymore.*

matto da legare — *mad as a hatter.*
Non gli devi credere, è matto da legare. *Don't believe him; he's mad as a hatter.*

sgobbare come un matto — *to work like a beaver.*
È una bella casa, ma mi tocca sgobbare come un matto per tenerla in ordine. *It's a nice house, but I have to work like a beaver to keep it clean.*

mattone — *brick*

che mattone! — *what a bore!*
Che mattone! Quando finisce questo spettacolo? *What a bore! When will this show be over?*

un vero mattone — *a bore.*
Sarà colto e intelligente, ma è un vero mattone. *He may be cultured and intelligent, but he's a bore.*

me — *me*

fra me e me (te e te, sè e sè, ecc.) — *to myself.*
Pensavo tra me e me che lei aveva torto, ma non ho avuto il coraggio di dirglielo. *I thought to myself that she was wrong, but I didn't have the heart to tell her.*

medaglia — *medal*
  Ogni medaglia ha il suo rovescio. *Every coin has its flip side.*
  Ti pagano poco, ma è un impiego sicuro; ogni medaglia ha il suo
    rovescio. *They pay you little, but it's a steady job; every coin has its*
    flip side.

meglio — *best*
  alla meglio — *somehow*
  Vedi **alla bell'e meglio.**

  andare per il meglio — *to go well.*
  Ero molto preoccupato, ma tutto è andato per il meglio. *I was very*
    worried, but everything went well.

  avere la meglio — *to get the better of.*
  È stato un incontro molto equilibrato, ma alla fine il pugile più es-
    perto ha avuto la meglio. *It was a very balanced match, but in the*
    end the more expert boxer got the better of the other.

  fare del proprio meglio — *to do one's best.*
  Farò del mio meglio per aiutarti. *I'll do my best to help you.*

memoria — *memory*
  a memoria d'uomo — *within living memory.*
  Non si era mai vista un'inondazione così a memoria d'uomo. *A flood*
    such as this had not been seen within living memory.

menadito — *perfectly*
  conoscere a menadito — *to know like a book.*
  Vieni con me; conosco questo quartiere a menadito. *Come with me; I*
    know this neighborhood like a book.

meno — *less*
  a meno che — *unless.*
  Verrò, a meno che non piova. *I'll come, unless it rains.*

  essere da meno di qualcuno — *to be less than someone.*
  Tu sei molto brava con il computer, ma lui non è da meno. *You're very*
    good with computers, but he is no less so.

fare a meno di — *to do without.*

I distributori sono tutti chiusi; vuol dire che dovremo fare a meno dell'automobile. *All the gas stations are closed; I guess we'll have to do without our car.*

in men che non si dica — *in less than no time.*

Sarò pronto in men che non si dica. *I'll be ready in less than no time.*

men che mai — *never.*

"Non vorrai andare sul ghiacciaio da solo?" "Men che mai!" *You're not going onto the glacier by yourself?" "Never!"*

per lo meno (quanto meno) — *at least.*

Il danno è fatto, ma per lo meno ti ha chiesto scusa. *The damage is done, but at least she apologized to you.*

venir meno — *(1) to fail.*

Gli venne meno il coraggio di dirle la verità. *He wanted to tell her the truth, but his courage failed him.*

(2) to back out.

È venuta meno alla sua promessa di aiutarlo a pagare i debiti. *She backed out of her promise to help him pay his debts.*

---

mente — *mind*

a mente fredda — *coldly.*

A mente fredda, devo dire che mi hanno giocato con molta abilità. *Considering it coldly, I must admit that I was very ably fooled.*

far mente locale — *to concentrate.*

Se fai mente locale, vedrai che capirai il problema. *If you concentrate, you'll see that you'll understand the problem.*

ficcarsi in mente — *to get into one's head.*

Ficcati bene in mente che qui comando io. *I'm the boss here; get it into your head.*

saltare in mente — *to get a sudden urge to.*

Cosa ti è saltato in mente di invitare Paola alla festa? Non la voglio fra i piedi. *Why did you get a sudden urge to invite Paula to the party? I don't want her around.*

sano di mente — *in one's right mind.*
Nessuna persona sana di mente avrebbe detto tutte quelle sciocchezze.
No one in his right mind would have said all those absurdities.

togliersi qualcosa dalla mente — *to put something out of one's mind.*
Vuoi che ti compri una Mercedes? Toglitelo dalla mente! *Do you
want me to buy you a Mercedes? Put it out of your mind!*

venire in mente — *to cross one's mind.*
L'idea non mi è mai venuta in mente. *The thought never crossed my
mind.*

mentre — *while*
in quel mentre — *at that very moment.*
In quel mentre le nubi si scostarono ed apparve il sole. *At that very
moment the clouds moved away and the sun reappeared.*

mercato — *market*
a buon mercato — *cheap.*
Ho comprato un bel paio di scarpe a buon mercato. *I bought a good
pair of shoes at a cheap price.*

merito — *merit*
in merito a — *regarding.*
Non hanno parlato in merito alla questione delle spese di riscalda-
mento, ma lo faranno alla prossima riunione. *They didn't say anything regarding the question of heating expenses, but they will at the
next meeting.*

merla — *hen blackbird*
i [tre] giorni della merla — *the last three days in January.*
Che freddo fa! Sono i giorni della merla. *How cold it is! This is the
coldest time of the year.*

messinscena — *staging*
una messinscena — *an act.*
Non commuoverti perchè piange come una fontana: è tutta una messinscena. *Don't be moved because she's crying like a baby; it's all an act.*

messo — *put*

ben messo — *in great shape.*

Il bambino era molto magro dopo la malattia, ma adesso è proprio ben messo. *The child was very thin after his illness, but now he's in great shape.*

Sono rimasto senza benzina lontano da qualunque centro abitato. Adesso sì che sono ben messo! *I have run out of gas in the middle of nowhere. I'm in great shape!*

mal messo — *down at the heels, badly off.*

Era talmente mal messo che ho fatto fatica a riconoscerlo. *He was so down at the heels that I could hardly recognize him.*

mestiere — *trade*

essere del mestiere — *to be an expert.*

Ti avevo detto di farlo fare a lui che è del mestiere. Guarda che pasticcio hai combinato. *I told you to get him to do it; he's an expert. Look what a mess you made!*

rubare il mestiere — *to steal someone's trade.*

Perchè stai lì a guardare l'elettricista mentre aggiusta il televisore? Vuoi rubargli il mestiere? *Why are you standing there looking over the electrician's shoulder while he repairs the TV? Do you want to steal his trade?*

metà — *half*

fare a metà — *to go 50-50.*

Facciamo a metà e non parliamone più. *Let's go 50-50 and settle it once and for all.*

la propria metà — *one's better half.*

Non posso prendere impegni senza chiedere prima alla mia metà: mio marito è sempre così occupato! *I can't make a date without asking my better half first; my husband is always so busy!*

mettere — *to put*

Come la mettiamo? — *What are we going to do about it?*

Ti avevo detto di non usare quei soldi; erano di riserva. E adesso come la mettiamo? *I told you not to use that money; it was meant for emergencies. Now tell me what we're going to do about it.*

mettercela tutta — *(1) to bend over backward.*
Ce l'hanno messa tutta per aiutarlo. *They bent over backward to help him.*
(2) to do one's best (to put one's back to something).
Ce l'ha messa tutta, ma non è riuscito a ottenere il posto. *He did his best, but didn't succeed in getting the job.*

mezzo — *means, way, half, middle*
a mezzi — *of means.*
È una persona a mezzi. *He's a person of means.*

andarci di mezzo — *(1) to be at stake.*
Bisogna impegnarsi al massimo; ne va di mezzo il nostro futuro. *We have to do our very best; our future is at stake.*
(2) to suffer the consequences.
È lui che truffa i clienti, ma è lei che ci va di mezzo. *He's the one who cheats the clients, but she's the one who suffers the consequences.*

gettare in mezzo a una strada — *to abandon.*
Si è innamorato di un'altra e ha gettato moglie e figli in mezzo a una strada, senza una lira per mangiare. *He fell in love with another woman and abandoned his wife and children, without a cent.*

il giusto mezzo — *a happy medium.*
Non devi mangiare nè troppo, nè troppo poco; per stare in buona salute devi scegliere il giusto mezzo. *You mustn't eat too much nor too little; to stay healthy you have to find a happy medium.*

levarsi di mezzo — *to get out of the way.*
Si levi di mezzo con quella macchina; non vede che intralcia il traffico? *Get that car out of the way; can't you see you're blocking traffic?*

mettersi di (in) mezzo — *to interfere.*
Si mettono sempre in mezzo e tutto quello che ottengono è di complicare le cose. *They're always interfering, and all that they accomplish is to complicate matters further.*

togliere di mezzo — *to bump off.*
La mafia ha tolto di mezzo quel prete perchè cercava di aiutare la polizia. *The mafia bumped off that priest because he was trying to help the police.*

Michelaccio — *Michael (vagabond in a story)*
la vita del Michelaccio — *the life of Riley.*
Non fa niente tutto il giorno; gli piace la vita del Michelaccio. *He doesn't do a thing all day; he likes the life of Riley.*

midollo — *marrow*
fino al midollo — *to the bone.*
Il ragazzo si è bagnato fino al midollo nella pioggia. *The boy got soaked to the bone in the rain.*

miglio — *mile*
lontano mille miglia — *miles apart.*
I nostri punti di vista sono lontani mille miglia. *Our points of view are miles apart.*

mille — *thousand*
cose da mille e una notte — *extraordinary things.*
Per la festa aveva preparato più di dieci antipasti, vini prelibati, pesci di ogni tipo: cose da mille e una notte. *For the party he had prepared more than 10 appetizers, excellent wines, every kind of fish: extraordinary things.*

mina — *mine*
una mina vagante — *a time bomb.*
Il problema del sangue contaminato è una mina vagante per l'amministrazione. *The problem of the contaminated blood is a time bomb for the administration.*

minestra — *soup*
O mangiar questa minestra o saltar dalla finestra. *Beggars can't be choosers. (Take it or leave it).*

una minestra riscaldata — *old hat.*

Hai raccontato quella storia dieci volte; è una minestra riscaldata.
You've told that story ten times; it's old hat.

minuto — *minute*

   al minuto — *retail.*

Hanno investito i loro soldi nel commercio al minuto e si sono arric-
chiti. *They invested their money in the retail business and got rich.*

   spaccare il minuto — *to be on the dot.*

È meglio che tu vada adesso, perchè lui spacca sempre il minuto e non
gli piace aspettare. *You'd better go now, for he's always on the dot
and he doesn't like to wait.*

mira — *aim*

   abbassare la mira — *to lower one's sights.*

Era molto ambizioso, ma dopo aver perso tutti quei soldi ha dovuto
abbassare la mira. *He was very ambitious, but after losing all that
money he had to lower his sights.*

   avere delle mire su qualcuno — *to have designs on someone.*

Ha delle mire su di lei perchè è molto ricca. *He has designs on her because she's very rich.*

prendere di mira — *to have it in for someone.*

Da quando il mio professore mi ha preso di mira devo essere sempre preparato; mi interroga tutte le mattine. *Since my professor has it in for me I always have to be prepared; he quizzes me every morning.*

mistero — *mystery*

non fare mistero — *to make no bones.*

Credevo che si vergognasse perchè non gli è andata bene, ma non ne fa mistero con nessuno. *I thought he would he ashamed because it didn't go well for him, but he makes no bones about it with anyone.*

misura — *measure*

La misura è colma. *That's the last straw.*

fatto su misura — *made to order.*

Era destino che si sposassero; sono fatti su misura l'uno per l'altro. *They were bound to get married; they are made to order for each other.*

passare la misura — *to go too far.*

Accusandolo di furto hai veramente passato la misura. *You really went too far by accusing him of theft.*

moccolo — *candle-end*

tirar moccoli — *to swear a blue streak.*

Quando perde la calma tira moccoli che è un piacere. *When he loses his temper he invariably swears a blue streak.*

moda — *fashion*

alla moda (di moda) — *in fashion, all the rage.*

Che noia le persone che vogliono essere alla moda ad ogni costo! *How boring all those people who have to be in fashion (all the rage) at all costs!*

fuori moda — *out of fashion.*

I suoi vestiti sono fuori moda. *Her clothes are out of fashion.*

modestia — *modesty*

    modestia a parte — *in all modesty.*

    Modestia a parte, non è stata una cosa da poco. *In all modesty, it wasn't an everyday thing.*

modo — *way*

    a modo — *well-mannered.*

    Sapessi quanto ti invidio i tuoi figli: sono così a modo! *I really envy you; your children are so well-mannered!*

    esserci modo e modo — *for there to be a right way and a wrong way.*

    C'è modo e modo di dire di no. *There's a right way and a wrong way of saying no.*

    fare in modo — *to manage to.*

    È riuscito a fare in modo da rovinarmi le vacanze con quel maledetto giradischi. *He managed to wreck my vacation with that loud record player.*

    in malo modo — *discourteously.*

    Mi ha cacciato di casa in malo modo. *He threw me out discourteously.*

    in ogni modo — *anyway*

    Non so se potrò venire; in ogni modo ti avviserò per tempo. *I don't know if I'll be able to come; anyway I'll let you know in due time.*

    per modo di dire — *so to speak.*

    "È vero che sono andati sul Monte Bianco?" "Beh, per modo di dire. Ci sono andati in elicottero." *"Is it true they went to the top of Mont Blanc?" "Well, so to speak. They went by helicopter."*

    vederla allo stesso modo — *to see eye-to-eye.*

    È inutile, non la vedremo mai allo stesso modo. *It's useless; we'll never see eye-to-eye.*

moglie — *wife*

    la moglie della mano sinistra — *common-law wife.*

    Vivono insieme ma non sono sposati; lei è la moglie della mano sinistra. *They live together but they're not married; she's his common-law wife.*

molla — *spring*

prendere con le molle — *to handle with kid gloves.*

Alla riunione hai sollevato una questione spinosa che va presa con le molle. *At the meeting you raised a thorny issue which must be handled with kid gloves.*

momento — *moment*

da un momento all'altro — *any time now.*

Non te ne andare: tuo fratello dovrebbe arrivare da un momento all'altro. *Don't go away; your brother should be here any time now.*

mondo — *world*

andare all'altro mondo — *to kick the bucket.*

Gli hanno sparato e il vecchio cowboy se n'è andato all'altro mondo. *They shot him and the old cowboy kicked the bucket.*

caschi il mondo — *no matter what.*

Caschi il mondo, stasera ti vengo a prendere ed andiamo a teatro. *No matter what, tonight I'll pick you up and take you to the theater.*

cose dell'altro mondo! — *unbelievable!*

Siamo a giugno e fa ancora freddo; cose dell'altro mondo! *It's June and it's still cold; unbelievable!*

dacchè mondo è mondo — *from time immemorial (and therefore there's nothing one can do about it).*

Dacchè mondo è mondo, cani e gatti non vanno d'accordo. *From time immemorial, cats and dogs have not gotten along.*

il bel mondo — *high society.*

Non mi interessa il bel mondo. *I'm not interested in high society.*

mandare qualcuno all'altro mondo — *to kill someone.*

I poliziotti hanno mandato il rapinatore all'altro mondo senza pensarci due volte. *The policemen killed the robber without thinking twice.*

Mondo cane! *Damn!*

Tutto il mondo è paese. *People are the same the whole world over.*

193

un mondo — *a lot.*

Alla tua festa mi sono divertito un mondo. *I had a world of fun at
your party.*

vivere nel mondo dei sogni — *to have one's head in the clouds.*

Non ha nessun senso pratico; vive nel mondo dei sogni e non rea-
lizzerà mai niente. *He has no practical sense; he has his head in the
clouds and will never amount to anything.*

vivere nel mondo della luna — *(1) to live in a nonexistent world.*

Ha 20 anni, ma è immaturo; vive ancora nel mondo della luna. *He's
20, but he's immature; he still lives in a nonexistent world.*
(2) a gleam in one's father's eye.

Quando papà e mamma fecero quel viaggio eri ancora nel mondo
della luna. *When daddy and mommy went on that trip you were still
a gleam in your father's eye.*

---

moneta — *coin*

ripagare qualcuno della stessa moneta — *to repay someone in his/her
own coin.*

Lui mi ha soffiato tanti affari sotto il naso, ma questa volta sono riuscita
a ripagarlo della stessa moneta. *He stole so many deals from under
my nose, but this time I succeeded in repaying him in his own coin.*

---

montagna — *mountain*

la montagna ha partorito il topolino — *[to do] God knows what.*

Hai piantato tanto casino e poi hai solo mandato una letteraccia. La
montagna ha partorito il topolino. *You threatened God knows what
and then all you did was to send them an angry letter.*

---

monte — *mount*

andare a monte — *to go by the board.*

A causa della sua malattia i nostri progetti per le vacanze andarono a
monte. *Because of his illness our vacation plans went by the board.*

mandare a monte — *to mess up.*

Lo sapevo! Hai detto a Giovanni dei nostri programmi ed è riuscito a
mandare a monte tutto! *I knew it! You told John about our plans,
and he managed to mess up everything!*

---

morire — *to die*

da morire — *terribly.*

Sono stanco da morire, ma ti porto al cinema se vuoi. *I'm terribly tired, but I'll take you to the movies if you want.*

morir dal ridere — *to die laughing.*

Il suo modo di raccontare mi fa morir dal ridere. *His way of telling stories makes me die laughing.*

morire sul nascere — *to die (wither) on the vine.*

Lei ha sempre tanti bei progetti, ma muoiono tutti sul nascere. *She comes up with nice projects all the time, but they all die on the vine.*

Peggio di così si muore. *You couldn't do worse even if you tried.*

---

morte — *death*

avercela a morte con qualcuno — *to hate someone's guts.*

Non sono mai riuscito a capire perchè ce l'ha a morte con me; non gli ho mai fatto niente. *I've never understood why he hates my guts; I've never done anything to him.*

ogni morte di papa — *once in a blue moon.*

Ci consideriamo buoni amici, anche se ci vediamo ogni morte di papa. *We consider ourselves good friends even if we see each other once in a blue moon.*

---

morto — *dead*

bell'e morto — *dead as a doornail.*

Quella povera pianta è bell'e morta. *That poor plant is as dead as a doornail.*

morto e sepolto (sotterrato) — *dead and buried.*

L'unico che conosceva la verità era suo nonno, ma ormai è morto e sotterrato, e non la sapremo mai. *The only one who knew the truth was his grandfather, but now he's dead and buried, and we'll never find out.*

---

mosca — *fly*

Non farebbe male a una mosca. *He wouldn't hurt a fly.*

saltare la mosca al naso — *to get upset.*
Le salta la mosca al naso per un nonnulla. *She gets upset over nothing.*

sentire volare una mosca — *to hear a pin drop.*
Quando Piero si alzò per parlare tutti tacquero; non si sentiva volare una mosca. *When Peter stood up to speak everyone was silent; you could have heard a pin drop.*

una mosca bianca — *a great rarity.*
Una persona buona e gentile come lei è rara come una mosca bianca. *A good, gentle person like her is a great rarity.*

---

mostra — *show*

mettersi in mostra — *to show off.*
Non perde una occasione per mettersi in mostra. *She doesn't miss a chance to show off.*

---

moto — *motion*

mettere qualcosa in moto — *to get something going.*
Una volta messo in moto, l'ufficio funzionerà da sè. *Once we get it going, the office will work by itself.*

---

muffa — *mold*

fare la muffa — *to lie there.*
Perchè non riprendi a suonare il violino? È lì che fa la muffa da anni. *Why don't you start playing the violin again? It's been lying there for years.*

---

mulino — *mill*

combattere con i mulini a vento — *to tilt at windmills.*
Non c'è niente da fare. Opporti sarebbe come combattere con i mulini a vento. *You can't do anything about it. Opposing it would be like tilting at windmills.*

parlare come un mulino a vento — *to talk the hind leg off a donkey.*
Se vai di fretta non fermarti a chiacchierare con lei: parla come un
mulino a vento. *If you're in a hurry don't stop to chat with her; she'll
talk the hind leg off a donkey.*

muro — *wall*

parlare al muro — *to speak to a brick wall.*
Dovrei aver capito prima che era inutile; parlare con lui è come parlare al muro. *I should have realized sooner that it was useless; talking to him is like speaking to a brick wall.*

musica — *music*

cambiar musica — *to change one's tune.*
Brontola sempre; vorrei che cambiasse musica. *He's always complaining; I wish he'd change his tune.*

la solita musica — *the same old story.*
Ogni volta è la solita musica: scuse, scuse, scuse. *Every time it's the
same old story: excuses, excuses, excuses.*

muso — *muzzle*

fare il muso — *to make a face.*
Quando non le piace qualcosa fa subito il muso. *When she doesn't like
something she makes a face.*

muto — *mute*

muto come un pesce — *not to speak a word.*
Non lo invito più; si siede a tavola e poi sta muto come un pesce. *I
won't invite him anymore; he sits down at the table and doesn't speak
a word.*

naftalina — *mothballs*

    tenere in naftalina — *to keep under lock and key.*

    Non ci ha mai presentato la sua ragazza. È così geloso che la tiene in naftalina! *He's never introduced us to his girlfriend. He's so jealous he keeps her under lock and key!*

---

nascere — *to be born*

    stroncare qualcosa sul nascere — *to nip something in the bud.*

    Stavano per lanciare la sua candidatura come presidente, ma lo scandalo ha stroncato la cosa sul nascere. *They were about to launch his candidacy for the presidency, but the scandal nipped it in the bud.*

---

nascosto — *hidden*

    di nascosto — *on the sly.*

    Quei ragazzi fumano di nascosto al parco. *Those boys smoke on the sly in the park.*

---

naso — *nose*

    arricciare il naso — *to turn up one's nose.*

    Forse non è una proposta ideale, ma in mancanza di meglio, non arriccerei certo il naso. *Maybe it's not an ideal offer, but for the lack of anything better, I certainly wouldn't turn up my nose at it.*

    avere buon naso — *to know the score (to have a keen judgment).*

    Ti puoi fidare di lui; ha buon naso. *You can trust him; he knows the score (has a keen judgment).*

    farle sotto il naso — *right out from under.*

    Sapevo che avrebbe tentato di rubarmi il posto e me l'ha fatta sotto il naso, senza che me ne accorgessi. *I knew he'd try to steal my place, and he did it right out from under me without my noticing it.*

    ficcare il naso — *(1) to nose around.*

    Non ficcare il naso nei miei affari! *Don't nose around in my business!*

(2) to mind.

Ficca il naso negli affari tuoi. *Mind your own husiness.*

menare per il naso — *to lead around by the nose.*

Lui è innamorato di lei, e non capisce che lei lo sta menando per il
naso. *He's in love with her, and doesn't realize she's leading him
around by the nose.*

non vedere più in là del proprio naso — *not to see beyond the end of
one's nose.*

Non chiederle consigli; non vede più in là del suo naso. *Don't ask her
for advice; she can't see beyond the end of her nose.*

proprio sotto il naso — *right in front of one's nose.*

Ma guarda! L'ho cercato dappertutto e stava proprio qui sotto il naso.
*How about that! I've hunted high and low for it and it was right in
front of my nose.*

restare con un palmo di naso — *to be left dumbfounded.*

Mentre lui non guardava gli hanno rubato la moto e lui è rimasto con
un palmo di naso. *While he wasn't looking they stole his motorbike
and he was left dumbfounded.*

sbattere il naso in qualcuno — *to bump into somebody.*

Indovina in chi ho sbattuto il naso stamattina. Nel presidente in persona! *Guess who I bumped into today. The president in person!*

Natale — *Christmas*
> **durare da Natale a Santo Stefano** — *to last from Christmas to St. Stephen's Day (December 26) (i.e., no time at all).*
>
> Guarda queste scarpe! Sono fatte così male che sono durate da Natale a Santo Stefano. *Look at these shoes! They're so poorly made that they're falling apart in no time.*

nato — *born*
> **nato e sputato** — *the spitting image.*
>
> Il bambino è suo nonno nato e sputato. *The baby is the spitting image of his grandfather.*

natura — *nature*
> **in natura** — *in kind.*
>
> Sei un bravo pittore; se vuoi ringraziarmi per quel favore, pagami in natura. *You're a good painter; if you want to thank me for the favor I did for you, pay me with one of your paintings.*

negato — *denied*
> **essere negato** — *to be hopelessly bad.*
>
> Perchè si ostina a suonare il pianoforte? È proprio negata. *Why does she stubbornly keep on playing the piano? She's hopelessly bad.*

neo — *mole*
> **un neo** — *a fly in the ointment.*
>
> L'unico neo nei suoi rapporti con i soci era la sua mancanza di esperienza. *In his relationship with his partners the only fly in the ointment was his lack of experience.*

nero — *black*
> **essere nero** — *to be in a bad mood.*
>
> Chissa perchè è così nero oggi; non ce n'è ragione. *Who knows why he's in such a bad mood today; he doesn't have any reason to be.*

in nero — *in the black.*
Vedi in **attivo.**

mettere nero su bianco — *to put in black and white (in writing).*
Nel contratto abbiamo messo tutta nero su bianco. *In the contract we
  put everything in black and white (in writing).*

nero — *secret because illegal.*
Hanno scoperto che la società aveva dei conti neri in Svizzera con i
  quali finanziava i partiti politici illegalmente. *They discovered that
  the firm had secret accounts in Switzerland which it used to finance
  the political parties illegally.*

nero come la pece — *pitch black.*
I suoi capelli sono neri come la pece. *Her hair is pitch black.*

---

nervo — *nerve*
  avere i nervi [a fior di pelle] — *to be a bundle of nerves.*
  Lascialo stare: non vedi che ha i nervi [a fior di pelle]? *Leave him
    alone; don't you see he's a bundle of nerves?*

  avere i nervi a pezzi — *to be on the verge of a nervous breakdown.*
  È meglio che non le racconti quello che è successo: ha già i nervi a
    pezzi. *You'd better not tell her what happened; she's already on the
    verge of a nervous breakdown.*

  dare ai nervi — *to get on one's nerves.*
  Il suo continuo chiacchierare mi dà ai nervi. *Her constant chatting gets
    on my nerves.*

---

nervoso — *irritable*
  venire il nervoso — *to irritate someone.*
  Mi viene il nervoso quando ti vedo lì a far niente, tu che hai tante
    doti. *It irritates me to see you doing nothing when you have so many
    talents.*

---

nesci — *one who doesn't know*
  fare il nesci — *to play dumb.*
  Vedi **fare lo gnorri.**

---

nespola — *medlar*
  quando maturano le nespole — *when the medlars are ripe (i.e., never).*
  Tu speri sempre che lui faccia quello che ha promesso, ma succederà
    quando maturano le nespole. *You keep on hoping that he'll do what*
    he promised, but it will never happen.

nido — *nest*
  abbandonare il nido — *to leave home.*
  Era ora che abbandonasse il nido; ha trentacinque anni. *It was about*
    time he left home; he's thirty-five years old.

niente — *nothing*
  da niente — *(1) not important.*
  Lascia perdere, è una cosa da niente. *Forget it, it's not important.*
  (2) big.
  Ti ha fatto un favore da niente! *He really did you a big favor!*

  niente meno — *no less than (no kidding!).*
  "Il principe di Galles è venuto a cena da noi l'altra sera." "Niente
    meno?!" *"The Prince of Wales came to our place for dinner the other*
    night." "No kidding!"

  non aver niente da ridire — *to have no flies on.*
  Sono contento di lui; non ho niente da ridire sul suo conto. *I'm satis-*
    fied with him; there are no flies on him.

  non far niente — *not to matter.*
  Non ti preoccupare se non puoi venire; non fa niente. *Don't worry if*
    you can't make it; it doesn't matter.

  per niente — *at all.*
  "Scusa, ti disturbo?" "No, per niente." *"Excuse me, am I disturbing*
    you?" "No, not at all."

nocciolo — *pit*
  il nocciolo della questione — *the crux of the matter.*
  Invece di parlare a vanvera, andiamo al nocciolo della questione! *In-*
    stead of talking at random, let's get to the crux of the matter!

venire al nocciolo — *to come to the point.*

È mezz'ora che me lo spieghi; vieni al nocciolo della questione.
You've been explaining it to me for half an hour; come to the point.

---

nodo — *knot*

Tutti i nodi vengono al pettine. *The day of reckoning will come.*

un nodo alla gola — *a lump in one's throat.*

Quando ho sentito della tragedia mi è venuto un nodo alla gola.
When I heard about the tragedy I felt a lump in my throat.

---

noia — *bother*

dare noia — *to bother.*

Questo golf col collo alto mi dà noia. *This sweater with a high collar bothers me.*

venire a noia — *to get fed up.*

Questo libro mi è venuto a noia, lo vuoi tu? *I got fed up with this book; do you want it?*

---

nome — *name*

farsi un nome — *to make one's mark.*

Ha appena cominciato, ma quel ragazzo è bravo, e si farà un nome.
He's just begun, but that boy is talented, and he'll make his mark.

---

norma — *norm*

a norma di — *in accordance with.*

Questo prodotto non è confezionato a norma di legge. *This product is not packaged in accordance with regulations.*

---

nota — *note*

a chiare note — *loud and clear.*

Gli ho detto a chiare note che non volevo più vederlo, ma lui continua ad aspettarmi sotto casa. *I told him loud and clear I didn't want to see him anymore, but he keeps on waiting for me at the entrance to my building.*

le dolenti note — *the worst part.*
Il suo principale si è accorto del pasticcio che lei aveva combinato.
    Ora cominciano le dolenti note! *Her boss realized what a mess she
    had made. Now comes the worst part.*

notare — *to notice*
    farsi notare — *to make oneself conspicuous.*
    Si fa notare per la sua assenza. *He makes himself conspicuous by his
    absence.*

nottata — *long night*
    fare la nottata — *to burn the midnight oil.*
    Ho dovuto fare la nottata per finire di correggere i compiti. *I had to
    burn the midnight oil to finish correcting tests.*

notte — *night*
    a notte alta — *in the dead of night.*
    I ladri si sono introdotti in casa a notte alta. *The thieves entered the
    house in the dead of night.*

    peggio che andar di notte — *worse than ever.*
    L'autostrada era bloccata e siamo passati per una strada di campagna,
    ma è stato peggio che andar di notte. *The superhighway was
    jammed and we turned off on a country road, but it was worse than
    ever.*

una notte bianca (in bianco) — *a sleepless night.*
Abbiamo passato una notte bianca perchè eravamo preoccupati per la febbre alta del bambino. *We spent a sleepless night because we were worried about the baby's high fever.*

nozze — *wedding*
invitare qualcuno a nozze — *to ask someone to do something he/she enjoys.*
Vuoi che mi prenda cura io del giardino? Mi inviti a nozze! *Do you want me to take care of the garden? It would be my pleasure!*

nudo — *nude*
È nudo come un verme. *He's stark naked.*

mettere a nudo — *to lay bare.*
Ha messo a nudo i suoi difetti senza pietà. *She mercilessly laid bare his shortcomings.*

nudo e crudo — *plain, blunt.*
Lo so che non è una bella storia, ma è la verità nuda e cruda. *I know it's not a nice story, but it's the plain truth.*

nulla — *nothing*
buono a nulla — *good for nothing.*
È un buono a nulla; non è neppure riuscito a prendere la maturità! *He's a good for nothing; he didn't even manage to graduate from high school!*

dileguarsi nel nulla — *to vanish into thin air.*
Ti giuro di aver visto la signora salire sul treno, ma poi si è dileguata nel nulla. *I swear I saw the lady get on the train, but afterwards she vanished into thin air.*

fuori dal nulla — *out of the blue.*
È sbucato dal nulla. *He appeared out of the blue.*

non aver nulla a che vedere con — *to have nothing to do with.*
Ha lo stesso cognome di Piero ma non ha niente a che vedere con lui. *He has the same last name as Peter, but he has nothing to do with him.*

non aver nulla da ridire — *to have no objections to.*
Non ho nulla da ridire a che i ragazzi vadano in gita, però voglio che
rincasino presto. *I have no objections to the kids' going on the trip,
but I want them to come home early.*

non farne nulla — *not to go through with it.*
Volevamo comprare una barca a vela, ma i prezzi erano troppo alti e
così non se n'è fatto nulla. *We wanted to buy a sailboat, but the
prices were too high, so we didn't go through with it.*

non saper nulla di nulla su — *not to know beans about.*
Non sa nulla di nulla sull'insegnamento. *He doesn't know beans about
teaching.*

sfumare nel nulla — *to go up in a cloud of smoke.*
Eravamo sicuri di ottenere il contratto, ma poi tutto è sfumato nel
nulla. *We were sure we'd get the contract, but it all went up in a cloud
of smoke.*

venire su dal nulla — *to be a self-made man.*
È venuto su dal nulla ed è diventato un grosso industriale. *He's a self-
made man and he's become an important industrialist.*

---

numero — *number*

avere i numeri per fare qualcosa — *to have what it takes.*
Ha tutti i numeri per aver successo. *He has what it takes to be successful.*

dare i numeri — *to go mad.*
Non ha senso quel che dice; credo proprio che dia i numeri. *What he's
saying doesn't make sense; I think he's gone mad.*

di numero — *exactly.*
Sono quattro paste di numero. Mi rincresce, ma i bambini hanno fatto
man bassa! *There are exactly four pastries. I'm sorry, but the children
grabbed them all up!*

fare numero — *to swell the crowd.*
Li ha invitati alla festa solo per far numero. *She invited them only to
have a big crowd at her party.*

il numero chiuso — *closed admissions.*
Alla facoltà di medicina hanno istituito il numero chiuso. *They established a limited number of admissions at the medical school.*

passare nel numero dei più — *to die.*
Ha vissuto a lungo e bene; è inevitabile che passi nel numero dei più. *He's lived long and well; it's inevitable that he's going to die.*

un bel numero — *a funny guy.*
Sei proprio un bel numero! Non ho mai riso tanto! *You're really a funny guy! I've never laughed so much!*

---

nuovo — *new*
giungere nuovo — *to be new to.*
Non lo sapevo, mi giunge nuovo. *I didn't know it; that's new to me.*

rimettere a nuovo — *to fix.*
Abbiamo rimesso a nuovo la barca a vela per averla pronta quest'estate. *We fixed the sailboat to have it ready for summer.*

---

nuvola — *cloud*
cadere dalle nuvole — *to be taken aback.*
Quando gli ho dato la notizia, è caduto dalle nuvole. *When I told him the news, he was taken aback.*

essere nelle nuvole — *to daydream.*
È sempre fra le nuvole e bisogna ripetere le cose due volte, perchè non sta mai a sentire. *He's always daydreaming, and you have to repeat everything twice because he doesn't listen.*

---

nuvoletta — *little cloud*
camminare sulle nuvolette — *to walk on air.*
Cammina sulle nuvolette perchè gli hanno dato la promozione che aspettava. *He's walking on air because they gave him the promotion he's been expecting.*

---

oca — *goose*
Porca l'oca! *Damn it!*

un'oca giuliva — *silly.*
È carina ma è un'oca giuliva e ride sempre a sproposito. *She's cute but silly and she always laughs at the wrong time.*

occasione — *opportunity*
d'occasione — *second-hand.*
"Che bel vestito! È nuovo?" "Ma no, l'ho comprato d'occasione!" *"What a nice dress! Is it new?" "Not at all, I bought it second-hand!"*

occhiata — *glance*
dare un'occhiata — *to glance at.*
Non l'ho ancora letto. Gli ho solo dato un'occhiata. *I haven't read it yet. I just glanced at it.*

occhio — *eye*
a occhio — *to eyeball.*
Non ho il centimetro; bisogna prendere le misure a occhio. *I don't have a tape measure; we'll have to eyeball it.*

a occhio e croce — *more or less.*
Costerà sulle 10.000 lire, ad occhio e croce. *It will cost about 10,000 lire, more or less.*

a perdita d'occhio — *as far as the eye can see.*
Giunsero sulla cima della collina e dall'altra parte videro la pianura che si estendeva a perdita d'occhio. *They reached the top of the hill and on the other side they could see the plain stretching as far as the eye could see.*

a quattr'occhi — *privately.*
Non dire niente a loro di quel problema; prima voglio parlarne con te a quattr'occhi. *Don't tell them anything about that issue; first I wish to talk to you about it in private.*

a vista d'occhio — *before one's very eyes.*

Santo cielo, come sei alto! Sei cresciuto a vista d'occhio. *Good heavens, how tall you are! You grew before my very eyes.*

ad occhi chiusi — *with one hand tied behind one's back.*

Se ascolti lui sembra che riesca a fare qualsiasi cosa ad occhi chiusi. *If you listen to him it seems he can do anything with one hand tied behind his back.*

avere gli occhi fuori dalle orbite — *to have eyes popping out of one's head.*

Ha gli occhi fuori dalle orbite: suo figlio ha perso soldi al gioco. *His eyes are popping out of his head; his son lost money gambling.*

avere occhio — *to have an eye for.*

Tuo fratello ha occhio per le antichità e ne trova sempre a buon prezzo. *Your brother has an eye for antiques and he always finds them at good prices.*

chiudere un occhio — *to turn a blind eye.*

Questa volta il vigile ha chiuso un occhio per quell'infrazione. La prossima volta però, dovrò pagare. *This time the policeman turned a blind eye on the infraction. Next time I'll have to pay.*

ci vuole occhio — *you need to have your wits about you.*

Per trovare il cliente ricco ci vuole occhio. *To find the rich client you have to have your wits about you.*

con tanto d'occhi — *wide-eyed.*

I bambini guardavano il mago con tanto d'occhi. *The children stared wide-eyed at the magician.*

costare un occhio della testa — *to cost a fortune.*

Quella villa gli è costata un occhio della testa. *That house cost him a fortune.*

dare nell'occhio — *to be flashy.*

Cerca di non farsi notare, ma con quel vestito dà troppo nell'occhio. *He's trying not to be conspicuous, but with that suit he's too flashy.*

dare un occhio della testa — *to give one's right arm.*

Darei un occhio della testa per poterci venire. *I'd give my right arm to be able to come.*

farci l'occhio — *to become accustomed to.*
La stoffa delle poltrone è troppo sgargiante, ma ora ci ho fatto l'occhio. *The cloth of the armchairs is too garish, but I've become accustomed to it.*

fare l'occhio di triglia — *to make eyes at.*
Mio marito ha fatto l'occhio di triglia a un'altra donna. *My husband made eyes at another woman.*

in un batter d'occhio — *in the twinkling of an eye.*
L'abbiamo fatto in un batter d'occhio. *We did it in the blinking of an eye.*

leggere negli occhi — *to read someone's mind.*
Cerca di non pensare alla fuga di sua figlia, ma le si legge la pena negli occhi. *She tries not to think about her daughter's running away, but you can read her mind.*

l'occhio vuole la sua parte — *appearances count.*
Mettiti un bel vestito e fatti bella; anche l'occhio vuole la sua parte. Non basta essere intelligenti. *Put on a nice dress and pretty yourself up; appearances count. It's not enough to be intelligent.*

Lontano dagli occhi, lontano dal cuore. *Out of sight, out of mind.*

mangiare qualcuno con gli occhi — *to devour someone with one's eyes.*
Non puoi dire che lei non gli piaccia: se la mangia con gli occhi. *You can't say he doesn't like her; he devours her with his eyes.*

mettere gli occhi addosso a — *to have one's eye on.*
Le ha messo gli occhi addosso e farà di tutto per conquistarla. *He has his eye on her; he'll do anything to win her over.*

non chiudere occhio — *not to sleep a wink.*
Ieri sera non ho chiuso occhio. *Last night I didn't sleep a wink.*

non vedere di buon occhio — *to take a dim view of.*
Non vede di buon occhio il fidanzato della figlia. *He takes a dim view of his daughter's boyfriend.*

occhi assassini — *irresistible eyes.*
Lei non è particolarmente bella, ma ha degli occhi assassini. *She isn't especially beautiful, but she's got irresistible eyes.*

occhi bovini — *saucer eyes.*

Lui mi fissa con quei suoi occhi bovini, ma lo so che è un furbastro. *He stares at me with those big eyes of his, but I know he's a crafty fellow.*

occhi di falco — *penetrating gaze.*

Quei suoi occhi di falco mi mettono in imbarazzo. *His penetrating gaze embarrasses me.*

occhi di lince — *eagle-eyed.*

Come fai a leggere quel cartello? Devi avere degli occhi di lince! *How can you read that sign? You must be eagle-eyed!*

occhio clinico — *good eye.*

Chiedi consiglio a lei prima di rifare la sala da pranzo: ha un occhio clinico per l'arredamento. *Ask her for advice before you refurbish the dining room. She has a good eye for interior decoration.*

pagare un occhio della testa — *to pay through the nose.*

Questo tavolo l'ho pagato un occhio della testa. *I paid through the nose for this table.*

per i begli occhi di qualcuno — *for love.*

Smettila di ringraziarmi. Non ho accettato quell'incarico per i tuoi begli occhi, ma perchè mi pagano bene. *Stop thanking me. I didn't accept that assignment for love, but because they pay me well.*

perdere d'occhio — *to lose sight of.*

Non perdere d'occhio la valigia; potrebbero rubarla. *Don't lose sight of the suitcase; it might be stolen.*

saltare agli occhi — *to stick out a mile.*

Ha sostituito la sedia antica con un'imitazione, ma salta subito all'occhio. *He replaced the antique chair with an imitation, but it sticks out a mile.*

sgranare tanto d'occhi — *to be amazed.*

Ho sgranato tanto d'occhi quando ho visto i serpenti che teneva in casa. *I was amazed at the sight of the snakes he kept at home.*

sognare ad occhi aperti — *to daydream.*

È inutile sognare ad occhi aperti; tanto tu non partirai. *It's useless to daydream; anyway you're not going to go.*

tenere d'occhio — *to keep tabs on (to keep an eye on).*
Ti dispiacerebbe tener d'occhio l'arrosto mentre io preparo la ver-
dura? *Would you mind keeping tabs (an eye) on the roast while I
prepare the vegetables?*

tenere gli occhi bene aperti — *to keep one's eyes open.*
Va' pure al mercatino, ma tieni gli occhi bene aperti se non vuoi farti
truffare. *Go to the market if you want, but keep your eyes open if
you don't want to be cheated.*

occhiolino — *small eye*
fare l'occhiolino — *to wink.*
È inutile che tu mi faccia l'occhiolino; non mi lascerò lusingare. *It's
useless to wink at me; I won't let myself be flattered.*

odore — *odor*
sentire odore di bruciato — *to smell a rat.*
Sento odore di bruciato; devo controllare la situazione. *I smell a rat;
I'd better check things out.*

oggi — *today*
dàgli oggi, dàgli domani — *to keep at.*
Dàgli oggi, dàgli domani, vedrai che imparerai anche la matematica. *If
you keep at it, see that you even learn mathematics.*

dall'oggi al domani — *overnight.*
Abbiamo deciso di partire dall'oggi al domani. *We decided overnight
that we would leave.*

oggi a otto — *a week from now.*
Ne abbiamo cinque e partiremo il dodici, oggi a otto. *Today's the 5th,
and we'll leave the 12th, a week from now.*

oggi come oggi — *as matters now stand.*
Oggi come oggi, non lo potrei fare. *As matters now stand, I couldn't
do it.*

olio — *oil*

olio di gomito — *elbow grease.*
"Come l'hai lucidata questa macchina?" "Con l'olio di gomito!"
"How did you polish this car?" "Elbow grease!"

---

ombra — *shade, shadow*

l'ombra di se stesso — *to be the shadow of one's former self.*
Dopo quella delusione è diventata l'ombra di se stessa. *After that disappointment she's become the shadow of her former self.*

mettere in ombra qualcuno — *to overshadow someone.*
È sempre stata messa in ombra da sua sorella, che è più brillante e più socievole di lei. *She's always been overshadowed by her sister, who is more lively and sociable than she is.*

non vedere neanche l'ombra — *to see neither hide nor hair of.*
"Hai visto il mio portachiavi?" "No, non ne ho visto neanche l'ombra." *"Have you seen my key chain?" "No, I have seen neither hide nor hair of it."*

restare nell'ombra — *to stay in the background.*
Lei resta sempre nell'ombra, ma è il consigliere principale del presidente. *She stays in the background, but she's the president's main advisor.*

seguire come un'ombra — *to stick to like a shadow.*
La bambina ti segue come un'ombra oggi. Ha paura di qualcosa? *The little girl is sticking to you like a shadow today. Is she afraid of something?*

senza ombra di dubbio — *without the shadow of a doubt.*
Lo so di sicuro, senza ombra di dubbio. *I know it for sure, without the shadow of a doubt.*

tenersi nell'ombra — *to keep out of the limelight.*
Non ha avuto successo perchè si è sempre tenuto nell'ombra, ma è un grande artista. *He wasn't successful because he always kept himself out of the limelight, but he's a great artist.*

---

onda — *wave*

andare in onda — *to go on the air.*

Il telegiornale va in onda alle 8.30. *The TV news goes on the air at 8:30.*

onere — *burden*

gli oneri ma non gli onori — *to work without getting credit for it.*

In ufficio mi danno sempre gli oneri ma non gli onori. *In the office I work without getting credit for it.*

onore — *honor*

ad onor del vero — *to tell the truth.*

La faccenda non è andata così, ad onor del vero. *It didn't happen that way, to tell the truth.*

con tutti gli onori — *the red carpet.*

Sono andata a casa sua e mi ha ricevuto con tutti gli onori. *I went to his house and he put the red carpet out for me.*

fare onore a — *to do justice to.*

Non potrei fare onore a un altro pasto abbondante oggi. *I couldn't do justice to another big meal today.*

farsi onore — *to distinguish oneself.*

A scuola vedi di farti onore. *Try to distinguish yourself at school.*

tornare a proprio onore — *to do someone credit.*

Hai avuto successo, e ciò torna a tuo onore. *You were successful, and it does you credit.*

onta — *shame*

ad onta di — *in spite of.*

È riuscito in tutto, ad onta di tutte le difficoltà. *He succeeded in everything in spite of all the difficulties.*

opera — *work*

per opera di — *through.*

Per opera di sua madre, è entrata al ministero. *Through her mother, she got a job in the ministry.*

ora — *hour*

alla buon'ora! — *At last!*

Sei arrivato finalmente! Alla buon'ora! Credevo fossi rimasto addormentato. *You've finally come! At last! I thought you had fallen asleep.*

fare le ore piccole — *to stay up until the wee hours.*

Hanno fatto le ore piccole per raccontarsi tutto quello che avevano fatto negli ultimi dieci anni. *They stayed up until the wee hours to tell each other what they had been doing over the last ten years.*

non vedere l'ora — *not to be able to wait.*

Non vedo l'ora di raccontarti tutto! *I can't wait to tell you everything!*

ora di punta — *rush hour.*

Non partiamo alle cinque, è proprio l'ora di punta. *Let's not leave at five, that's rush hour.*

---

orario — *schedule*

in orario — *on time.*

I treni giapponesi sono famosi per essere sempre in perfetto orario. *Japanese trains are famous for always being right on time.*

---

ordine — *order*

entrare nell'ordine di idee — *to get (arrive at) the idea.*

Sono entrati nell'ordine di idee di mandare la loro figlia in collegio, per costringerla a studiare. *They got the idea of sending their daughter to a boarding school so she would be forced to study.*

di prim'ordine — *first-rate, first-class.*

È un avvocato di prim'ordine: va' da lui se vuoi dei buoni consigli. *He's a first-rate lawyer; go talk to him if you want good advice.*

richiamare all'ordine — *to take someone to task.*

La maestra ci ha richiamati all'ordine perchè facevamo confusione. *The teacher took us to task because we were goofing around.*

---

orecchio — *ear*

allungare le orecchie — *to prick up one's ears.*
Sta' attenta a quello che dici perchè i vicini allungano le orecchie. *Be careful of what you say because the neighbors will prick up their ears.*

dire all'orecchio — *to whisper.*
Vieni qui che ti voglio dire una cosa all'orecchio. *Come here, I want to whisper something to you.*

fare orecchio da mercante — *to turn a deaf ear.*
Io ti ho avvisata, ma tu continui a fare orecchio da mercante. Peggio per te. *I warned you, but you keep turning a deaf ear. All the worse for you.*

fischiare le orecchie — *one's ears are burning.*
Qualcuno mi sta pensando, perchè mi fischiano le orecchie. *Someone is thinking about me because my ears are burning.*

non sentirci da quell'orecchio — *not to listen.*
Vedi **non sentirci da quel lato.**

stare con le orecchie tese — *to be all ears.*
Stava con le orecchie tese per sentire tutto ciò che diceva suo padre. *He was all ears listening to everything his father was saying.*

tenere aperte le orecchie — *to keep an ear to the ground.*

Se non vuoi farti abbindolare tieni aperte le orecchie; riuscirai certamente a imparare qualche cosa di utile. *If you don't want to be duped, keep an ear to the ground; you'll certainly manage to learn something useful.*

tirare le orecchie a qualcuno — *to tell someone off.*

L'ho visto fumare in giardino e gli ho tirato le orecchie; ha solo dodici anni. *I saw him smoking in the garden and I told him off; he's only twelve.*

tutt'orecchie — *all ears.*

Dimmi, sono tutt'orecchie. *Tell me, I'm all ears.*

---

orizzonte — *horizon*

essere di orizzonti limitati — *to be narrowminded.*

Ha cercato di convincermi che tutti i poveri sono degli scansafatiche. È un uomo di orizzonti limitati. *He tried to convince me that all the poor are freeloaders. He's a narrow-minded man.*

---

orlo — *edge*

essere sull'orlo di un precipizio — *to be on the brink of disaster.*

Roberto è sull'orlo di un precipizio: se continua a drogarsi finirà proprio male. *Robert is on the brink of disaster; if he keeps taking drugs he's going to be in big trouble.*

---

orma — *footstep*

seguire le orme — *to follow in someone's footsteps.*

Francesca seguirà le orme del fratello maggiore. *Frances will follow in her older brother's footsteps.*

---

oro — *gold*

carico d'oro come una madonna — *loaded with jewelry.*

Non capisco perchè quella signora esca sempre carica d'oro come una madonna; è ridicola e pacchiana. *I don't understand why that woman always goes out loaded with jewelry; she looks tacky.*

comprare a peso d'oro — *to pay a king's ransom for.*

Oggi il caffè si compra a peso d'oro; il prezzo è triplicato. *Today you pay a king's ransom for coffee; the price has tripled.*

Non è oro tutto quel che luce. *All that glitters is not gold.*

non per tutto l'oro del mondo — *not on your life (not for love nor money, not for all the tea in China).*

Non ti sposerei per tutto l'oro del mondo. *I wouldn't marry you, not on your life (not for love nor money, not for all the tea in China).*

nuotare nell'oro — *to be rolling in money.*

La sua famiglia nuota nell'oro. *Her family is rolling in money.*

prendere per oro colato — *to take for Gospel truth.*

Prende per oro colato tutto quello che dici; non ha il minimo senso critico. *He takes everything you say for Gospel truth; he doesn't have the slightest discrimination.*

valere tanto oro quanto si pesa — *to be worth one's weight in gold.*

Angelo è una brava persona; vale tanto oro quanto pesa. *Angelo is a good person; he's worth his weight in gold.*

---

orologio — *clock, watch*

essere un orologio — *like clockwork.*

Se vuoi parlargli, lo trovi a casa tutte le sere tranne il sabato tra le otto e le nove. È un orologio! *If you want to talk to him, you'll find him at home every evening between eight and nine, except for Saturdays. He's like clockwork!*

---

oscuro — *dark*

essere all'oscuro (allo scuro) di — *to be in the dark.*

Il segretario del partito ha dichiarato di essere all'oscuro delle bustarelle prese dal suo braccio destro. *The secretary of the party declared that he was in the dark about the kickbacks taken by his right-hand man.*

---

ospite — *guest*

andarsene insalutato ospite — *to take French leave.*

Vedi **svignarsela all'inglese.**

L'ospite è come il pesce: dopo tre giorni puzza. *When a guest stays too long he wears out his welcome.*

---

osso — *bone*

avere le ossa rotte — *to feel like a wreck.*
Dopo aver preso quattro autobus questo pomeriggio ho le ossa rotte. *After taking four buses this afternoon I feel like a wreck.*

essere ridotto all'osso — *to be reduced to bare bones.*
Dovremmo spendere meno, ma il nostro bilancio è già ridotto all'osso. *We should spend less, but our budget is already reduced to bare bones.*

fare le ossa — *to get accustomed to.*
Non è un lavoro antipatico una volta che ci fai le ossa. *It's not bad work once you get accustomed to it.*

Molla l'osso! *Give it back!*

rimetterci l'osso del collo — *to lose one's shirt.*
Questo è un affare rischioso: potrei anche rimetterci l'osso del collo. *This is a risky affair; I could end up losing my shirt.*

un osso duro — *(1) a hard row to hoe (a hard nut to crack).*
La matematica è un osso duro per me. *Mathematics is a hard row to hoe (a hard nut to crack) for me.*
(2) a tough customer.
Non provarci con lui, è un osso durò. *Don't even try with him; he's a tough customer.*

---

osteria — *inn*

fermarsi alla prima osteria — *to take the first thing that comes along.*
Non capisco perchè l'abbia sposato; si è fermata alla prima osteria. *I don't understand why she married him; she took the first one who came along.*

---

otre — *leather bag for drinking water*

essere pieno come un otre — *to be stuffed with food.*
Ho mangiato troppo e mi sento pieno come un otre. *I ate too much; I'm stuffed with food.*

---

ovile — *sheep pen*

ritornare all'ovile — *to return to the fold.*
Mio marito mi tradisce, ma torna sempre all'ovile. *My husband is unfaithful to me, but he always returns to the fold.*

ozio — *idleness*

L'ozio è il padre dei vizi. *The devil finds work for idle hands.*

pace — *peace*

in santa pace — *in peace and quiet.*
Lasciami finire di leggere questo libro in santa pace. *Let me finish reading this book in peace and quiet.*

lasciare in pace — *to leave alone.*
Lasciatemi in pace, chè ho molto lavoro da fare. *Leave me alone, because I have a lot of work to do.*

non darsi pace — *not to be able to resign oneself.*
Da quando le è morto il fratello non si dà pace. *Since her brother died she hasn't been able to resign herself.*

padella — *pan*

dalla padella nella brace — *out of the frying pan and into the fire.*
Pensavamo che questa strada fosse migliore, ma siamo caduti dalla padella nella brace. *We thought this street was better, but we've jumped out of the frying pan into the fire.*

padrone — *boss*

farla da padrone — *to act as if one owns the place.*
L'abbiamo invitato da noi in vacanza e adesso la fa da padrone. *We invited him to our house for vacation, and now he acts as if he owned the place.*

padronissimo — *absolutely free*

essere padronissimo di — *to be absolutely free to.*

Sei padronissimo di smettere sei vuoi; nessuno ti costringe a continuare. *You're absolutely free to quit if you want to; no one's forcing you to continue.*

paese — *country*

il Bel Paese — *Italy*

Mezza classe politica in carcere! Queste cose succedono solo nel Bel Paese. *Half the political class in jail! These things happen only in Italy!*

mandare qualcuno a quel paese — *to send someone to hell.*

Quando entrai in ritardo mi mandò a quel paese. *When I came in late he told me to go to hell.*

Paese che vai usanza che trovi. *When in Rome, do as the Romans do.*

pagina — *leaf*

cambiare (voltare) pagina — *to turn [over] a new leaf.*

Da quando ha rischiato di morire per un'overdose di eroina, ha voltato pagina. *After he nearly died of a heroin overdose, he turned over a new leaf.*

paglia — *straw*

mettere paglia al fuoco — *to tempt fate.*

Per il momento non dirgli nient'altro; è meglio non mettere troppa paglia al fuoco. *Don't tell him anything else for now; it's better not to tempt fate.*

paio — *pair*

un altro paio di maniche — *a horse of a different color (quite another matter).*

È lui che deve soldi a te, non tu che devi soldi a lui. Allora è tutto un altro paio di maniche! *It's he who owes you money, not you who owe him. Well then, that's a horse of a different color!*

palato — *palate*
  il palato fine — *a delicate palate.*
  Solo chi ha il palato fine sarà in grado di apprezzare le mie polpette.
  Only someone with a delicate palate will be able to appreciate my meatballs.

palio — *prize*
  mettere in palio — *to stake.*
  Il campione mette in palio il suo titolo in questo incontro. *The champion is staking his title in this match.*

palla — *ball*
  essere una palla al piede — *hindrance.*
  Una casa di proprietà è una palla al piede; è meglio vivere in albergo. *A house is a real hindrance; it's better to live in a hotel.*

  prendere la palla al balzo — *to seize an opportunity.*
  L'ha incontrato per caso. Ha preso la palla al balzo e gli ha parlato del suo progetto. *He met him by chance. He seized the opportunity and talked to him about his project.*

pallino — *small ball*
  avere il pallino di — *to be crazy about.*
  Maurizio ha il pallino della fotografia. *Maurice is crazy about photography.*

pallone — *big ball*
  essere nel pallone — *to lose it.*
  È impossibile fare un ragionamento sensato con lui: è completamente nel pallone. *It's impossible to reason with him; he's lost it!*

  un pallone gonfiato — *a stuffed shirt.*
  Suo cognato è un pallone gonfiato. *His brother-in-law is a stuffed shirt.*

palma — *palm*
  portare qualcuno in palma di mano — *to hold someone in great esteem.*

Il direttore parla sempre bene di lui e lo porta in palma di mano. *The director has a lot of good things to say about him and he holds him in great esteem.*

palmento — *millstone*
mangiare a quattro palmenti — *to gorge oneself.*
Mangiava a quattro palmenti; sembrava fosse a digiuno da un mese. *He gorged himself; it looked as if he'd been fasting for a month.*

palmo — *palm*
a palmo a palmo — *(1) inch by inch.*
Hanno esaminato i ruderi a palmo a palmo. *They examined the ruins inch by inch.*
(2) like the back of one's hand.
Conosco questa zona a palmo a palmo. *I know this area like the back of my hand.*

non cedere di un palmo — *not to budge an inch.*
La battaglia è stata molto dura, ma non abbiamo ceduto di un palmo. *It was a rough battle, but we didn't budge an inch.*

palo — *pole*
saltare di palo in frasca — *to jump from one subject to another very easily.*
È difficile parlare di un argomento con lui; salta di palo in frasca con molta facilità. *It's difficult to talk about a subject with him; he jumps from one subject to another very easily.*

pancia — *belly*
grattarsi la pancia — *to twiddle one's thumbs.*
È un fannullone; si gratta sempre la pancia invece di darsi da fare. *He's a loafer; he twiddles his thumbs instead of busying himself.*

tenersi la pancia dal ridere — *to split one's sides with laughter.*
Tua cugina ci ha fatto talmente divertire con le sue imitazioni che ci
tenevamo la pancia dal ridere. *Your cousin was so funny with her
impersonations that we split our sides with laughter.*

panciolle — *idly*
   stare in panciolle — *to loll about.*
   Piuttosto che stare in panciolle, perchè non vieni con me a fare delle
   commissioni? *Instead of lolling about, why don't you come with me
   on some errands?*

pandemonio — *pandemonium*
   scatenare un pandemonio — *to raise Cain.*
   Quando ha visto il conto ha scatenato un pandemonio. *When he saw
   the bill he raised Cain.*

pane — *bread*
   Dire pane al pane e vino al vino. *To tell it like it is.*

   essere pane e cacio — *to be hand-in-glove.*
   Posso chiederlo a Giorgio; siamo pane e cacio. *I can ask George; he
   and I are hand-in-glove.*

   guadagnarsi il pane — *to bring home the bacon.*
   Non è uno scherzo per lui guadagnarsi il pane con una famiglia così
   numerosa. *It's no joke for him to bring home the bacon for such a
   large family.*

   mangiare il pane a tradimento — *not to be worth one's keep.*
   Sei un mangiapane a tradimento; da domani cominci a lavorare. *You're
   not worth your keep; starting tomorrow you're going to get a job.*

   mangiar pane e cipolle — *to live very simply.*
   È un tipo di poche pretese; gli basta mangiar pane e cipolle. *He's an
   unpretentious fellow; he lives very simply.*

   Non è pane per i suoi denti. *He's not up to it.*

   rendere pan per focaccia — *to give tit for tat.*
   Intendo rendergli pan per focaccia alla prima occasione. *I intend to
   give him tit for tat the first chance I get.*

togliersi il pane di bocca — *to give the shirt off one's back.*
È così generoso che si toglierebbe il pane di bocca. *He's so generous he'd give you the shirt off his back.*

trovare pane per i propri denti — *to meet one's match.*
Finalmente ha trovato pane per i suoi denti. *He's finally met his match.*

panne — *breakdown*
  essere in panne — *to have a breakdown.*
Non posso venire da te perchè ho la macchina in panne. *I can't come to see you because my car had a breakdown.*

panno — *cloth*
  I panni sporchi si lavano in famiglia. *Don't wash your dirty linen in public.*

  nei panni di — *in someone's shoes.*
Non vorrei essere nei suoi panni oggi. *I wouldn't want to be in his shoes today.*

  tagliare i panni addosso a qualcuno — *to speak ill of someone.*
È maligna: taglia i panni addosso a tutti. *She's really malicious; she speaks ill of everyone.*

pantaloni — *pants*
  portare i pantaloni — *to wear the pants.*
In quella casa è sua moglie che porta i pantaloni. *In that house the wife wears the pants.*

papa — *pope*
  Morto un papa se ne fa un altro. *There are other fish in the sea.*

  stare come un papa — *to live like a king.*
Da quando ha ereditato i soldi di suo zio vive come un papa. *Ever since he inherited his uncle's money he's been living like a king.*

  stare da papa — *to be in clover.*
Sta da papa quando torna a casa dei genitori. *He's in clover when he goes back to his parents' house.*

papavero — *poppy*

alto papavero — *bigwig.*

Non otterrai nulla da lui, non è uno degli alti papaveri. *You won't get anything out of him; he's not a bigwig.*

---

papera — *goose*

prendere una papera — *to slip up.*

Hanno licenziato quell'annunciatrice perchè prendeva troppe papere. *They dismissed that announcer because she slipped up too often.*

---

pappa — *mush*

mangiare la pappa in testa a qualcuno — *(1) to stand head and shoulders above.*

Giovanni è talmente alto che mangia la pappa in testa a tutti. *John is so tall he stands head and shoulders above everybody.*

(2) to have the whip-hand over someone.

È il figlio maggiore, ma si fa sempre mangiare la pappa in testa dai fratelli. *He's the oldest son, but his brothers hold the whip-hand over him.*

pappa e ciccia — *hand-in-glove.*

Lui e il suo compagno di banco sono pappa e ciccia. *He and his schoolmate are hand-in-glove.*

pappamolla — *a spineless person.*
È una pappamolla; si fa sempre imporre le decisioni dagli altri. *He's a spineless person; everybody bosses him around.*

scodellare la pappa a qualcuno — *to iron out someone's difficulties for him.*
È un incapace; bisogna sempre scodellargli la pappa. *He's incompetent; he always needs someone to iron out his difficulties for him.*

volere la pappa fatta — *to expect to be waited on hand and foot.*
È talmente pigro che vuole sempre la pappa fatta. *He's so lazy he expects to be waited on hand and foot.*

parare — *to shield*
andare a parare — *to drive at.*
Non capisco perchè mi racconti sempre che lui ha fregato il suo primo socio. Dove vuoi andare a parare? *I don't understand why you keep telling me he cheated his first partner. What are you driving at?*

parcheggio — *parking*
area di parcheggio — *parking lot.*
Gli anni dell'università sono diventati un'area di parcheggio per i giovani disoccupati. *Encouraging students to attend college has become a way of keeping them out of the labor market.*

parentesi — *parenthesis*
fra parentesi — *by the way.*
Fra parentesi, questa è la casa di cui ti dicevo. *By the way, this is the house I was talking about.*

pari — *equal, even*
alla pari — *au pair.*
Hanno una ragazza alla pari che aiuta in casa. *They have an au pair girl who helps with the housework.*

andare in pari — *to break even.*
Con questa vincita sono andato in pari con tutto quello che ho perso la scorsa settimana. *With this win I break even after all that I lost last week.*

da pari a pari — *as an equal.*

È così arrogante di solito! Non credevo che fosse capace di trattarmi da pari a pari. *He's usually so arrogant! I didn't think he'd be able to deal with me as an equal.*

mettersi in pari — *to catch up.*

Dopo quella lunga malattia ho dovuto lavorare molto per mettermi in pari. *After my long illness I had to work hard to catch up.*

pari e patta — *even.*

Adesso che ti ho restituito il favore siamo pari e patta. *Now that I've returned the favor we're even.*

pari pari — *word for word.*

Quello che hai scritto nel tuo tema è preso pari pari dal giornale. *What you wrote in your essay was taken from the newspaper word for word.*

---

pariglia — *pair*

rendere la pariglia — *to give tit for tat.*

Vedi **rendere pan per focaccia.**

---

parlantina — *talkativeness*

aver la parlantina sciolta — *to have the gift of gab.*

Vedi **il dono della parlantina.**

---

parlare — *to speak*

avere un bel parlare — *to talk until one is blue in the face.*

Avete un bel parlare, ma non riuscirete a convincermi. *You can talk until you're blue in the face, but you'll never convince me.*

un gran parlare — *a lot of talk.*

Si è fatto un gran parlare recentemente del problema dell'inquinamento. *Lately there has been a lot of talk about the pollution problem.*

---

parola — *word*

avere la parola facile — *to have a ready tongue.*

Ha la parola facile; dovrebbe fare l'avvocato. *He has a ready tongue; he should be a lawyer.*

dire due parole a — *to have a word with.*

Vieni di là, vorrei dirti due parole. *Come into the other room; I'd like to have a word with you.*

dire una parola — *to say a word.*

Non lasciare che lo condannino così: dì una parola in suo favore. *Don't let them condemn him like that; say a word for him.*

due parole — *a few words.*

Ti racconto tutta la storia in due parole. *I'll tell you the whole story in a few words.*

È una parola! *It's easier said than done!*

essere di parola — *to be as good as one's word.*

Se sarai di parola con me non avrai di che pentirtene. *If you're as good as your word with me you won't be sorry.*

in parola — *negotiating with.*

Non posso prendere in considerazione la tua offerta; sono già in parola con altri. *I can't consider your offer; I'm already negotiating with someone else.*

in parole povere — *in simple words.*

Spiegami tutto questo in parole povere. *Explain everything to me in simple words.*

in poche parole — *in a nutshell.*

È pigro, è trasandato, non gli piace lavorare: in poche parole, è un cattivo soggetto. *He's lazy, slovenly, doesn't like to work; in a nutshell, he's a bad one.*

mangiare le parole — *to mumble.*

Parla così in fretta che si mangia le parole. *He speaks so fast that he mumbles.*

mantenere la parola — *to keep one's word.*

Non ci si può fidare di lui; non mantiene mai la parola. *You can't trust him; he doesn't keep his word.*

non dire mezza parola — *not to say anything.*

Non dire mezza parola in giro di quello che ti ho detto. *Don't say anything to anyone about what I told you.*

non mancare di parola — *to keep one's word.*

È un uomo onesto e se te lo ha promesso non mancherà di parola.
He's an honest man; if he promised that to you, he'll keep his word.

Non sempre le parole s'accompagnano ai fatti. *Actions speak louder than words.*

parlare a mezze parole — *to mince words.*

Invece di parlare a mezze parole, dimmi francamente cosa è successo.
Instead of mincing words, tell me frankly what happened.

prendere la parola — *to take the floor.*

Alla fine del banchetto ha preso la parola. *At the end of the banquet he took the floor.*

prendere qualcuno in parola — *to take someone at his word.*

Ti prendo in parola; dimostrami ciò che sai fare. *I take you at your word; show me what you can do.*

rimangiarsi la parola — *to eat one's words.*

Mi sono accorto che non meriterebbe il mio appoggio, ma non posso rimangiarmi la parola. *I realize he's not worthy of my support, but I can't eat my words.*

Tutte parole! *It's all hot air!*

venire a parole — *to have words with.*

È venuto a parole con Giovanni per una questione di soldi. *He had words with John about money.*

---

parte — *part*

a parte di — *in on.*

Mettimi a parte dei tuoi segreti. *Let me in on your secrets.*

d'altra parte — *on the other hand.*

D'altra parte, non si può dimenticare ciò che ha fatto di buono. *On the other hand, we can't forget about all the good things he did.*

da ... a questa parte — *(1) in the past.*

Da un mese a questa parte non frequenta più la scuola. *In the past month he hasn't come to school.*

(2) for.

Non ci vediamo più da un po' di tempo a questa parte. *We haven't seen each other for some time.*

da parte — *aside.*

Spero di mettere da parte abbastanza soldi per potermi comprare un terreno. *I hope to set aside enough money to be able to buy some land.*

da parte a parte — *right through.*

La lama della spada lo passò da parte a parte. *The blade of the sword passed right through him.*

da tutte le parti — *from far and wide.*

La gente è accorsa da tutte le parti per assistere allo spettacolo. *People came from far and wide to see the show.*

da una parte . . . dall'altra — *on the one hand . . . on the other.*

Vedi **da un lato . . . dall'altro.**

dalle nostre parti — *where we come from.*

Dalle nostre parti, non si fa festa quando uno muore. *Where we come from, we don't have a party when someone dies.*

fare la propria parte — *to do one's bit.*

Non te la prendere con lui se l'affare è andato a male: lui ha fatto la sua parte. *Don't be mad at him if the deal didn't go through; he did his bit.*

fare le parti — *to divide.*

La mamma prese la pizza e fece le parti per tutti. *Mother took the pizza and divided it among us all.*

farsi da parte — *to get out of the way (to give way, to step aside).*

Voleva sposarla, ma quando ha visto che lei era innamorata di suo fratello, si è fatto da parte. *He wanted to marry her, but when he saw she was in love with his brother, he stepped aside.*

in gran parte — *largely.*

I loro soldi vengono in gran parte dalla famiglia di lei. *Their money comes largely from her family.*

in parte — *partly.*

Quello che dici è giusto solo in parte. *What you're saying is only partly right.*

la parte del leone — *the lion's share.*

È un uomo autoritario — ed è abituato a fare la parte del leone. *He's an authoritarian man — and he's used to having the lion's share.*

per la maggior parte — *for the most part.*
Per la maggior parte le cose che dice non sono interessanti. *For the most part what he says isn't interesting.*

prendere le parti di — *to side with.*
Quando lo hanno accusato ingiustamente, lei ha preso le sue parti. *When they unjustly accused him, she sided with him.*

partire — *to leave*
a partire da — *starting from.*
A partire da domani gli autobus costeranno più cari. *Starting from tomorrow it will cost more to ride the bus.*

partita — *match*
dare partita vinta — *to give in.*
Gli ho dato partita vinta perchè non ne potevo più di litigare. *I gave in because I couldn't face arguing any longer.*

essere della partita — *to be game.*
Siamo sempre della partita quando si tratta di fare festa. *When it comes to partying, we're always game.*

essere una partita chiusa — *to be all over now.*
È una partita chiusa, non ne parliamo più. *It's all over now, let's not discuss it further.*

partito — *party, side*
per partito preso — *on principle.*
Non importa se abbia ragione o torto, mi critica per partito preso. *No matter if I'm right or wrong, he criticizes me on principle.*

prendere partito — *to take sides.*
Fate come volete, ma io non voglio prendere partito in questa vicenda. *Do as you wish, but I don't want to take sides in this matter.*

ridursi a mal partito — *to be in a bad way.*
Si è ridotto a mal partito a causa dell'alcool. *He's in a bad way because of alcohol.*

un buon partito — *a good catch.*

È un medico ricco e famoso ed è ancora scapolo: davvero un buon partito! *He's a rich and famous physician and he's still single; really a good catch!*

---

passaggio — *passage*
dare un passaggio a qualcuno — *to give someone a ride.*
Posso darti un passaggio? Vado dalle tue parti. *Can I give you a ride? I'm going your way.*

---

passare — *to pass*
farsi passare per — *to pass oneself off as.*
Si fece passare per giornalista. *He passed himself off as a journalist.*

---

passivo — *passive*
in passivo — *in the red.*
La ditta è in passivo da quando è morto il suo fondatore. *The company is in the red ever since its founder died.*

---

passo — *step*
a due passi — *nearby.*
Casa mia è qui a due passi. *My house is right nearby.*

a passi felpati — *stealthily.*
Si è avvicinato a passi felpati e l'ha spaventata. *He crept up stealthily and frightened her.*

al passo con — *in step with.*
Chi non ha la segreteria telefonica non è al passo con i tempi. *If you don't have an answering machine you're not in step with the times.*

allungare il passo — *to hurry.*
Allunghiamo il passo, non vorrei arrivare in ritardo. *Let's hurry, I wouldn't want to be late.*

andare a passo d'uomo (al passo) — *to inch along.*
Il traffico costringeva le macchine ad andare a passo d'uomo. *The heavy volume of traffic forced the cars to inch along.*

andare di pari passo — *to go along with.*
La cultura va di pari passo con la diffusione dei quotidiani. *Culture goes along with the diffusion of newspapers.*

di buon passo — *at a good clip.*

Ci avviammo di buon passo verso il ristorante. *We went at a good clip toward the restaurant.*

fare due (quattro) passi — *to take a walk.*

Ti va di fare due passi? *Would you like to take a walk?*

fare il gran passo — *to tie the knot.*

Hanno cambiato idea dieci volte, ma finalmente hanno fatto il gran passo. *They changed their minds ten times, but finally they tied the knot.*

fare il primo passo — *to make the first move.*

Sono loro che hanno fatto il primo passo e ci hanno proposto di lavorare insieme. *They made the first move and proposed that we work together.*

fare un passo avanti — *to make progress.*

Finchè non capirò questo problema non farò un passo avanti nella preparazione dell'esame. *Until I understand this problem I won't make any progress in my preparation for the exam.*

Non fare il passo più lungo della gamba. *Don't bite off more than you can chew.*

segnare il passo — *to mark time.*

Le ricerche sul cancro segnano il passo. *Cancer research is marking time.*

un passo falso — *a "faux pas."*

In questo mestiere un passo falso può costare caro. *In this trade a "faux pas" can be costly.*

---

pasta — *dough*

di buona pasta — *good-natured.*

È una ragazza di buona pasta. *She's a good-natured girl.*

essere della stessa pasta — *to be cast in the same mold.*

È della stessa pasta di sua madre; è una donna generosa. *She's cast in the same mold as her mother; she's a generous woman.*

---

pasticcio — *mess*

un bel pasticcio (nei pasticci) — *in a pickle.*

Ti sei messo in un bel pasticcio (nei pasticci). E adesso come ne verrai fuori? *You're in a pickle. And how are you going to get out of it now?*

---

pasto — *meal*

dare qualcosa in pasto al pubblico — *to satisfy the public's hunger.*

I tabloid inglesi danno in pasto al pubblico la vita privata dei reali. *The English tabloids satisfy the public's hunger for details of the private lives of the royal family.*

patata — *potato*

passare la patata bollente — *to pass the buck.*

Incaricandomi di licenziarlo mi hanno passato una bella patata bollente. *By putting me in charge of dismissing him they passed the buck to me.*

spirito di patata — *poor sense of humor.*

Non mi piacciono le sue battute; ha uno spirito di patata. *I don't like his jokes; he has a poor sense of humor.*

un sacco di patate — *a clumsy person.*

Nonostante le lezioni di ballo, è sempre un sacco di patate. *Notwithstanding dancing lessons, she's still a clumsy person.*

patente — *license, permit.*

dare a qualcuno la patente di — *to label someone.*

Ha raccontato talmente tante frottole che gli hanno dato la patente di bugiardo. *He's told so many tall tales that they've labeled him a "liar."*

paternostro — *Lord's Prayer*

sapere come il paternostro — *to know by heart.*

Sapeva la lezione di chimica come il paternostro. *He knew the chemistry lesson by heart.*

patto — *pact*

Patti chiari amicizia lunga. *Clear agreements make good friends.*

paura — *fear*

aver paura d'una mosca — *to be afraid of one's shadow.*

È meglio non mandar lui, ha paura anche di una mosca. *We'd better not send him; he's afraid of his own shadow.*

La paura fa novanta. *Fear makes people do strange things.*

pazzo — *crazy*

andare pazzo per — *to be mad about.*
Mio cugino va pazzo per i cavalli. *My cousin is mad about horses.*

pazzo da legare — *mad as a hatter.*
Vedi **matto da legare.**

peggio — *worse*
Peggio di così si muore. *Things couldn't be worse.*

pelle — *skin*

avere la pelle dura — *to be thick-skinned.*
Puoi dirgli tutto quello che vuoi, tanto ha la pelle dura. *You can tell him whatever you want; he's thick-skinned.*

far accapponare la pelle — *to make one's flesh creep.*
Storie come queste mi fanno accapponare la pelle. *Stories like this make my flesh creep.*

fare la pelle a — *to bump off.*
I banditi fecero la pelle al poliziotto. *The bandits bumped off the policeman.*

la pelle d'oca — *goose flesh.*
Quel film mi ha fatto venire la pelle d'oca. *That film gave me goose flesh.*

lasciarci la pelle — *to lose one's life.*
In questa stagione c'è sempre qualcuno che ci lascia la pelle nelle scalate. *During this season, someone always loses his life mountain climbing.*

non stare più nella pelle dalla gioia — *to be beside oneself with joy.*
Quando ha saputo di aver vinto, non stava più nella pelle dalla gioia. *When he found out he had won, he was beside himself with joy.*

Non vendere la pelle dell'asino prima che sia morto. (Non vendere la pelle dell'orso prima di averlo ucciso.) *Don't count your chickens before they're hatched.*

pelle e ossa — *skin and bones.*
È talmente dimagrita che è solo più pelle e ossa. *She lost so much weight that she's just skin and bones.*

salvare la pelle — *to save one's skin.*

L'inondazione gli ha portato via tutto, ma almeno hanno salvato la pelle. *The flood took away everything they owned, but at least they saved their skin.*

---

pelo — *hair*

a un pelo da — *within an inch of.*

Siamo stati a un pelo dal perdere tutto. *We came within an inch of losing everything.*

cercare il pelo nell'uovo — *to find faults with things.*

Hai ragione, avrei potuto cucire meglio la tenda. Tu però cerchi sempre il pelo nell'uovo! *You're right, I could have done a better job at sewing the curtain. But you're always finding fault with things!*

di primo pelo — *a greenhorn.*

È ancora inesperto; è un avvocato di primo pelo. *He's still inexpert; he's a greenhorn lawyer.*

far arruffare il pelo — *to ruffle feathers.*

Perchè le hai detto che è ingrassata? Lo sai che è una cosa che le fa arruffare il pelo. *Why did you tell her she gained weight? You know that ruffles her feathers.*

fare il pelo e il contropelo — *to give someone a good dressing down.*

Quando sgrida i figli gli fa il pelo e il contropelo. *When she scolds the children she gives them a good dressing down.*

lisciare il pelo a — *to butter up.*

È inutile che mi lisci il pelo; non otterrai il permesso. *There's no point in buttering me up; you won't get my permission.*

mancare un pelo — *to come within a hair's breadth.*

C'è mancato un pelo che perdessi la vita. *I came within a hair's breadth of losing my life.*

non avere peli sulla lingua — *not to mince words.*

Non ha peli sulla lingua e dice sempre quello che pensa. *He doesn't mince words and he always says what he thinks.*

per un pelo — *by a hair's breadth (by the skin of one's teeth).*

Si è salvato per un pelo da un incidente di alpinismo. *He came within a hair's breadth of having a climbing accident.*

237

stare a pelo d'acqua — *to stay on the surface of the water.*
Il sughero non va a fondo, sta sempre a pelo d'acqua. *Cork doesn't sink; it always stays on the surface of the water.*

---

pena — *punishment*
  a mala pena — *barely.*
  Sono riuscito a finire in tempo a mala pena. *I barely managed to finish on time.*

  darsi la pena — *to take the trouble.*
  Non darti la pena di invitarlo, tanto non viene mai. *Don't go to the trouble of inviting him; he never comes.*

  far pena — *to feel sorry for, to make one weep.*
  Abbiamo trovato un gattino abbandonato: faceva un pena! *We found an abandoned kitten; we felt so sorry for him.*
  Quel lavoro era fatto male da far pena. *That job was so badly done it could make you cry.*

  le pene dell'inferno — *hell.*
  Ti farò passare le pene dell'inferno. *I'll put you through hell.*

  scontare una pena — *to do time.*
  "È parecchio che non lo vedo. Come mai?" "Sta scontando una pena per corruzione." *"I haven't seen him in a long time. How come?" "He's doing time for taking bribes."*

  stare in pena — *to worry.*
  Non partire troppo tardi, altrimenti starò in pena per te. *Don't leave too late, otherwise I'll worry about you.*

  valere la pena — *to be worth the trouble.*
  Non vale la pena che mi aiuti; lo faccio da solo. *It's not worth your trouble to help me; I'll do it myself.*

---

penna — *feather, pen*
  lasciarci le penne — *(1) to get one's wings clipped.*
  Sii prudente, attento a non lasciarci le penne. *Be careful, watch out not to get your wings clipped.*
  (2) to lose one's life.
  È andato a fare il mercenario in Asia e ci ha lasciato le penne. *He went to Asia as a soldier of fortune and lost his life.*

lasciare nella penna — *to leave unsaid.*

Ci sono delle buone idee in questo saggio, ma sono appena abbozzate.
   Hai lasciato il meglio nella penna. *There are some good ideas in this
   essay, but they're just outlined. You left the best part unsaid.*

Ne uccide più la penna che la spada. *The pen is mightier than the sword.*

saper tenere la penna in mano — *to know how to write.*

Nonostante non abbia studiato, sa tenere la penna in mano molto
   bene. *Even though he hasn't studied, he knows how to write.*

pennello — *brush*
   andare (stare) a pennello — *a good fit.*
   Il vestito nuovo mi va (sta) a pennello. *The new dress is a good fit.*

pensiero — *thought*
   affacciarsi il pensiero — *for the thought to strike one (to occur to
      someone).*
   Mi si affacciò il pensiero che barava. *The thought struck me (it oc-
      curred to me) that he might be cheating.*

   soprappensiero — *lost in thought.*
   Ero soprappensiero e non ti ho sentito arrivare. *I was lost in thought
      and didn't hear you come in.*

   stare in pensiero — *to worry.*
   È tornato tardi e la mamma stava in pensiero. *He came back late and
      his mother was worried.*

pentola — *pot*
   qualcosa bolle in pentola — *something's brewing.*
   Fanno troppo i misteriosi; qualcosa bolle in pentola. *They're acting
      too mysteriously; something's brewing.*

pera — *pear*
   cascare come una pera cotta — *to be taken in.*
   Gli hanno raccontato che c'era un serpente nel letto e lui ci è cascato
      come una pera cotta. *They told him there was a snake in his bed and
      he was taken in.*

   Non vale una pera cotta. *It's not worth a cent.*

perchè — *because, why*
 il perchè e il percome — *the why and wherefore.*
 Ero molto preoccupata per lui, ma mi ha spiegato il perchè e il percome di quella faccenda per tranquillizzarmi. *I was very worried
 about him, but he explained the why and wherefore of the situation
 to me so as to calm me down.*

perla — *pearl*
 una perla di — *a jewel.*
 Ci dà tante soddisfazioni, è una perla di ragazza. *She's our pride and
 joy; she's a jewel.*

perso — *lost*
 perso per perso — *to have nothing more to lose.*
 Perso per perso, propongo di provarci lo stesso. *Since we have nothing
 more to lose, I suggest that we try just the same.*

pesce — *fish*

buttarsi a pesce su — *to make a dive for.*
 Si è buttata a pesce su quel paio di scarpe ed è riuscita ad aguantarle
 prima dell'altra cliente. *She made a dive for that pair of shoes and
 grabbed them before the other customer.*

Chi dorme non pecca, ma non piglia pesci. *The early bird catches the worm.*

non sapere che pesci pigliare — *to be at a loss.*
Quando ci si trova in situazioni inaspettate spesso non si sa che pesci pigliare. *When you find yourself in unexpected situations, you can often be at a loss.*

pesce piccolo (e pesce grosso) — *small fry (and a big shot).*
Dopo aver arrestato tanti pesci piccoli, la polizia finalmente ha arrestato un pesce grosso. *After arresting a lot of small fry, the police finally caught a big fish.*

trattare a pesci in faccia — *to treat like dirt.*
Sono stato trattato a pesci in faccia; non entrerò mai più in quella casa. *I was treated like dirt; I won't go into that house again.*

un pesce d'aprile — *an April Fool trick.*
Oggi a scuola abbiamo fatto un pesce d'aprile al professore. *Today at school we played an April Fool trick on the teacher.*

un pesce fuor d'acqua — *a fish out of water (a square peg in a round hole).*
È come un pesce fuor d'acqua in quell'ambiente. *He's like a fish out of water in that group. (He fits into that group like a square peg in a round hole.)*

un pesce lesso — *a boring person.*
Non dirmi che lo vuoi sposare! È proprio un pesce lesso! *Don't tell me you want to marry him! He's so boring!*

peso — *weight*

dare peso a — *to set store by.*
Non dare peso a quel che dice. *Don't set store by what he says.*

levarsi un peso dallo stomaco — *to get it off one's chest.*
Gli ho raccontato la verità e mi sono levato un peso dallo stomaco. *I told him the truth and got it off my chest.*

rubare sul peso — *to give short measure.*
Non andrò più da quel verduriere, ruba sempre sul peso. *I won't go to that grocery anymore; they always give short measure.*

usare due pesi e due misure — *to be partial.*

È famoso per i suoi giudizi, perchè usa due pesi e due misure. *He's famous for his judgments, because he's partial.*

pesta — *track*

essere nelle peste — *to be in a mess.*

Sono nelle peste con tutte le schede di valutazione da dare ai ragazzi. *I'm in a mess with all the evaluation cards I have to give to the children.*

lasciare nelle peste — *to leave in the lurch.*

È stato scorretto da parte sua lasciarmi nelle peste ieri sera. *It was wrong on his part to leave me in the lurch last night.*

peste — *plague*

dire peste e corna di qualcuno — *to paint in very black colors.*

Non è gentile da parte tua dire peste e corna di Maria. *It's not nice of you to paint Mary in black colors.*

petto — *breast*

battersi il petto — *to beat one's breast.*

Non è stata colpa tua, smetti di batterti il petto. *It wasn't your fault, so stop beating your breast over it.*

prendere di petto — *to meet head-on.*

Aveva paura, ma ha preso di petto la situazione. *He was afraid, but he faced the situation head-on.*

pezza — *patch*

una pezza da piedi — *a door mat.*

In famiglia è trattata come una pezza da piedi. *At home she's treated like a door mat.*

pezzo — *piece*

a pezzi e bocconi — *in bits and pieces.*

L'autore ha scritto il suo libro a pezzi e bocconi. *The author wrote his book in bits and pieces.*

averne per un pezzo — *to be busy for some time.*
Questo lavoro è difficile e penso che ne avrò per un pezzo. *This work is hard; I think I'll be busy for some time.*

i pezzi grossi — *the top brass (the big shots).*
È una cosa che devono decidere i pezzi grossi. *That's something for the top brass to decide.*

tutto di un pezzo — *of impeccable character.*
Nelle sue azioni ha dimostrato di essere una persona tutta di un pezzo. *In his actions he's shown himself to be a person of impeccable character.*

un pezzo grosso — *a big shot.*
È un pezzo grosso nella sua azienda. *He's a big shot in his company.*

---

piacere — *pleasure*
che è un piacere — *it's a treat.*
Mangia che è un piacere! *It's a treat to watch him eat!*

---

piano — *slow, floor*
andarci piano — *to go easy.*
Andateci piano con quel dipinto! Costa venti milioni. *Go easy with that painting! It costs twenty million lire.*

Chi va piano va sano e va lontano. *Slow and steady wins the race.*

in primo piano — *prominent.*
Quando c'è da prendere una gratifica sul lavoro, è sempre in primo piano. *When it comes to getting a bonus at work, he's always there first.*

in secondo piano — *in the background.*
La sua intelligenza passa in secondo piano rispetto alla sua avidità. *His intelligence goes in the background compared to his greediness.*

mettere sullo stesso piano — *to compare.*
Non si possono mettere i due eventi sullo stesso piano. *You can't compare the two events.*

---

pianta — *plant*
di sana pianta — *completely (from beginning to end).*
Che fantasia, ha inventato tutta la storia di sana pianta! *She invented the whole story from beginning to end. What an imagination!*

in pianta stabile — *on a regular basis.*
Si è trasferito nella casa dei suoceri in pianta stabile. *He moved in with his in-laws on a regular basis.*

piatto — *plate*
   sputare nel piatto dove si mangia — *to bite the hand that feeds one.*
   Lo so che tua zia ti fa pesare il suo aiuto, ma non devi sputare nel piatto dove mangi. *I understand your aunt makes you pay for her help, but don't bite the hand that feeds you.*

piazza — *square*
   andare in piazza — *to go bald.*
   Roberto e Francesco sono andati in piazza molto giovani. *Robert and Francis went bald very young.*

   fare piazza pulita — *to clean out.*
   Ho fatto piazza pulita di tutte le cose inutili che ho trovato in casa. *I cleaned out all the useless things I found in the house.*

   mettere qualcosa in piazza — *to publicize something.*
   Quando suo marito l'ha lasciata, per vendicarsi ha messo in piazza tutte le sue malefatte. *When her husband left her, she publicized all his wrongdoings for revenge.*

   rovinare la piazza a qualcuno — *to put a spoke in someone's wheel.*
   Lui ha raccontato i pettegolezzi che circolavano su di lei e le ha rovinato la piazza. Non l'hanno assunta. *He spread the gossip about her and put a spoke in her wheel. She didn't get the job.*

picche — *spades*
   rispondere picche — *to turn someone down flatly.*
   Speravo di ottenere il suo permesso, ma mi ha risposto picche. *I hoped to get his permission to do it, but he turned me down flatly.*

picchiato — *nut*
   essere picchiato nella testa — *to have bats in the belfry.*
   Chiunque creda alla sua storia è picchiato nella testa. *Whoever believes his story has bats in the belfry.*

piccione — *pigeon*
Prendere due piccioni con una fava. *To kill two birds with one stone.*

picco — *peak*
colare a picco — *to sink.*
Il capitano colò a picco con la sua nave. *The captain sank with his ship.*

piccolo — *small*
da piccolo — *as a child.*
Da piccolo andavo a giocare in quel giardino. *As a child I used to play in that garden.*

nel proprio piccolo — *in one's small way.*
Nel mio piccolo, cerco sempre di aiutare il prossimo. *In my small way, I always try to help my neighbor.*

piè — *foot*
a ogni piè sospinto — *(at every step) without missing an opportunity.*
Mi ricorda che le devo dei soldi ad ogni piè sospinto. *She doesn't miss a chance to remind me that I owe her money.*

a piè fermo — *resolutely.*
Attese a piè fermo i suoi nemici. *He waited resolutely for his enemies.*

saltare a piè pari — *to skip altogether.*
Il conferenziere ha saltato a piè pari l'argomento più importante. *The speaker skipped the most important subject altogether.*

piede — *foot*
a piede libero — *at large.*
La polizia in tutto il mondo lo sta cercando, ma lui è sempre a piede libero. *The police throughout the world are looking for him, but he's still at large.*

a piedi — *on foot.*
Siamo andati al cinema a piedi. *We went to the movie theater on foot.*

alzarsi con il piede sbagliato — *to get up on the wrong side of the bed.*
Che cos'hai stamattina? Ti sei alzato con il piede sbagliato? *What's the matter with you this morning? Did you get up on the wrong side of the bed?*

andare con i piedi di piombo — *to be very cautious.*
Non sapendo che cosa aspettarsi, andava con i piedi di piombo. *Not knowing what to expect, he was very cautious.*

avere un piede nella bara (fossa) — *to have one foot in the grave.*
Aveva già un piede nella bara (fossa), ma si è ripreso molto bene. *He already had one foot in the grave, but he recovered well.*

cadere in piedi — *to land on one's feet.*
Non preoccuparti per lui, è uno che cade sempre in piedi. *Don't worry for him; he always lands on his feet.*

cominciare con il piede sbagliato — *to get off to the wrong start.*
Se cominci con il piede sbagliato puoi pregiudicare il risultato finale. *If you get off to the wrong start you can compromise the final result.*

Fuori dai piedi! *Get out of my hair!*

in punta di piedi — *on tiptoe.*
Dorme in salotto e mi tocca camminare in punta di piedi. *He's sleeping in the living room and I must walk on tiptoe.*

leccare i piedi a qualcuno — *to lick someone's boots.*
Si capisce che ha fatto carriera, ha leccato i piedi del suo capo fin dal primo giorno. *Of course he's made a big career. He's been licking his boss's boots since the first day.*

mandare qualcuno fuori dai piedi — *to send someone packing.*
Lui ficca sempre il naso dove non dovrebbe; mandalo fuori dai piedi! *He's always poking around where he shouldn't; send him packing!*

mettere in piedi — *to start.*
È merito tuo se abbiamo messo in piedi questo gruppo. *It's to your merit that we got this group started.*

mettere piede — *to set foot.*
Non ho mai messo piede lì dentro e mai ce lo metterò. *I never set foot in there and I never will.*

mettere qualcuno sotto i piedi — *to walk all over someone.*

Non lasciarti mettere sotto i piedi da lui, non è migliore di te! *Don't let him walk all over you; he's no better than you!*

non reggersi in piedi — *not to hold water.*

Il suo ragionamento non si regge in piedi. *His reasoning doesn't hold water.*

pestare i piedi — *(1) to tread on someone's toes.*

Per riuscire nei miei intenti dovrò pestare i piedi a molte persone. *To get where I want to I'll have to tread on a lot of toes.*

(2) to stamp one's feet.

Quel bambino è capriccioso; gli basta pestare i piedi per ottenere ciò che vuole. *That child is so capricious; he just stamps his feet and gets what he wants.*

prender piede — *to take hold (catch on).*

La moda dei tacchi alti ha preso piede dopo l'estate. *The fad for high heels took hold (caught on) after the summer.*

puntare i piedi — *to dig one's heels.*

C'è riuscito solo puntando i piedi. *He succeeded only by digging his heels.*

rimettere in piedi — *to put someone (something) back on his feet.*

Ha rimesso in piedi l'azienda con l'aiuto di un suo amico. *He put the firm back on its feet with the help of a friend of his.*

su due piedi — *then and there.*

Lo licenziarono su due piedi. *They fired him then and there.*

tenere il piede in due staffe — *to run with the hare and hunt with the hounds.*

È un uomo ambiguo e opportunista che tiene sempre i piedi in due staffe. *He's an ambiguous opportunist; he runs with the hare and hunts with the hounds.*

togliere dai piedi — *to send someone packing.*

Toglietemi dai piedi quest'uomo; non lo sopporto. *Send this man packing; I can't stand him.*

un lavoro fatto con i piedi — *a very poor piece of work.*

Va rifatto subito! È un lavoro fatto con i piedi. *This has to be redone immediately! It's a very poor piece of work.*

piedistallo — *pedestal*

mettere sul piedistallo — *to put on a pedestal.*

Ti ho messo sul piedistallo, ma mi accorgo di aver commesso un errore. *I put you on a pedestal, but I realize I've made a mistake.*

piega — *fold*

non fare una piega — *(1) to be flawless.*

La sua spiegazione non fa una piega. *His explanation is flawless.*

(2) to be completely unruffled.

Gli hanno detto che sarebbe andato in prigione e lui non ha fatto una piega! *They told him he would go to prison and he was completely unruffled!*

prendere una brutta piega — *to take a turn for the worse.*

Sembrava che ce la facessero a salvare la ditta, ma ultimamente le cose hanno preso una brutta piega. *It looked as if they could save the firm, but lately things have taken a turn for the worse.*

prendere una buona piega — *to shape up well.*

Le cose prendono una buona piega per noi. *Things are shaping up well for us.*

pieno — *full*

pieno di sè — *full of oneself.*

È talmente pieno di sè che non si accorge neppure di diventare maleducato; chi crede di essere? *He's so full of himself that he doesn't even notice how rude he gets; who does he think he is?*

pietra — *stone*

la pietra dello scandalo — *the cause of the scandal.*

Lei è la pietra dello scandalo perchè ha avuto una storia con suo cognato. *She's the cause of the scandal because she had an affair with her brother-in-law.*

Mettiamoci una pietra su. *Let's let bygones be bygones.*

pillola — *pill*
  indorare la pillola — *to sugarcoat the pill.*
  Glielo dirò io cercando di indorare la pillola. *I'll try to sugarcoat the pill when I tell him.*

pinza — *pliers*
  prendere con le pinze — *to handle with kid gloves.*
  Vedi **prendere con le molle.**

piovere — *to rain*
  Piove, governo ladro! *It's raining, this too is the government's fault!*

  Piove sul bagnato — *(To indicate good luck) Nothing succeeds like success. (To indicate bad luck) It never rains but it pours.*

pisolino — *nap*
  schiacciare un pisolino — *to take a nap.*
  Mi piace schiacciare un pisolino dopo pranzo. *I like to take a nap after lunch.*

più — *more*
  a più non posso — *for all one is worth.*
  Correva a più non posso. *He was running for all he was worth.*

  chi più ne ha più ne metta! — *to go on and on about.*
  È generoso, simpatico, buono; chi più ne ha più ne metta. *He's generous, nice, good; you could go on and on about him.*

  nè più nè meno — *in person.*
  Sai chi è capitato alla festa a casa mia? Nè più nè meno che Madonna! *Do you know who showed up at my party last night? Madonna, in person!*

  parlare del più e del meno — *to talk of this and that.*
  Abbiamo preso un caffè insieme parlando del più e del meno. *We had coffee together and talked of this and that.*

per di più — *what's more.*
Era antipatico e per di più sgradevole di aspetto. *He was disagreeable, and what's more, unpleasant to look at.*

per lo più — *for the most part.*
C'era molta gente, per lo più americani. *There were a lot of people, for the most part Americans.*

più . . . meglio è — *the more the merrier.*
Porta anche tua sorella; più siamo meglio è. *Bring your sister too; the more the merrier.*

piva — *bagpipe*
tornarsene con le pive nel sacco — *to return empty-handed.*
È partito con la speranza di fare fortuna, ma se n'è tornato con le pive nel sacco. *He left with the hope of making it big, but he returned empty-handed.*

poco — *little*
a dir poco — *to put it mildly.*
A dir poco, vorrei che non fosse venuto. *To put it mildly, I wish he hadn't come.*

da poco — *slight.*
È una ferita da poco. *It's a slight wound.*

guardare un po' — *to get a load of.*
Guarda un po' chi si vede! *Get a load of who's here!*

tra poco — *by and by (in a short time).*
Non essere impaziente, tra poco sarà tutto fatto. *Don't be impatient; by and by it will all be done.*

pollo — *chicken*
conoscere i propri polli — *to know with whom one has to deal.*
I suoi studenti si credono più furbi di lui, ma quell'insegnante conosce i suoi polli. *His students think they can outsmart him, but that teacher knows with whom he has to deal.*

far ridere i polli — *to look ridiculous.*
Ma cosa credi di fare con quella parrucca in testa? Fai ridere i polli!
What are you doing wearing that wig? You look ridiculous!

polpetta — *meatball*
   far polpette di — *to mop the floor with (to make mincemeat of).*
   La squadra ospite fece polpette della squadra di casa. *The visiting
   team mopped the floor with (made mincemeat of) the home team.*

polso — *pulse*
   avere polso — *to be firm.*
   È un uomo buono, ma sa avere polso. *He's a good man, but he knows
   how to be firm.*

   tastare il polso della situazione — *to see the lay of the land.*
   Penso di partecipare, ma prima voglio tastare il polso della situazione.
   I think I'll come, but first I want to see the lay of the land.

polvere — *dust*
   gettare polvere negli occhi — *to pull the wool over someone's eyes.*
   È inutile che getti polvere negli occhi; si accorgeranno che tipo sei. *It's
   useless trying to pull the wool over their eyes; they'll find out what
   kind of person you are.*

mordere la polvere — *to bite the dust.*

Non si accontentò di vincere, ma fece mordere la polvere all'avversario. *He wasn't content with winning, but he made his opponent bite the dust.*

polverone — *thick cloud of dust.*
sollevare un polverone — *to raise hell.*

Quando lo hanno accusato di prendere delle bustarelle, ha sollevato un polverone. *When they accused him of taking bribes, he raised hell.*

pomo — *apple*
il pomo della discordia — *the bone of contention.*

La nuova legge sugli affitti è il pomo della discordia al consiglio comunale. *The new rent law is a bone of contention in the city council.*

ponte — *bridge*
fare il ponte — *to take an extra long weekend.*

Martedì è vacanza. Lunedì non andrò a lavorare, farò il ponte. *Tuesday is a vacation. Monday I won't go to work, I'll take an extra long weekend.*

fare ponti d'oro — *to offer advantageous terms.*

La ditta ha fatto ponti d'oro a Riccardo. *The firm has offered advantageous terms to Richard.*

tagliare i ponti — *to burn one's bridges.*

Ha dato le dimissioni ed ha tagliato i ponti con la società. *He resigned and burned his bridges with the firm.*

porca — *sow*
Porca miseria! *Dammit!*

poro — *pore*
sprizzare . . . da tutti i pori — *to be bursting with.*

Il giorno del matrimonio sprizzava gioia da tutti i pori. *The day of his wedding he was bursting with joy.*

porta — *door*

    accompagnare una porta — *to close a door gently.*

Per favore, accompagna la porta, se no sbatte. *Please, close the door gently, or it'll slam.*

    bussare a molte porte — *to pound the pavements.*

Ho dovuto bussare a molte porte prima di trovare qualcuno che fosse disposto ad aiutarmi. *I had to pound the pavements to find someone willing to help me.*

    mettere alla porta — *to throw someone out.*

Si è comportato male ed ho dovuto metterlo alla porta. *He behaved rudely and I had to throw him out.*

    prendere la porta — *to leave.*

Mi sono arrabbiato ed ho preso la porta. *I got angry and left.*

    sbattere la porta in faccia a qualcuno — *to slam the door in someone's face.*

Sono andata a chiedergli un lavoro e mi ha sbattuto la porta in faccia. *I went to ask him for a job and he slammed the door in my face.*

    sfondare una porta aperta — *(1) to flog a dead horse.*

Non hai scoperto niente di nuovo; hai sfondato una porta aperta. *You didn't discover anything; you've been flogging a dead horse.*
(2) to obtain effortlessly.

Credevo di faticare a convincerlo, ma lui ha detto subito di sì. Ho sfondato una porta aperta. *I thought I would have a hard time convincing him, but he said yes at once. I didn't need to go to so much trouble!*

---

portafoglio — *wallet*

    alleggerire il portafoglio a qualcuno — *to rob someone.*

Mentre guardava il panorama gli hanno alleggerito il portafoglio. *While he was admiring the view they robbed him.*

---

porto — *port*

    condurre in porto — *to conclude successfully.*

Hanno condotto in porto l'affare con la City Bank. *They successfully concluded the deal with City Bank.*

un vero porto di mare — *like Grand Central Station.*

La nostra casa è sempre piena di gente, è un vero porto di mare. *Our house is always full of people; it's like Grand Central Station.*

possibile — *possible*

fare il possibile — *to do one's best.*

Farò il possibile per aiutarti a trovare lavoro. *I'll do my best to help you find a job.*

posto — *place*

fuori posto — *out of place.*

I tuoi commenti alla riunione erano fuori posto. *Your comments at the meeting were out of place.*

mettere a posto qualcuno — *to put someone in his/her place.*

Non fare il gradasso o ti metto a posto. *Don't be a braggart or I'll put you in your place.*

mettere le cose a posto — *to set things straight.*

Quando verrà la mamma metterà le cose a posto. *When mother comes she'll set things straight.*

potere — *to be able*

non poterne più — *to have had it.*

Non ne posso più di questa vita noiosa. *I've had it with this boring life.*

povero — *poor*

povero in canna — *poor as a churchmouse.*

Sono poveri in canna, ma sembra che non gliene importi affatto. *They're poor as churchmice, but they don't seem to mind it at all.*

pozzo — *well*

il pozzo di San Patrizio — *the widow's purse.*

Non pensare di vivere in eterno alle mie spalle, non sono il pozzo di San Patrizio. *Don't think you can live off me forever; I'm not the widow's purse.*

un pozzo di soldi — *a pile of money.*
Ogni domenica milioni di persone sperano di vincere un pozzo di
soldi al totocalcio. *Every Sunday millions of people hope to win a
pile of money betting on soccer games.*

pratica — *practice*
Vale più la pratica della grammatica. *Practice makes perfect.*

preambolo — *preamble*
fare tanti preamboli — *to beat about the bush.*
Non fare tanti preamboli; vieni al sodo. *Don't beat about the bush;
come to the point.*

precipizio — *precipice*
correre a precipizio — *to run at top speed.*
Il bambino gridò e la madre corse a precipizio verso di lui. *The child
cried and his mother ran toward him at top speed.*

preda — *prey*
in preda a — *in a fit of.*
Quando la soccorsero era in preda a una crisi di nervi. *When they
came to help her she was in a fit of nerves.*

predicare — *to preach*
Predicare bene e razzolare male. *Practice what you preach. (To preach
one thing and practice another.)*

pregare — *to pray*
farsi pregare — *to take persuading.*
Non farti pregare, vieni con noi. *Come on; come along with us.*

prendere — *to take*
Che ti prende? *What's the matter with you?*

O prendere o lasciare. *Take it or leave it.*

Prendila allegramente! *Take it easy! (Don't take it seriously!)*

presa — *grip*

alle prese — *wrestling with.*

Sono alle prese con questo problema da tempo. *I've been wrestling with this problem for a long time.*

far presa — *to catch.*

Quell'argomento ha fatto presa su di me. *That argument convinced me.*

presente — *present*

far presente — *to draw someone's attention.*

Faccio presente alla presidenza che nessuno dei congressisti conosce l'inglese. *I draw the chairman's attention to the fact that none of the participants speaks English.*

tenere presente — *to bear in mind.*

Tieni presente che sono già le undici. *Bear in mind that it's already eleven o'clock.*

presenza — *presence*

presenza di spirito — *presence of mind.*

Si è salvato solo grazie alla sua presenza di spirito. *He was saved only by his presence of mind.*

prezioso — *precious*

far il prezioso — *to play hard to get.*

Vieni con noi Stefano, non fare il prezioso. *Come with us Stephen; don't play hard to get.*

prezzemolo — *parsley*

essere come il prezzemolo — *to turn up everywhere.*

Oh, no, c'è anche lui alla conferenza! È impossibile evitarlo: è come il prezzemolo. *Oh, no, he too is at this lecture! It's impossible to avoid him; he turns up everywhere.*

prezzo — *price*

prezzo di favore — *a reduced price.*

Mi ha fatto un prezzo di favore. *He gave me a reduced price.*

prima — *first, before*
quanto prima — *as soon as possible.*
Ti farò sapere quanto prima. *I'll let you know as soon as possible.*

principessa — *princess*
la principessa sul pisello — *the princess and the pea.*
È viziata come la principessa sul pisello. *She's as spoiled as the princess and the pea.*

processo — *trial*
fare il processo a qualcuno — *to put someone through hell.*
Non farmi il processo ogni volta che faccio il minimo sbaglio. *Don't put me through hell every time I make the slightest mistake.*

procinto — *(only in the expression)*
in procinto di — *about to.*
Il treno è in procinto di partire. *The train is about to leave.*

prontezza — *readiness*
prontezza di spirito — *ready wit.*
La sua prontezza di spirito lo ha salvato molte volte. *His ready wit has saved him many times.*

proposito — *resolution*
a proposito — *(1) at the right time.*
Arrivi a proposito: aiutami a raccogliere le mele. *You've arrived at the right time; help me pick the apples.*
(2) by the way.
A proposito, quando parti? *By the way, when are you leaving?*

proprio — *one's own*
dire la propria — *to have one's say.*
Avete parlato tutti; fatemi dire la mia. *You've all spoken; let me have my say.*

prova — *test*

a tutta prova — *which has passed all tests.*
La sua fedeltà è a tutta prova. *Her loyalty has passed all tests.*

la prova del fuoco — *the crucial test.*
La partita di giovedì sarà la prova del fuoco. *Thursday's game will be the crucial test.*

la prova del nove — *the conclusive proof.*
La prova del nove che hai ragione verrà fuori della sua testimonianza. *The conclusive proof that you're right will come from his testimony.*

mettere alla prova — *to put through one's paces (to put to the test).*
Ti assumerò solo dopo averti messo alla prova. *I'll hire you only after putting you through your paces (to the test).*

reggere alla prova — *to stand the test.*
Reggerai alla prova definitiva? *Will you stand the final test?*

provare — *to try*

prova e riprova — *by trial and error.*
Provando e riprovando hanno trovato la soluzione a quel problema di matematica. *By trial and error they found the solution to the mathematical problem.*

pubblicità — *publicity*

farsi pubblicità — *to blow one's own horn.*
Non perde occasione per farsi pubblicità. *He doesn't miss a chance to blow his own horn.*

pugnalata — *stab*

una pugnalata alla schiena — *a stab in the back.*
Non me lo aspettavo proprio di lui; è stata una pugnalata alla schiena. *I didn't expect it from him; it was a stab in the back.*

pugno — *fist*

di proprio pugno — *in one's own hand.*
Hanno trovato uno spartito del grande compositore scritto di suo pugno. *They found a score of the great composer written in his own hand.*

in pugno — *all sewed up.*

Ha la vittoria in pugno. *He has the victory all sewed up.*

rimanere con un pugno di mosche — *to be left empty-handed.*

Si aspettava di prendere quell'eredità, ma è rimasto con un pugno di
mosche. *He expected to get that inheritance, but he was left empty-
handed.*

tenere qualcuno in pugno — *to have someone in one's power.*

È molto importante; tiene tutti in pugno. *He's very important; he has
everyone in his power.*

un pugno in un occhio — *an eyesore.*

Il colore della sua camicia è un pugno in un occhio. *The color of his
shirt is an eyesore.*

---

pulce — *flea*

una pulce nell'orecchio — *a flea in one's ear (a nagging suspicion).*

Con quel che hai detto mi hai messo una pulce nell'orecchio. *What
you said put a flea in my ear (gave me a nagging suspicion).*

---

pulcinella — *Punch*

il segreto di pulcinella — *open secret*

La sanno tutti ormai: è il segreto di pulcinella. *Everyone knows it by
now; it's an open secret.*

---

pulcino — *chick*

essere un pulcino nella stoppa — *not to know which way to turn.*

Si trova in difficoltà; è un pulcino nella stoppa. *He's in difficulty; he
doesn't know which way to turn.*

parere un pulcino bagnato — *to be timid and ill at ease.*

Se ne sta in un angolo e non parla con nessuno; sembra un pulcino
bagnato. *She's sitting in a corner without talking to anyone; she looks
so timid and ill at ease.*

---

pulito — *clean*

lasciare qualcuno pulito — *to clean someone out.*

Mi ha vinto tutti i soldi a carte e mi ha lasciato pulito. *He won all my
money playing cards and cleaned me out.*

---

pulpito — *pulpit*

salire sul pulpito — *to preach.*
Anche se deve dire due sciocchezze sale sempre sul pulpito. *Even if he has to say silly things, he preaches.*

Senti da che pulpito viene la predica! *It's the pot calling the kettle black!*

---

punta — *point*

prendere qualcuno di punta — *to attack someone head on.*
Mi prende sempre di punta e alla fine non ottiene niente. *She always attacks me head on, and in the end she gets nowhere.*

---

puntino — *dot*

a puntino — *to a turn.*
L'arrosto è cotto a puntino. *The roast is done to a turn.*

mettere i puntini sulle i — *to dot one's i's and cross one's t's.*
È un tipo meticoloso che; mette i puntini sulle i. *He's meticulous; he always dots his i's and crosses his t's.*

---

punto — *point, stitch*

a buon punto — *well along.*
La costruzione della nuova casa è a buon punto. *The construction of the new house is well along.*

dare dei punti a qualcuno — *to beat someone soundly.*
Mi ha sempre dato dei punti a scacchi; perchè mi ostino a giocare con lui? *He's always beaten me soundly at chess; why do I keep on playing with him?*

di punto in bianco — *all of a sudden.*
Credevo di essere solo in casa quando è apparso mio figlio di punto in bianco. *I thought I was alone at home, when my son appeared out of the blue.*

di tutto punto — *spiffily dressed.*
La macchina l'ha bagnato completamente. Peccato, era vestito di tutto punto. *The car splashed water all over him. Too bad! He was spiffily dressed.*

fare il punto su — *to sum up.*

Nel suo discorso ha fatto il punto sulla situazione. *In his speech he summed up the situation.*

farsi un punto d'onore di — *to make a point of.*

Si fa un punto d'onore di essere sempre elegante. *He makes a point of being always well dressed.*

in punto — *on the dot.*

Ci vediamo alla stazione alle 4 in punto. *We'll meet at the station at 4 on the dot.*

Per un punto Martin perse la cappa. *A miss is as good as a mile. (For the want of a nail the house was lost.)*

punto e basta — *period.*

Non lo voglio fare, punto e basta. *I don't want to do it, period.*

punto morto — *dead end.*

Siamo arrivati a un punto morto. *We've come to a dead end.*

venire al punto — *to come to the point.*

Non divagare, vieni al punto. *Don't be distracted, come to the point.*

Un punto in tempo ne salva cento. *A stitch in time saves nine.*

---

pupilla — *pupil*
la pupilla degli occhi — *the apple of one's eye.*

Mia figlia è la pupilla dei miei occhi. *My daughter is the apple of my eye.*

---

puzza, puzzo — *stink*
avere la puzza sotto il naso — *to be snooty.*

Nessun corteggiatore le va bene; ha la puzza sotto il naso! *No suitor is good enough for her; she's really snooty.*

sentir puzzo d'imbroglio (di bruciato) — *to smell a rat.*

È un'ora che parlottano tra di loro; sento puzzo d'imbroglio. *They've been talking secretly for an hour; I smell a rat.*

---

quadrato — *square*

fare quadrato — *to close ranks.*

Gli studenti hanno fatto quadrato intorno al professore per difenderlo dalle accuse. *The students closed ranks around their teacher to defend him from the accusations.*

---

quadratura — *squaring*

la quadratura del cerchio — *[to try] to square the circle.*

Trovare una soluzione a questa crisi è come trovare la quadratura del cerchio. *Finding a solution to the crisis is like trying to square the circle.*

la quadratura mentale — *level-headedness.*

Ti puoi fidare di lei, ha una notevole quadratura mentale. *You can trust her; she's remarkably level-headed.*

---

quadro — *picture*

fuori quadro — *ill at ease.*

Mi sento proprio fuori quadro in un ambiente del genere. *I feel ill at ease in that kind of place.*

il quadro della situazione — *the way things stand.*
Dammi il quadro della situazione se vuoi che ti aiuti. *Tell me the way things stand if you want me to help you.*

qualcuno — *anybody*
qualcuno — *important person.*
Tutti quelli che sono qualcuno ci saranno. *Anybody who is anybody will be there.*

quale — *who, that*
non per la quale — *not to be trusted.*
È una persona non tanto per la quale. *He's slightly untrustworthy.*

quando — *when*
di quando in quando — *every so often.*
Vado al cinema di quando in quando. *I go to the movies every so often.*

quanto — *how much*
per quanto mi riguarda — *as far as I'm concerned.*
Per quanto mi riguarda, va benissimo. *As far as I'm concerned, it's fine.*
quanto mai — *extremely.*
È una persona quanto mai gentile. *She's extremely kind.*

quarantotto — *forty-eight*
fare un quarantotto — *to raise Cain.*
Quando ha visto che non riusciva a ottenere ciò che voleva, ha fatto un quarantotto. *When he saw that he couldn't get what he wanted, he raised Cain.*

quarta — *fourth gear (of an automobile)*
partire in quarta — *to take off like a bat.*
Si è offeso; è partito in quarta e non l'abbiamo più visto. *He got offended; he took off like a bat and we haven't seen him since.*

quattro — *four*

dirne quattro — *to give a piece of one's mind.*
Ero così arrabbiato che gliene ho dette quattro. *I was so angry that I gave him a piece of my mind.*

farsi in quattro — *to knock oneself out.*
Si è fatta in quattro per aiutarti. *She knocked herself out to help you.*

in quattro e quattr'otto — *in short order (right away).*
Avrai molta fame; ti preparo qualcosa in quattro e quattr'otto. *You must be very hungry; I'll make you something to eat in short order (right away).*

Non dire quattro se non l'hai nel sacco! *Don't count your chickens before they're hatched!*

Quattro occhi vedono meglio di due. *Two minds work better than one.*

quiproquo — *who instead of which*

un quiproquo — *a misunderstanding.*
C'è stato un quiproquo e non ci siamo trovati all'appuntamento. *We had a misunderstanding and we missed our appointment.*

quinta — *wing*

dietro le quinte — *behind the scenes.*
Mi piacerebbe sapere chi sta dietro le quinte; c'è qualcosa di strano qui. *I'd certainly like to know who's working behind the scenes; there's something strange going on.*

quota — *height*

riprendere quota — *for one's situation to improve.*
Le mie quotazioni con il principale stanno riprendendo quota; magari mi darà la promozione. *My standing with the boss has improved; maybe he'll give me the promotion.*

rabbia — *anger*
schiumare di rabbia — *foam with rage.*
Non era solo arrabbiato, schiumava di rabbia! *He wasn't just angry; he was foaming with rage!*

raccapezzare — *to find*
raccapezzarcisi — *to make heads or tails of.*
Non mi ci raccapezzo. *I can't make heads or tails of it.*

raccomandarsi — *to implore*
mi raccomando — *to implore.*
Mi raccomando, non dire niente a nessuno. *I implore you not to tell anyone anything about it.*

raccomandato — *recommended*
raccomandato di ferro — *to have friends in high places.*
È un raccomandato di ferro; è il figlio del sottosegretario del Ministro della Pubblica Istruzione. *He's got friends in high places; he's the son of the Undersecretary of the Ministry of Education.*

raccontare — *to tell*
A chi la racconti? *Whom are you trying to kid?*

raddrizzato — *straightened*
darsi una raddrizzata — *to pull oneself together.*
Ti è andata male, ma non vuol dire; datti una raddrizzata e ricomincia a lavorare. *It didn't go well for you, but it doesn't mean anything. Pull yourself together and start working.*

radiografia — *X-ray*
fare la radiografia — *to examine in detail.*
Hanno passato molte ore a fare la radiografia della situazione. *They spent many hours examining their situation in detail.*

radice — *root*

mettere radici — *to settle.*

Sono nata a Torino, ma poi mi sono trasferita a Roma e ci ho messo radici. *I was born in Turin, but then I moved to Rome and settled down there.*

rado — *thin*

di rado — *rarely.*

Mi piacciono gli asparagi, ma li mangio di rado. *I like asparagus, but I rarely eat it.*

raggio — *ray*

a vasto raggio — *far-reaching.*

Hanno fatto un'indagine a vasto raggio. *They conducted a far-reaching investigation.*

ragione — *reason*

a chi di ragione — *to the competent person.*

Le tue malefatte saranno riferite a chi di ragione. *Your misdeeds will be made known to the competent person.*

a maggior ragione — *all the more reason.*

È andata male, ma a maggior ragione dobbiamo ricontrollare tutto e provare ancora. *It went badly, but all the more reason for us to check it out and try again.*

a ragione o a torto — *rightly or wrongly.*

A ragione o a torto si è impegnato; è giusto che vada fino in fondo. *Rightly or wrongly he's gotten involved; it's right that he see it through to the end.*

a ragion veduta — *after due consideration.*

Non voglio decidere subito. Ho bisogno di tempo per fare le cose a ragion veduta. *I don't want to decide right away. I need time to do things after due consideration.*

aver ragione di qualcuno — *to get the better of.*

Erano in quattro e hanno avuto ragione di lui. *There were four of them and they got the better of him.*

avere ragione da vendere — *to be absolutely right.*
Ha protestato energicamente e ha ragione da vendere. *He protested strongly, and he's absolutely right.*

dare ragione a — *to admit that someone is right.*
Ti dò ragione; mi ero sbagliato. *I admit that you're right; I was wrong.*

darle di santa ragione — *to give a beating.*
Suo padre si è arrabbiato e gliele ha date di santa ragione. *His father got angry and gave him a beating.*

essere dalla parte della ragione — *to be in the right.*
È dalla parte della ragione, ma perderà la causa perchè la compagnia petrolifera è troppo potente. *He's in the right, but he'll lose the lawsuit because the oil company is too powerful.*

farsi una ragione di — *to resign oneself to.*
Finalmente si è fatto una ragione della morte di sua madre. *At last he's resigned himself to his mother's death.*

non esserci ragione che tenga — *for nothing to be done about it.*
Non c'è ragione che tenga; non mi sento di esaminare una persona se non conosco bene la materia. *There's nothing to be done about it; I don't feel I can test a person if I don't know the subject well.*

non sentir ragione — *not to listen to reason.*
Tutti gli davano contro, ma non voleva sentire ragione e insisteva nel suo punto di vista. *Everyone was against him, but he wouldn't listen to reason, and he insisted on his point of view.*

rendere di pubblica ragione — *to make public knowledge.*
Intendo rendere di pubblica ragione quello che ho sentito qui oggi. *I intend to make public knowledge what I heard here today.*

---

raglio — *bray*
Raglio d'asino non sale al cielo. *A fool's words carry no weight.*

---

ragno — *spider*
non cavare un ragno dal buco — *to get nowhere.*
Senza un esperto che ci aiuti non caveremo un ragno dal buco. *Without an expert to help us, we'll get nowhere.*

---

rallentatore — *slow-motion camera*
procedere al rallentatore — *to go slowly.*
Faceva così caldo che tutti si muovevano al rallentatore. *It was so hot that everyone moved in slow motion.*

ramengo — *ruin*
andare a ramengo — *to go to the dogs.*
A causa dell'aumento dei prezzi delle materie prime, gli affari stanno andando a ramengo. *Because of the increase in the prices of raw materials, business is going to the dogs.*

Ma va' a ramengo! *Get lost! Go to hell!*

ramo — *branch*
un ramo di pazzia — *a streak of madness.*
C'è un ramo di pazzia nella famiglia. *There's a streak of madness in the family.*

rampante — *rampant*
i rampanti — *the yuppies.*
Gli anni ottanta sono stati gli anni dei giovani rampanti. *The eighties were the years of the yuppies.*

rancore — *grudge*
serbare rancore — *to bear a grudge.*
Le direi di stare attenta a suo figlio, ma ho paura che si offenda e mi serbi rancore. *I'd tell her to watch out for her son, but I'm afraid she'd get offended and bear a grudge.*

rango — *rank*
di rango — *highly rated.*
Ha pubblicato il suo primo romanzo a cinquant'anni, ma adesso è considerato uno scrittore di rango. *He published his first novel at fifty, but he's a highly-rated writer.*

rientrare nei ranghi — *to return to the ranks.*
Hai voluto fare di testa tua e sei rimasto senza lavoro; rientra nei ranghi e vedrai che ti troverai bene! *You wanted to do as you*

pleased and you're left without a job; return to the ranks and you'll see you'll be fine!

---

rapa — *turnip*

essere una testa di rapa — *to be a dunce.*

Sei proprio una testa di rapa in matematica. *You're really a dunce at math.*

---

rasoio — *razor*

camminare sul filo del rasoio — *to walk on a razor's edge.*

Non ti preoccupare; ha sempre camminato sul filo del rasoio con quel suo mestiere. Anche questa volta se la caverà. *Don't worry; he's always walked on a razor's edge with his job. He'll make out fine this time too.*

---

razza — *race*

che razza di? — *what kind of?*

Che razza di scherzo è questo? Non lo trovo per niente divertente! *What kind of joke is this? I don't find it one bit funny!*

di razza — *first-rate.*

È un attore di razza, ma non ha mai avuto l'occasione buona. *He's a first-rate actor, but he never got the right chance.*

fare razza a sè — *to be standoffish.*

I Brunialti non si mescolano alla folla, fan razza a sè. Mi dici perchè si danno tante arie? *The Brunialtis don't mix with the crowd, they're standoffish. Why do they put on so many airs?*

---

razzo — *rocket*

come un razzo — *like a shot.*

È partito come un razzo; ha ricevuto una brutta notizia? *He went off like a shot; did he get some bad news?*

essere un razzo — *to be as quick as lightning.*

Hai già finito? Ma sei un razzo! *Have you finished already? You're as quick as lightning!*

---

re — *king*
    da re — *fit for a king.*
    Mi son fatta un pranzo da re; dopo venti giorni di dieta ne avevo pro-
    prio bisogno. *I had a dinner fit for a king; after twenty days of dieting
    I really needed it.*

recitare — *to act*
    recitare — *to play a part.*
    Recita sempre la parte dell'intellettuale per attirare l'attenzione. *He
    always plays the part of the intellectual to attract attention.*

redine — *rein*
    Vedi **lasciare le briglie sul collo.**

reggere — *to bear*
    non reggere — *not to stand up to.*
    I tuoi argomenti non reggono a una critica serrata. *Your arguments
    don't stand up to strong criticism.*

regime — *regime*
    mettersi a regime — *to go on a diet.*
    Il dottore le ha elencato tutte le malattie legate al sovrappeso e final-
    mente si è messa a regime. *The doctor enumerated all the diseases
    linked with obesity and finally she went on a diet.*

registro — *register*
    cambiare registro — *to change one's behavior.*
    Ha passato due notti in carcere e da allora ha cambiato registro. *He
    spent two nights in jail and since then he's changed his behavior.*

regola — *rule*
    a regola d'arte — *perfectly.*
    Quel falegname è caro, ma fa i lavori a regola d'arte. *That carpenter is
    expensive, but he does his job perfectly.*

essere in regola con qualcuno — *to be even with someone.*
Ho pagato tutti i debiti; adesso sono in regola con tutti. *I've paid all the debts; now I'm even with everyone.*

in regola — *in order.*
I documenti sono in regola; possiamo partire. *The papers are in order; we can leave.*

regolamento — *settlement*
regolamento di conti — *settling of old scores.*
È stato ucciso per un regolamento di conti; è un delitto mafioso. *He was killed in a settling of old scores; it was a Mafia murder.*

regolata — *adjustment*
darsi una regolata — *to mend one's ways.*
Fumava e beveva troppo, ma ultimamente s'è data una regolata. *She was smoking and drinking too much, but lately she has mended her ways.*

religione — *religion*
Non c'è più religione! *Nothing is sacred!*

relitto — *wreck*
un relitto della società — *a social outcast.*
Si è rovinato con la droga: adesso non è nient'altro che un relitto della società. *He destroyed himself with drugs; now he's just a social outcast.*

remare — *to row*
remare — *to flounder.*
Ha cercato di rispondere alla domanda del professore, ma remava come un pazzo. *He tried to answer the teacher's question, but he was floundering.*

remo — *oar*
tirare i remi in barca — *to draw in one's horns.*
Ho settant'anni e ho lavorato tutta la vita; è ora che tiri i remi in barca e vada in pensione. *I'm seventy and I've worked all my life; it's time I drew in my horns and retired.*

rendere — *to render*
  A buon rendere! *My turn next time!*

rendita — *revenue*
  vivere di rendita — *(1) to live off one's interest.*
  È ricchissimo; vive di rendita e non fa un cavolo dal mattino alla sera.
    He's really rich; he lives off his interest and doesn't do a thing all day
    long.
  (2) to coast.
  Ha studiato molto l'anno scorso; ora vive di rendita e non apre più un
    libro. *He studied a lot last year; this year he's coasting and hasn't*
    opened a book.

rene — *kidney*
  avere le reni rotte — *to be very tired.*
  Ho le reni rotte dalla stanchezza. *I'm dead tired.*

renitente — *reluctant*
  essere renitente alla leva — *to dodge the draft.*
  È stato arrestato perchè è renitente alla leva. *He was arrested for*
    dodging the draft.

reo — *guilty*
  reo confesso — *confessed criminal.*
  Non può dichiararsi innocente; è reo confesso. È stato lui stesso ad
    andare alla polizia. *He can't declare himself innocent; he's a con-*
    fessed criminal. He went to the police himself.

repentaglio — *danger*
  mettere a repentaglio — *to put at risk.*
  Con i suoi investimenti spregiudicati ha messo a repentaglio la carrie-
    ra. *With his risky investments he put his career at risk.*

requie — *rest*
  non dare requie — *to give no peace.*

Non mi ha dato un minuto di requie. Voleva che mi occupassi solo di lei e smettessi di lavorare. *She didn't give me a minute's peace. She wanted me just to take care of her and to stop working.*

senza requie — *incessantly.*

È stato un continuo andirivieni di gente, senza requie per tutta la mattina. Volevano congratularsi tutti con te. *It was an incessant coming and going of people all morning long. Everyone wanted to congratulate you.*

---

residuato — *remainder*

un residuato bellico — *war surplus.*

Come fai ad andare in giro con quella macchina? Sembra un residuato bellico. *How can you go around in that car? It looks like a wreck.*

---

respiro — *breath*

di ampio respiro — *broad-ranging.*

È un'opera di ampio respiro che cambierà il dibattito storiografico. *It's a broad-ranging work which will change the historiographical debate.*

un attimo di respiro — *a moment's rest.*

Abbiamo lavorato senza un attimo di respiro, e siamo riusciti a finire appena in tempo. *We worked without a moment's rest, and we managed to finish just in time.*

---

resto — *remainder*

del resto — *(1) after all.*

Lui contava su di me e l'ho aiutato. Del resto, è il mio migliore amico. *He was counting on me and I helped him. After all, he's my best friend.*

(2) on the other hand.

Gliel'ho detto che non potevo aiutarlo; del resto lui lo sapeva che non sono un esperto nel campo. *I told him that I couldn't help him; on the other hand, he knew I'm not an expert in the field.*

per il resto — *apart from that.*

È un po' pigro e non gli piace studiare, ma per il resto è un bravo ragazzo. *He's a bit lazy and doesn't like going to school, but apart from that he's a good kid.*

rete — *net*

essere preso nelle proprie reti — *to be caught in one's own trap.*

Ha teso tranelli a tutti, ma è stato preso nelle sue proprie reti. *He played tricks on everybody, but he was caught in his own trap.*

retro — *behind*

Vedi retro. *See overleaf. (Please turn over.)*

retroguardia — *defense*

stare nella retroguardia — *to hang back.*

Preferiva stare nella retroguardia e fare un lavoro di tipo organizzativo. *He preferred to hang back and do an organizational type of work.*

retta — *(only in the expression)*

dare retta a — *to listen to.*

Da' retta a tuo padre; ti consiglia bene. *Listen to your father; he gives you good advice.*

ribalta — *front of the stage*

alla ribalta — *in the limelight.*

È venuto da poco alla ribalta, ma è già famoso come cantautore. *He's just come into the limelight but he's already famous as a singer-songwriter.*

tornare alla ribalta — *(1) to come up again.*

Questo problema torna sempre alla ribalta; bisogna risolverlo. *This problem always comes up again; it must be solved.*

(2) to make a comeback.

È tornata alla ribalta dopo tanti anni ed ha ottenuto un grandissimo successo. *She made a comeback after many years and had a huge success.*

ribasso — *fall*

essere in ribasso — *to be on the decline.*

L'ho vista dopo tanto tempo; è piuttosto in ribasso. Quasi non la riconoscevo. *I saw her after a long time; she's rather on the decline. I almost didn't recognize her.*

ricamare — *to embroider*

ricamare molto — *to embellish.*

La sua idea era una cretinata, ma ci ha ricamato sopra talmente che tutti lo ascoltavano approvando. *His idea was stupid, but he embellished it so much that everybody was listening approvingly.*

ricco — *rich*

ricco sfondato — *rolling in money.*

Lui può permettersi di non lavorare; suo padre è ricco sfondato. *He can afford not to work; his father is rolling in money.*

ridere — *to laugh*

farsi ridere dietro — *to be a laughing stock.*

Se continuerai a parlare di argomenti che conosci poco, finirai di farti ridere dietro da tutti. *If you keep talking about subjects you know nothing about, you'll be the laughing stock of town.*

per ridere — *for fun.*

L'ho fatto solo per ridere. *I only did it for fun.*

Ride bene chi ride ultimo. *He laughs best who laughs last.*

tutto da ridere — *good for a laugh.*

È tutto da ridere! *That's good for a laugh!*

riffa — *violence*

di riffa o di raffa — *by hook or by crook.*

Vuol arrivare sempre primo, di riffa o di raffa. *He always wants to be first, by hook or by crook.*

rifiuto — *rubbish*

un rifiuto della società — *the dregs of society.*
Dopo una carriera di fallimenti, ormai non è altro che un rifiuto della società. *After a career of failures, he's among the dregs of society.*

---

riflesso — *reflection*
di riflesso — *automatically.*
Il problema riguardava lei, ma anche suo marito di riflesso. *The problem was hers, but automatically also her husband's.*

---

riga — *line*
leggere tra le righe — *to read between the lines.*
"Come hai fatto a capire che non ti avrebbe appoggiato alla riunione?" "Semplice, basta saper leggere tra le righe." *"How did you realize that he wouldn't support you at the meeting?" "Easy, you just need to be able to read between the lines."*

mandare due righe — *to drop a line.*
Mandami due righe appena puoi; non mi piace stare senza notizie. *Drop me a line as soon as you can; I don't like to be without news.*

rimettersi in riga — *to get into line.*
Da quando hanno minacciato di licenziarlo si è rimesso in riga. *After they threatened to dismiss him, he got back into line.*

---

rigore — *rigor*

a rigor di termini — *strictly speaking.*

A rigor di termini, la risposta che Lei ha dato non è completa. *Strictly speaking, sir, the answer you've given is not complete.*

riguardo — *care, regard*

a questo riguardo — *on that score.*

L'oratore ha parlato della crisi economica, ma non ha saputo dare consigli precisi a questo riguardo. *The speaker talked about the economic crisis, but he wasn't able to give precise advice on that score.*

aver riguardo di — *to take care of.*

Abbi riguardo della tua salute; sei ancora troppo debole. *Take care of your health; you're still weak.*

di riguardo — *very important.*

Personalmente non mi è molto simpatico, ma è una persona di riguardo. *I don't like him very much personally, but he's a very important person.*

mancare di riguardo — *to be disrespectful.*

Lo scusi, è molto giovane; non intendeva mancarle di riguardo. *Forgive him, he's very young; he didn't mean to be disrespectful.*

usar riguardo a — *to show respect for.*

È buona educazione usar riguardo alle persone anziane. *It's good manners to show respect for older people.*

rilievo — *relief*

di rilievo — *significant.*

Le sue ricerche non hanno prodotto dei risultati di rilievo. *His research didn't produce any significant results.*

mettere in rilievo — *to show up.*

La sconfitta di ieri ha messo in rilievo i difetti della squadra. *Yesterday's defeat showed up the team's defects.*

muovere dei rilievi a qualcuno — *to criticize someone.*

Le sue maniere sono pessime, ma ha avuto ragione a muoverti dei rilievi. *His manners are horrible, but he was right in criticizing you.*

rima — *rhyme*
   rispondere a qualcuno per le rime — *to answer in kind.*
   Ha provato a darmi contro, ma gli ho risposto per le rime. *He tried to go against me, but I answered him in kind.*

rimanere — *to remain*
   rimanere — *to leave off.*
   Dove siamo rimasti? *Where did we leave off?*
   Rimanga fra noi. *Don't breathe a word of it.*

rimedio — *remedy*
   non esserci rimedio — *can't be helped.*
   Sei un idiota e ti credi furbo; non c'è rimedio. Farai sempre la figura del fesso. *You're an idiot and you think you're smart; it can't be helped. You'll always act like a fool.*

rinfusa — *confusion*
   alla rinfusa — *randomly.*
   Ha gettato le sue cose alla rinfusa sul pavimento e non trovava più le chiavi. *She threw her things randomly on the floor and she couldn't find her keys any longer.*

riparo — *remedy*
   correre ai ripari — *to take measures.*
   Se l'inflazione continua di questo passo bisognerà correre ai ripari. *If inflation continues at this rate, measures will have to be taken.*
   mettere riparo a un inconveniente — *to fix something.*
   C'è stato un corto circuito, ma l'elettricista ha messo riparo all'inconveniente. *There was a short circuit, but the electrician fixed it.*

ripetere — *to repeat*
   Paganini non ripete. *I never plant my cabbage twice.*

ripetizione — *repetition*
  andare a ripetizione (prendere ripetizioni) — *to take private lessons.*
  Vado a ripetizione di matematica, perchè non riesco a tener dietro alla mia insegnante a scuola. *I'm taking private lessons in mathematics because I can't keep up with my teacher at school.*

riposo — *rest*
  di tutto riposo — *quite easy.*
  Al lavoro mi hanno assegnato un incarico di tutto riposo. *They gave me a very easy assignment at work.*

  mettersi a riposo — *to retire.*
  Si è messo a riposo in anticipo per motivi di salute. *He retired early for reasons of health.*

ripresa — *restarting*
  a più riprese — *over and again.*
  Gliel'ho detto a più riprese di guidare piano, ma non mi vuole ascoltare. *I told him over and again to drive slowly, but he doesn't want to listen to me.*

risata — *laugh*
  scoppiare dalle risate — *to crack up.*
  C'è da scoppiare dalle risate a vederlo cucinare; è così maldestro! *You crack up watching him cook; he's so clumsy!*

rischio — *risk*
  correre il rischio — *to run the risk.*
  Chiudi la finestra. Non voglio correre il rischio di fargli prendere un raffreddore prima delle vacanze. *Close the window. I don't want to run the risk of having him catch a cold before vacation.*

risicare — *to risk*
  Chi non risica, non rosica. *Nothing ventured, nothing gained.*

risma — *ream*

essere della stessa risma — *to be all of a kind.*
Vanno d'accordo perchè sono della stessa risma. *They get along because they're all of a kind.*

gente d'ogni risma — *all kinds of people.*
È il quartiere più pericoloso della città: ci vive gente d'ogni risma. *It's the most dangerous area in town; all kinds of people live there.*

riso — *laughter*
Buon riso fa buon sangue. *Laugh and grow fat.*

passare dal riso al pianto — *to laugh out of the other side of one's mouth.*
Pensava che fosse uno scherzo, ma presto passò dal riso al pianto. *He thought it was a joke, but soon found himself laughing out of the other side of his mouth.*

sbellicarsi dalle risa — *to split one's sides with laughter.*
Cercavano di fare le persone serie, ma c'era da sbellicarsi dalle risa. *They tried to act seriously, but it was a situation to split your sides with laughter.*

rispetto — *respect*

con rispetto parlando — *excuse me for mentioning it.*
Con rispetto parlando, ho vomitato tutta la notte. *Excuse me for mentioning it, but I threw up all night long.*

di tutto rispetto — *not to be underestimated.*
Vuoi giocare a poker con lui? Guarda che è un giocatore di tutto rispetto. *Do you want to play poker with him? Watch out, he's not to be underestimated as a player.*

rispetto a — *compared to.*
Rispetto a quello che facevamo prima, questo è un lavoro da niente. *Compared to what we were doing before, this work is simple.*

ritaglio — *cutting*

un ritaglio di tempo — *a free moment (spare time).*
Cercherò di finire questo lavoro nei ritagli di tempo. *I'll try to finish this work in my free moments (spare time).*

ritirata — *retreat*
  battere in ritirata — *to pull back.*
  Fa tanto il coraggioso, ma appena vede un pericolo batte in ritirata.
  He acts courageous, but as soon as he sees danger he pulls back.

ritornello — *refrain*
  ripetere sempre lo stesso ritornello — *to keep harping on the same subject.*
  Non ripetere sempre lo stesso ritornello; parla di qualcos'altro. *Don't keep harping on the same subject; talk about something else.*

rivedere — *to meet again*
  Chi non muore si rivede. *How strange to see you again.*

  Chi si rivede! *Look who's here!*

roba — *stuff*
  bella roba! — *a fine thing!*
  Bella roba; ci ha lasciato la macchina senza le chiavi! *A fine thing; he's left the car with no key!*

  roba da matti — *crazy.*
  Roba da matti. Era il peggiore di tutti ed ha vinto il concorso. *It's crazy. He was the worst of all and he won the contest.*

  Sai che roba! — *Big deal!*
  Mi ha regalato tre fazzolettini per Natale. Sai che roba! *She gave me three handkerchiefs for Christmas. Big deal!*

rogna — *itch*
  cercar rogna — *to look for trouble.*
  Il tuo atteggiamento è quello classico di uno che cerca rogna. *Your attitude is typical of someone who's looking for trouble.*

  grattarsi una rogna — *to be saddled with a nuisance.*
  Il loro vicino scarica la sua immondizia nel loro cortile. Devono grattarsi una bella rogna! *Their neighbor dumps his garbage in their courtyard. They're saddled with quite a nuisance!*

Roma — *Rome*
  andare a Roma e non vedere il papa — *to fail to see the forest for the trees.*
  Studiare psicologia e non leggere Piaget è come andare a Roma e non vedere il papa. *To study psychology and not read Piaget is like failing to see the forest for the trees.*

  capire Roma per toma — *to misunderstand completely.*
  Vedi **prendere fischi per fiaschi.**

romano — *Roman*
  alla romana — *Dutch.*
  Facciamo alla romana. *Let's go Dutch.*

rompere — *to break*
  Chi rompe paga e i cocci son suoi. *You made your bed and now you must lie in it.*

  Non rompere! *Give me a break!*

rondine — *swallow*
  Una rondine non fa primavera. *One swallow does not make a summer.*

rosa — *rose*
  Non c'è rosa senza spine. *There's no rose without a thorn.*

  Se son rose fioriranno. *The proof of the pudding is in the eating.*

rosa — *pink*
  vedere rosa — *to see through rose-colored glasses.*
  Beato il tuo ottimismo; vedi sempre rosa tu. *You lucky optimist; you always see the world through rose-colored glasses.*

rospo — *toad*
  inghiottire il rospo — *to eat crow.*
  Non mi piace questo lavoro, ma devo inghiottire il rospo se voglio far carriera. *I don't like this work, but I have to eat crow if I want to get ahead.*

rosso — *red*
  in rosso — *in the red.*
  Vedi **in passivo.**

  passare col rosso — *to jump the light.*
  È passato col rosso e a momenti provocava un incidente. *He jumped the light and almost caused an accident.*

  rosso come un peperone — *(as) red as a beet.*
  Quando ha capito che non le credevamo, è diventata rossa come un peperone. *When she realized we didn't believe her, she turned as red as a beet.*

  Rosso di mattina brutto tempo s'avvicina. *Red sky in the morning, sailors take warning.*

  Rosso di sera bel tempo si spera. *Red skies at night, sailor's delight.*

  vedere rosso — *to see red.*
  Non puoi credere quanto mi faccia rabbia. Vedo rosso tutte le volte che lo vedo montare in cattedra, quell'ignorante! *You can't believe how angry it makes me. I see red every time I see him get on his high horse, that ignoramus!*

rotella — *small wheel*
  avere una rotella fuori posto (mancare una rotella a qualcuno) — *to have a screw loose.*
  Non ti puoi fidare di quel che dice; ha una rotella fuori posto. *You can't trust what he says; he has a screw loose.*

rotolo — *roll*
  andare a rotoli — *to go downhill (to the dogs).*
  Sono tempi duri e i miei affari stanno andando a rotoli. *These are bad times; my business is going downhill (to the dogs).*

rotta — *course*
  a rotta di collo — *at breakneck speed.*
  Appena siamo arrivati in cima al colle è scoppiato un temporale e siamo ridiscesi a rotta di collo. *As soon as we got to the top of the hill a storm broke and we raced down at breakneck speed.*

far rotta per — *to sail for, to steer.*

La nave ha fatto rotta per il porto più vicino perchè era in avaria. *The ship sailed for the nearest port because it had broken down.*

in rotta con — *at odds with.*

Sono in rotta con mia sorella; se non mi chiede scusa per prima, non la perdonerò. *I'm at odds with my sister; if she doesn't apologize first, I won't forgive her.*

rotto — *broken*

e rotti — *and change.*

La camicetta mi è costata ottantamila lire e rotti. *The shirt cost me eighty thousand lire and change.*

per il rotto della cuffia — *by the skin of one's teeth.*

Ha fatto bene l'ultimo compito in classe ed è stato promosso per il rotto della cuffia. *He did well in the last test and passed the course by the skin of his teeth.*

rotto a — *to have seen everything and to be prepared for anything.*

È un uomo che ha girato il mondo, rotto a tutte le esperienze. *He's been everywhere, he's seen everything, and he's prepared for anything.*

rottura — *break*

una rottura — *a drag, a nuisance.*

Quell'uomo è una rottura; è sempre tra i piedi. *That man is a drag; always underfoot.*

rovescio — *wrong side*

a rovescio — *(1) the wrong way.*

Oggi mi va tutto a rovescio; è una giornata storta. *Today everything's going the wrong way; it's a bad day.*

(2) inside out.

Ha messo la maglia al rovescio. *He put on the sweater inside out.*

mandare tutto a rovescio — *to mess up everything.*

Quell'impegno era troppo per lui; ha finito per mandare tutto a rovescio. *The commitment was too much for him; he ended by messing up everything.*

rovina — *ruin*

andare in rovina — *to go to rack and ruin.*

Ha giocato il tutto per tutto ed è andato in rovina; le sue previsioni economiche erano del tutto sballate. *He played all his cards and went to rack and ruin; his economic forecasts were all wrong.*

ruba — *robbery*

andare a ruba — *to sell like hotcakes.*

I biglietti per il balletto vanno a ruba. *The tickets for the ballet are selling like hotcakes.*

ruggine — *rust*

avere della vecchia ruggine con qualcuno — *to bear a grudge against someone.*

Non andremo mai veramente d'accordo; c'è della vecchia ruggine tra di noi. *We'll never really get along; we bear old grudges against each other.*

rumore — *noise*

fare molto rumore — *to cause a stir.*

Il suo libro ha fatto molto rumore tra i politici. *Her book caused quite a stir among the politicians.*

ruolo — *role*

di ruolo — *permanent, with tenure.*

In Italia, quando un impiegato passa di ruolo diventa molto più difficile licenziarlo. *In Italy, when an employee is put on permanent staff, it becomes much more difficult to dismiss him.*

ruota — *wheel*

a ruota libera — *mindlessly.*

Parla a ruota libera: non credere a tutto quello che dice. *He speaks mindlessly; don't believe everything he says.*

fare la ruota — *to show off.*

Appena si è sentito osservato ha cominciato a fare la ruota; non ho mai visto un uomo tanto vanitoso. *As soon as he felt he was being watched, he began to show off; I've never seen such a vain man.*

l'ultima ruota del carro — *a fifth wheel.*

Chi comanda è la moglie; lui è l'ultima ruota del carro. *It's the wife who's in charge; he's only a fifth wheel.*

seguire a ruota — *to follow right behind.*

I bambini sono già qui e i grandi seguono a ruota. *The children are already here and the adults are following right behind.*

ungere le ruote — *to grease palms.*

Per essere eletto sindaco ha dovuto ungere molte ruote. *To get elected mayor he had to grease a lot of palms.*

sabbia — *sand*

costruire sulla sabbia — *to build on sand.*

Cominciare un progetto complesso senza pianificare ogni passo è come costruire sulla sabbia; tutto crollerà prima ancora della fine.

Beginning an involved project without planning every step is like
building on sand; everything will crumble even before it's completed.

sacco — *sack*
mettere nel sacco qualcuno — *to cheat someone.*
Credevi di essere più bravo tu, ma ti ha messo nel sacco e ha vinto
due volte. *You thought you were the clever one, but he cheated you*
and won twice.

un sacco di — *a lot of.*
Ci hanno causato un sacco di grane. *They caused us a lot of trouble.*

un sacco e una sporta — *a lot (of something).*
Ne ha prese un sacco e una sporta fuori dalla discoteca. *They beat him*
up badly outside the disco.

vuotare il sacco — *(1) to own up.*
Vuota il sacco e dimmi dove l'hai presa; si vede benissimo che non è
tua! *Own up and tell me where you got it; it's obviously not yours.*
(2) to speak one's mind.
Dai! Vuota il sacco. Bisogna pure sfogarsi un po'. *Go on! Speak your*
mind. You've got to blow off steam.

sacramento — *sacrament*
con tutti i sacramenti — *with all due ceremony.*
Bisogna legarlo con tutti i sacramenti questo pacco; altrimenti alle
poste non l'accetteranno. *You've got to tie up this package with all*
due ceremony; otherwise the post office won't accept it.

saetta — *arrow*
partire come una saetta — *to go off like a shot.*
Quando ha saputo la notizia è partito come una saetta e non si è più
visto. *When he heard the news he went off like a shot and hasn't*
been seen since.

sagoma — *shape*
una sagoma — *a character.*
Quell'uomo è una bella sagoma! *That man is quite a character!*

salame — *salami*
  fare il salame — *to behave like a silly goose.*
  La rivedrai presto; non fare il salame! *You'll see her again soon; don't behave like a silly goose!*

salato — *salted*
  un conto salato — *a high bill.*
  In quel ristorante non abbiamo mangiato bene ed abbiamo pagato un conto salato. *At that restaurant we didn't eat well, but we paid a high bill.*

  pagarla salata — *to pay very dearly for something.*
  Per questa volta è riuscito a sfuggirmi, ma la pagherà salata. *This time he succeeded in escaping me, but he'll pay very dearly for it.*

  una risposta salata — *a sharp retort.*
  Credevo di essere riuscita a rabbonirla, ma mi ha dato una risposta salatissima. *I thought I had succeeded in winning her over, but she made a very sharp retort.*

sale — *salt*
  non avere sale in zucca — *not to be very intelligent.*
  Quel ragazzo non ha sale in zucca. *That boy isn't very intelligent.*

  prendere le cose con un grano di sale — *to take things with a grain of salt.*
  Lui dice tante cose! Prendile con un grano di sale. *He says so many different things! Take them with a grain of salt.*

  rimanere di sale — *to be dumbfounded.*
  Quando gli ho detto che ero riuscito a passare l'esame, è rimasto di sale. *When I told him that I had passed the test, he was dumbfounded.*

  tutto sale e pepe — *lively.*
  Era una ragazza allegrissima, tutta sale e pepe. *She was a very cheery, lively girl.*

salmo — *psalm*

Tutti i salmi finiscono in gloria. *It's always the same story. (All's well that ends well.)*

salsa — *sauce*

in tutte le salse — *in every possible way.*

Ti ho detto in tutte le salse di non frequentare quel ragazzo. *I told you in every possible way not to hang around with that boy.*

saltare — *to jump*

far saltare — *to blow up.*

Hanno fatto saltare la sede del partito fascista; non ne è rimasta pietra su pietra. *They blew up the headquarters of the fascist party and not a stone was left standing.*

salto — *jump*

a saltelloni — *bumping up and down.*

La bicicletta andava a saltelloni giù per il sentiero sassoso. *The bicycle bumped up and down the rocky path.*

fare i salti mortali — *to bend over backwards.*

Ho fatto i salti mortali per arrivare in tempo. *I bent over backwards to arrive in time.*

fare quattro salti — *to go dancing.*

Di solito il sabato sera andiamo a fare quattro salti al "Barracuda". *We usually go dancing at the "Barracuda" on Saturday night.*

fare un salto a — *to pop over.*

Facciamo un salto a Milano. *Let's pop over to Milan.*

fare un salto da — *to stop by.*

Facciamo un salto dal giornalaio a prendere il giornale. *Let's stop by the newsstand to pick up the paper.*

un salto nel buio — *a leap in the dark.*

Una simile politica economica è un vero salto nel buio. *An economic policy such as that is a real leap in the dark.*

salvabile — *salvageable*
  salvare il salvabile — *to salvage all that one can.*
  Non c'è più niente da fare ormai; salviamo il salvabile e andiamocene.
  *There's nothing we can do about it at this point; let's salvage all that
  we can and get out of here.*

---

salvare — *to save*
  Si salvi chi può! *Every man for himself!*

---

sangue — *blood*
  a sangue freddo — *(1) straight off.*
  Bisogna che glielo dica a sangue freddo, senza arrabbiarmi. *I'll have to
  tell him straight off, without getting angry.*
  (2) in cold blood.
  L'ha ucciso a sangue freddo. *He killed him in cold blood.*

  al sangue — *rare.*
  Preferisco le bistecche al sangue. *I prefer my steak rare.*

  all'ultimo sangue — *to the death.*
  È stato un combattimento all'ultimo sangue. *It was a fight to the death.*

  avere nel sangue — *to have an inborn aptitude.*
  È un vero artista. Ha la pittura nel sangue. *He's a true artist. He's got
  an inborn aptitude for painting.*

  bollire il sangue nelle vene — *to get angry (for one's blood to boil).*
  Dopo il loro rifiuto mi sono sentito bollire il sangue nelle vene. *After
  their refusal I got angry (I could feel my blood boil).*

  cavar sangue da una rapa — *to get blood out of a stone.*
  Che cosa vuoi farci, è mezzo scemo. Non si può cavar sangue da una
  rapa. *What do you want to do about it? He's half crazy. You can't get
  blood out of a stone.*

  farsi cattivo sangue (guastarsi il sangue) — *to fret and fume.*
  Non farti cattivo sangue per una così, non ne vale la pena. *Don't fret
  and fume over her; she isn't worth it.*

  Il sangue non è acqua. *Blood is thicker than water.*

non aver sangue nelle vene — *to have no guts.*

Manca di coraggio; quel ragazzo non ha sangue nelle vene. *He's not courageous; that boy has no guts.*

sentirsi gelare il sangue — *to panic.*

Quando mi sono reso conto che l'acqua ormai arrivava al primo piano, mi sono sentito gelare il sangue nelle vene. *When I realized that water had reached the second floor, I panicked.*

sano — *healthy*

sano come un pesce — *fit as a fiddle.*

Ma perchè vai sempre dal dottore? Sei sano come un pesce! *Why are you always going to the doctor? You're fit as a fiddle!*

sano e salvo — *safe and sound.*

Dopo essersi persi nel bosco i bambini sono stati trovati sani e salvi. *After getting lost in the woods the children were found safe and sound.*

santarellina — *little saint*

fare la santarellina — *butter wouldn't melt in one's mouth.*

Fa la santarellina, ma ne sa una più del diavolo. *Butter wouldn't melt in her mouth, but she's a little devil.*

santo — *saint*

avere i santi in paradiso — *to know influential people.*

Ho anch'io i miei santi in paradiso! *I know some influential people too!*

avere qualche santo dalla propria parte — *to have a guardian angel.*

Gli van sempre tutte dritte; deve avere qualche santo dalla sua parte. *He's always lucky; he must have a guardian angel.*

non c'è santo che tenga — *at all costs.*

Tu questo lavoro lo devi fare; non c'è santo che tenga. *You must do this work at all costs.*

non essere uno stinco di santo — *to be no saint.*

È tutta la vita che corre dietro alle donne: non è certo uno stinco di santo. *He's been a womanizer all his life; he's no saint for sure.*

non sapere più a che santo votarsi — *not to know which way to turn.*
Era buio, ero sola ed un uomo mi seguiva. Non sapevo più a che santo votarmi! *It was dark, I was alone, and a man was following me. I didn't know which way to turn!*

sapere — *to know*
non sapere di niente — *to be flavorless.*
Queste mele sono bellissime, ma non sanno di niente. *These apples are beautiful, but they're flavorless.*

non volerne sapere — *not to want to have anything to do with something (or someone).*
Non ne ha voluto sapere di fare quel lavoro con lei. *He adamantly refused to do that job with her.*

saperci fare — *to know how to handle things (or people).*
Lascia che le parli lui che ci sa fare. *Let him talk to her; he knows how to handle her.*

saputo e risaputo — *so well known as to be obvious.*
È una cosa saputa e risaputa che lui ha un'amante. *It's well known he has a lover.*

saputo — *known*
fare il saputo — *to show off one's knowledge.*
Fa il saputo, ma è un ignorantone. *He shows off his knowledge, but he's an ignoramus.*

sardina — *sardine*
pigiati come sardine — *packed in like sardines.*
Siamo riusciti a salire sull'autobus, ma eravamo pigiati come sardine. *We managed to get on the bus, but we were packed in like sardines.*

sasso — *stone*
far piangere anche i sassi — *to make the very stones weep.*
La storia della sua vita è così triste che farebbe piangere anche i sassi. *His life story is so sad it would make stones weep.*

restare di sasso — *to stand aghast.*
Alla brutta notizia sono restata di sasso. *I stood aghast at the bad news.*

tirare il sasso e nascondere la mano — *to attack from under cover.*
Tu sei brava a tirare il sasso e nascondere la mano, ma un giorno ti
scopriranno. *You're good at attacking from under cover, but one of
these days you'll be discovered.*

sbandata — *skid*
prendersi una sbandata per — *to fall head over heels in love with.*
Ha preso una sbandata per quella ragazza. *He fell head over heels in
love with that girl.*

sbaraglio — *root*
buttarsi allo sbaraglio — *to risk everything.*
Si è buttato allo sbaraglio e ha rischiato forte, ma ce l'ha fatta. *He
risked everything, but he made it.*

sbrogliare — *to disentangle*
sbrogliarsela da sè — *to get out of difficulty by oneself.*
Sbrogliatela da solo, per favore; ormai sei grande! *Get yourself out of
the difficulty; you're a big boy now!*

scacco — *check*
subire uno scacco — *to suffer a defeat.*
L'Italia ha subìto uno scacco nella partita con la Germania. *Italy suffered a bad defeat in the game with Germany.*

tenere in scacco — *to hold in check.*
È riuscito a tenerli in scacco per più di due giorni da solo, poi si è ar-
reso. *He managed to hold them in check for two days by himself,
then he surrendered.*

scalino — *step*
raggiungere lo scalino più alto — *to reach the highest rung.*
Ha raggiunto lo scalino più alto; è al massimo della carriera. *He's
reached the highest rung; he's at the peak of his career.*

scalpore — *fuss*
fare scalpore — *to cause a sensation.*

La notizia ha fatto scalpore; nessuno se l'aspettava. *The news caused a sensation; no one expected it.*

scanso — *(only in the expression)*
  a scanso di equivoci — *to avoid misunderstandings.*
  A scanso di equivoci, è meglio dirle che siamo al corrente dei loro problemi finanziari. *In order to avoid misunderstandings, we'd better tell her that we know about their financial troubles.*

scappare — *to escape*
  di qui non si scappa — *not to get around it.*
  Il lavoro dev'essere finito oggi e di qui non si scappa. *The job must be finished today, and there's no getting around it.*

scaramanzia — *superstitious practice*
  per scaramanzia — *to avoid bad luck.*
  Oggi ne abbiamo 17. Per scaramanzia comincerò domani. *Today is the 17th. To avoid bad luck I'll start tomorrow.*

scaricabarili — *children's game of lifting each other back to back.*
  fare a scaricabarile — *to pass the buck.*
  Era colpevole come gli altri, ma ha fatto a scaricabarile. *He was as much to blame as the others, but he passed the buck.*

scaricare — *to unload*
  essere scaricato — *to get the bounce.*
  È stata scaricata dal suo ragazzo perchè l'ha vista al cinema con un altro. *She got the bounce from her boyfriend because he saw her at the movies with another man.*

scarpa — *shoe*
  essere una scarpa — *to be a dead loss.*
  Come pianista è proprio una scarpa; non riesce neanche a fare le scale. *As a pianist he's really a dead loss; he can't even play the scales.*

  fare le scarpe a — *to double-cross.*
  Mi hanno fatto le scarpe e mi son trovato licenziato in tronco. *They double-crossed me and I found myself fired.*

lustrare le scarpe — *to flatter.*

È riuscito a far carriera a forza di lustrare le scarpe al direttore. *He managed to get ahead by flattering the director.*

rimetterci anche le scarpe — *to lose everything.*

Ho cercato di aiutarli e ci ho rimesso anche le scarpe. *I tried to help them and I lost everything.*

scartoffia — *paperwork*

le scartoffie [burocratiche] — *red tape.*

Il venti per cento del nostro lavoro consiste nella compilazione di scartoffie. *Twenty per cent of our work consists of red tape.*

scatola — *box*

a scatola chiusa — *sight unseen.*

Stimo molto quelle persone, e quindi ho accettato di partecipare al loro progetto a scatola chiusa. *I respect those people, so I agreed to participate in their project sight unseen.*

averne piene le scatole — *to be fed up.*

Ne ho piene le scatole dei vostri progetti: non concludete mai nulla! *I'm fed up with your plans; they always come to nothing!*

rompere le scatole — *to bother.*

Ho da fare; non mi rompere le scatole. *I'm busy; don't bother me!*

scena — *scene*

fare scena muta — *not to say one word.*

Si era preparata bene per l'esame, ma davanti al professore ha fatto scena muta. *She had prepared well for the exam, but in front of the professor she didn't say one word.*

scherzo — *joke*

fare un brutto scherzo — *to play a cruel trick on.*

Il mare delle volte fa dei brutti scherzi: sembra tranquillo e poi s'ingrossa nel giro di un quarto d'ora. *Sometimes the sea plays cruel tricks on you; it seems calm and then it gets rough in a quarter of an hour.*

schiena — *back*
   piegare la schiena — *to admit defeat.*
   Era un uomo molto orgoglioso, ma ha dovuto piegare la schiena. *He was a very proud man, but he had to admit defeat.*

schiuma — *foam*
   avere la schiuma alla bocca — *to be foaming at the mouth with rage.*
   Vedi **avere la bava alla bocca.**

scia — *wake*
   seguire la scia di qualcuno — *to follow in someone's footsteps.*
   Vedi **seguire le orme.**

Scilla — *Scilla*
   tra Scilla e Cariddi — *between the devil and the deep blue sea.*
   Non sapevamo come tirarci fuori dei guai. Eravamo tra Scilla e Cariddi e qualsiasi decisione comportava dei pericoli. *We didn't know how to get out of trouble. We were between the devil and the deep blue sea, and any decision would have been dangerous.*

sciroppare — *to pour syrup*
   sciropparsi qualcuno — *to put up with.*
   Si è sciroppato quel gran saccente tutta la sera. *He put up with that know-it-all for the entire evening.*

scongiuro — *exorcism*
   fare gli scongiuri — *to knock on wood.*
   L'esame è difficilissimo; facciamo gli scongiuri e speriamo che vada bene. *The exam is really difficult; we'll knock on wood and hope it goes well.*

sconquasso — *shattering*
   fare uno sconquasso — *to raise hell.*
   Quando ha visto che avevamo fatto di testa nostra, ha fatto uno sconquasso. *When he saw we had done as we pleased, he raised hell.*

scontato — *discounted, obvious*
  dare per scontato — *to take for granted.*
  Non si può dare per scontato il suo consenso. *You can't take his consent for granted.*

scornare — *to dishorn (to put to shame)*
  scornarsi — *to make a fool of oneself.*
  Credeva di farcela, ma è rimasto scornato. *He thought he'd make it, but he made a fool of himself.*

scorpacciata — *bellyful*
  fare una scorpacciata di — *to stuff oneself.*
  Abbiamo raccolto le fragole nei boschi e la sera abbiamo fatto una scorpacciata. *We picked strawberries in the woods and that evening we stuffed ourselves.*

scorza — *peel*
  avere la scorza dura — *to have a tough hide.*
  Ha la scorza dura e riuscirà facilmente a superare questo momento difficile. *He has a tough hide, and will get over this difficult moment easily.*

scottatura — *burn*
  prendere una scottatura — *to get burned.*
  S'è preso una tale scottatura con i progetti strampalati del suo amico che non lavorerà mai più con lui. *He got burned so badly by his friend's incoherent projects that he'll never work with him again.*

scrocco — *sponging*
  mangiare a scrocco — *to sponge.*
  Sfido che riesce a sbarcare il lunario! Mangia sempre a scrocco e non spende una lira. *Of course he gets by! He always sponges and doesn't spend a cent.*

scucito — *unstitched*
un discorso scucito — *a rambling speech.*
Ha fatto un discorso tutto scucito, ma pare che voglia dare le dimissioni. *He made a rambling speech, but it seems he wants to quit.*

scudo — *shield*
alzata di scudi — *outcry.*
Quando ha proposto di eleggere lui come segretario, c'è stata una generale alzata di scudi e tutti si sono opposti. *When he proposed electing him secretary, there was a general outcry; everyone opposed it.*

scuola — *school*
fare scuola — *to set an example.*
È stato il primo a fare causa a quell'ospedale, ma il suo esempio ha fatto scuola. *He was the first to sue the hospital, but he set an example which many followed.*

marinare la scuola — *to play hookey.*
Non hanno voglia di studiare; marinano la scuola un giorno sì e uno no. *They don't want to study; they play hookey every other day.*

scure — *hatchet*
tagliato con la scure — *rough-hewn.*
Vedi **tagliato con l'accetta.**

sè — *self*

Chi fa da sè fa per tre. *If you want something done, do it yourself.*

parlare fra sè e sè — *to talk to oneself.*

Quando lavora parla spesso fra sè e sè. *He often talks to himself while he works.*

tornare in sè — *(1) to regain consciousness (to come to).*

Dopo il colpo in testa ci sono voluti cinque minuti perchè rientrasse in sè. *After the blow to his head it took him five minutes to regain consciousness (to come to).*

(2) to regain one's sanity.

Dopo che lei lo ha lasciato ha minacciato di ucciderla, ma adesso è tornato in sè. *After she left him, he threatened to kill her, but now he has regained his sanity.*

---

secca — *shoal*

lasciare qualcuno nelle secche — *to leave someone in the lurch.*

Dopo averlo sfruttato l'hanno lasciato nelle secche. È una vergogna. *After taking advantage of him they left him in the lurch. What a shame.*

---

seccare — *to dry*

Non mi seccare. *Don't bother me!*

---

secchione — *big bucket*

un secchione — *a brownie.*

È un secchione. Lavora dalla mattina alla sera senza alzare la testa dai libri. *He's a brownie. He works from morning to night without even looking up from his books.*

---

secco — *dry*

fare secco qualcuno — *to kill someone.*

Ha tradito la mafia e l'hanno fatto secco a colpi di lupara. *He betrayed the Mafia and they killed him with a shotgun.*

restarci secco — *to die.*

Dei cacciatori l'hanno preso per una lepre e gli hanno sparato: a momenti ci restava secco. *Some hunters mistook him for a hare and shot him; he almost died.*

rimanere a secco — *to be broke.*
Ha fatto un sacco di spese ed è rimasto a secco. *He bought a lot of things and was left broke.*

secolo — *century*
da secoli — *a month of Sundays.*
Non lo vedo da secoli; chissà com'è cambiato. *I haven't seen him in a month of Sundays; I wonder how he's changed.*

sedere — *behind, posterior*
prendere qualcuno per il sedere — *to pull a fast one on someone.*
Mi ha preso per il sedere con quell'offerta di lavoro fasulla. *He pulled a fast one on me with that phony job offer.*

segno — *sign*
colpire nel segno — *to hit the nail on the head.*
Questa volta hai proprio colpito nel segno. *This time you really hit the nail on the head.*

essere fatto segno a — *to be the target of.*
È fatta segno al ridicolo perchè è grassa e non vuole mettersi in costume da bagno. *She's the target of ridicule because, since she's fat, she doesn't want to wear a bathing suit.*

segreto — *secret*
cavare un segreto di bocca — *to worm a secret out of.*
Non riusciremo mai a cavargli il segreto di bocca. *We'll never manage to worm the secret out of him.*

il segreto di Pulcinella — *an open secret.*
Nessuno doveva sapere del suo matrimonio, ma è il segreto di Pulcinella. *No one was supposed to know about his wedding, but it's an open secret.*

seguito — *following*
di seguito — *in a row.*
Ha parlato per tre ore di seguito. *He spoke for three hours in a row.*

in seguito — *in the future.*

Mi manderà altri libri in seguito. *He'll send me other books in the future.*

in seguito a — *as a result of.*

I lavoratori vennero licenziati in seguito al fallimento. *The workers were fired as a result of the company going bankrupt.*

seminare — *to sow*

seminare qualcuno — *to shake someone off.*

I ladri riuscirono a seminare la polizia. *The robbers managed to shake off the police.*

seminato — *sown*

uscire dal seminato — *to go off on a tangent.*

Non uscire dal seminato; rispondi esattamente alla mia domanda. *Don't go off on a tangent; reply to my question exactly.*

sempre — *always*

per sempre — *for good.*

Me ne vado per sempre. So che non tornerò mai più in questa città. *I'm leaving for good. I know I'll never come back to this city.*

sempre che — *provided that.*

Lo puoi fare, sempre che tu lo voglia. *You can do it, provided that you really want to.*

senno — *wisdom*

Del senno di poi son piene le fosse. *Hindsight is better than foresight.*

senso — *sense*

fare senso — *to make someone sick.*

Non posso mangiare il pesce, mi fa senso. *I can't eat fish; it makes me sick.*

riprendere i sensi — *to recover consciousness.*

Ha ripreso i sensi poco fa, dopo essere stato in coma per due giorni. *He recovered consciousness a short time ago after being in a coma for two days.*

sentenza — *verdict, maxim*

sputar sentenze — *to be on one's high horse.*

Che tipo insopportabile! È sempre lì che sputa sentenze. *What an unbearable character! He's always on his high horse.*

sentire — *to feel, to hear*

per sentito dire — *by hearsay.*

Conosco i fatti solo per sentito dire. *I only know the facts by hearsay.*

sentirsela di — *to feel up to.*

Te la senti di uscire? *Do you feel up to going out?*

sera — *evening*

Dura dalla sera alla mattina. *Here today, gone tomorrow.*

serbo — *custody*

mettere in serbo qualcosa — *to put something aside.*

Metterò in serbo un po' di soldi ogni mese. *I'll put aside a little money every month.*

serie — *series*

fuori serie — *custom-built.*

Questo è un modello fuori serie. *This model is custom-built.*

produrre in serie — *to mass-produce.*

Quei mobili sono prodotti in serie. *That furniture is mass-produced.*

serio — *serious*

fare sul serio — *to mean business.*

Non scherzo affatto; faccio sul serio, e ve ne accorgerete. *I'm not joking at all; I mean business, you'll see.*

sul serio — *(1) seriously.*

Diceva sul serio. *He meant it.*

(2) really.

L'ha detto sul serio. *He really said it.*

tra il serio e il faceto — *half-seriously, half-jokingly.*
L'ha detto tra il serio e il faceto, ma temo che voglia licenziarsi
    davvero. *He said it half-seriously, but I'm afraid he really wants to*
    quit his job.

serpe — *serpent*
    una serpe in seno — *a snake in the grass.*
    Sua cognata, in apparenza così cordiale, si è rivelata una serpe in seno.
        Her sister-in-law, who seemed to be so friendly, turned out to be a
        snake in the grass.

sesto — *order*
    fuori sesto — *out of kilter.*
    Che cosa avete fatto alla mia moto? È tutta fuori sesto. *What did you*
        do to my motorcycle? It's all out of kilter.

    rimettere in sesto — *to put one back on one's feet.*
    Quella cura mi ha rimesso in sesto; mi sento benissimo. *That cure put*
        me back on my feet; I feel great.

setaccio — *sieve*
    passare al setaccio — *to go over something with a fine-toothed comb.*
    Abbiamo passato tutta la casa al setaccio, ma non abbiamo trovato il
        testamento. *We searched the house with a fine-toothed comb, but we*
        didn't find the will.

sette — *seven*
    farsi un sette nei calzoni — *to get a tear in one's trousers.*
    Hai comprato quei calzoni ieri e ci hai già fatto un sette! *You bought*
        those trousers yesterday and you've already got a tear in them!

sfera — *sphere*
    le alte sfere — *the powers that be.*
    Ha grossi appoggi nelle alte sfere; ecco perchè ha sempre successo!
        He has a lot of support from the powers that be; that's why he's al-
        ways so successful.

sfidare — *to challenge*
 sfido io! — *naturally!*
 Sfido io che ti hanno bocciato: non avevi neanche comprato i libri. *Of course they failed you; you didn't even buy the books.*

sfogo — *vent*
 dare sfogo a — *to give vent to.*
 Ha bisogno di dar sfogo alla sua rabbia; per questo lo sto ad ascoltare. *He needs to give vent to his anger; that's why I'm listening to him.*

sfondare — *to smash through.*
 sfondare — *to make it.*
 Non ha mai sfondato come pianista, ma è un bravissimo organizzatore di concerti. *He never made it as a pianist, but he's an excellent concert organizer.*

sfuggito — *escaped*
 di sfuggita — *a glimpse.*
 L'ho vista di sfuggita mentre passava. *I caught a glimpse of her as she went by.*

sgambetto — *trip*
 fare lo sgambetto a qualcuno — *to oust someone.*
 Al momento di appoggiarlo in facoltà gli ha fatto lo sgambetto e non è più riuscito a farsi rinnovare il contratto. *When it came time to help him in the department, they ousted him and he wasn't able to renew his contract.*

sgocciolo — *dripping*
 essere agli sgoccioli — *to be at the very end of.*
 L'estate è agli sgoccioli; cadono già le foglie. *We're at the very end of summer; the leaves are falling.*

sgonfiare — *to deflate*
 sgonfiarsi — *to come down a peg or two.*
 Dopo l'insuccesso si è sgonfiato. *After the failure he came down a peg or two.*

sguardo — *look*

non degnare qualcuno neanche di uno sguardo — *not to give someone the time of day.*

Ho fatto trecento chilometri per vederlo e non mi ha neanche degnata di uno sguardo! *I traveled three hundred kilometers to see him, and he didn't even give me the time of day!*

sicuro — *sure*

stare sul sicuro — *to play it safe.*

Gli piace stare sul sicuro; non rischierà mai i suoi soldi. *He likes to play it safe; he'll never risk his own money.*

silenzio — *silence*

silenzio di tomba — *deathlike silence.*

C'era un silenzio di tomba durante la trasmissione; nessuno osava parlare. *There was deathlike silence during the show; no one dared talk.*

sillaba — *syllable*

non dire una sillaba — *not to say a word.*

Vedi **non dire una parola.**

simile — *like*

Ogni simile ama il proprio simile. *Birds of a feather flock together.*

simpatia — *sympathy*

andare a simpatie — *to be partial.*

Quell'insegnante conosce bene la materia, ma va a simpatie nel giudicare gli studenti. *That teacher knows his subject well, but he's partial in evaluating his students.*

singhiozzo — *hiccup*

a singhiozzo — *by fits and starts.*

La macchina procedeva a singhiozzo perchè aveva il carburatore sporco. *The car was going by fits and starts because the carburetor was dirty.*

sistemare — *to put*
sistemare qualcuno — *(1) to fix someone.*
Sta' attento o ti sistemo io. *Watch your step or I'll fix you.*
(2) to get married.
Le sue figlie sono tutte sistemate. *Her daughters are all married.*

smalto — *enamel*
perdere lo smalto — *to lose one's shine.*
Era ingegnoso e brillante, ma dopo la malattia ha perso tutto il suo
smalto. *He was brilliant and ingenious, but after the illness he lost all
his shine.*

smania — *craving*
avere la smania di fare qualcosa — *to be eager to do something.*
Ha la smania di far soldi e non smette mai di lavorare. *He's eager to
make money and he never stops working.*

dare in smanie — *to go into a frenzy.*
Ha sfasciato la macchina e suo padre ha dato in smanie. *He destroyed
his car and his father went into a frenzy.*

smosso — *loose*
Datti una smossa! *Shape up or ship out.*

sodo — *hardboiled, firm*
darle sode — *to strike someone hard.*
Gliele ho date sode perchè l'aveva fatta troppo grossa. *I struck him
hard because he had done something too bad.*

lavorare sodo — *to work hard.*
Abbiamo bisogno di una lunga vacanza perchè abbiamo lavorato
sodo tutto l'anno. *We need a long vacation because we've worked
hard all year.*

venire al sodo — *to get down to brass tacks.*
Abbiamo chiacchierato abbastanza; ora veniamo al sodo! *We've chat-
ted enough; now let's get down to brass tacks!*

soffio — *puff*

in un soffio — *in an instant.*

Credevo che fosse difficile, ma l'ho fatto in un soffio! *I thought it was difficult, but I finished it in an instant!*

per (di) un soffio — *by a hair's breadth.*

È arrivato primo nella gara dei duecento metri per un soffio. *He came in first in the two-hundred-meter race by a hair's breadth.*

soffrire — *to suffer*

non poter soffrire — *not to stand.*

Non lo posso soffrire; si dà troppe arie. *I can't stand him; he puts on too many airs.*

sogno — *dream*

manco per sogno — *by no means.*

Non te lo dò manco per sogno! Mi è costato troppo caro. *I won't give it to you, by any means! It cost me too much.*

soldo — *penny*

al soldo di — *in the pay of.*

È al soldo di quei criminali. *He's in the pay of those crooks.*

sole — *sun*

vedere il sole a scacchi — *to be in jail.*

Quel poveraccio vedrà il sole a scacchi per un bel po'. *The poor guy will be in jail for a long time.*

solfa — *scale*

la solita solfa — *the same old story.*

È sempre la solita solfa! *It's always the same old story!*

solito — *same*

come al solito — *as usual.*

Tutto va come al solito. *Everything is going as usual.*

di solito — *usually.*

A quest'ora di solito prendo un caffè. *At this time I usually have a cup of coffee.*

essere alle solite — *to be back in the same old unpleasant situation.*

Siamo alle solite; prometti cose che non puoi mantenere. *We're back in the same old unpleasant situation; you make promises you can't keep.*

---

sollucchero — *rapture*

andare in sollucchero — *to go into raptures.*

Alla vista del suo piatto preferito, è andato in sollucchero. *At the sight of his favorite dish, he went into raptures.*

---

solo — *alone*

farsi da solo — *to be a self-made man.*

È vero, è molto duro, ma capita spesso con un uomo che si è fatto da solo. *It's true that he's harsh, but that often happens with a self-made man.*

Meglio soli che male accompagnati. *Better alone than in bad company.*

parlare da solo — *to talk to oneself.*

Pensi che sia un po' matto? Parla sempre da solo. *Do you think he's a bit mad? He's always talking to himself.*

parlare da solo a solo — *to speak in private.*

Potrei parlarti da solo a solo? *Could I speak to you in private?*

solo soletto — *all by oneself.*

Se ne stava solo soletto a guardare il tramonto. *He was all by himself watching the sunset.*

---

somma — *sum*

tirare le somme — *to sum up.*

È ora di tirare le somme e vedere un po' a che punto siamo. *It's time to sum up and see where we stand.*

---

sommare — *to sum*

tutto sommato — *on the whole.*

Tutto sommato, non è stata una cattiva idea. *On the whole, it wasn't a bad idea.*

sonnellino — *nap*

schiacciare un sonnellino — *to catch forty winks.*

Devo proprio schiacciare un sonnellino, se no non riesco a finire il lavoro. *I must catch forty winks; otherwise, I can't finish the job.*

sonno — *sleep*

conciliare il sonno — *(1) to bore.*

La sua musica concilia il sonno; non la direi interessante. *His music bores me; I wouldn't call it interesting.*

(2) to help someone fall asleep.

Una bella tisana mi concilia il sonno. *A nice herbal tea helps me fall asleep.*

dormire sonni tranquilli — *to have no qualms.*

Puoi dormire sonni tranquilli; hanno accettato il tuo articolo. *Don't have any qualms; they've accepted your article.*

soppiatto — *stealthily*

di soppiatto — *on the sly.*

È entrata di soppiatto e li ha colti con le mani nel sacco. *She stole in and caught them red-handed.*

Mi guardava di soppiatto per vedere come reagivo nel leggere la lettera. *He stole a glance at me to see how I reacted as I was reading the letter.*

sopra — *on, over*

passarci sopra — *(1) to gloss over.*

Può sembrare un dettaglio, ma non possiamo passarci sopra. *It might seem like a detail, but we can't gloss over it.*

(2) to let it go.

Lei è stata maleducata, ma per questa volta passaci sopra. *She's been impolite, but let it go this time.*

sopravvento — *windward*
 prendere il sopravvento — *to get the upper hand.*
 I rivoluzionari presero il sopravvento e cacciarono i militari. *The revolutionaries got the upper hand and chased the junta away.*

soqquadro — *confusion*
 mettere a soqquadro — *to turn upside down (topsy-turvy).*
 I ladri mi hanno messo a soqquadro la casa. *The thieves turned my house topsy-turvy.*

sorcio — *mouse*
 far vedere i sorci verdi — *to give a hard time.*
 Se ci capita ancora a tiro, gli faremo vedere i sorci verdi. *If he shows up again, we'll give him a hard time.*

 fare la fine del sorcio — *to be caught.*
 È scappato alla vecchia miniera ed ha fatto la fine del sorcio. *He ran off to the old mine and was caught.*

sordina — *mute*
 in sordina — *(1) softly.*
 Si sentiva cantare in sordina; Maia si era già svegliata e stava giocando. *We could hear soft singing; Maia had awakened and was playing.*
 (2) stealthily.
 Hanno fatto le cose in sordina e sono riusciti a firmare il contratto prima dei concorrenti. *They acted stealthily and managed to sign the contract before their competitors.*

sordo — *deaf*
 Non c'è peggior sordo di chi non vuol sentire. *There's none so deaf as those who don't want to hear.*

 sordo come una campana — *deaf as a post (doorknob).*
 Devi urlare quando parli con lui; è sordo come una campana. *You have to yell when you talk to him; he's deaf as a post (doorknob).*

sorgente — *source*
   risalire alla sorgente — *to go back to the source.*
   Per capire i suoi discorsi bisogna risalire alla sorgente. *To understand what he says you have to go back to the source.*

sorpresa — *surprise*
   prendere di sorpresa — *to catch by surprise.*
   Mi ha preso di sorpresa e non ho potuto dire di no. *He caught me by surprise and I wasn't able to say no.*

sorte — *luck*
   come volle la sorte — *as luck would have it.*
   E finalmente, come volle la sorte, siamo arrivati. *Finally, as luck would have it, we got there.*

sottana — *skirt*
   attaccato alle sottane della madre — *tied to one's mother's apron strings.*

   Vedi **attaccato alle gonnelle.**

   correre dietro alle sottane — *to chase after skirts.*
   Ha settant'anni e corre ancora dietro alle sottane; è ridicolo. *He's seventy years old and still chases after skirts; it's ridiculous.*

sottile — *thin*
   guardare troppo per il sottile — *to be over-particular.*
   Non guardare troppo per il sottile; è una stoffa da poco prezzo, ma è simpatica e serve allo scopo. *Don't be over-particular; it's cheap cloth, but it's nice and it'll serve the purpose.*

sottinteso — *hint*
   parlare per sottintesi — *to speak in a roundabout way.*
   Non si capisce un'acca; parla sempre per sottintesi. *You can't understand a thing; he's always speaking in a roundabout way.*

sotto — *under*

esserci sotto qualcosa — *to be something behind this.*
Qui c'è sotto qualcosa. *There's something behind this.*

farsi sotto — *to push oneself forward.*
Dài, non fare il timido. Fatti sotto e invitala a ballare. *Come on, don't be shy. Push yourself forward and invite her to dance.*

mettere sotto qualcuno — *(1) to get someone to work.*
L'ho messo sotto a lavorare e in due mesi ha preparato quattro esami. *I got him to work, and in two months he prepared four exams.*
(2) to run someone over.
Andava ai 100 all'ora e ha messo sotto un cane randagio. *He was doing 100 km an hour and he ran over a stray dog.*

sotto sotto — *deep down.*
Ha detto di sì sorridendo, ma sotto sotto non era convinto. *He said yes and smiled, but deep down he wasn't convinced.*

sottogamba — *lightly.*
prendere sottogamba — *not to take seriously.*
Lo prendi sottogamba, ma guarda che lui è pericoloso. *You're not taking him seriously, but he's dangerous.*

sottordine — *(only in the expression)*
passare in sottordine — *to become less important.*
Quel problema è passato in sottordine da quando lui si è ammalato. *That problem has become less important since he fell ill.*

sottosopra — *upside down*
mettere sottosopra — *(1) to turn something upside down.*
Ha messo tutto sottosopra per cercare le chiavi. *He turned the whole house upside down looking for his keys.*
(2) to upset.
Il suo arrivo improvviso ci ha messi tutti sottosopra. *His sudden arrival upset all of us.*

sottoterra — *underground*

volersi nascondere sottoterra — *to wish that the earth would open and swallow one.*

Avrei voluto nascondermi sottoterra dalla vergogna. *I wished the earth would open and swallow me from the shame.*

spaccare — *to split*

o la va o la spacca — *it's all or nothing.*

Preferisco rischiare di perdere tutto il denaro che ho; o la va, o la spacca! *I prefer to risk losing all my money; it's all or nothing!*

spada — *sword*

a spada tratta — *with all one's might.*

Mi ha difeso a spada tratta perchè sapeva che avevo ragione. *He defended me with all his might because he knew I was right.*

spaghetto — *little string*

prendersi un bello spaghetto — *to get a good fright.*

Si è preso un bello spaghetto quando la trave è crollata alle sue spalle. *He got a good fright when the beam fell behind him.*

spago — *string*

dare spago — *to give someone rope.*

Non dargli spago, sennò non la smetterà più di parlare. *Don't give him any rope, or else he'll never stop talking.*

spalla — *shoulder*

alzare le spalle — *to shrug one's shoulders.*

Non ha risposto; ha semplicemente alzato le spalle. *He didn't answer; he just shrugged his shoulders.*

avere le spalle larghe — *to have broad shoulders.*

Ho le spalle larghe e posso sopportare anche le tue insinuazioni. *I have broad shoulders and can take your insinuations.*

buttarsi alle spalle — *to put something behind one.*

Mi son buttato il passato alle spalle e ho ricominciato daccapo. *I put my past behind me and started over again.*

dietro le spalle — *behind someone's back.*

Fanno critiche negative dietro le spalle, ma non osano parlare aperta-
mente. *They criticize everyone behind their backs, but they don't
dare say anything openly.*

fare da spalla — *to act as a foil.*

Gli fa da spalla tutte le volte che vuol tentare un colpo; prima o poi lo
beccheranno. *He acts as his foil every time they try to make a hit;
sooner or later they'll catch him.*

guardarsi le spalle — *to watch one's back (to be ready for anything).*

Con tipi come lui bisogna guardarsi le spalle. *With fellows like him
you've got to watch your back (be ready for anything).*

mettere con le spalle al muro — *to corner.*

L'ho messo con le spalle al muro e non ha potuto negare le sue responsabilità. *I cornered him, and he wasn't able to deny his responsibility.*

vivere alle spalle di — *to sponge off.*

Ha sempre vissuto alle spalle di sua moglie. *He's always sponged off
his wife.*

voltare le spalle — *to give the cold shoulder.*

Mi ha voltato le spalle da tempo, e non capisco perchè. *He gave me
the cold shoulder a long time ago, and I don't understand why.*

spanna — *span*

alto una spanna — *tiny.*

È alto una spanna! Come vuoi che arrivi allo scaffale più alto! *He's
tiny! How do you expect him to reach the top shelf!*

spartire — *to share*

non avere niente da spartire con — *to have nothing in common with.*

Non ha niente da spartire con quel delinquente! *He has nothing in
common with that criminal!*

spasso — *fun*

andare a spasso — *to go for a walk.*

Andiamo a spasso nel parco. *Let's go for a walk in the park.*

essere a spasso — *to be out of work.*

È a spasso da tre anni ormai e ha paura di non trovare mai più un lavoro. *He's been out of work for three years, and he's afraid he'll never find another job.*

mandare a spasso — *to send packing.*

L'hanno mandato a spasso perchè sospettavano che rubasse. *They sent him packing because they suspected him of stealing.*

specchio — *mirror*
arrampicarsi sugli specchi — *to clutch at straws.*

Ha detto cose assurde per convincere il giudice della sua innocenza, ma era chiaro che si arrampicava sugli specchi. *He said absurd things to convince the judge he was innocent, but it was obvious he was grasping at straws.*

specie — *kind*
far specie — *to surprise.*

Mi fa specie che tu, come amico, non mi abbia difeso. *I'm surprised that you, as a friend, didn't defend me.*

spendere — *to spend*
spendere e spandere — *to squander.*

Se continua a spendere e spandere in questo modo, l'eredità non gli durerà molto. *If he continues to squander his money, his inheritance will not last long.*

speranza — *hope*
accarezzare la speranza — *to cherish the hope.*

Accarezzava la speranza di costruirsi una casa in montagna. *He cherished the hope of building himself a house in the mountains.*

con la vaga speranza — *on the off chance.*

Aspettavo con la vaga speranza di vederlo arrivare con l'ultimo treno. *I waited on the off chance of seeing him arrive on the last train.*

di belle speranze — *promising.*

Era un ragazzo di belle speranze, ma ha finito per non combinare nulla di buono. *He was a promising young man, but in the end he came to nothing.*

spesa — *expense*

a proprie spese — *at one's expense.*

Ho fatto un viaggio di lavoro a mie spese. *I made a business trip at my own expense.*

fare le spese — *to pay for.*

Ti sei lasciato convincere e ne hai fatto le spese. *You let yourself be convinced and you paid for it.*

---

spettro — *specter*

profilarsi lo spettro di — *to rear its ugly head.*

Si profila lo spettro della fame; non abbiamo più una lira. *Hunger is rearing its ugly head; we don't have another cent.*

---

spiano — *open space*

a tutto spiano — *without interruption.*

Urlava a tutto spiano, ma nessuno le badava. *She was yelling without interruption, but no one paid any attention to her.*

---

spiccio — *quick*

andare per le spicce — *to be too quick.*

Quel dottore va troppo per le spicce. Non mi pare coscienzioso. *That doctor is too quick with his diagnosis. He doesn't seem very conscientious to me.*

---

spicciolato — *scattered*

alla spicciolata — *a few at a time.*

La gente entrava alla spicciolata. *People entered a few at a time.*

---

spicco — *relief*

di spicco — *leading.*

È un personaggio di spicco nel mondo dello spettacolo. *He's a leading figure in show business.*

---

spigolo — *edge*

smussare gli spigoli — *to patch things up.*

Vedi **smussare gli angoli.**

---

spina — *spine, thorn*

senza spina dorsale — *spineless, with no backbone.*
È un essere senza spina dorsale; si lascerebbe insultare da chiunque.
He's a spineless individual; he'd let himself be insulted by anyone.

sulle spine — *on pins and needles.*
Sono stato sulle spine tutto il pomeriggio ad aspettarlo. *I've been on
pins and needles all afternoon waiting for him.*

una spina nel fianco — *a thorn in the flesh.*
Suo figlio è la sua spina nel fianco: ha scoperto che si droga. *Her son is
a thorn in her side; she found out he's on drugs.*

spiraglio — *air hole*

uno spiraglio — *a glimmer of hope.*
La sua idea geniale ha aperto uno spiraglio nei negoziati di pace. *His
brilliant idea was a glimmer of hope in the peace negotiations.*

spirito — *spirit*

calmare i bollenti spiriti — *to calm down.*
Calma i bollenti spiriti e vedrai tutto più chiaro. *Calm down and
you'll see everything more clearly.*

fare dello spirito — *to be witty.*
Questo non è il momento di fare dello spirito. *This is not the right moment to be witty.*

spizzico — *bit*

a spizzichi — *in bits and snatches.*
Mangio sempre a spizzichi e mi rovino lo stomaco. *I always eat in bits
and snatches and I'm ruining my stomach.*

spoglie — *clothes*

sotto mentite spoglie — *under a false name.*
Si è presentato in banca sotto mentite spoglie e ha prelevato dei soldi
dal conto di un ricco cliente. *He showed up at the bank under a false
name and withdrew money from the account of a rich customer.*

spola — *spool*
   fare la spola — *to commute.*
   Fa la spola tra Torino e Trieste per tenere il posto all'Università. *He commutes from Turin to Trieste to keep his job at the University.*

spolveratina — *a little brushing*
   dare una spolveratina — *to brush up on.*
   Vuole dare una spolveratina al suo francese. *He wants to brush up on his French.*

sport — *sport*
   per sport — *for fun.*
   Non lo fa sul serio, solo per sport. *He's not doing it seriously, just for fun.*

sprazzo — *splash*
   a sprazzi — *off and on.*
   È piovuto a sprazzi tutto il giorno. *It rained on and off all day.*

sprone — *spur*
   a spron battuto — *without delay.*
   Sono arrivati a spron battuto appena ho chiamato aiuto. *They arrived without delay as soon as I called for help.*

sproposito — *blunder*
   costare uno sproposito — *to cost a mint.*
   È una bella macchina, ma costa uno sproposito. *It's a nice car, but it costs a mint.*

   fare uno sproposito — *to do something awful.*
   Era così disperato che i suoi temevano che facesse uno sproposito. *He was so desperate that his family feared he'd do something awful.*

   parlare a sproposito — *to put one's foot in one's mouth.*
   Parla sempre a sproposito; è meglio che stia zitto se vogliamo ottenere qualcosa. *He always puts his foot in his mouth; he'd better keep quiet if we want to get anywhere.*

sprovvisto — *lacking*
  prendere alla sprovvista — *to catch off guard.*
  Mi ha preso alla sprovvista e non ho saputo dire di no. *He caught me off guard and I wasn't able to say no.*

spugna — *sponge*
  bere come una spugna — *to drink like a fish.*
  Beve come una spugna e prima o poi si ammalerà di cirrosi. *He drinks like a fish and sooner or later he'll get cirrhosis.*

  gettare la spugna — *to throw in the sponge (the towel).*
  Quando si è accorto che nessuno gli credeva più, ha gettato la spugna e si è dato per vinto. *When he realized that no one believed him anymore, he threw in the sponge and gave up.*

  passare la spugna su qualcosa — *to say no more about.*
  Passiamo la spugna su quanto è successo, e non parliamone più. *We'll say no more about what happened.*

sputare — *to spit*
  Non sputare nel piatto dove mangi. *Don't bite the hand that feeds you.*

squadra — *team, square*
  essere fuori squadra — *to be out of sorts.*
  È fuori squadra da quando ha litigato con il suo socio. *He's been out of sorts since he argued with his partner.*

squagliare — *to melt*
  squagliarsela — *to duck out.*
  Se l'è squagliata perchè aveva una gran fifa! *He ducked out because he was so afraid!*

squarciagola — *out loud*
  gridare a squarciagola — *to yell at the top of one's voice.*
  Gridava a squarciagola, ma nessuno lo stava a sentire. *He yelled at the top of his voice, but no one listened to him.*

staffa — *stirrup*
  il bicchiere della staffa — *one for the road.*
  Dài, bevine ancora uno; è il bicchiere della staffa. *Come on, drink one
    more glass; it's one for the road.*

  perdere le staffe — *to fly off the handle (to lose one's temper).*
  Quando si arrabbia perde le staffe. *When he gets angry he flies off the
    handle (loses his temper).*

stalla — *stable*
  chiudere la stalla quando i buoi sono scappati — *to shut the barn door
    after the horse has bolted.*
  È inutile che chiuda la stalla quando i buoi sono scappati; doveva pen-
    sarci prima e non dargli manco un soldo. *It's useless to shut the barn
    door after the horse has bolted; he should have thought first and not
    given him a cent.*

stampino — *stencil*
  fatto con lo stampino — *mass-produced.*
  I suoi quadri sembrano fatti con lo stampino. *His paintings look as if
    they were mass-produced.*

stampo — *mold*
  dello stesso stampo — *of the same kind.*

  Vedi **della stessa risma.**

  di vecchio stampo — *of the old school.*
  È una donna di vecchio stampo e non sopporta le parolacce. *She's a
    lady of the old school and can't stand swearing.*

stanco — *tired*
  stanco morto — *dead tired.*
  Ho lavorato per tre ore di vanga e zappa; sono stanco morto. *I worked
    for three hours with the spade and hoe; I'm dead tired.*

stare — *to stay*
  non stare più in sè — *to be beside oneself.*

Ha accettato di sposarlo e lui non sta più in sè dalla gioia. *She agreed to marry him, and he's beside himself with joy.*

stare a — *to be up to.*
Non sta a te raccontarle delle scappatelle di suo marito. *It's not up to you to tell her about her husband's affairs.*

stare per — *to be about to.*
Stiamo per comprare una casa. *We're about to buy a house.*

stare sulle proprie — *to keep to oneself.*
Sarebbe anche uno simpatico, se non stesse sempre sulle sue. *He'd be a nice man if he didn't always keep to himself.*

Ti sta bene! (Ben ti sta!) *It serves you right!*

---

stecchetto — *small stick*
a stecchetto — *(1) on short rations.*
Mi ha tenuta a stecchetto un mese col pretesto che dovevo dimagrire. *He kept me on short rations for a month, with the pretext that I had to lose weight.*
(2) on a short allowance.
Ha un padre molto severo che la tiene a stecchetto. *She has a very strict father who keeps her on a tight budget.*

---

stella — *star*
alle stelle — *sky high.*
I prezzi sono andati alle stelle; non so come ce la caveremo. *Prices have gone sky high; I don't know how we'll make it.*

È facile passare dalle stelle alle stalle. *Easy come easy go.*

portare qualcuno alle stelle — *to praise someone to the skies.*
Il suo professore l'ha sempre portato alle stelle e gli farà avere un posto all'università. *His professor has always praised him to the skies and will get him a position at the university.*

---

stento — *hardship*
a stento — *hardly.*
Vedi **a malapena.**

vivere di stenti — *to lead a hard life.*
Ha vissuto di stenti per anni; è giusto che ora viva meglio. *He led a hard life for years; it's fair that he's better off now.*

stesso — *same*
fare lo stesso — *to be all the same.*
Tè o caffè? Fa lo stesso. *Tea or coffee? It's all the same.*

stinco — *shin bone*
essere uno stinco di santo — *to be a saint.*
Non è uno stinco di santo, ma è un gran lavoratore. *He's no saint, but he's a hard worker.*

stivale — *boot*
dei miei stivali — *third-rate.*
Scrittore dei miei stivali. Faresti meglio a cambiar mestiere! *Third-rate writer! You'd do better to change jobs!*

stoccata — *thrust*
lanciare una stoccata a — *to make a sarcastic remark about.*
Le ha lanciato una stoccata a cena che la farà star zitta per un pezzo! *He made a sarcastic remark about her at dinner that will keep her quiet for a while.*

stoffa — *cloth*
avere la stoffa — *to have the stuff.*
Ha la stoffa dell'avvocato, ma bisogna che studi ancora molto. *He has the stuff to be a lawyer, but he still needs to study a lot.*

stomaco — *stomach*
avere qualcuno sullo stomaco — *not to stand.*
Quel tale l'ho sullo stomaco da quando mi ha ingannato. *I can't stand him since he deceived me.*

avere stomaco — *to have guts.*
Ci vuole stomaco a frequentare certi ambienti. *You need guts to move in certain circles.*

dare allo stomaco — *to turn one's stomach.*
Quell'odore mi dà allo stomaco. *That smell turns my stomach.*

rimanere sullo stomaco — *not to agree with.*

Quel suo discorso mi è rimasto sullo stomaco; c'è sotto qualcosa che non capisco. *What he said doesn't agree with me; there's something to it that I don't understand.*

storia — *story*

fare delle storie — *to be fussy.*

A far compere con lui non ci vado più; fa tante di quelle storie! *I'm not going shopping with him any more; he's so fussy!*

straccio — *rag*

ridursi come uno straccio — *to wear oneself out.*

A forza di lavorare a quel modo si è ridotto come uno straccio. *By working so hard he's worn himself out.*

uno straccio di marito — *any husband.*

Non è mai riuscita a trovare neanche uno straccio di marito. *She never got within striking distance of any husband.*

strada — *street, road*

cambiare strada — *to change one's ways.*

È meglio che tu cambi strada, se vuoi combinare qualcosa di buono. *You'd better change your ways if you want to make something of yourself.*

divorare la strada — *to eat up the road.*

È arrivato in meno di tre ore; ha divorato la strada. *He got here in less than three hours; he ate up the road.*

essere fuori strada — *to be mistaken (on the wrong track).*
Sei proprio fuori strada se credi che lui ti abbia ingannato. *You're totally mistaken if you believe he cheated you.*

fare molta strada — *to go far.*
Ha fatto molta strada da quando studiavamo insieme all'università; è arrivato dove voleva. *He's gone far since we studied together at the university; he's gotten where he wants to be.*

fare strada — *to lead the way.*
Faccio strada se permetti. *I'll lead the way if it's all right with you.*

farne di strada — *to come a long way.*
Il lavoro nei campi era molto duro senza le macchine. Ne abbiamo fatta di strada! *Farming was very hard without machines. We've come a long way!*

farsi strada — *to make one's way.*
Si è fatto strada nel mondo degli affari grazie allo zio. *He made his way in the business world thanks to his uncle.*

fuori strada — *out of the way.*
Vedi **fuori mano.**

mettere fuori strada — *to throw someone off the track.*
Le sue informazioni non mi hanno aiutato affatto; anzi, mi hanno messo fuori strada completamente. *His information didn't help me at all; as a matter of fact it threw me off the track completely.*

spianare la strada — *to pave the way.*
Gli hanno sempre spianato la strada e lui non sa affrontare le difficoltà. *His way has always been paved for him, and he doesn't know how to face difficulties.*

tagliare la strada — *to stand in someone's way.*
Non è facile fare carriera qui dentro. C'è sempre qualcuno che ti taglia la strada. *It's not easy to get ahead here. There's always someone standing in your way.*

trovare la propria strada — *to find oneself.*
Ha finalmente trovato la sua strada. È felice! *He finally found himself. He's happy!*

straforo — *tunnel*
  di straforo — *on the sly.*
  Vedi **sotto banco.**

strapazzo — *strain, exertion*
  da strapazzo — *third-rate.*
  Non fidarti di lui; è un avvocato da strapazzo. *Don't trust him; he's a shyster.*

strappo — *tear*
  fare uno strappo alla regola — *to make an exception.*
  Non accetto mai inviti a cena, ma per te faccio uno strappo alla regola. *I never accept dinner invitations, but for you I'll make an exception.*

stravedere — *to see wrongly.*
  stravedere per qualcuno — *to see someone through rose-colored glasses.*
  Non puoi fare la minima critica a suo figlio: stravede per lui! *You can't criticize her son in the least: she sees him through rose-colored glasses.*

stregua — *rate*
  alla stessa stregua — *(1) just like.*
  Mi tratta alla stessa stregua di sua figlia, ma non lo sopporto. *He treats me just like his daughter, but I can't stand him.*
  (2) by the same standards.
  È sbagliato giudicare tutti alla stessa stregua. *It's wrong to judge everyone by the same standards.*

stretta — *grasp*
  essere alle strette — *to be in a tight spot.*
  L'imputato, messo alle strette, confessò tutto. *The accused, put in a tight spot, confessed everything.*

  mettere qualcuno alle strette — *to put someone with his (her) back to the wall.*
  Vedi **mettere qualcuno con le spalle al muro.**

stringere — *to squeeze*
  stringi stringi — *to sum up.*
  Stringi stringi, non ha detto niente di nuovo. *To sum up, he didn't say anything.*

struzzo — *ostrich*
  fare lo struzzo — *to bury one's head in the sand.*
  È inutile che tu faccia lo struzzo: i problemi economici non si ri-solvono da soli. *It's no use burying your head in the sand; financial problems don't solve themselves.*

stucco — *stucco*
  di stucco — *dumbfounded.*
  Vedi **restare di sale.**

su — *up*
  su e giù — *coming and going.*
  Per la strada era un continuo su e giù di gente. *There was a constant bustle of people in the street.*

  su per giù — *more or less.*
  Sono su per giù due chilometri fino alla stazione. *It's more or less two kilometers to the station.*

  saltare su — *to jump up.*
  Sono saltata su e l'ho difeso. *I jumped up and defended him.*

  tirare su — *(1) to bring up.*
  Ha tirato su i figli di sua sorella. *She brought up her sister's children.*
  (2) to cheer up.
  Tirati su, vedrai che l'anno prossimo le cose andranno meglio! *Cheer up! You'll see that things will work out better next year.*

succedere — *to happen*
  Succeda quel che succeda. *Let the chips fall where they may.*
  Vedi anche accadere.

succo — *juice*
il succo del — *the crux of the matter.*
Questo è il succo del discorso; voleva più soldi. *This is the crux of the matter; he wanted more money.*

sugo — *sauce*
spremere il sugo da — *to get the essence out of.*
Bisogna spremere il sugo dal suo racconto; può darsi che se ne possa trarre qualcosa di buono. *You have to get the essence out of his story; maybe you can get something good out of it.*

suolo — *ground*
radere al suolo — *to raze to the ground.*
Durante la battaglia la città fu rasa al suolo. *During the battle the city was razed to the ground.*

suonare — *to ring*
suonarle a qualcuno — *to give someone a good thrashing.*
Gliele ha suonate perchè non ha obbedito. *He gave him a good thrashing because he was disobedient.*

tabula rasa — *a clean slate*
fare tabula rasa — *to make a clean sweep.*
Ho fatto tabula rasa: adesso ricomincio da capo. *I made a clean sweep; now I'll start from scratch.*

tacca — *notch*
di mezza tacca — *shoddy.*
È un personaggio di mezza tacca: molto, molto mediocre. *He's a shoddy person: very, very mediocre.*

tacco — *heel*

alzare i tacchi — *to take to one's heels.*

Aveva paura e decise di alzare i tacchi. *He was afraid and took to his heels.*

tacere — *to be silent*

Chi tace acconsente. *Silence gives consent.*

mettere a tacere — *to hush up.*

La cosa è stata messa a tacere, altrimenti lo avrebbeo rovinato finanziariamente. *The thing was hushed up, otherwise it would have ruined him financially.*

tagliare — *to cut*

tagliato per — *to be cut out for.*

È tagliato per fare l'architetto. *He's cut out to be an architect.*

taglio — *cut*

dare un taglio — *to cut it out.*

Ti sei lamentata del tuo ragazzo tutto il giorno. Dacci un taglio! *You've been complaining about your boyfriend all day. Cut it out!*

essere un'arma a doppio taglio — *to cut both ways.*

Diminuire le tasse si rivela un'arma a doppio taglio perchè bisogna pagare di più di tasca propria per i servizi. *Lowering taxes cuts both ways because you'll have to pay more for services out of pocket.*

venire a taglio — *to come in handy.*

La tua abilità nel cucinare è proprio venuta a taglio; non so come avrei fatto senza il tuo aiuto. *Your cooking ability has come in handy; I don't know how I could have managed without your help.*

tale — *so, such*

il tale — *so-and-so (such and such).*

Devo parlare con quel tale, sai, quello che ha il negozio. *I must talk to so-and-so, you know, the one who owns the store.*

un tale — *one.*

Ha telefonato un tale, ma non ha lasciato il nome. *Someone called, but didn't leave his name.*

tamburo — *drum*

a tambur battente — *at once.*

La sua richiesta fu esaudita a tambur battente. *His request was granted immediately.*

tandem — *tandem*

fare qualcosa in tandem — *to work together.*

Fanno sempre tutto in tandem; quando uno è stanco si fa sotto l'altro. *They always work together; when one's tired the other one pitches in.*

tanto — *as (so) much*

di tanto in tanto — *now and then.*

Anch'io vado in campagna di tanto in tanto. *I go to the country now and then too.*

dirne tante — *to talk a lot of nonsense.*

Oggi era proprio svanito; ne ha dette tante! *Today he was really out of it; he talked a lot of nonsense!*

dirne tante e poi tante — *to tell someone where to get off.*

Gliene ha dette tante e poi tante! *He really told him where to get off!*

ogni tanto — *every now and then.*

Ci vediamo ogni tanto. *We see each other every now and then.*

tant'è — *one might as well.*

Ci sono andati tutti, tant'è che ci vada anch'io. *They all went there; I might as well go too.*

tanto meglio . . . tanto peggio — *so much the better . . . so much the worse.*

Se passano quella legge, tanto meglio per me e tanto peggio per te. *If they pass the law, so much the better for me and so much the worse for you.*

tanto meno — *let alone, least of all.*

Non ho abbastanza soldi per comprare una bicicletta, tanto meno una macchina. *I don't have enough money to buy a bicycle, let alone a car.*

tanto più — *all the more so.*
È inutile avvisarlo, tanto più che è probabile che non venga. *It's no use telling him, all the more so because he's not likely to come.*

tappa — *stopping place*
bruciare le tappe — *to make lightning progress.*
Sta bruciando le tappe; ha veramente una brillante carriera di fronte a sè. *He's making lightning progress; he really has a brilliant career ahead of him.*

tappeto — *carpet*
battere a tappeto — *to beat the bushes.*
Hanno battuto il quartiere a tappeto per raccogliere firme contro il nuovo inceneritore. *They beat the bushes all over the neighborhood looking for signatures against the new incinerator.*

mettere sul tappeto — *to bring into the open.*
Ha messo il problema sul tappeto. *He brought the question into the open.*

tappezzeria — *wallpaper*
far tappezzeria — *to be a wallflower.*
Faceva pena; ha fatto tappezzeria tutta la sera. Nessuno l'ha invitata a ballare o ha parlato con lei. *She was pitiful; she was a wallflower all evening. No one invited her to dance or spoke with her.*

tara — *tare*
fare la tara — *to take a story with a grain of salt.*
Il tuo resoconto è interessante, ma se permetti ci faccio un po' di tara. *Your report is interesting, but if you don't mind I'll take it with a grain of salt.*

tardi — *late*
Chi tardi arriva male alloggia. *First come first served.*

tasca — *pocket*
averne le tasche piene — *to be fed up with.*
Ne ho le tasche piene di questa storia; o la smetti o ti denuncio. *I'm fed up with this story; stop it or I'll report you.*

conoscere come le proprie tasche — *to know like the back of one's hand.*

Conosco la città come le mie tasche. *I know this city like the back of my hand.*

non venire niente in tasca a — *not to get anything out of.*

Io ti ho dato un buon consiglio, poi tu fai come vuoi. A me non me ne viene niente in tasca. *I gave you good advice, but you do as you please. I get nothing out of it either way.*

---

tasto — *key*

battere sullo stesso tasto — *to harp on.*

Batte sempre sullo stesso tasto. Non ha capito che è controproducente? *He's always harping. Doesn't he understand that it's worse that way?*

toccare un tasto delicato — *to touch on a sore subject.*

Quando ha parlato della suocera ha toccato un tasto delicato. *When he talked about her mother-in-law he touched on a sore subject.*

---

tastoni (tentoni) — *gropingly*

procedere a tastoni (tentoni) — *to grope one's way.*

Procedeva a tastoni (tentoni) nel buio. *He groped his way in the dark.*

---

tavola — *table*

amare la buona tavola — *to be fond of eating.*

Ha sempre amato la buona tavola e adesso deve stare a dieta! *He's always been fond of eating and now he must stay on a diet!*

---

tavoletta — *small board*

andare a tavoletta — *to floor it (to press the accelerator).*

Vedi **andare a tutto gas.**

---

tavolino — *little table*

vincere a tavolino — *to win by appeal.*

Ha vinto il match, ma a tavolino, per decisione degli arbitri. *He won the match by appeal, by decision of the judges.*

---

tema — *theme*

fuori tema — *beside the point.*

Hai scritto quattro magnifiche pagine, ma sei andato fuori tema. *You wrote four beautiful pages, but it's all beside the point.*

---

tempesta — *storm*

una tempesta in un bicchier d'acqua — *a tempest in a teapot.*

Ci sono state urla e pianti, ma è stata una tempesta in un bicchier d'acqua. *There were shouts and cries, but it was only a tempest in a teapot.*

---

tempo — *time*

a tempo perso — *in one's spare time.*

A tempo perso prendo lezioni d'inglese. *In my spare time I take English lessons.*

anticipare i tempi — *to speed up.*

Bisogna anticipare i tempi, altrimenti arriveranno le piogge appena finita la semina. *We have to speed up; otherwise the rainy season will come as soon as the planting is done.*

aver fatto il proprio tempo — *to have seen one's day.*

Ormai queste gomme hanno fatto il proprio tempo. *These tires have seen their day.*

battere qualcuno sul tempo — *to beat someone to it.*

Mi ha battuto sul tempo ed ha comprato il vestito che volevo io. *She beat me to it and bought the dress I wanted.*

Chi ha tempo non aspetti tempo. *A stitch in time saves nine.*

Col tempo e con la paglia maturano le sorbe (nespole). *Everything comes to him who waits.*

con i tempi che corrono — *nowadays.*

Non è il caso di spendere tanto con i tempi che corrono. *It's better not to spend too much nowadays.*

darsi al bel tempo — *to relax.*

Ha lavorato sodo e adesso si dà al bel tempo. *He worked hard and now he can relax.*

fare a tempo e luogo — *in due time.*

Faremo pulizia a fondo a tempo e luogo, non ora. *We'll do spring housecleaning in due time, not now.*

fare il bello e il cattivo tempo — *to lay down the law.*

Lui fa il bello e il cattivo tempo in famiglia e nessuno protesta. *He lays down the law in his family and no one argues with that!*

in tempo utile — *by the deadline.*

Devo finire in tempo utile. *I have to finish by the deadline.*

lasciare il tempo che trova — *without results.*

Predica sempre, ma lascia il tempo che trova. Nessuno lo ascolta. *He's always preaching, but without results. No one listens to him.*

prendere tempo — *(1) to take time.*

Non fargli fretta, è un lavoro che prende tempo. *Don't hurry him; it's a job that takes time.*

(2) to mark time.

Prendi tempo e dagli la tua risposta solo quando sei pronto. *Mark time, and give him your answer only when you're ready.*

tempi magri — *hard times.*

Son tempi magri, questi! Non puoi pretendere di guadagnare di più. *These are hard times! You can't expect to earn more.*

Tempo da lupi! *Foul weather!*

volerci il suo bravo tempo — *to take time.*

Non aspettarlo presto; ci vorrà il suo bravo tempo prima che arrivi. *Don't expect him early; it will take him time to get here.*

tenda — *curtain*

levar le tende — *to leave a place.*

Mi sembra di essere di peso qui; è ora di levar le tende. Andiamocene. *It seems we're unwanted here; it's time to leave. Let's go.*

piantar le tende — *to plunk oneself down.*

L'abbiamo invitato a stare da noi qualche giorno e lui ha piantato le tende. Non se ne va più! *We invited him to stay with us for a few days and he plunked himself down and now he's not leaving!*

termine — *end, term*
  portare a termine — *to pull off.*
  Non riesce a portare a termine il lavoro da sola. *She doesn't seem able to pull that job off by herself.*

  senza mezzi termini — *straight out.*
  Le ho detto senza mezzi termini che non credevo a una parola di quello che diceva. *I told her straight out that I didn't believe one word of what she was saying.*

terno — *set of three numbers*
  un terno al lotto — *(1) like winning the lottery.*
  Vendendo le azioni al momento giusto abbiamo vinto un terno al lotto. *Selling our shares at the right moment was like winning the lottery.*
  (2) dicey.
  Far soldi in Russia al giorno d'oggi è un terno al lotto. *Making money in Russia nowadays is very dicey.*

terra — *earth, land*
  essere a terra — *to be down.*
  Sono proprio a terra; mi va tutto storto oggi. *I'm really down; everything's going wrong today.*

  rasoterra — *skimming the ground.*
  Ha tirato un sasso rasoterra e lo ha colpito alle gambe. *He threw a stone skimming the ground and hit him in the legs.*

  terra terra — *down to earth (to the point of being trivial).*
  È un tipo molto terra terra. Ti piace davvero? *He's quite down to earth; do you really like him?*

terreno — *land*
  acquistar terreno — *to gain ground (acceptance).*
  Quelle idee stanno acquistando terreno tra i giovani. *Those ideas are gaining ground (acceptance) among young people.*

  far mancare il terreno sotto i piedi — *to pull the rug out from under.*
  Hanno svelato il mio segreto e così mi hanno fatto mancare il terreno sotto i piedi. *By revealing my secrets they pulled the rug out from under me.*

preparare il terreno — *to prepare things.*

Bisogna preparare il terreno prima di dargli la notizia. *You have to prepare things before telling him the news.*

sentirsi mancare il terreno sotto i piedi — *to feel insecure.*

Quando non ho soldi mi sento mancare il terreno sotto i piedi. *When I'm short of cash I feel insecure.*

tastare il terreno — *to sound someone out (to see how the land lies).*

Sarà meglio tastare il terreno prima di prendere una decisione così importante. *It'll be better to sound him out (to see how the land lies) before making such an important decision.*

terzo — *third*

fare da terzo incomodo — *to be the odd man out.*

Ne ho abbastanza di fare da terzo incomodo per i suoi incontri con questo e con quello. *I've had enough of being the odd man out in his meetings with this person and that.*

teso — *taut*

essere teso come una corda di violino — *to be taut as a bowstring.*

È teso come una corda di violino perchè sua figlia non dà più notizie di sè da due settimane. *He's taut as a bowstring because he hasn't heard from his daughter in two weeks.*

testa — *head*

a testa in giù — *headlong (head first).*

Non si è fatto male, nonostante sia caduto da cavallo a testa in giù. *Even though he fell off his horse head first, he didn't get hurt.*

alzata di testa — *a reaction.*

Ha avuto un'alzata di testa una volta, poi si è rassegnato. *He had a reaction once, then he resigned himself.*

avere altro per la testa — *to have other things on one's mind.*

Ci ha dato una mano, ma non è servito a molto: aveva altro per la testa. *He gave us a hand, but it didn't help much; he had other things on his mind.*

avere la testa fra le nuvole — *to have one's head in the clouds.*
Ha sempre la testa fra le nuvole. È innamorato? *He's always got his head in the clouds. Is he in love?*

avere la testa sulle spalle (sul collo) — *to have a good head on one's shoulders.*
È giovane, ma ha la testa sulle spalle (sul collo), e sa benissimo il fatto suo. *He's young, but he has a good head on his shoulders, and he knows what he's doing.*

cacciarsi (ficcarsi, mettersi) in testa — *to get it into one's head.*
Si è ficcata in testa di assomigliare a Marilyn Monroe! *She's got it into her head that she looks like Marilyn Monroe.*

con la testa nel sacco — *like a fool.*
Hai agito con la testa nel sacco: che cosa ti aspettavi? *You behaved like a fool; what did you expect?*

dalla testa ai piedi — *from head to toe.*
Vedi **da capo a piedi.**

dare alla testa — *to go to one's head.*
Tutti quei complimenti le hanno dato alla testa. *All those compliments went to her head.*

fare di testa propria — *to do something one's own way.*
Fai sempre di testa tua. Come mai stavolta mi chiedi un consiglio? *You're always doing things your own way. Why are you asking me for advice this time?*

far girare la testa — *(1) to make someone's head turn.*
È così carina che fa girare la testa a tutti. *She's so cute that she makes everyone's head turn.*
(2) to make dizzy.
Questo vino mi fa girare la testa. *This wine makes me dizzy.*

in testa — *in the lead.*
È in testa alla classifica. *He's in the lead in the line-up.*

mettere in testa — *to put into one's head.*
Chi te l'ha messa in testa un'idea simile? *Who put an idea like that into your head?*

mettere la testa a partito — *to settle down.*

Mio fratello ha finalmente messo la testa a partito ed ha cominciato a lavorare. *My brother has finally settled down and started to work.*

montarsi la testa — *to get a swelled head.*

Non montarti la testa. Ci vuol altro che un articolo pubblicato per diventare scrittore! *Don't get a swelled head. You need to publish more than one article to become a writer!*

Non fasciarti la testa prima che sia rotta. *Don't cross your bridges until you come to them.*

non saper dove sbattere la testa — *to be at one's wits' end.*

Da quando la sua ragazza l'ha lasciato, non sa più dove sbattere la testa. *Since his girlfriend left him he's at his wits' end.*

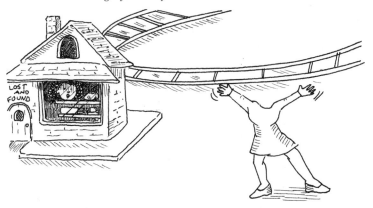

perdere la testa — *to go off the deep end.*

Quando ha sentito che suo cugino aveva ereditato tutto ha perso la testa. *When he heard that his cousin got the whole inheritance he went off the deep end.*

picchiare in testa — *to skip beats.*

Il motore picchia in testa; bisogna regolare l'accensione. *The motor is skipping beats; we'll have to check the ignition.*

piegare la testa — *to give in.*

Suo padre è molto autoritario ed è riuscito a fargli piegare la testa; ora obbedisce sempre. *His father is very authoritarian and has managed to make him give in; now he's always obedient.*

tagliare la testa al toro — *to settle the question once and for all.*

Non rinnoviamogli il contratto; così tagliamo la testa al toro. *Let's not renew his contract; that way we'll settle the question once and for all.*

tenere la testa a posto — *to keep one's head.*

Saprai tenere la testa a posto, spero, malgrado i soldi che ti ritrovi in tasca! *You'll know how to keep your head, I hope, no matter how much money you find in your pocket!*

tener testa — *to hold one's own.*

Tiene sempre testa a tutti con la parlantina che ha. *He always holds his own with his gift of gab.*

una testa di cavolo (rapa) — *a blockhead.*

Che testa di cavolo (rapa) quel ragazzo! Non ne fa mai una buona. *What a blockhead that boy is! He never does anything right.*

testardo — *stubborn*

testardo come un asino — *as stubborn as a mule.*

Non gli farai mai cambiare idea. È testardo come un asino. *You'll never change his mind. He's as stubborn as a mule.*

testo — *text*

far testo — *to be authoritative.*

Le tue parole non fanno testo. Mi dispiace, dobbiamo sentire i testimoni. *Your words are not authoritative. I'm sorry but we have to hear the witnesses.*

ticchio — *tic*

saltare (venire) il ticchio di — *to take into one's head.*

Gli è saltato (venuto) il ticchio di mettersi a suonare il flauto. *He took it into his head to start playing the flute.*

timone — *tiller*

essere al timone — *to be at the helm.*

È lui che è al timone dell'azienda; è un ottimo organizzatore. *He's at the helm of the company; he's a great organizer.*

tirare — *to pull*

fare a tira e molla — *to argue back and forth.*

Fanno a tira e molla per un po', ma poi lei cede. *They argue it back and forth for a while, then she gives in.*

tirare a campare — *to get along.*

Hanno tirato a campare per un po' con la pensione della madre; poi i ragazzi hanno trovato lavoro. *They got along for a while with their mother's pension; then the boys found jobs.*

tirata — *pull*

in un'unica tirata — *in one go.*

Abbiamo fatto Milano-Roma in un'unica tirata. *We did Milan to Rome in one go.*

tiro — *throw*

abbassare il tiro — *to lower one's sights.*

Abbassa il tiro, o nessuno capirà i tuoi discorsi; sono tutti principianti. *Lower your sights or no one will understand you; they're all beginners.*

capitare a tiro — *to get hold of.*

Se mi capita a tiro me la pagherà una volta per tutte. *If I can get hold of him, I'll fix him once and for all.*

giocare un brutto tiro — *to play a mean trick.*

Nascondergli i libri prima dell'esame è stato proprio un brutto tiro. *Hiding his books before the exam was a mean trick indeed.*

un tiro di schioppo — *within a stone's throw.*

Mia sorella abita a un tiro di schioppo. *My sister lives within a stone's throw away.*

tizio — *chap*

Tizio, Caio e Sempronio — *Tom, Dick, and Harry.*

Hanno fatto finta di conoscere Tizio, Caio e Sempronio, ma in realtà non conoscevano nessuno. *They pretended to know every Tom, Dick, and Harry, but they really didn't know anyone.*

tomba — *tomb*

essere una tomba — *not to tell a soul.*

Puoi confidarmi il tuo segreto; sarò una tomba. *You can confide your secret in me; I won't tell a soul.*

tondo — *round*

impagliare i tondi — *to slip out.*

Sono passati per la finestra, hanno dormito qui e alle cinque hanno impagliato i tondi senza che nessuno se ne accorgesse. *They came in through the window, slept here, and at five o'clock they slipped out without anyone noticing.*

tono — *tone*

cambiare tono — *to change one's tune.*

Cambia tono per favore; non otterrai niente con quel fare de padrone. *Please change your tune; you won't get anything with that bossy attitude.*

rispondere a tono — *to answer to the point.*

Rispondi a tono; non sfuggire alle mie domande. *Answer to the point; don't avoid my questions.*

tonto — *dumb*

fare il finto tonto — *to play dumb.*

Non fare il finto tonto; sai benissimo di che cosa sto parlando. *Don't play dumb; you know very well what I'm talking about.*

topo — *mouse*

topo d'appartamento — *burglar.*

"Che mestiere fa?" "Ah, è un topo d'appartamento!" *"What's his job?" "Ah, he's a burglar."*

torbido — *turbid*

rimestare nel torbido — *to fish in troubled waters.*

Può finire in prigione da un giorno all'altro: è uno che rimesta nel torbido. *He may end up in jail any day; he fishes in troubled waters.*

torchio — *press*
  essere sotto il torchio — *to be grilled.*
  È sotto il torchio adesso. Quando avranno finito di interrogarlo
    sapremo qualcosa di più. *He's being grilled right now. When they've*
    finished questioning him we'll know more.

torno (intorno) — *round (around)*
  levare di torno qualcuno — *to get rid of someone.*
  Levami di torno quel tipo, o lo denuncio per molestie. *Get rid of that*
    guy or I'll report him as a public nuisance.

toro — *bull*
  prendere il toro per le corna — *to take the bull by the horns.*
  Se non prendiamo il toro per le corna non riusciremo mai a ottenere
    niente. *If we don't take the bull by the horns we'll never get anywhere.*

torta — *cake*
  spartirsi la torta — *to split the loot.*
  Si spartiranno la torta dopo aver fatto il colpo. *They'll split the loot*
    after making the hit.

torto — *wrong*
  avere torto marcio — *to be utterly wrong.*
  In genere mi fido della sua opinione, ma questa volta ha torto marcio.
    I usually trust his opinion, but this time he's utterly wrong.

  dare torto a — *to say someone is wrong.*
  Mi dà sempre torto. *He always says I'm wrong.*

  non avere tutti i torti — *to have a point.*
  Non ha mica tutti i torti. È meglio arrivare un po' prima per evitare il
    traffico. *He's got a point. It's better to arrive a little early to avoid the*
    traffic.

tramite — *through*
  far da tramite — *to act as in intermediary.*
  Ha fatto da tramite tra i rapitori e la famiglia. *He acted as a go-*
    between between the kidnappers and the family.

tramontana — *north wind*
  perdere la tramontana — *not to know whether one's coming or going.*
  Da quando si è innamorato ha perduto la tramontana. *Since he fell in love he doesn't know whether he's coming or going.*

trampolino — *diving board*
  far da trampolino di lancio — *to be a launching pad.*
  L'intervista gli servirà da trampolino di lancio; molta gente comincerà a conoscerlo. *The interview will be his launching pad; people will get to know him.*

trampolo — *stilt*
  reggersi sui trampoli — *to be shaky.*
  La sua situazione finanziaria non è mica tanto buona; si regge sui trampoli. *His economic situation isn't very good; it's shaky.*

tran-tran — *routine*
  il solito tran-tran — *the same old rut.*
  Non facciamo niente di interessante; è il solito tran-tran di tutti i giorni. *We don't do anything interesting; it's the same old day-to-day rut.*

tratto — *tract*
  ad un tratto — *all of a sudden.*
  Ad un tratto scomparve, come se non fosse mai esistito. *All of a sudden he disappeared, as if he'd never existed.*

traveggole — *seeing double*
  avere le traveggole — *to mistake one thing for another.*
  Mi hai visto a Parigi con un uomo che non era mio marito? Hai le traveggole! *You saw me in Paris with a man who isn't my husband? You're seeing double!*

traverso — *across*
  andare di traverso — *to go down the wrong way (pipe).*
  Quel boccone mi è andato di traverso. *Something I swallowed went down the wrong way (pipe).*

andare per traverso — *to go wrong.*
Pare che tutto le vada per traverso. *Everything seems to be going wrong with her.*

guardare di traverso — *to look angrily.*
Non guardarmi di traverso solo perchè ti ho fatto un'osservazione. *Don't look at me angrily just because I criticized you.*

tredici — *thirteen*
lavorare tredici mesi l'anno — *to work like a dog.*
Lavoro tredici mesi l'anno e mi pagano per sei. *I work like a dog and they pay me peanuts.*

treno — *train*
un treno di vita — *a standard of living.*
Il loro treno di vita non è così alto come vogliono far credere. *Their standard of living isn't as high as they make it out to be.*

trenta — *thirty*
Chi ha fatto trenta può fare trentuno. *You might as well go whole hog.*

trito — *minced*
trito e ritrito — *stale, rehashed.*
Così non convincerai nessuno, è un argomento trito e ritrito. *You won't convince anyone this way; it's a rehashed subject.*

tromba — *trumpet*
partire in tromba — *to rush off.*
È partito in tromba dopo la telefonata. Chissà che cosa è successo! *He rushed off after the telephone call. Who knows what happened!*

tronco — *trunk*
licenziare in tronco — *to axe.*
Hanno licenziato trecento operai in tronco. *They axed three hundred workers.*

troppo — *too*
    essere di troppo — *to be in the way.*
    Se sono di troppo in cucina, ditemelo, me ne vado di là. *If I'm in the way in the kitchen, let me know, I'll go away.*

    Il troppo stroppia. *More than enough is too much.*

    x di troppo — *x too many.*
    Ci sono dieci invitati di troppo. *There are ten guests too many.*

trovare — *to find*
    trovare da ridire — *to find fault with.*
    Trova sempre da ridire su quel che dico. *He always finds fault with what I say.*

tu — *you*
    a tu per tu — *face-to-face.*
    Voglio parlarle a tu per tu; forse con me si confida. *I want to talk to her face-to-face; maybe she'll confide in me.*

    dare del tu — *to use the informal address.*
    Possiamo anche darci del tu, dopo tutto abbiamo la stessa età. *You can use the informal address with me; after all, we're the same age.*

tubo — *pipe*
    un tubo — *a damned thing.*
    Non ho capito un tubo della conferenza. E tu? *I didn't understand a damned thing in his lecture. What about you?*

tuffo — *plunge*
    avere un tuffo al cuore — *for the heart to skip a beat.*
    Credevo che fosse lui e ho avuto un tuffo al cuore. *I thought it was he and my heart skipped a beat.*

turco — *Turk*
    bestemmiare come un turco — *to swear like a trooper.*
    È un vecchietto simpatico; peccato che bestemmi come un turco. *He's a nice old man; too bad he swears like a trooper.*

fumare come un turco — *to smoke like a chimney.*

Fuma come un turco; si ammalerà! *He smokes like a chimney; he'll get sick!*

tutto — *all*

dare il tutto per tutto — *to go for broke.*

Ha dato il tutto per tutto e ha vinto la corsa negli ultimi dieci metri. *She went for broke and won the race in the last ten meters.*

fare di tutto — *(1) to bend over backwards, to go all out for (out of one's way).*

Abbiamo fatto di tutto per salvare l'impresa, ma non ci siamo riusciti. *We bent over backwards to save the firm, but we failed.*

in tutto e per tutto — *first and last.*

Era un medico come suo padre in tutto e per tutto. *He was a physician first and last like his father.*

tutti quanti — *everyone.*

C'è lavoro per tutti quanti. *There's work for everyone.*

tutto quanto — *everything.*

Questo è tutto quanto mi resta. *This is everything I have left.*

uccello — *bird*

uccel di bosco — *on the loose (at large).*

Sebbene tutta la polizia lo cerchi, il bandito rimane ancora uccel di bosco. *In spite of the police search, the bandit is still on the loose (at large).*

ufo — *(only in the expression)*

mangiare ad ufo — *to sponge.*

Lo stipendio gli basta perchè mangia ad ufo dagli amici. *His salary is enough for him because he sponges off his friends.*

uggia — *boredom*

avere in uggia — *to dislike.*

Quel tizio l'ho in uggia; è troppo noioso. *I dislike that guy; he's too boring.*

ugola — *uvula*

bagnarsi l'ugola — *to wet one's whistle.*

Non ho bevuto molto; mi sono appena bagnata l'ugola. *I didn't drink much; I just wet my whistle.*

unghia — *fingernail*

lottare con le unghie e con i denti — *to defend tooth and nail.*

Ha cercato di salvare l'azienda dalla fusione lottando con le unghie e con i denti. *He defended his firm tooth and nail against the merger.*

mordersi (rodersi) le unghie — *to kick oneself.*

Mi mordo (rodo) le unghie a pensare al buon affare che ho mancato. *I'm kicking myself when I think of that good deal I missed.*

sull'unghia — *ready when requested.*

Ho sganciato venti milioni sull'unghia per questa macchina ed è già rotta. *I shelled out twenty million lire ready cash for this car and it's already broken.*

unico — *unique*

più unico che raro — *really rare.*

Una persona così onesta è più unica che rara. *A person that honest is really rare.*

unione — *union*

L'unione fa la forza. *United we stand, divided we fall.*

uno — *one*

tutt'uno — *all the same.*

Andare? Restare? Per me è tutt'uno. *Going? Staying? It's all the same to me.*

un po' per uno — *some for each.*
Un po' per uno non fa male a nessuno. *Some for each is good for all.*

uno sì e uno no — *every other.*
Per ottenere questo effetto all'uncinetto devi fare una maglia sì e una no. *To do this crocheting you have to skip every other stitch.*

uomo — *man*
l'uomo della strada — *the man in the street.*
Deve essere una pubblicità semplice che colpisca l'immaginazione dell'uomo della strada. *It has to be a simple ad that will strike the imagination of the man in the street.*

un uomo da poco — *a man of no account.*
Lui si dà molte arie, ma è un uomo da poco. *He puts on airs, but he's a man of no account.*

un uomo di mondo — *a man of the world.*
È un uomo di mondo e sa come ci si comporta ad un pranzo ufficiale. *He's a man of the world and knows how to behave at an official dinner.*

un uomo di punta — *a leading man.*
È un uomo di punta dell'industria chimica. *He's a leading man in the chemical industry.*

uovo — *egg*
camminare sulle uova — *to walk on eggshells.*
Quando c'è lui bisogna sempre camminare sulle uova. *When he's around we all walk on eggshells.*

È l'uovo di Colombo. *It's as plain as the nose on your face.*

Meglio un uovo oggi che una gallina domani. *A bird in the hand is worth two in the bush.*

rompere le uova nel paniere — *to upset the applecart.*
Non rompermi le uova nel paniere con le tue chiacchiere. *Don't upset the applecart with all your talk.*

urto — *push*
> **mettersi in urto** — *to have a falling out.*
> Si è messo in urto con suo zio e non erediterà niente. *He had a falling out with his uncle and won't inherit anything.*

uscio — *doorway*
> **Non si trovano ad ogni uscio.** *They don't grow on trees.*

uscita — *exit*
> **Che bella uscita!** *What a smart line!*

vaglio — *sieve*
> **passare al vaglio** — *to go over with a fine-tooth comb.*
> Ho passato al vaglio tutte le possibilità e questa mi sembra la soluzione migliore. *I went over all the possibilities with a fine-tooth comb and this seems to me the best solution.*

vago — *vague*
> **tenersi nel vago** — *not to commit oneself.*
> Non essere troppo preciso; resta nel vago se vuoi avere la possibilità di fare dei cambiamenti. *Don't be too precise; don't commit yourself if you want to keep open the possibility of making changes.*

valere — *to be worth*
> **farsi valere** — *to be assertive.*
> Fatti valere e non farti portare via quell'incarico. *Be assertive and don't let them take that assignment away from you.*

> **Non vale!** *That's not fair! (That's cheating!)*

> **tanto vale che** — *one might as well.*
> Tanto vale che andiamo. *We'd might as well go.*

vale a dire — *that is to say.*

Dice che verrà quando avrà tempo. Vale a dire mai. *He says he'll come when he has time. That is to say never.*

valle — *valley*

a valle — *farther down the road.*

La casa si trova più a valle, verso la chiesa. *The house is farther down the road, near the church.*

valvola — *valve*

valvola di sfogo — *emotional outlet.*

Lo sport è la sua valvola di sfogo. *Sports are his emotional outlet.*

vantare — *to boast*

Chi si vanta si spianta. *Pride goes before a fall.*

vanvera — *failure*

parlare a vanvera — *to talk through one's hat.*

Non conosci l'argomento e parli a vanvera. *You don't know the subject and you're talking through your hat.*

varco — *way*

aprirsi un varco — *to fight (elbow) one's way through.*

Si è aperto un varco tra la folla ed è riuscito a entrare. *He fought (elbowed) his way through the crowd and managed to get in.*

aspettare al varco — *to be out to get one.*

Sta' in campana. Ti aspetterà al varco quando meno te lo aspetti. *Beware. He's out to get you when you least expect it.*

vaso — *vase*

portare vasi a Samo — *to carry coals to Newcastle.*

Parlargli di ricette di cucina è come portare vasi a Samo; è un ottimo cuoco. *Talking to him about recipes is like carrying coals to Newcastle; he's an excellent cook.*

scoperchiare il vaso di Pandora — *to open a can of worms (a Pandora's box).*

Se la provochi al punto da farla parlare, scoperchi il vaso di Pandora. *If you provoke her to speak, you'll open a can of worms.*

vecchio — *old*

vecchio come il cucco — *as old as the hills.*

Non è un'idea nuova; è vecchia come il cucco. *It's not a new idea; it's as old as the hills.*

vedere — *to see*

avere a che vedere — *to have to do with.*

Non ha niente a che vedere con gli esperimenti di cui parlavamo prima. *It doesn't have anything to do with those experiments we were talking about before.*

Chi s'è visto s'è visto. *That's the end of it.*

non vederci più — *to be blind with rage.*

Non ci vedo più dalla rabbia: tienmi se no lo meno. *I'm blind with rage. Hold me: otherwise, I'll beat him up.*

vela — *sail*

ammainare la vela — *to give up.*

Siamo a buon punto, non ammainiamo la vela adesso! *We're a good way along, let's not give up now!*

andare a gonfie vele — *to go at full tilt (to be sailing).*

I suoi affari vanno a gonfie vele. *His business is going at full tilt (is sailing).*

veleno — *poison*

masticare veleno — *to eat one's heart out.*

Dice che non gliene importa, ma mastica veleno. Sta morendo d'invidia. *He says he doesn't care, but he's eating his heart out. He's dying of envy.*

schizzar veleno — *to vent one's spleen.*

Schizza veleno da tutti i pori. *He's venting his spleen right and left.*

veloce — *fast*

veloce come un razzo — *as fast as a bullet.*

Ha solo un motorino, ma è veloce come un razzo. *He only has a motorbike, but it's as fast as a bullet.*

vena — *vein*

in vena — *in the mood.*

Stasera non sono proprio in vena; è meglio che suoni tu. *I'm not in the mood tonight; you'd better play.*

vendere — *to sell*

Questa non me la vendi! *You can't make me buy that!*

venditore — *seller*

venditore di fumo — *fake.*

Sta' attento, è un venditore di fumo. *Watch out, he's a fake.*

venerdì — *Friday*

mancare un venerdì — *not to be all there.*

Si comporta in modo molto strano. Non è che gli manchi un venerdì? *He's been acting strangely. Maybe he's not all there.*

venire — *to come*

come viene viene — *any old way.*

Finirò quel lavoro come viene viene. Ho troppa fretta. *I'll finish that job any old way. I'm in a big hurry.*

vento — *wind*

andare col vento in poppa — *to have smooth sailing.*

Credevamo che fosse difficile organizzarci, ma stiamo andando col vento in poppa. *We thought it would be difficult to organize things, but we're having smooth sailing.*

gridare ai quattro venti — *to shout from the rooftops.*

Voglio che lo sappiano tutti; lo griderò ai quattro venti. *I want everyone to know it; I'll shout it from the rooftops.*

navigare secondo il vento — *to swim with the tide.*

Seguiamo i suoi consigli. È meglio navigare secondo il vento e non prendere iniziative che lo possano contrariare. *We're following his advice. It's better to swim with the tide and not take initiatives that could anger him.*

parlare al vento — *to waste one's words.*

Non ti stanno neanche a sentire; parli al vento. *They're not even listening to you; you're wasting your words.*

---

verde — *green*
al verde — *broke.*

Non chiedermi soldi; sono al verde. *Don't ask me for money; I'm broke.*

diventare verde — *to get angry.*

È diventato verde dalla rabbia quando ha saputo che ci avevano offerto il contratto. *He got angry when he learned that they'd offered us the contract.*

---

verme — *worm*
nudo come un verme — *stark naked.*

Andava a dormire nudo come un verme, senza pigiama. *He went to sleep stark naked, without pajamas.*

---

verso — *cry, way*
fare il verso a — *to mimic.*

Aveva una voce così chioccia che i ragazzini gli facevano il verso. *He had such a raspy voice that the children mimicked him.*

non esserci verso — *no way.*

Non c'è verso di convincerlo. *There is no way of convincing him.*

prendere qualcuno per il verso giusto — *to handle someone tactfully.*

Se lo prendi per il verso giusto, otterrai quello che vuoi. *If you handle him tactfully, you'll get what you want.*

---

vetrina — *shop window*
mettersi in vetrina — *to show off.*

Una che si veste così ha semplicemente voglia di mettersi in vetrina.
Someone who dresses like that is just trying to show off.

via — *pathway, away*

dare via libera — *to give the go-ahead.*
Ci hanno dato via libera per iniziare quel lavoro. *They gave us the go-ahead to start the work.*

e così via — *and so on.*
Gli ho raccontato della casa, del fulmine e dell'incendio, e così via. *I told him about the house, the lightning, the fire, and so on.*

e via di questo passo — *and so on.*
Possiamo elencargli tutte le bellezze del posto: il paesaggio, le rovine antiche e via di questo passo. *We can list all the beauties of the place for him: the countryside, the ancient ruins, and so on.*

in via confidenziale — *off the record.*
In via del tutto confidenziale le dirò che il suo progetto è stato approvato. *Strictly off the record I'll tell you that the project was approved.*

in via di guarigione — *on the mend.*
È in via di guarigione, ma ha ancora bisogno di cure. *He's on the mend, but he still needs a doctor's care.*

passare alle vie di fatto — *to resort to violence.*
I due automobilisti si sono messi a litigare e poi sono passati alle vie di fatto. *The two drivers began arguing, then they resorted to violence.*

per via di — *because of.*
Mi sono decisa a venire per via di quella lettera che dovevo portarti. *I decided to come because of the letter I had to bring you.*

sulla retta via — *straight and narrow path.*
Se vuol essere veramente un onesto cittadino dovrà decidersi a tornare sulla retta via. *If he really wants to be an honest citizen he'll have to return to the straight and narrow path.*

una via di mezzo — *(1) alternative.*
Non c'è una via di mezzo. *We have no alternative.*
(2) compromise.

Dobbiamo trovare una via di mezzo tra picchiarlo e lasciar correre. *We have to find a compromise between spanking him and letting him get his way.*

una via di sbocco (scampo, uscita) — *a way out.*
Non c'è nessuna via di sbocco a questa situazione. *There's no way out of this situation.*

via via che — *as.*
Via via che arrivano, mandali da me. *Send them to me as they arrive.*

vigna — *vineyard*
Questa vigna non fa uva! *There's nothing to be gotten out of him!*

vinto — *won*
darla vinta — *to let another have it his/her own way.*
Questa volta non gliela darò vinta e faremo come dico io! *This time I won't let him have it his own way, and we'll do as I say!*

darsi per vinto — *to give up.*
Il campione perdeva, ma rifiutò di darsi per vinto. *The champion was losing, but he refused to give up.*

violino — *violin*
un violino — *a brownnose.*
Che violino! Non fa che adulare! *What a brownnose! He's always praising everyone!*

virgola — *comma*
non cambiare una virgola — *not to change a single word.*
Non ho cambiato una virgola della mia testimonianza. *I didn't change a single word of my testimony.*

viso — *face*
Far buon viso a cattivo gioco. *Make the best of a bad business.*

vista — *sight*
a prima vista — *at first glance.*

A prima vista si direbbe che non sia capace e invece ce la fa. *At first glance you would say he's not capable, but then he makes it.*

aguzzare la vista — *to strain to see.*
C'è una luce così fioca che devo aguzzare la vista per cucire. *There's so little light that I have to strain to see my sewing.*

in vista — *prominent.*
Suo zio è un avvocato molto in vista. *Her uncle is a very prominent lawyer.*

mettersi in vista — *to show off.*
Le piace mettersi in vista. Che cosa ci vuoi fare? *She likes to show off. What can I do?*

perdere di vista — *(1) to lose touch with.*
L'ho perso di vista; non so che fine abbia fatto. *I lost touch with him; I don't know where he ended up.*
(2) to lose sight of.
L'ho persa di vista tra la folla. *I lost sight of her in the crowd.*

---

visto — *seen*
chi s'è visto s'è visto — *that's final!*
Si è preso il premio e chi s'è visto s'è visto. Un bel maleducato. *He took the prize and went off. What bad manners.*

---

vita — *life*
cambiare vita — *to turn over a new leaf.*
Da quando ha cambiato vita, è un marito modello! *Since he turned over a new leaf, he's been a model husband!*

conoscere vita, morte e miracoli di qualcuno — *to know everything there is to know about someone.*
Chiedilo a lui; conosce vita, morte e miracoli di tutti. *Ask him; he knows everything there is to know about everybody.*

da una vita — *forever.*
Ci conosciamo da una vita. *We've known each other forever.*

darsi alla bella vita — *to live it up.*
Appena finiti gli esami si dà alla bella vita. *As soon as he finishes his exams he lives it up.*

fare una vita da galera — *to lead a dog's life.*

Laggiù non ci torno per tutto l'oro del mondo; mi hanno fatto fare una vita da galera. *I wouldn't go back there for anything; they made me lead a dog's life.*

la dolce vita — *to have it easy.*

Abbiamo fatto la dolce vita negli anni sessanta, ma adesso è finita. *We had it easy in the sixties, but now it's over.*

metterci una vita — *to take forever.*

Che barba! Ci mette una vita a scrivere una paginetta. *What a bore! It takes him forever to write a page.*

stare su con la vita — *to keep one's chin up.*

Sta' su con la vita; andrà tutto bene, vedrai! *Keep your chin up; everything will be okay, you'll see!*

---

vite — *screw*

dare un giro di vite — *to crack down.*

Il regime ha dato un giro di vite arrestando centinaia di oppositori. *The junta cracked down on its opponents, arresting hundreds of them.*

---

vivere — *to live*

sul chi vive — *on one's guard.*

È meglio stare sul chi vive. Non si sa mai che cosa gli passa per la testa. *You'd better stay on your guard. You never know what's going on in his head.*

---

vivo — *alive*

farsi vivo — *to show up.*

Non si è più fatto vivo da quando sua moglie l'ha lasciato. *He hasn't shown up since his wife left him.*

mangiare vivo qualcuno — *to bite someone's head off.*

Se non la smetti, piccolo mostro, ti mangio vivo. *If you don't stop it, you little monster, I'm going to bite your head off.*

pungere sul vivo — *to sting to the quick.*

Quando le ho detto che non era stata gentile si è sentita punta sul vivo. *When I told her she hadn't been nice, she felt stung to the quick.*

vivo e vegeto — *alive and kicking.*

Macchè scomparso. È vivo e vegeto e fa un sacco di soldi. *What do you mean disappeared. He's alive and kicking and he's making lots of money.*

---

voce — *voice*

a voce — *in person.*

Preferisco parlartene a voce. *I prefer talking to you about it in person.*

avere voce in capitolo — *to have a say in the matter.*

Non fidarti delle sue promesse; non ha nessuna voce in capitolo. *Don't believe his promises; he has no say in the matter.*

chiedere a gran voce — *to ask all together.*

Hanno chiesto a gran voce di aggiornare la seduta. *They all asked together to adjourn the meeting.*

correre voce — *to be rumored.*

Corre voce che tu stia per sposarti. *It's rumored that you're about to be married.*

dare sulla voce — *to drown someone out.*

Lei mi è proprio antipatica, mi dà sempre sulla voce. *I really dislike her; she always drowns me out.*

dare una voce — *to call for.*

Dammi una voce quando arrivi; il citofono non funziona. *Call for me when you arrive; the buzzer doesn't work.*

fare la voce grossa — *to act tough.*

Fa la voce grossa, ma non è arrabbiato sul serio. *He acts tough, but he's not really angry.*

la voce vellutata — *persuasive voice.*

Con quella voce vellutata ottiene ciò che vuole. *With that persuasive voice he gets what he wants.*

sottovoce — *in a low voice.*

Parliamo sottovoce perchè la mamma sta dormendo. *Let's talk in a low voice because mother is sleeping.*

spargere la voce — *to spread the rumor.*

Hanno sparso la voce che stava per essere arrestato. *They spread the rumor that he was about to be arrested.*

voci di corridoio — *rumors.*
Secondo le voci di corridoio, il governo sta per cadere. *According to rumors, the government is about to fall.*

voglia — *longing*
aver voglia di — *to feel like.*
Hai voglia di fare quattro passi? *Do you feel like taking a walk?*

morire dalla voglia di — *to be dying to.*
Muoio dalla voglia di andare in acqua, ma ho appena mangiato. *I'm dying to go in the water, but I just ate.*

volano — *fly-wheel*
fare da volano — *to set the ball rolling.*
L'apertura del nuovo centro commerciale ha fatto da volano alla ripresa economica nella zona. *The opening of the new commercial center set the ball rolling for the economic recovery of the area.*

volata — *flight*
fare una volata — *to rush.*
Ho fatto una volata fino a casa perchè mia madre stava poco bene. *I rushed home because my mother wasn't feeling well.*

volente — *willing*
volente o nolente — *like it or not.*
Nell'esercito si deve obbedire agli ordini, volenti o nolenti. *In the army one must obey orders, like it or not.*

volere — *to want*
quello che ci vuole — *just what the doctor ordered.*
Una bella birra ghiacciata: ecco quello che ci vuole per calmare la sete. *A nice cold beer: just what the doctor ordered to quench my thirst.*

Se l'è voluta. *He asked for it.*

Volere è potere. *Where there's a will there's a way.*

Volere o volare! *There's no getting away from it.*

volerne a qualcuno — *to hold it against someone.*

Non volermene se ho dovuto vendere la collana che mi avevi regalato. *Don't hold it against me if I had to sell the necklace you gave me.*

volo — *flight*

capire al volo — *to catch on immediately.*

Credevo che fosse troppo difficile per lei, ma ha capito al volo. *I thought it was too difficult for her, but she caught on immediately.*

prendere (cogliere) al volo — *to jump at.*

Mi hanno offerto di comprare delle azioni di una rete televisiva: ho colto l'occasione al volo. *They offered me a chance to buy shares of a TV network, and I jumped at it.*

prendere il volo per altri lidi — *to set out for foreign parts.*

S'è stufato del suo lavoro e ha preso il volo per altri lidi. *He got tired of his job and set out for foreign parts.*

spiccare il volo — *to go places.*

È pronta a spiccare il volo, ora che ha preso la laurea e ha tovato un posto. *She's ready to go places, now that she's graduated and gotten a job.*

volta — *time, turn*

dare di volta il cervello — *to be out of one's senses (to take leave of one's senses).*

Spegni quel fiammifero, scemo. Ti dà di volta il cervello? Se c'è una fuga di gas saltiamo per aria. *Put out that match, stupid. Are you out of (have you taken leave of) your senses? If there's a gas leak we'll all blow up.*

una buona volta — *once and for all.*

Finiscila una buona volta! *Stop it once and for all!*

vulcano — *volcano*

un vero vulcano — *a mine.*

È un vero vulcano di idee; ci aiuterà senz'altro. *He's a real mine of ideas; he'll surely help us.*

vuoto — *empty, emptiness*
cadere nel vuoto — *to fall flat.*
La sua proposta è caduta nel vuoto; nessuno ne ha capito l'importanza. *His proposal fell flat; no one understood its importance.*

fare il vuoto intorno — *to make oneself very unpopular.*
Quando lui ha incominciato ad insultarla alla festa gli si è fatto il vuoto intorno. *He made himself very unpopular at the party when he started insulting her.*

girare a vuoto — *to be doing nothing.*
Perchè non fai qualcosa? È tutto il giorno che giri a vuoto. *Why don't you do something? You've been doing nothing all day.*

Z

zampa — *paw, leg*
camminare a quattro zampe — *to walk on all fours.*
Abbiamo dovuto camminare a quattro zampe per entrare nella caverna. *We had to walk on all fours to enter the cave.*

zampino — *little paw*
mettere lo zampino — *to have a hand in.*
Suo padre ci ha messo lo zampino; non ce l'avrebbe fatta da solo. *His father had a hand in it; he couldn't have done it by himself.*

zappa — *hoe*
darsi la zappa sui piedi — *to ruin things for oneself.*
Ci ha traditi, ma si è dato la zappa sui piedi e ha perso tanto quanto noi. *He betrayed us, but he ruined things for himself and lost as much as we did.*

zecca — *mint*

    nuovo di zecca — *brand new.*

    Queste scarpe sono nuove di zecca e mi fanno male ai piedi. *These are brand new shoes and they hurt my feet.*

zero — *zero*

    rasare a zero — *to shave one's head.*

    Era una spia nazista e i partigiani l'hanno rasato a zero. *He was a Nazi spy and the partisans shaved his head.*

zio — *uncle*

    lo zio d'America — *rich uncle.*

    Ma dove prende tutti quei soldi? Ha uno zio d'America? *Where does she get all that money? Does she have a rich uncle?*

zitto — *silent*

    zitto zitto — *as quiet as a mouse.*

    È uscito dalla stanza zitto zitto. *He left the room as quiet as a mouse.*

zizzania — *darnel*

    seminare zizzania — *to sow discord.*

    Perchè le hai raccontato quelle cose? Vuoi seminare zizzania? *Why did you tell her those stories? Do you want to sow discord?*

zonzo — *(only in the expression)*

    andare a zonzo — *to wander around.*

    Appena disfatte le valige, sono andata a zonzo per il paese. *As soon as I unpacked my bag, I wandered around the town.*

zoppicare — *to limp*

    zoppicare — *to be halting.*

    Il suo inglese zoppica. *His English is halting.*

zuppa — *soup*

    Se non è zuppa è pan bagnato. *It's six of one and half a dozen of the other.*

Indice Italiano

INDICE ITALIANO•INGLESE

Indice Italiano

Indice Italiano

Indice Italiano

bene o male, 37
ben messo, 187
ben (più aggettivo), 37
benservito, 39
berci su, 39
bere, 39
bere a garganella, 137
bere come una spugna, 319
berlina, 39
bestemmiare come un turco, 344
bestia, 40
bestia nera, una, 40
bestia rara, una, 40
bianco, 40
bicchiere, 41
bicchiere della staffa, il, 320
bidone, 41
bilancia, 41
bilancio, 41
bile, 42
binario, 42
birra, 42
bivio, 42
bizza, 42
bocca, 42
boccata, 44
boccata d'aria, 44
bocciare, 44
boccone, 44
boccone amaro, un, 44
boia, 44
bolletta, 44
bollire il sangue nelle vene, 290
bomba, 44
bontà, 45
bontà sua, 45
bordo, 45
bordone, 45
botta, 45
botte, 45
bottega, 46
botto, 46
bottone, 46
braca, 46
braccio, 46
braccio di ferro, 46

branco, 47
bravo, 47
breccia, 47
breve, 47
briciola, 48
briga, 48
brigata, 48
briglia, 48
brillare di luce riflessa, 167
brillare per la propria assenza, 26
brivido, 48
brodo, 49
brodo di coltura, il, 49
bruciapelo, 49
bruciare le tappe, 330
brutta bestia, 40
brutto, 50
brutto come la fame, 116
buchino, 50
buco, 50
budella, 51
bufalo, 52
buffone, 52
bugia, 52
buio, 52
buio fitto (pesto), 52
buona forchetta, una, 129
buona lavata di capo, una, 161
buonanotte, 52
buonanotte ai sonatori, 52
Buonanotte al secchio!, 52
buona volta, una, 359
buon diavolo, un, 102
buono, 53
buono a niente (nulla), un, 53
buono a nulla, 205
buon partito, un, 232
Buon pro vi faccia!, 53
Buon riso fa buon sangue., 280
burro, 54
busca, 54
bussare a molte porte, 253
bussola, 54
buttare all'aria qualcosa, 23
buttare alle spalle, 313
buttare giù dal letto, 162
buttare i soldi dalla finestra, 125

368

I N D I C E   I T A L I A N O ● I N G L E S E

Indice Italiano

Indice Italiano

D

Indice Italiano

Indice Italiano

Indice Italiano

Indice Italiano

Indice Italiano

Indice Italiano

Indice Italiano

Indice Italiano

P

INDICE ITALIANO • INGLESE

Indice Italiano

Q

INDICE ITALIANO • INGLESE

Indice Italiano

398

Indice Italiano

Indice Italiano

Indice Italiano

Indice Italiano

Indice Italiano

PART II
ENGLISH-ITALIAN

PARTE II
INGLESE-ITALIANO

Preface to the First Edition

This volume has been written primarily for two groups of people: English-speakers with an interest in Italian language and culture, and Italian-speakers with a similar interest in English. It is specifically intended to be used as a reference book by students of both languages who already have some knowledge of the target language, but who are still confronted at times with "unfamiliar" phrases in print and conversation. But the book can also be a source of insight into the target language and culture if one browses through it and notes the recurring theme words which reflect values, important events, and national traditions.

Both the English and Italian sections contain over 2000 idioms, which appear in alphabetical order according to their key words. Each entry consists of four parts: first, an idiom in boldface, followed by its meaning or translation in the other language, in italics; thirdly, a sentence which exemplifies its use in context, and finally, a translation of that sentence into the other language, in italics. For English, American English idioms are presented; for Italian, standard Italian has been considered. In both languages, the authors attempt to present idiomatic phrases which are most commonly found in current standard usage, rather than expressions found in narrower regional or dialectal usage. Nonstandard, vulgar, obsolete, or rare idioms are not included. For purposes of definition, an "idiom" is intended as a practical term to mean a phrase of two or more words whose meaning could be unclear to a student or different from the translation of its individual words.

Sources for this dictionary included standard American, English, and Italian dictionaries, English-Italian and Italian-English bilingual dictionaries, as well as idiom lists, idiom dictionaries, current newspapers and magazines, lectures, TV and radio programs, and friendly conversations in both languages.

In conclusion, the authors wish to thank numerous friends, but especially, to remember the late Frances Adkins Hall, who was a wonderful organizer, knowledgeable and efficient co-worker, and who initiated and remained the inspiration for this volume; and finally, Maria Grazia Calasso and Piero Garau for help, advice, and precious time given throughout the preparation of this text.

Robert A. Hall, Jr.

Frances Adkins Hall

Suzan Z. Garau

Preface to the Second Edition

The second edition of *2001,* which appears fifteen years after the first, aims to offer its readers an updated and fuller account of American English and Italian idiomatic expressions. Expressions no longer in current use have been eliminated, and others have been added which the first edition had omitted for reasons of space, or which have become current during these years. The attempt has been made to provide students and speakers of Italian and English with a tool which accurately reflects everyday written and spoken language.

Daniela Gobetti

English idioms (Espressioni idiomatiche inglesi)

about — *intorno*
  to be about to — *stare per.*
  We are about to buy a house. *Stiamo per comprare una casa.*

  to do an about-face — *fare dietro front.*
  They did an about-face on that subject. *Hanno fatto dietro front su
    quell'argomento.*

---

above — *sopra*
  above-board — *aperto.*
  He has always been above-board in his dealings with me. *È sempre
    stato aperto nei suoi rapporti con me.*

---

accord — *l'accordo*
  of one's own accord — *spontaneamente.*
  He apologized of his own accord. *Si è scusato spontaneamente.*

---

account — *il conto*
  by all accounts — *a detta di tutti.*
  By all accounts his life was a sad one. *A detta di tutti la sua fu una vita
    triste.*

  of no account — *senza importanza.*
  Don't worry; it's of no account. *Non ti preoccupare; è una cosa senza
    importanza.*

  on account of — *a causa di.*
  The flight was cancelled on account of bad weather. *Il volo fu annul-
    lato a causa del maltempo.*

  to account for — *spiegare.*
  That accounts for John's absence. *Ciò spiega l'assenza di Giovanni.*

to take into account — *tener conto di.*

We'll have to take the children into account too. *Dovremo tener conto anche dei bambini.*

ace — *l'asso*

ace in the hole — *un asso nella manica.*

I should have known he'd have an ace in the hole. *Dovevo immaginarmelo che avrebbe avuto un asso nella manica.*

within an ace of — *a un pelo da.*

The child came within an ace of being hit by the truck. *Il bambino è stato a un pelo dall'essere investito da un camion.*

to acquaint — *informare*

to get acquainted with — *familiarizzarsi con.*

I should get better acquainted with the subject. *Dovrei familiarizzarmi meglio con la materia.*

across — *attraverso*

to get something across — *far capire.*

It's difficult to get a joke across in another language. *È difficile far capire una barzelletta in un'altra lingua.*

act — *l'atto*

to catch someone in the act — *cogliere qualcuno sul fatto (in castagna, in fallo, in flagrante, con le mani nel sacco).*

I caught him in the act: he was reading his sister's diary. *L'ho colto sul fatto a leggere il diario di sua sorella.*

to act — *agire*

to act high and mighty — *fare il prepotente.*

He's a coward; he acts high and mighty only with those weaker than he. *È un bel codardo; fa il prepotente solo con quelli più deboli di lui.*

to act up — *comportarsi male.*

Her son acted up with her guests and was grounded. *Suo figlio si è comportato male con gli ospiti ed è stato messo in castigo.*

action — *l'azione*
    Actions speak louder than words. *I fatti contano più delle parole.*

ad lib(itum) — *a piacere*
    to adlib — *improvvisare.*
    When the actress forgot her lines, she had to adlib in order to keep the show going. *Quando l'attrice si è dimenticata le sue battute, ha dovuto improvvisare per far andare avanti lo spettacolo.*

to add — *sommare*
    to add up — *avere senso.*
    It all adds up now. *Tutto ha senso ora.*

age — *l'età*
    for ages — *da secoli.*
    We haven't seen them for ages. *Non li vediamo da secoli.*

    to act one's age — *comportarsi da uomo.*
    Stop crying and act your age. *Smettila di piangere e comportati da uomo.*

    to come of age — *diventare maggiorenne.*
    He'll receive his inheritance when he comes of age next year. *Entrerà in possesso dell'eredità quando diventerà maggiorenne l'anno prossimo.*

to agree — *essere d'accordo*
    to agree with — *essere consono a.*
    The dry climate agreed with him, and he recovered quickly. *Il clima secco gli era consono: si è ripreso rapidamente.*

air — *l'aria*
    on (opposite: off) the air — *in onda (contrario: non in trasmissione).*
    The news goes on the air at noon. *Il notiziario va in onda a mezzogiorno.*

    to clear the air — *chiarire le cose.*
    A frank discussion of the situation will help clear the air. *Una discussione franca sulla situazione aiuterà a chiarire le cose.*

to put on airs — *darsi delle arie.*

Don't put on airs because you passed the test with flying colors; it wasn't that difficult. *Non darti delle arie perchè hai passato l'esame con esito brillante: non era poi così difficile.*

to talk hot air — *fare discorsi campati per (in) aria.*

At first I trusted her, but I know from experience that she talks hot air. *All'inizio mi fidavo, ma l'esperienza mi ha insegnato che fa discorsi campati per aria.*

to vanish into thin air — *sparire.*

He's vanished into thin air. *È sparito.*

to walk on air — *camminare sulle nuvolette.*

She's walking on air: she just won the lottery. *Cammina sulle nuvolette: ha appena vinto alla lotteria.*

up in the air — *per aria.*

I've got so much work to finish that my travel plans are still up in the air. *Ho tanto lavoro da finire che i miei progetti di viaggio sono ancora per aria.*

à la (façon de) — *nello stile di*

a la — *stile.*

He writes erotic letters to his fiancee, a la Lawrence. *Scrive lettere erotiche alla sua fidanzata, stile Lawrence.*

---

alive — *vivo*

alive and kicking — *vivo e vegeto.*

She was hoping her uncle had died leaving her all his money, but he was alive and kicking. *Sperava che suo zio fosse morto lasciandole tutti i suoi soldi, ma era vivo e vegeto.*

---

all — *tutto*

all but — *quasi.*

We've all but finished. *Abbiamo quasi finito.*

all in all — *nel complesso (tutto sommato).*

All in all, you did a good job. *Nel complesso hai fatto un buon lavoro.*

at all — *per niente (nulla).*

My parents aren't at all happy that I want to marry John. *I miei genitori non sono per niente contenti che voglia sposare Giovanni.*

not to be all there — *mancare un venerdì.*

He threw his cat out the window; definitely, he's not all there. *Ha gettato il gatto dalla finestra; gli manca proprio un venerdì.*

alley — *il vicolo*

right up one's alley — *il proprio forte.*

Computers are right up his alley. *I calcolatori elettronici sono il suo forte.*

allowance — *la remunerazione*

to make allowances for — *considerare le attenuanti.*

When a little boy is helping you, you must make allowances for his age. *Quando un ragazzino ti dà una mano, devi tenere in considerazione la sua età.*

alone — *solo*

let alone — *tanto meno.*

I can't add two and two, let alone do fractions. *Non riesco a fare due più due, tanto meno le frazioni.*

to leave alone — *lasciar stare.*

Leave the cat alone. *Lascia stare il gatto.*

Leave me alone. *Lasciami stare.*

along — *lungo*

to get along with — *andare d'accordo.*

He doesn't get along with his mother-in-law. *Non va d'accordo con la suocera.*

ambulance — *ambulanza*

an ambulance chaser — *un avvocato di pochi scrupoli (che cerca i suoi clienti tra le vittime degli incidenti stradali).*

Don't hire Rogers; he's just another ambulance chaser. *Non assumere Rogers; è solo un avvocatucolo di pochi scrupoli.*

amiss — *errato*
   to take amiss — *prendersela a male.*
   Don't take our criticism amiss. *Non prendertela a male per le nostre
     critiche.*

ant — *la formica*
   to get ants in one's pants — *innervosirsi*
   I always get ants in my pants before leaving on a trip. *Mi innervosisco
     sempre prima di un viaggio.*

any — *alcuno, nessuno*
   not to have anything to do with something — *non volerne sapere.*
   I won't have any of that. *Non ne voglio sapere di quella faccenda.*

anybody — *qualcuno, nessuno*
   anybody — *persona importante.*
   Anybody who was anybody was there. *Tutti quelli che erano qualcuno
     c'erano.*

anything — *qualcosa*
   anything but — *tutt'altro.*
   He's anything but stupid. *È tutt'altro che stupido.*

   if anything — *semmai.*
   If anything, she's the one who is right. *Semmai, è lei che ha ragione.*

   like anything — *come un matto.*
   He wrote like anything. *Scriveva come un matto.*

appearance — *apparenza, presenza*
   to put in an appearance — *fare atto di presenza.*
   The great tenor put in a brief appearance at the party she had orga-
     nized in his honor. *Il grande tenore ha fatto atto di presenza al party
     che lei ha organizzato in suo onore.*

apple — *la mela*

   apple of one's eye — *la pupilla degli occhi.*
   She's the apple of my eye. *Lei è la pupilla dei miei occhi.*

   apple polisher — *leccapiedi.*
   That boy is a real apple polisher. *Quel ragazzo è un vero leccapiedi.*

   in apple-pie order — *in perfetto ordine.*
   The house was in apple-pie order. *La casa era in perfetto ordine.*

applecart — *il carretto del fruttivendolo*

   to upset the applecart — *mandare tutto all'aria.*
   We had almost reached an agreement when his inopportune statement upset the applecart. *Avevamo quasi raggiunto un accordo
   quando una sua dichiarazione inopportuna mandò tutto all'aria.*

apron — *il grembiule*

   tied to someone's apron strings — *attaccato alle sottane.*
   No one thought he would marry; he was so firmly tied to his mother's
   apron strings. *Nessuno avrebbe mai pensato che si sarebbe sposato;
   era così attaccato alle sottane della madre.*

arm — *il braccio*

   an arm and a leg — *un occhio della testa.*

That fur coat cost her an arm and a leg. *Quella pelliccia le è costata un occhio della testa.*

arm in arm — *a braccetto.*
They walked down the street arm in arm. *Passeggiavano a braccetto per la strada.*

to give one's right arm — *dare un occhio della testa.*
I'd give my right arm to be able to go to that concert. *Darei un occhio della testa per poter andare a quel concerto.*

to keep at arm's length — *tenere a distanza.*
She's very skillful at keeping people she doesn't like at arm's length.
È bravissima a tenere a distanza la gente che non le piace.

to twist someone's arm — *insistere.*
If we twist your arm will you come to dinner with us? *Se insistiamo verrai a cena con noi?*

arms — *le armi*
  up in arms — *indignato.*
  Everybody was up in arms about the political scandal. *Erano tutti indignati per lo scandalo politico.*

around — *intorno*
  to have been around — *avere vissuto.*
  You wouldn't say so from his looks, but he's someone who's been around. *Non lo diresti a giudicare dall'aspetto, ma è uno che ha vissuto.*

as — *come*
  as is — *così com'è.*
  I agreed to buy the car as is. *Ho accettato di comprare la macchina così com'è.*

to ask — *chiedere*
  He asked for it. *Se l'è cercata.*

  to ask out — *invitare.*
  I asked her out to the restaurant. *L'ho invitata al ristorante.*

asleep — *addormentato*
   to be asleep at the switch — *non stare attento.*
   He missed his turn because he was asleep at the switch. *Ha perso il turno perchè non stava attento.*

avail — *il profitto*
   to no avail — *inutilmente.*
   They searched for him but to no avail. *L'hanno cercato inutilmente.*

away — *via*
   right away — *subito.*
   I'm coming right away. *Vengo subito.*

   to do away with — *eliminare.*
   They've done away with textbooks in the elementary school. *Hanno eliminato i libri di testo nella scuola elementare.*

   to get away with — *passarla liscia.*
   He won't get away with that. *Non la passerà liscia.*

awe — *il rispetto*
   to stand in awe of — *avere soggezione.*
   Nowadays children no longer stand in awe of their teachers. *Oggigiorno i bambini non hanno più soggezione dei loro insegnanti.*

axe — *l'ascia*
   to get the axe — *essere licenziato.*
   He always came late for work so they gave him the axe. *Arrivava sempre in ritardo al lavoro e lo hanno licenziato.*

   to have an axe to grind — *tirare l'acqua al proprio mulino.*
   He has an axe to grind. *Tira l'acqua al suo mulino.*

B

babe — *il bambino*

a babe in the woods — *un principiante, un novellino.*

When it comes to gardening I'm just a babe in the woods. *Nel giardinaggio sono un principiante.*

He's a freshman in Congress and he feels like a babe in the woods. *È stato appena eletto al Congresso e si sente proprio un novellino.*

baby — *il bambino*

that's your baby — *sono affari tuoi.*

She doesn't know that you totaled her car? That's your baby! *Non sa che le hai distrutto la macchina? Sono affari tuoi.*

to throw the baby out with the bath water — *buttare via il bambino con l'acqua sporca.*

Her strategy is wrong, but her research is useful. Let's not throw the baby out with the bath water. *La sua strategia è sbagliata, ma le sue ricerche sono utili. Non buttiamo via il bambino con l'acqua sporca.*

back — *la schiena*

behind one's back — *dietro le spalle di qualcuno.*

They talked about her behind her back. *Hanno parlato di lei dietro le sue spalle.*

Get off my back! *Lasciami in pace!*

to break someone's back — *rovinare qualcuno.*

By forcing him to repay his debt immediately, he broke his back. *Costringendolo a restituire subito il prestito lo ha rovinato.*

to get one's back up — *andare su tutte le furie.*

He really got his back up when he found out. *Si è veramente irritato (è andato sulle furie) quando l'ha saputo.*

to have one's back against the wall — *trovarsi con (avere) le spalle al muro.*

When his business venture failed, he had his back against the wall. *Quando la sua impresa fallì, si trovò con le spalle al muro.*

to pat oneself on the back — *lodarsi da solo.*
He's always patting himself on the back. *Si loda sempre da solo.*

to turn one's back on — *volgere le spalle a.*
A good friend will never turn his back on you. *Un buon amico non ti volgerà mai le spalle.*

to back — *appoggiare*
    to back away (out) — *tirarsi indietro.*
She backed away from investing her money in their company after she saw their balance sheet. *Si è tirata indietro e non ha più investito nella loro società dopo la pubblicazione del bilancio.*

    to back down — *fare marcia indietro.*
Bill said he could beat Ted, but when Ted raised his fists Bill backed down. *Guglielmo ha detto che avrebbe sconfitto Ted, ma quando Ted gli è andato sotto con i pugni Guglielmo ha fatto marcia indietro.*

    to back up — *confermare, sostenere.*
Jim told us what had happened, and Bob backed him up. *Giacomo ci ha detto che cosa era successo e Roberto ha confermato.*

backwards — *indietro*
    to bend over backwards — *fare di tutto (fare l'impossibile).*
The family bent over backwards to help him. *La famiglia ha fatto di tutto per aiutarlo.*

bacon — *la pancetta affumicata*
    to bring home the bacon — *guadagnarsi il pane.*
It's not easy to bring home the bacon. *Non è facile guadagnarsi il pane.*

bad — *cattivo*
    to badmouth — *parlar male.*
She has the unpleasant habit of badmouthing the person who has just left the room. *Ha la brutta abitudine di parlar male della persona che ha appena lasciato la stanza.*

bag — *il sacco, la borsa*

in the bag — *cosa fatta.*
His election is in the bag. *La sua elezione è cosa fatta.*

It's in the bag! *Siamo a cavallo!*

to be left holding the bag — *essere lasciato a subire le conseguenze.*
The other swindlers escaped, and Kevin was left holding the bag. *Gli altri furfanti scapparono e Kevin venne lasciato a subire le conseguenze.*

to bail — *concedere la libertà provvisoria.*

to bail someone out — *tirare fuori qualcuno (dai guai).*
Fred's business was floundering, but his uncle bailed him out.
    L'azienda di Federico stava affondando, ma suo zio l'ha tirato fuori dai guai.

bait — *l'esca*

to take the bait — *abboccare all'amo.*
They told him Barbara wanted to talk to him and he took the bait.
    Gli hanno detto che Barbara voleva parlargli e lui ha abboccato al'amo.

to bake — *cuocere al forno*

half-baked — *non ben definito.*
He has a lot of half-baked ideas that convince no one. *Ha molte idee non ben definite che non convincono nessuno.*

balance — *l'equilibrio*

to hang in the balance — *essere incerto.*
His fate hung in the balance. *Il suo destino era incerto.*

ball — *la palla*

a new ball game — *un'altra storia*
They're doubling your salary? That's a whole new ball game. *Ti raddoppiano lo stipendio? Allora è tutta un'altra storia.*

Keep your eye on the ball. *Tieni gli occhi bene aperti.*

on the ball — *in gamba.*

The new clerk is really on the ball. *Il nuovo impiegato è veramente in gamba.*

That's the way the ball bounces (the cookie crumbles)! *Così va il mondo!*

The ball is in your court. *Tocca a te.*

to carry the ball — *avere la responsabilità.*

George is carrying the ball on the project. *Giorgio ha la responsabilità per quel progetto.*

to keep the ball rolling — *mandare avanti le cose.*

They need someone to keep the ball rolling. *Hanno bisogno di qualcuno che mandi avanti le cose.*

to set the ball rolling — *mettere le cose in moto.*

I set the ball rolling by asking the first question. *Ho messo le cose in moto facendo la prima domanda.*

---

ball — *il ballo*

to have a ball — *spassarsela.*

We really had a ball. *Ce la siamo proprio spassata.*

---

band — *la banda*

to beat the band — *a tutta forza.*

Susan is working to beat the band because she wants to meet her deadline. *Susanna lavora a tutta forza perchè vuole rispettare la scadenza.*

---

bandwagon — *il carro della banda*

to jump on the bandwagon — *passare dalla parte del vincitore.*

After he won the election many people jumped on his bandwagon. *Dopo la sua vittoria alle elezioni, molta gente è passata dalla sua parte.*

---

bang — *la botta*
  with a bang — *con entusiasmo.*
  Your idea went over with a bang. *La tua idea è stata accolta con entusiasmo.*

to bank — *avere un conto in banca*
  to bank on — *contare su.*
  I promised you'd get the loan. Bank on it! *Ti ho promesso che avresti ottenuto il prestito. Contaci!*

bargain — *il patto*
  to bargain for — *aspettarsi.*
  Those kids give her more work than she bargained for. *Quei ragazzi le danno più lavoro di quanto non si aspettasse.*

  to strike a bargain — *concludere un affare.*
  He really didn't want to sell his land, but we were finally able to strike a bargain. *Non voleva vendere il suo terreno, ma finalmente siamo riusciti a concludere l'affare.*

bark — *il latrato*
  His bark is worse than his bite. *Can che abbaia non morde.*

barrel — *il barile*
  over a barrel — *in difficoltà.*
  They had us over a barrel. *Ci hanno messo in difficoltà.*

  to have more fun than a barrel of monkeys — *divertirsi come pazzi.*
  At your party we had more fun than a barrel of monkeys. *Alla tua festa ci siamo divertiti come pazzi.*

  to scrape the bottom of the barrel — *dare fondo a.*
  The coach ran out of good players and he had to scrape the bottom of the barrel. *L'allenatore rimase senza buoni giocatori e dovette usare tutti quelli che riuscì a trovare.*

base — *la base*

not to get to first base — *(1) non concludere nulla.*

You can't get to first base with that director. *Con quel direttore non si conclude nulla.*

(2) non andare da nessuna parte.

George dressed badly for his job interview, so he never got to first base. *Giorgio s'è vestito male per il colloquio e la possibilità di lavoro è svanita.*

basket — *il cestino*

a basket case — *un caso disperato.*

He drinks too much, smokes a lot, and takes antidepressants. He's really a basket case. *Beve troppo, fuma moltissimo, e prende degli antidepressivi. È un caso disperato!*

bat — *la mazza*

right off the bat — *a botta calda.*

I can never think of witty remarks right off the bat. *Non riesco ad essere spiritoso a botta calda.*

bat — *il pipistrello*

as blind as a bat — *cieco come una talpa.*

Without his glasses he's as blind as a bat. *Senza occhiali è cieco come una talpa.*

bats in the belfry — *matto.*

Anyone who believes his story has bats in the belfry. *Chiunque creda alla sua storia è matto.*

to take off like a bat [out of hell] — *partire in quarta.*

He took off like a bat when he saw him coming. *È partito in quarta quando l'ha visto arrivare.*

to bat — *battere*

to go to bat — *aiutare.*

I will always go to bat for you when you need it. *Ti aiuterò sempre quando ne avrai bisogno.*

battle — *la battaglia*
  half the battle — *alla metà dell'opera.*
  Getting started is half the battle. *Chi ben comincia è alla metà dell'opera.*

to bay — *arginare*
  to bring to bay — *mettere con le spalle al muro.*
  He was trying not to pay me back, but I brought him to bay by threatening to go to the police. *Cercava di non restituirmi i soldi, ma l'ho messo con le spalle al muro minacciando di andare alla polizia.*

  to hold at bay — *tenere a bada.*
  The tamer held the lion at bay. *Il domatore tenne a bada il leone.*

to be — *essere*
  as it were — *per così dire.*
  In many ways children live, as it were, in a different world. *Per molti versi i bambini vivono, per così dire, in un altro mondo.*

  to be after — *stare dietro a.*
  She's been after him since the first time she saw him. *Gli è stata dietro fin dalla prima volta che l'ha visto.*

  to be in for — *doversi aspettare il peggio.*
  I didn't tell my parents where I was going; I'm really in for it. *Non ho detto ai miei dove andavo. Devo aspettarmi il peggio.*

  to be on the outs with — *non parlare più con.*
  My parents have been on the outs with my sister since she had a baby out of wedlock. *I miei genitori non parlano più a mia sorella da quando ha avuto un bambino senza sposarsi.*

  to be on to — *vederci chiaro.*
  Martha thinks she's tricking us, but we're on to her. *Marta crede di ingannarci, ma ci vediamo chiaro nei suoi progetti.*

to be out — *essere fuori moda.*

Padded shoulders are out. Didn't you know that? *Le spalle imbottite sono fuori moda, non lo sapevi?*

to be through — *aver finito.*

Are you through with that book yet? *Non hai ancora finito quel libro?*

Where do you think you're going? I'm not through with you yet.
Dove credi di andare? Non ho ancora finito con te.

to be up to — *(1) essere in grado di.*

I'm not up to a long trip. *Non me la sento di fare un lungo viaggio.*

(2) stare a.

It's up to you whether to accept his offer or not. *Sta a te decidere se accettare la sua offerta o no.*

(3) stare combinando qualcosa.

Whenever the house is too quiet I know the boys are up to something.
Quando c'è troppo silenzio in casa, so che i ragazzi stanno combinando qualcosa.

to be with — *capire.*

Are you with me? *Segui la spiegazione?*

What's up? *Che succede?*

---

bean — *il fagiolo*

full of beans — *pieno di energia.*

You're full of beans today. *Sei pieno di energia oggi.*

not to know beans about — *non sapere nulla di nulla su.*

He doesn't know beans about skiing. *Non sa nulla di nulla sullo sci.*

to spill the beans — *vuotare il sacco.*

It was a secret until you spilled the beans. *Era un segreto finchè tu non hai vuotato il sacco.*

---

to bear — *sopportare*

to bear down on (upon) — *(1) fare pressione su.*
He bore down on him to sell the property. *Ha esercitato pressione su di lui perchè vendesse la proprietà.*
(2) impegnarsi a fondo.
She bore down on her task and finished it quickly. *Si impegnò a fondo nel lavoro che le avevano affidato e lo finì rapidamente.*

to bear up — *resistere.*
I didn't think she would bear up so well under duress. *Non credevo che lei reggesse così bene sotto pressione.*

to bear with — *avere pazienza con.*
Bear with me a minute longer and you'll see the result. *Abbi pazienza con me ancora un minuto e vedrai il risultato.*

---

bearing — *il portamento*
to lose one's bearings — *perdere la bussola.*
Conditions in the office have changed so much that I've lost my bearings. *La situazione in ufficio è talmente cambiata che ho perso la bussola.*

---

beat — *la ronda*

off one's beat — *un lavoro cui non si è abituati.*

He's really off his beat working in the garden. *Il giardinaggio è un lavoro cui non è proprio abituato.*

to beat — *battere*

That beats me! *Non ci capisco nulla!*

to beat it — *darsela a gambe.*

The children beat it after breaking the window. *I bambini se la sono data a gambe dopo aver rotto la finestra.*

to beat someone to it — *battere qualcuno sul tempo.*

I hoped to get the last two tickets to the opera, but someone beat me to it. *Speravo di comprare gli ultimi due biglietti per l'opera, ma un tizio mi ha battuto sul tempo.*

to beat up (on) — *suonarle (darle di santa ragione).*

That boy always beats up (on) everyone. *Quel ragazzo le suona sempre (dà sempre di santa ragione) a tutti.*

beating — *le botte*

to take a beating — *prendere una batosta.*

Our basketball team really took a beating last night. *La nostra squadra di pallacanestro ha preso una vera batosta ieri sera.*

beauty — *la bellezza*

Beauty is in the eye of the beholder. *Non è bello quel che è bello, ma è bello quel che piace.*

Beauty is only skin-deep. *L'apparenza inganna.*

beaver — *il castoro*

to work like a beaver — *sgobbare come un matto.*

He worked like a beaver to buy that car. *Ha sgobbato come un matto per comprare quella macchina.*

beck — *il cenno*
  at one's beck and call — *a completa disposizione.*
  My boss wants me to be at his beck and call. *Il mio principale mi vuole a sua completa disposizione.*

bed — *il letto*
  a bed of roses — *una semplice passeggiata, una cosa facile, piacevole.*
  Being President is not just a bed of roses. *Fare il presidente non è una semplice passeggiata (una cosa facile, piacevole).*

  To get up on the wrong side of the bed. *Alzarsi con il piede sbagliato.*

  To make one's own bed and have to lie in it. *Chi è causa del suo mal pianga se stesso.*

bee — *l'ape*
  a bee in one's bonnet — *un'idea fissa.*
  She's had that bee in her bonnet for some time. *Ha quell'idea fissa da parecchio tempo.*

to beef — *protestare*
  to beef about — *lamentarsi.*
  He's always beefing about his job. *Non fa che lamentarsi del suo lavoro.*

beeline — *la linea d'aria*
  to make a beeline for — *andare dritto a.*
  The children made a beeline for the cake. *I bambini sono andati dritti alla torta.*

to beg — *elemosinare*
  If it's going begging, I'll take it. *Se nessuno lo vuole, lo prendo io.*

beggar — *il mendicante*
  Beggars can't be choosers. *O mangiar questa minestra o saltar dalla finestra.*

to believe — *credere*
  to make believe — *far finta.*

I made believe I hadn't seen the child hiding behind the door to scare me. *Ho fatto finta di non vedere che il bambino si era nascosto dietro la porta per spaventarmi.*

bell — *la campana*
sound as a bell — *sano come un pesce.*
The doctor examined him and found him sound as a bell. *Il dottore lo visitò e lo trovò sano come un pesce.*

to ring a bell — *dire qualcosa (far ricordare qualcosa).*
That name rings a bell; I think I know him. *Quel nome mi dice qualcosa (mi fa ricordare qualcosa); credo di conoscerlo.*

belly — *pancia*
to go belly up — *andare a gambe all'aria, fallire.*
Her business was not competitive and went belly up. *La sua azienda non era competitiva ed è fallita.*

belt — *la cintura*
to hit below the belt — *infliggere colpi bassi.*
An honest man won't hit below the belt. *Un uomo onesto non inflige colpi bassi.*

to tighten (opposite: loosen) one's belt — *tirare (stringere) (contrario: allentare) la cinghia.*
She's out of money, and she'll have to tighten her belt. *Non ha più un soldo: dovrà tirare la cinghia.*

bench — *la panca*
to warm the bench — *restare in panchina.*
He's a good player but often warms the bench. *È un buon giocatore, ma spesso resta in panchina.*

berth — *l'ormeggio*
to give a wide berth — *tenersi alla larga da.*
I always give a wide berth to people of his type. *Mi tengo sempre alla larga da gente come lui.*

beside — *accanto*

   to be beside oneself — *essere fuori di sè (dalla gioia o dal dolore).*
I was beside myself with fear. *Ero fuori di me dalla paura.*

best — *il meglio*

   to do one's best — *fare del proprio meglio.*
I'll do my best to get it for you. *Farò del mio meglio per procurartelo.*

   to make the best of — *arrangiarsi.*
There's nobody to help us so we'll have to make the best of it. *Non c'è nessuno che ci possa aiutare, dovremo arrangiarci.*

to bet — *scommettere*
   You bet! *Altro che!*

better — *meglio*

   all the better — *tanto meglio.*
If you don't want your share, all the better for us. *Se non vuoi la tua parte, tanto meglio per noi.*

   to get the better of someone — *avere la meglio su qualcuno.*
The Russian got the better of the American in the final of the chess championship. *Il russo ebbe la meglio sull'americano nella finale del torneo di scacchi.*

   to think better of — *ripensarci.*
We had planned to go, but we thought better of it. *Avevamo deciso di andare, ma ci abbiamo ripensato.*

big — *grosso*

   to be big on something — *avere una passione per qualcosa.*
He's big on chess; he plays every evening. *Ha una passione per gli scacchi; gioca ogni sera.*

   to go over big — *avere molto successo.*
Your story didn't go over big with her. *La tua storia non ha avuto molto successo con lei.*

to make it big — *fare molti soldi.*

He made it big by investing his inheritance in the computer industry. *Ha fatto molti soldi investendo la sua eredità nei computer.*

to talk big — *spararle grosse.*

I talked big to get the job, and they fell for it! *Le ho sparate davvero grosse per ottenere il posto, e ci sono cascati!*

bill — *il conto*

to fill the bill — *quello che ci vuole.*

We'll need a new partner and George will fill the bill. *Abbiamo bisogno di un nuovo socio e Giorgio è la persona giusta.*

to foot the bill — *pagare le spese.*

It's customary for the father of the bride to foot the bill for the wedding. *È costume che sia il padre della sposa a pagare le spese del matrimonio.*

to sell someone a bill of goods — *imbrogliare qualcuno.*

They really sold him a bill of goods on that deal. *L'hanno veramente imbrogliato in quell'affare.*

bind — *la legatura*

to be in a double bind — *essere in un dilemma.*

If I tell her the truth, she'll hate me. If I don't, she'll be cheated. I'm in a double bind. *Se le dico la verità, mi odierà; se non gliela dico, resterà fregata. Sono in un bel dilemma.*

bird — *l'uccello*

A bird in the hand is worth two in the bush. *Meglio un uovo oggi che una gallina domani.*

Birds of a feather flock together. *Dimmi con chi vai e ti dirò chi sei.*

for the birds — *non vale nulla.*

This film is for the birds. *Questo film non vale nulla.*

The early bird gets the worm. *Chi dorme non pecca, ma non piglia pesci.*

to kill two birds with one stone — *prendere due piccioni con una fava.*
Good idea! That way we can kill two birds with one stone. *Buona idea! Così prendiamo due piccioni con una fava.*

birth — *la nascita*
to give birth to — *causare (far nascere).*
His words gave birth to misunderstandings. *Le sue parole causarono (fecero nascere) dei malintesi.*

bit — *il boccone*
in bits and pieces — *a pezzi e bocconi.*
She finished the work in bits and pieces. *Ha finito il lavoro a pezzi e bocconi.*

to do one's bit — *fare la propria parte.*
If each of us does his bit, we'll be done in a short time. *Se ciascuno fa la sua parte, finiremo in poco tempo.*

to bite — *mordere*
Once bitten, twice shy. *Se ti sei scottato una volta, starai attento per due in futuro.*

to bite off more than one can chew — *fare il passo più lungo della gamba.*
He bit off more than he could chew when he agreed to edit the paper alone. *Ha fatto il passo più lungo della gamba accettando di dirigere il giornale da solo.*

black — *nero*
in black and white — *per iscritto, nero su bianco.*
I'll believe he's buying the house when I see it in black and white. *Ci crederò che voglia comprare la casa quando lo vedrò scritto nero su bianco.*

in the black — *in attivo, in nero.*
The company has spent one year in the black and one year in the red since it was founded. *La società è stata un anno in nero ed un anno in rosso fin da quando è stata fondata.*

to blackball — *votare contro.*

They blackballed him. *Hanno votato contro di lui.*

to blacklist — *mettere all'indice.*

The regime blacklisted all the journalists who didn't support its military campaign. *Il regime ha messo all'indice tutti i giornalisti che non hanno appoggiato la campagna militare.*

to black — *annerire*

to black out — *(1) oscurare.*

They blacked out the news. *Hanno imposto il silenzio stampa.*

(2) perdere i sensi.

She blacked out when they told her of the accident. *Ha perso i sensi quando le hanno detto dell'incidente.*

blank — *vuoto*

to draw a blank — *non approdare a niente.*

I always draw a blank when I ask him for help. *Non approdo mai a niente quando gli chiedo aiuto.*

blanket — *la coperta*

wet blanket — *un guastafeste.*

She's such a wet blanket that they didn't invite her on the trip. *È una tale guastafeste che non l'hanno invitata ad andare in viaggio con loro.*

blessing — *la benedizione*

a blessing in disguise — *un male che si rivela un bene.*

Having his car stolen was a blessing in disguise. *Alla fine, il furto della sua macchina si è rivelato un bene.*

a mixed blessing — *una cosa positiva solo in parte.*

Her new job is a mixed blessing, for she doesn't have time to spend with her daughter. *Il suo nuovo lavoro è solo in parte una cosa positiva, perchè non ha tempo per sua figlia.*

blood — *il sangue*
  bad blood — *cattivo sangue.*
  There's a lot of bad blood between them. *C'è molto cattivo sangue tra loro.*

  Blood is thicker than water. *Il sangue non è acqua.*

  to draw blood — *ferire profondamente.*
  John denounced Fred in front of the others, and drew blood. *Giovanni ferì Federico profondamente accusandolo di fronte a tutti.*

  You can't get (squeeze) blood out of a stone. *Non si può cavar sangue da una rapa.*

blot — *la macchia*
  a blot on — *una macchia sull'onore, una vergogna.*
  His arrest was a blot on the family's honor. *Il suo arresto è stata una macchia sull'onore della (una vergogna per la) famiglia.*

blow — *il colpo*
  a blow-by-blow description — *una descrizione in tutti i particolari.*
  He gave me a blow-by-blow description of the party. *Mi ha raccontato tutti i particolari della festa.*

  to come to blows — *venire alle mani.*
  They were so angry they came to blows. *Erano così arrabbiati che sono venuti alle mani.*

  to deal someone a blow — *infliggere un colpo a qualcuno.*
  Don't deal her another blow by telling her that her son is on drugs; she couldn't take it. *Non infliggerle un altro colpo dicendole che suo figlio si droga; non lo sopporterebbe.*

to blow — *soffiare*
  to blow an opportunity — *perdere un'occasione.*
  He blew his last opportunity to get the house he had wanted for such a long time. *Ha perso la sua ultima occasione di comprare quella casa che lui desiderava da tanto tempo.*

to blow over — *placarsi (passare).*

Children's quarrels blow over quickly. *Le liti dei bambini si placano (passano) presto.*

to blow up — *(1) uscir fuori dai gangheri.*

He'll blow up when he realizes we've gone. *Uscirà fuori dai gangheri quando si renderà conto che ce ne siamo andati.*

(2) ingrandire.

The photographer blew up the picture. *Il fotografo ha ingrandito la foto.*

(3) far saltare.

The enemy blew up the bridge. *Il nemico fece saltare il ponte.*

to blow up in one's face — *fallire clamorosamente.*

My plan for getting rich quick blew up in my face. *Il mio piano per far soldi in fretta è fallito clamorosamente.*

---

blue — *blu*

blue in the face — *fino alla nausea.*

I've repeated it to him until I'm blue in the face. *Gliel'ho ripetuto fino alla nausea.*

into the blue — *nel nulla.*

Where has she gone? Has she vanished into the blue? *Ma dov'è finita? È sparita nel nulla?*

out of the blue — *all'improvviso.*

He appeared out of the blue. *È apparso all'improvviso.*

the blues — *la malinconia.*

When it rains I always have the blues. *Quando piove ho sempre la malinconia.*

true blue — *fedele.*

You can count on him always to be there for you; he's true blue. *Puoi contarci, lui ti sarà sempre vicino. È davvero uno fedele.*

---

bluff — *l'inganno*

to call someone's bluff — *(1) costringere qualcuno a mettere le carte in tavola.*

If we call his bluff, we'll be better off. *Saremo in una posizione migliore se lo costringiamo a mettere le carte in tavola.*
(2) *vedere (al poker).*
She called his bluff, and she was right. He had only two jacks. *Ha visto il suo gioco e ha avuto ragione: aveva solo due fanti.*

board — *l'asse*
aboveboard — *a carte scoperte.*
He's famous for playing aboveboard and getting what he wants anyway. *È famoso per essere uno che gioca a carte scoperte e ottiene comunque quello che vuole.*

across-the-board — *generale.*
Because of the poor financial situation there will be no across-the-board raises this year. *A causa della cattiva situazione finanziaria quest'anno non ci sarà nessun aumento generale dei salari.*

to go by the board — *andare a monte.*
Because of his illness our vacation plans went by the board. *A causa della sua malattia i nostri progetti per le vacanze andarono a monte.*

boat — *la barca*
in the same boat — *nella stessa barca.*
Don't complain about this contract; we're all in the same boat. *Non lamentarti di questo contratto: siamo tutti nella stessa barca.*

to miss the boat — *perdere l'occasione giusta.*
He missed the boat again when he rejected his offer. *Ha perso l'occasione giusta quando ha rifiutato la sua offerta.*

to rock the boat — *agitare le acque.*
Let's leave things as they are and not rock the boat. *Lasciamo le cose come stanno e non agitiamo le acque.*

body — *il corpo*
over one's dead body — *sul proprio cadavere.*

If you cut down that tree it will be over my dead body. *Taglierai quell'albero solo passando sul mio cadavere.*

to keep body and soul together — *vivacchiare.*
This job barely allows me to keep body and soul together. *Questo lavoro mi consente appena di vivacchiare.*

to boil — *bollire*

to boil down to — *essere la conclusione.*
What it boils down to is whether he'll be reelected or not. *La questione si riduce al fatto se lui sarà rieletto o no.*

to boil over — *uscire dai gangheri, perdere le staffe.*
See **to blow up.**

boiled — *bollito*

hard-boiled — *duro.*
He's a hard-boiled character; watch out for him. *È un duro; sta' attento con lui.*

bolt — *il fulmine*

a bolt out of the blue — *un fulmine a ciel sereno.*
Their proposal was a bolt out of the blue. *La loro proposta è stata un fulmine a ciel sereno.*

bone — *l'osso*

a bone of contention — *il pomo della discordia.*
The poor wages are a bone of contention. *I bassi salari sono il pomo della discordia.*

bare bones — *elementi essenziali.*
Reduced to its bare bones, his argument was not very interesting. *Ridotta ai suoi elementi essenziali, la sua tesi non era molto interessante.*

skin and bones — *pelle e ossa.*
She was skin and bones when she returned (came back) from her trip to Patagonia. *È tornata dal viaggio in Patagonia tutta pelle e ossa.*

to have a bone to pick with someone — *avere una questione aperta con qualcuno.*

I have a bone to pick with my brother because he owes me money. *Ho una questione aperta con mio fratello perchè mi deve dei soldi.*

to make no bones — *non fare mistero.*

He makes no bones about his political preferences. *Non fa mistero delle sue preferenze politiche.*

to the bone — *al midollo.*

He got soaked to the bone. *Si è bagnato fino al midollo.*

to bone — *disossare*

to bone up on — *studiare a fondo.*

He has to bone up on math before the exam. *Deve studiare a fondo la matematica prima dell'esame.*

book — *il libro*

by the book — *secondo le regole.*

If the guard had gone by the book, he wouldn't have let us into that room. *Se la guardia avesse seguito le regole, non avrebbe dovuto farci entrare in quella stanza.*

in one's book — *secondo qualcuno.*

In my book cheating is dishonest. *Secondo me barare è disonesto.*

to crack a book — *aprire un libro.*

He didn't crack a book before the test. *Non ha aperto un libro prima dell'esame.*

to hit the books — *studiare.*

I have to hit the books tonight. *Devo studiare stasera.*

to know like a book — *conoscere a menadito.*

I know Paris like a book. *Io conosco Parigi a menadito.*

to speak like a book — *parlare come un libro stampato.*

George speaks like a book. *Giorgio parla come un libro stampato.*

to throw the book at — *punire severamente.*

The judge threw the book at him. *Il giudice l'ha punito severamente.*

boot — *lo stivale*

to bet one's boots — *contarci.*

You can bet your boots on it. *Ci puoi contare.*

to get too big for one's boots — *montarsi la testa.*

He's very smart, but recently he's been getting too big for his boots. *È molto intelligente, ma ultimamente si è montato la testa.*

to give someone the boot — *licenziare.*

She worked twenty years for them and they gave her the boot without even saying thanks! *Ha lavorato per loro vent'anni e l'hanno licenziata senza neanche dirle grazie!*

to lick someone's boots — *leccare i piedi a qualcuno.*

He believes he can make a career by licking his boss's boots. *Pensa di fare carriera leccando i piedi al principale.*

to boot — *cacciare*

to boot someone out — *cacciare fuori.*

If you aren't careful the teacher will boot you out of class. *Se non stai attento l'insegnante ti caccerà fuori dalla classe.*

bootstraps — *il calzastivali*

to pull oneself up by the bootstraps — *cavarsela con le proprie forze.*

The bank didn't support her financially, so she had to pull herself up by her bootstraps. *La banca non l'ha aiutata finanziariamente, perciò ha dovuto cavarsela con le sue forze.*

bottle — *la bottiglia*

to hit the bottle — *alzare il gomito.*

She started hitting the bottle when her husband left her. *Ha incominciato ad alzare il gomito quando il marito l'ha lasciata.*

to bottle — *imbottigliare*

to bottle up — *tenersi dentro.*

You're always bottling up your anger; you know it isn't good for you. *Ti tieni sempre tutto dentro: lo sai che non ti fa bene.*

bottom — *il fondo*
  Bottoms up! *Cin cin!*

  to get to the bottom of — *andare a fondo di.*
  We've got to get to the bottom of the matter. *Dobbiamo andare a fondo della questione.*

  to hit bottom — *toccare il fondo.*
  They hit bottom when they had to go beg for money from their worst enemy. *Hanno toccato il fondo quando sono dovuti andare dal loro peggior nemico a chiedere soldi.*

  to knock the bottom out — *demolire.*
  She's brilliant; she knocked the bottom out of his theory with one comment. *È geniale: con un solo commento ha demolito la sua teoria.*

bound — *destinato*
  bound to — *inevitabile.*
  An accident was bound to happen to him sooner or later. *Era inevitabile che gli accadesse un incidente prima o poi.*

to bowl — *rotolare*
  to bowl one over — *sconvolgere.*
  The news that she was getting married bowled me over. *La notizia che lei si sposava mi ha sconvolto.*

box — *la scatola*
  Pandora's box — *il vaso di Pandora.*
  They published his personal letter to the Dean, thus opening Pandora's box. *Hanno pubblicato la lettera riservata che aveva scritto al rettore, scoperchiando un vaso di Pandora.*

boy — *il ragazzo*
  someone's fair-haired boy — *il cocco.*
  He's the teacher's fair-haired boy. *È il cocco dell'insegnante.*

brain — *il cervello*

hare-brained — *scervellato.*

That's a hare-brained girl if you ask me. *Quella è una scervellata secondo me.*

to beat one's brains out (to rack one's brain) — *scervellarsi, lambiccarsi il cervello.*

I'm beating my brains out (racking my brain) trying to find a way to do it. *Mi sto scervellando per trovare il modo di farlo.*

to beat someone's brains out — *accoppare qualcuno.*

When the gang found him they beat his brains out. *Quando la banda l'ha trovato lo ha accoppato.*

to blow one's brains out — *far saltare le cervella.*

Blowing one's brains out is not the nicest way to go. *Farsi saltare le cervella non è la maniera più piacevole per dire addio al mondo.*

to pick someone's brain — *sfruttare le capacità mentali di un'altra persona.*

I don't know the answer to this question. Let me pick your brain. *Non so la risposta a questa domanda. Vediamo se tu sei più bravo di me.*

---

brass — *l'ottone*

bold as brass — *la faccia tosta.*

Those kids are bold as brass. *Quei ragazzi hanno una bella faccia tosta.*

the top brass — *gli alti papaveri.*

That's something for the top brass to decide. *È una cosa che devono decidere gli alti papaveri.*

to get down to brass tacks — *venire al sodo.*

We've talked enough; let's get down to brass tacks. *Abbiamo chiacchierato abbastanza; veniamo al sodo.*

---

bread — *il pane*

bread-and-butter — *di tutti i giorni.*

You may think chaos theory is abstruse, but it's my bread and butter. *Tu penserai che la teoria del caos sia astrusa, ma per me è una cosa di tutti i giorni.*

to know on which side one's bread is buttered — *saper fare i propri interessi.*

He knows on which side his bread is buttered on. *Sa fare i suoi interessi.*

break — *la rottura*

a breakdown — *un esaurimento nervoso.*

My mother had a nervous breakdown when my brother died. *A mia madre è venuto un esaurimento nervoso quando è morto mio fratello.*

Give me a break! *Fammi respirare!*

to get a break — *avere l'occasione di rifarsi.*

If I don't get a break soon, I don't know how I can go on. *Se non mi arriva presto una buona occasione, non so come farò ad andare avanti.*

to take a break — *fare un intervallo.*

We took a break for lunch. *Abbiamo fatto un intervallo per pranzare.*

to break — *rompere*

to break down — *(1) guastarsi.*

The truck broke down. *Il camion si è guastato.*

(2) scoppiare in lacrime.

She broke down and cried. *È scoppiata in lacrime.*

to break even — *andare in pari.*

That deal allowed me to break even at the end of the year. *Quell'affare mi ha consentito di andare in pari alla fine dell'anno.*

to break in — *(1) interrompere.*

He broke in in the middle of the story. *Ha interrotto la storia a metà.*

(2) *fare irruzione.*

They broke in before dawn. *Hanno fatto irruzione prima dell'alba.*

to break it up — *far circolare.*

Break it up! *Circolate!*

to break out — *scoppiare.*

He broke out in laughter. *È scoppiato in una risata.*

to break up — *porre fine.*

They broke up the meeting early because of the baseball game.
*Hanno posto fine alla riunione in anticipo a causa della partita di
baseball.*

Rachel and Ken broke up because they disagreed over their child's
upbringing. *Rachele e Ken si sono separati perchè non erano d'accordo su come allevare il bambino.*

---

breast — *il petto*

to make a clean breast of — *vuotare il sacco.*

You'd better make a clean breast of it, Mr. Lupin. *Farebbe bene a
vuotare il sacco, Signor Lupin.*

---

breath — *il fiato*

under one's breath — *sotto voce.*

He mumbled under his breath. *Mormorava sotto voce.*

---

breeches — *pantaloni*

to get too big for one's breeches — *montarsi la testa.*

Robert has gotten too big for his breeches since his guide told him
he's a good mountain climber. *Roberto si è montato la testa da
quando la guida gli ha detto che è un buon alpinista.*

---

bridge — *il ponte*

Don't cross your bridges until you've come to them. *Non fasciarti la
testa prima che sia rotta.*

to burn one's bridges behind oneself — *tagliare i ponti con il proprio
passato.*

I've burned my bridges behind me. *Ho tagliato i ponti con il mio passato.*

---

to bring — *portare*
  to bring off — *riuscire.*
The merger seemed impossible, but at the meeting he brought it off. *La fusione sembrava impossibile, ma alla riunione lui è riuscito a mettere tutti d'accordo.*

  to bring to — *far rinvenire.*
They brought him to with a bucket of cold water. *L'hanno fatto rinvenire con un secchio d'acqua fredda.*

  to bring up — *(1) sollevare.*
He brought up a problem I hadn't considered. *Ha sollevato un problema che non avevo considerato.*
(2) tirare su.
She brought up four children all by herself. *Ha tirato su quattro figli da sola.*

---

broke — *senza un soldo*
  flat broke — *completamente al verde.*
Don't ask me for a loan; I'm flat broke. *Non chiedermi un prestito: sono completamente al verde.*

  to go for broke — *dare il tutto per tutto.*
The cyclist was in the rear, but then he went for broke and won the race. *Il ciclista era nella retroguardia, ma ha dato il tutto per tutto e ha vinto la corsa.*

---

brush — *la spazzola*
  to brush aside — *ignorare.*
They brushed all our objections aside and proceeded as planned. *Hanno ignorato tutte le nostre obiezioni ed hanno proceduto secondo i piani.*

to give the brush-off — *respingere qualcuno malamente.*
When he realized we were of no use to him he really gave us the brush-off. *Quando ha capito che noi non gli potevamo servire, ci ha respinti malamente.*

to brush — *spazzolare*
   to brush up on — *dare una spolveratina.*
   I must brush up on my German. *Devo dare una spolveratina al mio tedesco.*

buck — *la pedina*
   to pass the buck — *fare a scaricabarili.*
   Stop passing the buck for your mistakes. *Smetti di scaricare sugli altri la responsabilità dei tuoi errori.*

bucket — *il secchio*
   to kick the bucket — *tirare le cuoia.*
   He's so old he could kick the bucket anytime. *È così vecchio che potrebbe tirare le cuoia da un momento all'altro.*

to buckle — *allacciarsi*
   to buckle down to — *mettersi sotto a.*
   If you want to pass your exams you'd better buckle down to studying. *Se vuoi essere promosso agli esami, faresti bene a metterti sotto a studiare.*

bud — *il bocciolo*
   to nip something in the bud — *stroncare sul nascere.*
   It's always better to nip gossip in the bud. *È sempre meglio stroncare i pettegolezzi sul nascere.*

buff — *la pelle di bufalo*
   in the buff — *nudo.*
   She enjoys walking around the house in the buff. *Le piace girare nuda per casa.*

bug — *l'insetto*

    a bug in the brain — *un chiodo fisso.*

She thinks her neighbor wants to kill her dog; she's got a bug in the
    brain! *È convinta che il vicino le voglia ammazzare il cane: è un
    chiodo fisso!*

bull — *il toro*

    He's like a bull in a china shop. *È come un elefante in un negozio di
    porcellane.*

    to take the bull by the horns — *prendere il toro per le corna.*

Let's take the bull by the horns and get this work finished. *Prendiamo
    il toro per le corna e finiamo questo lavoro.*

    to hit the bull's-eye — *fare centro.*

He hit the bull's-eye with that idea. *Ha fatto centro con quell'idea.*

bullet — *la pallottola*

    to bite the bullet — *affrontare la situazione con coraggio.*

If the people can be convinced that sacrifices are necessary, they'll
    bite the bullet. *Se la gente si convince che i sacrifici sono necessari,
    affronterà la situazione con coraggio.*

bum — *il fannullone, il vagabondo*
    to give someone the bum's rush — *buttare fuori qualcuno.*
    We wanted to have a leisurely dinner, but the waiter gave us the bum's rush. *Volevamo farci una cena tranquilla, ma il cameriere ci ha buttato fuori.*

to bump — *battere*
    to bump into — *imbattersi in.*
    We bumped into her former husband at the café. *Ci siamo imbattuti nel suo ex marito al bar.*

    to bump off — *far fuori.*
    His enemies bumped him off. *I suoi nemici lo fecero fuori.*

to burn — *bruciare*
    to have something to burn — *essere pieno di.*
    That fellow has money to burn. *Quello è pieno di soldi.*

burned out — *fuso*
    We were all burned out after working so hard to save the house. *Eravamo tutti fusi dopo aver faticato tanto per salvare la casa.*

bush — *il cespuglio*
    Don't beat around the bush. *Non menare il can per l'aia.*

bushel — *unità di misura (circa 36 litri).*
    to hide one's light under a bushel — *mettere la fiaccola sotto il moggio.*
    She's a brilliant mathematician, but she hides her light under a bushel. *È una matematica brillante, ma nasconde la fiaccola sotto il moggio.*

business — *gli affari*
    Mind your own business. *Fatti gli affari tuoi.*

    to make it one's business to do something — *farsi carico di.*
    You made it your own business to help them out; now you must follow through. *Ti sei fatto carico di aiutarli: adesso devi mantenere la parola.*

to mean business — *fare sul serio.*

That man means business. *Quell'uomo fa sul serio.*

to send someone about his business — *mandare qualcuno fuori dai piedi.*

We sent him about his business. *L'abbiamo mandato fuori dai piedi.*

butter — *il burro*

She looks like butter wouldn't melt in her mouth. *Fa la santarellina.*

to butter up — *lisciare il pelo.*

Don't try to butter me up; you know how much I detest it. *Non cercare di ottenere quello che vuoi lisciandomi il pelo; sai bene quanto lo detesti.*

butterfly — *la farfalla*

to have butterflies in one's stomach — *essere molto nervoso (fin quasi alla nausea).*

When he has to take a test with that professor he always has butterflies in his stomach. *Tutte le volte che deve dare un esame con quel professore si innervosisce fin quasi alla nausea.*

buttonhole — *l'occhiello, l'asola*

to buttonhole — *attaccare un bottone.*

I couldn't get away earlier because a friend buttonholed me. *Non ho potuto partire prima perchè un amico mi ha attaccato un bottone.*

to buy — *comprare*

not to buy it — *non berla.*

You can tell that story ten times over; I'm not buying it. *Anche se ripeti quella storia dieci volte io non la bevo.*

by — *presso, per*

by and by — *fra poco.*

By and by we'll take a walk. *Fra poco andiamo a fare una passeggiata.*

by and large — *nel complesso.*
By and large it's been a good summer. *Nel complesso è stata una buona estate.*

bygone — *il passato*
Let bygones be bygones. *Mettiamoci una pietra sopra.*

cahoot — *[only in the expression]*
to be in cahoots with someone — *essere in combutta con qualcuno.*
The mayor's enemies spread a rumor that he was in cahoots with gangsters. *I nemici del sindaco hanno messo in giro la dicerìa che lui era in combutta con dei gangster.*

Cain — *Caino*
to raise Cain — *scatenare un pandemonio.*
Every time the teacher left the room the class would raise Cain. *Ogni volta che l'insegnante usciva dall'aula, la classe scatenava un pandemonio.*

cake — *la torta*

a piece of cake — *un gioco da ragazzi.*
Are you afraid of climbing that little mountain? It'll be a piece of cake. *Hai paura a scalare quella montagnola? Sarà un gioco da ragazzi.*

to take the cake — *essere il colmo.*
I knew he had strange ideas, but this one takes the cake! *Sapevo che aveva idee strane, ma questa è il colmo!*

You can't have your cake and eat it too. *Non puoi avere la botte piena e la moglie ubriaca.*

call — *la chiamata*
> **to have a close call** — *scamparla bella.*
> We had a close call; we almost ran off the road. *L'abbiamo scampata bella; siamo quasi andati fuori strada.*

> **to have no call to complain** — *non avere il diritto.*
> You have no call to complain. *Non hai il diritto di lagnarti.*

to call — *chiamare*
> **to call on** — *fare una visita.*
> Let's call on our aunt to see if she's recovered. *Facciamo una visita alla zia per vedere se è guarita.*

to cancel — *annullare*
> **to cancel out** — *annullarsi a vicenda.*
> Would you make up your mind? Your instructions cancel each other out. *Hai deciso cosa vuoi? Le tue istruzioni si annullano a vicenda.*

candle — *la candela*
> **not to be able to hold a candle to** — *non essere degno di legare i lacci delle scarpe a.*
> He's a much better father than you! You can't hold a candle to him. *È un padre molto migliore di te. Non sei neanche degno di legargli i lacci delle scarpe!*

> **to burn the candle at both ends** — *strafare.*
> He'll be a nervous wreck if he keeps burning the candle at both ends. *Diventerà nevrastenico se continuerà a strafare.*

cap — *il berretto*
> **to set one's cap for** — *mettere gli occhi su.*
> He's set his cap for that girl, and you can be sure he'll get her. *Ha messo gli occhi su quella ragazza e vedrai che la conquisterà.*

card — *la carta (da gioco)*
> **to have the cards stacked against** — *avere tutto contro.*
> The cards were stacked against him from the beginning. *Aveva tutto contro fin dall'inizio.*

to put one's cards on the table — *mettere le carte in tavola.*
Now that he's put his cards on the table we know what to expect. *Ora che ha messo le carte in tavola, sappiamo che cosa aspettarci.*

career — *la carriera*
a checkered career — *una carriera movimentata.*
He has had a checkered career. *La sua è stata una carriera movimentata.*

carpet — *il tappeto*
to give the red carpet treatment (roll out the red carpet) — *offrire un trattamento coi fiocchi.*
They gave him the red carpet treatment. (They rolled out the red carpet for him.) *Gli hanno offerto un trattamento coi fiocchi.*

to carry — *portare*
to carry on — *continuare a fare casino.*
The boys carried on until they were reported. *I ragazzi hanno continuato a fare casino finchè non sono stati denunciati.*

cart — *il carrello*
to put the cart before the horse — *mettere il carro davanti ai buoi.*
Learning to dive before learning to swim is putting the cart before the horse. *Imparare a tuffarsi prima di sapere nuotare vuol dire mettere il carro davanti ai buoi.*

cash — *i contanti*
hard cash — *denaro sonante.*
He wants to be paid in hard cash. *Vuol essere pagato in denaro sonante.*

ready cash — *denaro liquido.*
They don't have enough ready cash to cover the amount. *Non hanno abbastanza denaro liquido per coprire la somma.*

to cash — *incassare*
to cash in on — *trarre vantaggio.*
They cashed in on people's desire to be on TV and got a high rating for their show. *Hanno tratto vantaggio dal desiderio della gente di apparire in televisione: il loro programma ha avuto molto successo.*

cat — *il gatto*
copycat — *per imitazione.*
The police didn't want to spread the news of the murder because they were afraid of copycat crimes. *La polizia non voleva diffondere la notizia dell'assassinio perché temeva altri delitti per imitazione.*

like a cat on hot bricks — *sulle spine.*
He's like a cat on hot bricks today. *È sulle spine oggi.*

There are more ways than one to skin a cat. *C'è più di un modo per risolvere un problema.*

to let the cat out of the bag — *scoprire gli altarini.*
You let the cat out of the bag when you told them we were leaving. *Hai scoperto gli altarini quando hai detto loro che partiamo.*

to look like the cat that swallowed the canary — *avere una faccia furbina.*
What did your boss tell you? You look like the cat that swallowed the canary. *Che cosa ti ha detto il principale? Hai una faccia furbina!*

to rain cats and dogs — *piovere a catinelle.*
We couldn't go out because it was raining cats and dogs. *Non potemmo uscire perché pioveva a catinelle.*

to see which way the cat jumps — *aspettare di vedere come si mettono le cose.*
We'll have to wait and see which way the cat jumps. *Dovremo aspettare e vedere come si mettono le cose.*

When the cat's away the mice will play. *Quando il gatto non c'è i topi ballano.*

catch — *la presa*
  a good catch — *un buon partito.*
  That man is a good catch. *Quell'uomo è un buon partito.*

  catch-22 — *un paradosso.*
  Finding a job is a catch-22. Firms hire only experienced people, but
    the only way to get experience is by working. *Siamo all'assurdo nel
    mercato del lavoro: le industrie assumono solo gente esperta, ma l'u-
    nico modo per farsi un'esperienza è sul lavoro.*

to catch — *prendere*
  catch as catch can — *alla meglio.*
  We're redoing the kitchen; we'll eat catch as catch can for a week.
    *Stiamo rifacendo la cucina; mangeremo alla meglio per una setti-
    mana.*

  to catch dead — *neanche morto.*
  You wouldn't catch him dead helping his mother clean house. *Non
    aiuta sua madre a fare le pulizie neanche morto.*

  to catch on — *prendere piede.*
  The big boots fad has caught on, and now all the young girls look like
    ducks. *La moda degli scarponi ha preso piede e adesso tutte le
    ragazze sembrano delle anatre.*

  to catch up with — *raggiungere, mettersi in pari.*
  Go ahead with the others; I'll catch up with you in a few minutes. *Va'
    avanti con gli altri; vi raggiungerò tra pochi minuti.*
  I want to catch up with my work this weekend. *Mi voglio mettere in
    pari con il mio lavoro questo fine settimana.*

ceiling — *il soffitto*
  to hit the ceiling — *andare su tutte le furie.*
  Father hits the ceiling when the boys come in late. *Papà va su tutte le
    furie quando i ragazzi rientrano tardi.*

cent — *il centesimo*
  a red cent — *il becco di un quattrino.*
  I haven't got a red cent. *Non ho il becco di un quattrino.*

ceremony — *la cerimonia*
   to stand on ceremony — *fare complimenti.*
   Don't stand on ceremony; come whenever you want. *Non fare complimenti; vieni quando vuoi.*

chance — *la probabilità*
   fat chance — *non esserci alcuna probabilità.*
   Since he disapproves of the bride, fat chance he'll attend the wedding.
   *Poichè disapprova la scelta della sposa, non c'è alcuna probabilità
   che venga al matrimonio.*

   on the off chance — *con la vaga speranza.*
   I'll go on the off chance of seeing him. *Ci andrò con la vaga speranza
   di vederlo.*

   to stand a chance — *avere una probabilità.*
   He stands a good chance of getting a scholarship. *Ha buone probabilità di avere una borsa di studio.*

chase — *l'inseguimento*
   to lead someone a merry chase — *tenere qualcuno sulla corda.*
   She's leading her boyfriend a merry chase. *Tiene il suo ragazzo sulla
   corda.*

cheek — *la guancia*
   a lot of cheek — *una bella faccia tosta.*

He has a lot of cheek to get in line ahead of me. *Ha una bella faccia tosta a passarmi davanti in fila.*

to have the cheek to — *avere la sfrontatezza di.*
She had the cheek to tell me I was wrong. *Ha avuto la sfrontatezza di dirmi che avevo torto.*

---

chest — *il torace*
　　to get off one's chest — *sfogarsi (levarsi un peso dallo stomaco).*
　　It'll be good for him to get it off his chest. *Gli farà bene sfogarsi (levarsi un peso dallo stomaco).*

---

chestnut — *la castagna*
　　to pull someone's chestnuts out of the fire — *cavare le castagne dal fuoco.*
　　He can do it alone if he wishes; I'm not going to pull his chestnuts out of the fire. *Può farlo da solo se vuole; io non gli cavo le castagne dal fuoco.*

---

to chew — *masticare*
　　to chew out — *sgridare.*
　　My father chewed me out for losing the keys. *Mio padre mi ha sgridato perchè avevo perso le chiavi.*

---

chicken — *il pollo*
　　Don't count your chickens before they're hatched. *Non dire quattro se non l'hai nel sacco. (Non vendere la pelle dell'asino prima che sia morto.)*

　　no spring chicken — *non una ragazzina.*
　　Although she's no spring chicken anymore, she had two children. *Ha avuto due figli anche se non è più una ragazzina.*

　　for one's chickens come home to roost — *chi la fa l'aspetti.*
　　We denied them help when they asked; now they're doing the same to us. Chickens always come home to roost. *Ci siamo rifiutati di aiutarli e adesso fanno lo stesso con noi. Chi la fa l'aspetti.*

to chicken out — *calare le brache.*

I began climbing the mountain, but after the first fifty meters I chickened out. *Ho incominciato la scalata, ma dopo i primi cinquanta metri ho calato le brache e ho rinunciato.*

to chime — *scampanare*

    to chime in — *interrompere.*

He chimed in with a crazy idea. *Ha interrotto con un'osservazione ridicola.*

chin — *il mento*

    to keep one's chin up — *stare su con la vita.*

Keep your chin up; things aren't so bad. *Sta' su con la vita; le cose non vanno così male.*

    up to one's chin — *fino al collo.*

He's in this up to his chin. *È dentro a quella faccenda fino al collo.*

chip — *la scheggia*

    a chip off the old block — *il degno figlio del proprio padre.*

Henry, with his liking for trains, is a chip off the old block. *Con la sua passione per i treni, Enrico è degno figlio di suo padre.*

    a chip on one's shoulder — *la mosca al naso.*

He's hard to get along with; he always has a chip on his shoulder. *È difficile andare d'accordo con lui; ha sempre la mosca al naso.*

    to let the chips fall where they may — *succeda quel che succeda.*

We're going to do what's right, and let the chips fall where they may. *Faremo quel che è giusto, succeda quel che succeda.*

    when the chips are down — *quando tutto sembra perduto.*

When the chips were down, he scored a touchdown and won the game. *Quando tutto sembrava perduto, ha fatto goal ed ha fatto vincere la partita.*

to chip — *scheggiare*
   to chip in for — *contribuire.*
   Let's all chip in for a wedding present. *Contribuiamo tutti al regalo di nozze.*

chop — *la mascella*
   to lick one's chops — *leccarsi i baffi.*
   When we saw the wonderful lobsters we all licked our chops. *Quando abbiamo visto quelle splendide aragoste ci siamo leccati i baffi.*

circle — *il cerchio*
   to come full circle — *chiudere il cerchio.*
   She was born a Republican, flirted with the student movement, and now she's a Republican again. She's come full circle. *Lei è nata repubblicana, ha flirtato col movimento studentesco, e adesso è di nuovo repubblicana. Ha chiuso il cerchio!*

   to run around in circles — *darsi un gran da fare con scarsi risultati.*
   His wife is always running around in circles. *Sua moglie si dà un gran da fare con scarsi risultati.*

   to run circles around — *mangiarsi qualcuno in un boccone.*
   When it comes to tennis I run circles around him. *Quando si tratta di giocare a tennis me lo mangio in un boccone.*

   to square the circle — *quadrare il cerchio.*
   It's no use trying to square the circle. *Il tuo è un tentativo inutile: è come cercare di quadrare il cerchio.*

citizen — *il cittadino*
   second-class citizen — *figlio della serva.*
   He treated our friends as if they were second-class citizens. *Ha trattato i nostri amici come se fossero figli della serva.*

claim — *la rivendicazione*
   to stake a claim — *fare una rivendicazione.*
   I've staked a claim on the third-floor office. *Ho dichiarato che mi aspettavo di avere l'ufficio del terzo piano.*

to clam — *impiastricciare.*
  to clam up — *ammutolire.*
  When she received threats from the mob, she clammed up with the police. *Quando ha ricevuto le minacce dalla mafia, è ammutolita con la polizia.*

to clamp — *bloccare*
  to clamp down — *andare giù pesante.*
  After the sit-in, the police clamped down on the students and arrested them. *Dopo l'occupazione, la polizia è andata giù pesante con gli studenti e li ha arrestati.*

class — *la classe*
  to cut class — *marinare la scuola.*
  Don't cut class if you want to pass. *Non marinare la scuola se vuoi essere promosso.*

clean — *pulito*
  to come clean — *confessare.*
  He came clean and admitted he had stolen from the till. *Ha confessato ed ha ammesso di aver rubato dalla cassa del negozio.*

cleaner's — *tintoria*
  to be sent to the cleaner's — *essere mandato al fresco.*
  He was found guilty and sent to the cleaner's. *È stato trovato colpevole e mandato al fresco.*

clear — *chiaro*
  in the clear — *scagionato.*
  John confessed he had taken the camera, and Mary was in the clear. *Giovanni ha confessato di aver preso la macchina fotografica e Maria è stata scagionata.*

  to see one's way clear to — *vedere la possibilità di.*
  I can't see my way clear to lending you $100. *Non vedo proprio la possibilità di prestarti cento dollari.*

to steer clear of — *girare al largo.*

Steer clear of men who wear short socks. *Gira al largo dagli uomini che portano i calzini corti.*

clip — *un buon passo (andatura sostenuta)*

at a good clip — *di buon passo.*

If we want to get there on time, we'll have to go at a good clip. *Se vogliamo arrivare in tempo, dobbiamo camminare di buon passo.*

clock — *l'orologio*

against the clock — *contro il tempo.*

They worked against the clock to set up the conference center for the party convention. *Hanno lavorato contro il tempo per preparare i locali per il congresso del partito.*

around the clock — *giorno e notte.*

The gas station is open around the clock. *Questa stazione di servizio è aperta giorno e notte.*

to close — *chiudere*

to close in on — *circondare.*

The enemy is closing in on us. *Il nemico ci sta circondando.*

to closet — *chiudere*

to be closeted with — *essere in riunione privata con.*

The secretary was closeted with the personnel manager. *Il segretario era in riunione privata con il capo del personale.*

cloud — *una nuvola*

Every cloud has a silver lining. *Non tutto il male vien per nuocere.*

on cloud nine — *al settimo cielo.*

He's on cloud nine since he won the prize. *È al settimo cielo da quando ha vinto il premio.*

to be in the clouds — *vivere nelle nuvole.*

She's always got her head in the clouds. *Vive sempre con la testa nelle nuvole.*

under a cloud — *oggetto di sospetti.*

Ever since she was caught shoplifting, she's been under a cloud. *Da quando è stata scoperta a rubare in un negozio, è oggetto di sospetti.*

clover — *il trifoglio*

in clover — *nel lusso.*

They live in clover because their father is rich. *Vivono nel lusso perchè il loro padre è ricco.*

coal — *il carbone*

to carry coals to Newcastle — *portare vasi a Samo.*

Bringing them wine for dinner would be like carrying coals to Newcastle; better to bring a cake. *Portare del vino per cena a casa loro è come portar vasi a Samo; meglio una torta.*

coast — *la costa*

a clear coast — *una via libera.*

The burglars knew the coast was clear to rob the house. *I ladri hanno capito che la via era libera per svaligiare la casa.*

coattails — *il frac*

on one's coattails — *sulla scia di qualcun altro.*

James was invited to join the club on the coattails of his godfather, who was one of the founders. *James è stato invitato a diventare membro del club grazie al fatto che il suo padrino è uno dei fondatori.*

cock — *il gallo*

cock and bull story — *un racconto inverosimile.*

When he returned he told us a cock and bull story. *Quando tornò ci narrò un racconto inverosimile.*

the cock of the walk — *il gallo della Checca.*

Just because he got all those compliments he needn't think he's the cock of the walk. *Solo perchè ha ricevuto tutti quei complimenti non si deve credere il gallo della Checca.*

cog — *l'ingranaggio*

a cog in the wheel — *una rotella nell'ingranaggio.*

At the office he's only a cog in the wheel. *In ufficio lui è solo una rotella nell'ingranaggio.*

---

cold — *freddo*

to be knocked cold — *privo di sensi.*

The champion was knocked cold in the third round. *Il campione è stato mandato al tappeto privo di sensi al terzo round.*

to be left out in the cold — *essere trascurato.*

The family has left him out in the cold. *È stato trascurato dalla famiglia.*

to get something down cold — *sapere a menadito.*

He's got Roman history down cold. *Sa a menadito la storia di Roma.*

You're cold! [in children's games] *Acqua! [nei giochi dei bambini]*

---

color — *il colore*

to paint in glowing colors — *dipingere a tinte dorate.*

The Chamber of Commerce literature paints our town in glowing colors. *Le pubblicazioni della Camera di Commercio dipingono la nostra città a tinte dorate.*

with flying colors — *con tutti gli onori.*

He passed the exam with flying colors. *Ha superato l'esame con tutti gli onori.*

---

comb — *il pettine*

a fine-toothed comb — *(1) passare al vaglio.*

They went over my work with a fine-toothed comb. *Hanno passato al vaglio il mio lavoro.*

(2) passare al setaccio.

The police went over the neighborhood with a fine-toothed comb looking for the thief. *La polizia ha passato il quartiere al setaccio alla ricerca del ladro.*

---

to come — *venire*

come off it! — *piantala!*

"As I told the duchess . . ." "Oh, come off it!" *"Come dicevo alla duchessa . . ." "Oh, piantala!"*

come what may — *avvenga quel che avvenga.*

We'll go tomorrow, come what may. *Andremo domani, avvenga quel che avvenga.*

how come? — *come mai?*

How come you didn't come to the party? *Come mai non sei venuto alla festa?*

to come about — *succedere.*

I wonder how that came about. *Mi chiedo come sia successo.*

to come across — *(1) trovare per caso.*

I came across an old letter of his. *Ho trovato per caso una sua vecchia lettera.*

(2) cogliere nel segno.

His speech didn't come across. *Il suo discorso non ha colto nel segno.*

to come around — *venire dell'idea.*

My sister came around to getting into the family business. *Mia sorella è venuta dell'idea di entrare nell'azienda di famiglia.*

to come down hard on — *andare giù pesante.*

You came down too hard on Tom; he isn't a bad boy after all. *Sei andato giù troppo pesante con Tommaso; non è cattivo, dopo tutto.*

to come into one's own — *ottenere ciò che è dovuto.*

She finally came into her own when she received the directorship. *Ha ottenuto quello che le era dovuto quando è stata nominata direttore.*

to come to — *riprendere conoscenza.*

She fainted, but came to shortly afterward. *È svenuta, ma ha ripreso conoscenza poco dopo.*

to come up with — *riuscire a trovare.*

I'll see what I can come up with for you. *Vedrò che cosa riuscirò a trovare per te.*

commission — *la commissione*
  out of commission — *guasto.*
  My typewriter is out of commission. *La mia macchina da scrivere è guasta.*

company — *la compagnia*
  to part company — *dividersi, non poter essere d'accordo.*
  That's the issue over which we parted company. *È per quella questione che ci siamo divisi (non possiamo essere d'accordo).*

  Two's company, three's a crowd. *Poca brigata, vita beata.*

compliment — *il complimento*
  left-handed compliment — *un complimento ambiguo (ironico).*
  He paid me a left-handed compliment saying I could sing better than I could paint. *Mi ha fatto un complimento ambiguo (ironico) dicendo che canto meglio di quanto dipinga.*

  to fish for compliments — *andare a caccia di complimenti.*
  It's the third time you're asking me if I like your essay. Are you fishing for compliments? *È la terza volta che mi chiedi se mi piace il tuo saggio. Vai a caccia di complimenti?*

concern — *l'affare*
  a going concern — *un'impresa redditizia.*
  Since he's taken over the newspaper it's become a going concern. *Da quando lui lo dirige, il giornale è diventato un'impresa redditizia.*

consequence — *la conseguenza*
  of no consequence — *di poca importanza.*
  It was a matter of no consequence. *È stata una cosa di poca importanza.*

conspicuous — *cospicuo*
  conspicuous by one's absence — *farsi notare per la sua assenza.*
  Peter was conspicuous by his absence. *Pietro si è fatto notare per la sua assenza.*

content — *la contentezza*
   to one's heart's content — *a sazietà.*
   The child was eating ice cream to his heart's content. *Il bambino mangiava gelato a sazietà.*

cook — *il cuoco*
   Too many cooks spoil the broth. *Troppi cuochi guastano il pranzo.*

to cook — *cucinare*
   to cook up — *combinare.*
   Let's cook up a plan for our vacation. *Combiniamo qualcosa per le nostre vacanze.*

   What's cooking? *Che cosa bolle in pentola?*

cookie — *il biscotto*
   one tough cookie — *un bel tipetto.*
   Marjorie is kind with friends, but she's one tough cookie in business. *Marjorie è gentile con gli amici, ma negli affari è un bel tipetto.*

cool — *fresco*
   to blow one's cool — *perdere la calma.*
   Don't blow your cool so easily; you're falling into his trap. *Non perdere la calma così facilmente: fai il suo gioco.*

   to play it cool — *dare l'impressione di essere distaccato.*
   He played it cool and no one knew how deeply he felt about it. *Ha dato l'impressione di essere distaccato e nessuno ha capito quanto la cosa gli stesse a cuore.*

to cool — *rinfrescare*
   to cool down — *calmarsi.*
   He was so angry, but when he learned the facts he cooled down. *Era arrabbiatissimo, ma si è calmato quando ha sentito tutti i fatti.*

corner — *l'angolo*

a tight corner — *con le spalle al muro (in difficoltà).*

His requests have put me in a tight corner. *Le sue richieste mi hanno messo con la spalle al muro (in difficoltà).*

just around the corner — *in arrivo.*

Spring is just around the corner. *La primavera è in arrivo.*

the four corners of the earth — *i quattro angoli della terra.*

Relatives came to the reunion from the four corners of the earth. *I parenti sono venuti alla riunione dai quattro angoli della terra.*

to cut corners — *(1) risparmiare.*

We'll have to cut corners to afford that new car. *Dovremo risparmiare per poterci permettere quella macchina nuova.*

(2) prendere una scorciatoia (disonestamente).

The contractor cut corners with the material and now the house is crumbling. *Il costruttore non è stato onesto ed ha usato materiali scadenti: la casa sta già crollando.*

---

to cough — *tossire*

to cough up — *tirar fuori.*

His father coughed up the money for the trip. *Suo padre tirò fuori i soldi per il viaggio.*

---

counsel — *il consiglio*

to keep one's counsel — *tenersi la propria opinione per sè.*

He listened to everyone who gave him advice but kept his own counsel. *Ha ascoltato tutti quelli che gli hanno dato dei consigli, ma si è tenuta la sua opinione per sè.*

---

to count — *contare*

to count someone out — *escludere.*

You can count me out; I'm not coming. *Puoi escludermi; non vengo.*

---

courage — *il coraggio*
   to screw up one's courage — *prendere il coraggio a due mani.*
   Sooner or later he'll screw up his courage and he'll tell her the truth.
   Prima o poi prenderà il coraggio a due mani e le dirà la verità.

course — *il corso*
   in due course — *a tempo debito.*
   The books will arrive in due course. *I libri arriveranno a tempo debito.*

   to run its course — *fare il suo corso.*
   Be patient; your flu will run its course and you'll feel better again.
   *Abbi pazienza: l'influenza farà il suo corso e ti sentirai di nuovo
   bene.*

cover — *il coperchio, la copertina, la busta*
   from cover to cover — *da cima a fondo.*
   I read the book from cover to cover. *Ho letto il libro da cima a fondo.*

   under separate cover — *in un plico a parte.*
   I'm sending you my article under separate cover. *Ti mando il mio articolo in un plico a parte.*

   undercover — *da infiltrato.*
   The policeman went undercover to foil the terrorists' plan. *Il
   poliziotto si è infiltrato nel gruppo per far saltare il piano dei terroristi.*

cow — *la mucca*
   You can wait til the cows come home. *Campa, cavallo, che l'erba
   cresce.*

crack — *lo scoppio*
   to take a crack at — *provarci.*
   Let me take a crack at it. *Fammici provare.*

to crack — *incrinare*

to be cracked up to be — *come si dice.*

He's not as great as he's cracked up to be. *Non è poi così bravo come si dice.*

to crack down — *dare un giro di vite.*

The police cracked down on the illegal casinos. *La polizia diede un giro di vite e chiuse le sale da gioco illegali.*

to crack up — *(1) avere un esaurimento nervoso.*

If he keeps working so hard he's going to crack up. *Se continua a lavorare così tanto avrà un esaurimento nervoso.*

(2) crepare dalle risate.

His jokes really made us crack up. *Le sue barzellette ci hanno fatto crepare dalle risate.*

to get cracking — *darsi da fare.*

If you want to be prepared, you'd better get cracking. *Se vuoi essere preparato, faresti bene a darti da fare.*

---

cradle — *la culla*

to rob the cradle — *sposare una persona molto più giovane.*

That famous actress robbed the cradle marrying a man fifty years her junior. *Quella famosa attrice ha sposato un bambino: lui ha cinquant'anni meno di lei.*

---

crazy — *pazzo*

to drive someone crazy — *fare impazzire.*

His constant whistling drives me crazy. *Il suo continuo fischiettare mi fa impazzire.*

---

cream — *la crema*

the cream of the crop — *il fior fiore.*

The new nurses are the cream of the crop from the training course. *Le nuove infermiere sono il fior fiore del loro corso di addestramento.*

---

credit — *il credito*
to do someone credit — *tornare a onore di qualcuno.*
That book does him credit. *Quel libro torna a suo onore.*

creeps — *la pelle d'oca*
to give someone the creeps (to make someone's flesh creep) — *far venire i brividi.*
That film gave me the creeps (made my flesh creep). *Quel film mi ha fatto venire i brividi.*

crocodile — *il coccodrillo*
crocodile tears — *lacrime di coccodrillo.*
He was only crying crocodile tears. *Erano solo lacrime di coccodrillo.*

crow — *il corvo*
as the crow flies — *in linea d'aria.*
It's only ten miles away as the crow flies. *In linea d'aria dista solo dieci miglia.*

to eat crow — *inghiottire il rospo.*
He had to eat crow and admit he was wrong. *Ha dovuto inghiottire il rospo e ammettere che aveva torto.*

crust — *la crosta*
upper crust — *la crema.*
The upper crust gathers at the derby every spring. *La crema della società si ritrova al derby ogni primavera.*

crux — *il punto cruciale*
the crux of the matter — *il nodo della questione.*
Finally you're speaking clearly and getting to the crux of the matter! *Finalmente parli chiaro e vieni al nodo della questione!*

cry — *il grido*
   to be a far cry from — *tutt'altra cosa.*
   The first plane could fly, but it was a far cry from a 747. *Il primo aeroplano volava, ma era tutt'altra cosa rispetto al 747.*

cucumber — *il cetriolo*
   as cool as a cucumber — *impassibile.*
   In the midst of all the confusion, he's as cool as a cucumber. *In mezzo alla confusione resta impassibile.*

cuff — *il polsino*
   off the cuff — *(parlare) improvvisando.*
   He spoke off the cuff about the economic situation. *Improvvisò un'analisi della situazione economica.*

cup — *la tazza*
   one's cup of tea — *cosa che fa per uno.*
   Driving a bus is not my cup of tea. *Guidare un autobus non fa per me.*

   to be quite another cup of tea — *essere un altro paio di maniche.*
   That's quite another cup of tea. *È tutto un altro paio di maniche.*

cure — *la cura*
   What can't be cured must be endured. *Quello che non si può curare si deve sopportare.*

customer — *il cliente*
   an ugly customer — *un brutto tipo.*
   He looks like an ugly customer. *Sembra un brutto tipo.*

to cut — *tagliare*
   cut-and-dried — *(1) ovvio.*
   He has a cut-and-dried case of hay fever. *Ha un ovvio caso di febbre del fieno.*
   (2) fuori discussione.
   Ann's victory is cut-and-dried. *La vittoria di Anna è fuori discussione.*

   Cut it out! *Piantala!*

to be cut out for — *essere tagliato per.*
He's cut out for this job. *È proprio tagliato per questo lavoro.*

to cut back on — *ridurre.*
The work will be delayed because the city cut back on our funds. *I lavori subiranno dei ritardi perchè il comune ci ha ridotto i fondi.*

to cut in — *interrompere.*
He cut in while I was speaking. *Mi ha interrotto mentre parlavo.*

to cut off — *interrompere.*
He cut me off before I could finish. *Mi ha interrotto prima che finissi.*

to cut out — *smettere.*
I cut out smoking a year ago. *Ho smesso di fumare un anno fa.*

damn — *la maledizione*

not to be worth a damn — *non valere una cicca (un fico secco).*
The new VCR is already broken. It isn't worth a damn. *Il nuovo videoregistratore è gia rotto: non vale una cicca!*

to give a damn — *importare a qualcuno di qualcosa.*
I don't give a damn. *Non me ne importa niente.*

damper — *la sordina*
to put a damper on — *smorzare l'allegria.*
The rain put a damper on our spirits. *La pioggia smorzò la nostra allegria.*

dark — *il buio*
in the dark — *all'oscuro.*
They kept him in the dark about his illness. *L'hanno tenuto all'oscuro della sua malattia.*

date — *la data*

blind date — *un appuntamento romantico organizzato da terzi.*

I met him on a blind date two months ago. Now we're about to get married. *L'ho conosciuto ad un appuntamento organizzato da amici due mesi fa. Adesso stiamo per sposarci.*

out of date — *fuori moda.*

This kind of music is out of date now. *Questo tipo di musica è ormai fuori moda.*

to bring up to date — *aggiornare.*

I must bring my file up to date. *Devo aggiornare il mio schedario.*

---

to dawn — *albeggiare*

to dawn on someone — *essere chiaro a qualcuno.*

It dawned on me that he had been lying to me all along. *Mi fu chiaro che lui mi aveva sempre mentito.*

---

day — *il giorno*

a day in court — *l'opportunità di far sentire le proprie ragioni.*

I've had my day in court and now I hope I've made everything clear. *Ho avuto l'opportunità di dire le mie ragioni e adesso spero di aver chiarito tutto.*

a day off — *un giorno di vacanza (di permesso).*

I took a day off to go see my daughter's show. *Ho preso un giorno di permesso per andare a vedere lo spettacolo di mia figlia.*

a rainy day — *i tempi difficili (duri).*

We have put aside a good sum for a rainy day. *Abbiamo risparmiato una bella sommetta per i tempi difficili (duri).*

as plain (clear) as day — *chiaro come il sole.*

His real intentions were as plain (clear) as day. *Le sue vere intenzioni erano chiare come il sole.*

day in and day out — *ogni giorno (tutti i santi giorni).*

He walks to the office day in and day out. *Ogni giorno (tutti i santi giorni) va in ufficio a piedi.*

day-to-day — *giornaliero.*

Nothing is more boring than day-to-day routine. *Nulla è più noioso del trantran giornaliero.*

that'll be the day — *quando volano gli asini.*

"I'll study more from now on." "Oh, sure, that'll be the day!" *"Studierò di più d'ora in poi." "Ah, sì, quando volano gli asini!"*

to call it a day — *smettere di lavorare (dopo una giornata di lavoro).*

We've done enough; let's call it a day. *Abbiamo fatto abbastanza; smettiamo di lavorare per oggi.*

to carry the day — *portare alla vittoria.*

David's field goal carried the day. *Il gol di Davide portò alla vittoria.*

to have had one's day — *aver fatto il proprio tempo.*

The miniskirt has had its day. *La minigonna ha fatto il suo tempo.*

to have one's day — *essere in auge.*

That singer is really having his day. *Quel cantante è davvero in auge.*

to have one's days numbered — *avere i giorni contati.*

The cook has his days numbered after last night's soufflé. *Il cuoco ha i giorni contati, dopo il soufflé di ieri sera.*

to have seen better days — *aver conosciuto giorni migliori.*

This coat has seen better days. *Questo cappotto ha conosciuto giorni migliori.*

daylight — *la luce del giorno*

in broad daylight — *in pieno giorno.*

The robbery was carried out in broad daylight. *Il furto è avvenuto in pieno giorno.*

to knock the daylights out of — *conciare per le feste.*

If he cheats me again I'll knock the daylights out of him. *Se mi imbroglia di nuovo, lo concio per le feste.*

to scare the daylights out of — *far prendere un colpo.*

That loud noise scared the daylights out of me. *Quel rumore forte mi ha fatto prendere un colpo.*

dead — *morto*

a dead give-away — *un avvertimento.*

The squeaking of the floorboards was a dead give-away that someone was in the hall. *Lo scricchiolio del pavimento fu un avvertimento che c'era qualcuno nel corridoio.*

as dead as a doornail — *morto e sepolto.*

That issue is as dead as a doornail. *Quell'argomento è morto e sepolto.*

dead beat (tired) — *stanco morto.*

I'm dead beat (tired) after that long walk. *Sono stanco morto dopo quella lunga passeggiata.*

dead to the world — *profondamente addormentato.*

At nine o'clock the next morning he was still dead to the world. *Alle nove del giorno dopo era ancora profondamente addormentato.*

in the dead of night — *nel cuore della notte.*

The police came in the dead of night to arrest him. *La polizia è venuta ad arrestarlo nel cuore della notte.*

to be dead set against — *fermamente contrario.*

I'm dead set against your going. *Sono fermamente contrario alla tua partenza.*

to stop dead — *fermarsi di colpo.*

When he saw me coming he stopped dead. *Quando mi ha visto arrivare si è fermato di colpo.*

---

deaf — *sordo*

stone deaf — *sordo come una campana.*

He's stone deaf so you'll have to shout. *È sordo come una campana, perciò dovrai gridare.*

---

deal — *il trattamento*

a good deal — *un buon affare.*

That bicycle was a good deal. *Quella bicicletta è stato un buon affare.*

a raw deal — *trattamento ingiusto.*

I'm surprised he went back there after the raw deal they gave him. *Mi stupisce che sia tornato lì dopo che gli hanno usato un trattamento così ingiusto.*

a square deal — *un trattamento onesto.*

In that store one is sure of getting a square deal. *In quel negozio si può essere sicuri di avere un trattamento onesto.*

big deal — *sai che roba.*

Big deal! We're all great cooks if all we have to do is to warm up dishes in the microwave. *Sai che roba! Siamo tutti grandi cuochi se si tratta solo di mettere a scaldare dei piatti precotti nel forno a microonde.*

to swing a deal — *concludere un affare.*

We don't have the money to swing a deal like that. *Non abbiamo i soldi per concludere un affare così.*

to deal — *distribuire*

to deal with — *(1) affrontare.*

I'll deal with the problem as soon as I feel less upset. *Mi occuperò del problema non appena mi senta meno agitato.*

(2) avere a che fare con.

I don't want to deal with him anymore; he scares me. *Non voglio più avere a che fare con lui, mi fa paura.*

deck — *il ponte*

to clear the decks — *sgombrare il campo.*

Let's clear the decks so we can start on the new project. *Sgombriamo il campo, così possiamo iniziare il nuovo progetto.*

to deck — *adornare*

to deck oneself out — *agghindarsi.*

When you deck yourself out like that you look as if you were going to a masquerade. *Quando ti agghindi così, sembri pronta per andare ad una festa in maschera.*

degree — *il grado*

the third degree — *l'interrogatorio di terzo grado.*

They really gave him the third degree. *Gli hanno fatto un interrogatorio di terzo grado.*

depth — *la profondità*
    out of one's depth — *al di sopra delle proprie capacità.*
    They assigned me this job, but I find I'm out of my depth. *Mi hanno affidato questo lavoro, ma lo trovo ben al di sopra delle mie capacità.*

---

deserts — *i meriti*
    just deserts — *quello che uno si merita.*
    They gave him his just deserts. *Gli hanno dato quello che si meritava.*

---

devil — *il diavolo*
    a devil of — *d'inferno.*
    Andy had a devil of a time finding his notebook. *Andy ha fatto una fatica d'inferno per trovare la sua agenda.*

    between the devil and the deep blue sea — *tra Scilla e Cariddi.*
    In my present situation I'm between the devil and the deep blue sea. *Nella mia attuale situazione mi trovo tra Scilla e Cariddi.*

    Speak of the devil. *"Lupus in fabula."*

    to give the devil his due — *rendere giustizia (riconoscere i meriti).*
    I know you don't like Paul, but you've got to give the devil his due. *Lo so che non ti piace Paolo, ma gli devi rendere giustizia (riconoscerne i meriti).*

    to have the devil to pay — *guai a.*
    If you lose that book you'll have the devil to pay. *Se perdi quel libro, guai a te.*

to raise the devil — *fare il diavolo a quattro.*

The children really raised the devil at the party. *I bambini hanno fatto il diavolo a quattro alla festa.*

diamond — *il diamante*

a diamond in the rough — *intelligente ma incolto.*

Even though he's very talented, he never went to school; he's a diamond in the rough. *È molto dotato, ma non è mai andato a scuola: è intelligente ma incolto.*

dice — *i dadi*

no dice — *niente da fare.*

We tried to sell our house, but no dice. *Abbiamo provato a vendere la casa, ma non c'è stato niente da fare.*

to load the dice — *giocare sporco.*

Watch out for him, he'll load the dice whenever he gets a chance. *Attento a lui, gioca sporco non appena ne ha l'occasione.*

die — *il dado*

to cast the die — *trarre il dado.*

The die is cast and I'm taking a new job. *Il dado è tratto: inizio un lavoro nuovo.*

to die — *morire*

to be dying — *morire dalla voglia di.*

I'm dying to see that film. *Muoio dalla voglia di vedere quel film.*

to die hard — *essere duro a morire.*

The idea that a woman's place is in the kitchen dies hard. *L'idea che il posto della donna sia in cucina è dura a morire.*

to die out — *scomparire.*

Even up in the mountains the old customs are dying out. *Persino in montagna i vecchi costumi vanno scomparendo.*

dig — *lo scavo*
    to take a dig at — *fare un'osservazione sarcastica.*
    He took another dig at me. *Mi ha fatto un'altra osservazione sarcastica.*

to dig — *scavare*
    to dig in — *darci dentro.*
    We'd better dig in and get this finished. *Ci conviene darci dentro e finire questo lavoro.*

    to dig up — *scoprire.*
    The reporters dug up some interesting facts about him. *I giornalisti hanno scoperto dei fatti interessanti sul suo conto.*

dime — *una moneta statunitense da dieci centesimi*
    a dime a dozen — *di poco valore.*
    Those plates are pretty but they're a dime a dozen. *Quei piatti sono graziosi, ma di poco valore.*

dint — *lo sforzo*
    by dint of — *a forza di.*
    By dint of hard work he got through the university. *A forza di lavorare sodo, ha finito l'università.*

to dip — *immergere*
    to dip into — *attingere a.*
    In order to pay for it I'll have to dip into my savings. *Per pagarlo dovrò attingere ai miei risparmi.*

dirt — *la sporcizia*
    dirt cheap — *molto a buon mercato.*
    I bought this dirt cheap. *Questo l'ho comprato molto a buon mercato.*

    to hit pay dirt — *una miniera d'oro.*
    He's hit pay dirt with that idea. *Quell'idea è stata per lui una vera miniera d'oro.*

to dispose — *disporre*
   to dispose of — *far fuori.*
   The company disposed of him overnight with the excuse that he was too old. *La società l'ha fatto fuori dall'oggi al domani con la scusa che era troppo vecchio.*

to do — *fare*
   How do you do? — *Come sta?*
   "May I introduce Mr. Whitman?" "How do you do?" *"Posso presentarle il Signor Whitman?" "Molto lieto."*

   to be done in — *essere fuori combattimento.*
   After that trip I was done in for a week. *Dopo quel viaggio sono stato fuori combattimento per una settimana.*

   to do (to be enough) — *bastare.*
   This will do (be enough) for today. *Questo basta per oggi.*

   to do away with — *sbarazzarsi di.*
   They've done away with all the textbooks. *Si sono sbarazzati di tutti i libri di testo.*

   to do out of — *defraudare.*
   The family tried to do him out of his inheritance. *La famiglia cercò di defraudarlo dell'eredità.*

   to do well by — *andar bene.*
   We've done well by this car and intend to buy another one just like it. *Questa macchina è andata bene e pensiamo di comprarne un'altra uguale.*

   to do with — *avere a che vedere.*
   I want nothing to do with that man. *Non voglio avere niente a che vedere con quell'uomo.*

   to do without — *fare a meno di.*
   The secretary's not here so we'll have to do without the report. *La segretaria non c'è e così dovremo fare a meno del rapporto.*

doctor — *il dottore*

  just what the doctor ordered — *quello che ci vuole.*

  This glass of wine is just what the doctor ordered. *Un bicchiere di vino è quello che ci vuole.*

to doctor — *addottorare*

  to doctor up — *falsificare.*

  The results of the test were doctored up. *I risultati dell'esame sono stati falsificati.*

dog — *il cane*

  a dog's age — *una vita.*

  It's been a dog's age since I saw my cousin. *È una vita che non vedo mio cugino.*

  Barking dogs don't bite. *Can che abbaia non morde.*

  Dog does not eat dog. *Cane non mangia cane.*

  Every dog has his day. *Per tutti, prima o poi, viene il giorno della fortuna.*

  Let sleeping dogs lie. *Non svegliare il cane che dorme.*

  to die a dog's death — *morire come un cane.*

  After working so hard all her life she didn't deserve to die a dog's death. *Dopo aver lavorato duro per tutta la vita, non si meritava di morire come un cane.*

  to go to the dogs — *andare a finir male.*

  Many people go to the dogs after they start drinking heavily. *Molte persone vanno a finir male quando cominciano a bere troppo.*

  to lead a dog's life — *fare una vita da cani.*

  Poor Arnold leads a dog's life with that family of his. *Povero Arnoldo, fa una vita da cani con la famiglia che si ritrova.*

  You can't teach an old dog new tricks. *È impossibile far abbandonare le abitudini ai vecchi.*

doghouse — *il canile*
  in the doghouse — *in disgrazia.*
  He's been in the doghouse ever since he forgot his wife's birthday. *È in disgrazia da quando ha dimenticato il compleanno di sua moglie.*

doll — *la bambola*
  all dolled up — *in tiro.*
  She's all dolled up for the party. *S'è messa tutta in tiro per la festa.*

dollar — *il dollaro*
  bottom dollar — *l'ultimo centesimo.*
  You can bet your bottom dollar on it. *Ci puoi scommettere l'ultimo centesimo.*

door — *la porta*
  Don't lock the barn door after the horse has been stolen. *Non chiudere la stalla dopo che i buoi sono scappati.*

dope — *la droga*
  to get the dope — *informarsi.*
  We'll have to get the dope on them. *Dovremo prendere delle informazioni su di loro.*

to dope — *drogare*
  to dope out — *scoprire.*
  It's hard to dope out the real meaning of this letter. *È difficile scoprire il vero significato di questa lettera.*

dot — *il punto*
  on the dot — *in punto.*
  Henry arrived at eleven on the dot. *Enrico è arrivato alle undici in punto.*

to dot — *mettere un puntino su*
  to dot one's i's and cross one's t's — *mettere i puntini sulle i.*
  "It's 11 o'clock," but she corrected me, "no, it's 10:59." She's always dotting her i's and crossing her t's! *"Sono le 11", ma lei mi ha corretto, "no, sono le 10 e 59". È sempre lì a mettere i puntini sulle i.*

double — *doppio*

  double talk — *intenzionalmente confuso.*

  Everything he said was double talk. *Tutto quello che ha detto era intenzionalmente confuso.*

  on the double — *subito.*

  John, come here on the double! *Giovanni, vieni qua subito!*

to double — *raddoppiare*

  to double-cross — *fare il doppio gioco.*

  He double-crossed his partners. *Ha fatto il doppio gioco con i colleghi.*

  to double up — *(1) mettersi due a due.*

  There weren't enough sleds, so we had to double up. *Non c'erano abbastanza slitte, e così abbiamo dovuto metterci due a due.*

  (2) piegarsi in due.

  He doubled up from laughter. *Si è piegato in due dalle risate.*

doubt — *il dubbio*

  no doubt — *senza dubbio.*

  No doubt he'll be late again this time. *Senza dubbio sarà in ritardo anche questa volta.*

down — *giù*

  down and out — *a terra.*

  If you want help from them you must really be down and out. *Se vuoi aiuto da loro devi essere veramente a terra.*

  to be down on — *avercela con.*

  He never gets to play in the big games because the coach is down on him. *Non riesce mai a giocare nelle partite importanti perchè l'allenatore ce l'ha con lui.*

  to come down in the world — *decadere.*

  Their family has really come down in the world as a result of bad investments. *La loro famiglia è decaduta in seguito a speculazioni errate.*

to come right down to it — *venire al dunque.*

When you come right down to it, that's a simple matter. *Quando vieni al dunque, è una cosa semplice.*

downhill — *in discesa*

to be downhill all the way — *un gioco da ragazzi.*

With James helping us this work will be downhill all the way. *Se Giacomo ci aiuta questo lavoro sarà un gioco da ragazzi.*

to go downhill — *peggiorare.*

His work has been going downhill. *Il suo lavoro sta peggiorando.*

dozen — *la dozzina*

a baker's dozen — *tredici.*

"How many doughnuts, sir?" "Oh, make it a baker's dozen." *"Quante paste, Signore?" "Me ne dia tredici."*

to drag — *trascinare*

to drag on — *continuare tra la noia generale (protrarsi in modo noioso).*

The speech dragged on. *Il discorso continuava tra la noia generale (si protraeva in modo noioso).*

drain — *la fogna*

down the drain — *alla malora.*

All my hard work went down the drain. *Tutto il mio lavoro è andato alla malora.*

to draw — *tirare*

to draw near to — *arrivare nei pressi.*

I'll tell you when we draw near to the station. *Ti avvertirò quando arriveremo nei pressi della stazione.*

to draw someone out — *far parlare.*

By asking him the right questions she was able to draw him out. *Gli ha fatto le domande gluste ed è riuscita a farlo parlare.*

to dress — *vestirsi*

  dressed to kill — *vestito da togliere il fiato.*

When he saw her he understood she wanted to win him over; she was dressed to kill. *Quando la vide capì che aveva deciso di conquistarlo; era vestita da togliere il fiato.*

  to dress up (opposite: to dress down) — *mettersi in ghingheri (contrario: vestirsi semplicemente).*

She dressed up for the country party, but all the other guests dressed down. *Si era messa in ghingheri per la festa in campagna, ma tutti gli altri ospiti erano vestiti molto semplicemente.*

to drive — *guidare*

  to drive at — *andare a parare.*

I don't understand what you're driving at. *Non capisco dove vai a parare.*

driver — *il guidatore*

  a backseat driver — *il passeggero che dà istruzioni al guidatore.*

She isn't taking him in her car anymore; he's a backseat driver. *Non lo porterà più in macchina con lei; le dà sempre istruzioni mentre guida.*

drop — *la caduta*

  at the drop of a hat — *tra un minuto.*

Wait for me; I can be ready at the drop of a hat. *Aspettami, sono pronto tra un minuto.*

drop — *la goccia*

  a drop in the bucket — *una goccia nel mare.*

We've collected several hundred signatures but it's only a drop in the bucket. *Abbiamo raccolto parecchie centinaia di firme, ma sono solo una goccia nel mare.*

to drop — *lasciar cadere*

  to drop in on — *fare un salto da.*

Drop in on us when you can. *Fa' un salto da noi quando puoi.*

to drop off — *dare un passaggio fino a.*

Can you drop me off at the restaurant? *Puoi darmi un passaggio fino al ristorante?*

to drop out — *smettere di frequentare.*

Three students dropped out of his class saying he was too strict. *Tre studenti hanno smesso di frequentare il suo corso dicendo che era troppo severo.*

drug — *la droga*

a drug on the market — *articolo poco richiesto.*

Those products are a drug on the market. *Quegli articoli sono poco richiesti.*

to dry — *seccare*

to dry out — *disintossicare dall'alcol.*

He's been trying to dry out, but he's always relapsed. *Ha cercato di smettere di bere, ma ci è sempre ricascato.*

to dry up — *stare zitto.*

You talk too much; why don't you dry up? *Parli troppo; perchè non stai un po' zitto?*

duck — *l'anatra*

a dead duck — *uno finito.*

After the soccer player broke his legs, he was a dead duck. *Dopo che il calciatore si ruppe le gambe, era un uomo finito.*

a lame duck — *un uomo politico alla fine del mandato e non rieleggibile.*

The governor accomplished nothing during his last year in office because he was a lame duck. *Il governatore non ha più combinato niente nell'ultimo anno del suo mandato perchè non poteva candidarsi un'altra volta.*

to duck — *evitare*

to duck out — *squagliarsela.*

Let's duck out before it's over. *Squagliamocela prima della fine.*

dumb — *stupido*
  to play dumb — *fare lo gnorri.*
  If he asks you what's happening at the office, play dumb; he'll find out
  soon enough. *Se ti domanda cosa sta succedendo in ufficio, fa' lo
  gnorri; lo scoprirà anche troppo presto.*

dump — *la discarica dei rifiuti*
  down in the dumps — *giù.*
  He was down in the dumps after failing the exam. *Era giù dopo essere
  stato bocciato all'esame.*

dust — *la polvere*
  after the dust clears (when the dust settles) — *dopo che si siano calmate le acque.*
  I'll talk to her about my financial problems after the dust clears. *Le parlerò dei miei problemi finanziari dopo che si siano calmate le acque.*

  to bite the dust (dirt) — *mordere la polvere.*
  Bang! Another outlaw bites the dust (dirt). *Bang! Un altro fuorilegge
  morde la polvere.*

Dutch — *olandese*
  in Dutch — *nei guai.*
  She's in Dutch with her parents after she forgot to tell them where
  she was going. *È nei guai coi genitori perchè si è dimenticata di dire
  dove andava.*

  to go Dutch — *fare alla romana.*
  Let's go Dutch. *Facciamo alla romana.*

to dye — *tingere*
  dyed-in-the-wool — *irriducibile.*
  He's a dyed-in-the-wool Republican. *È un repubblicano irriducibile.*

ear — *l'orecchio*

    a word in one's ear — *a quattr'occhi.*

A word in your ear! *Voglio dirti due parole a quattr'occhi!*

    for one's ears to burn — *fischiare le orecchie.*

My ears are burning; someone's talking about me. *Mi fischiano le orecchie; qualcuno parla di me.*

    to be all ears — *essere tutt'orecchi.*

I'm all ears; tell me about your trip. *Sono tutt'orecchi; parlami del tuo viaggio.*

    to be up to one's ears — *fino al collo.*

He's up to his ears in work. *È sommerso nel lavoro fino al collo.*

    to get an earful — *sentire un mucchio di pettegolezzi.*

I really got an earful from those two ladies gossiping on the bus. *Ho davvero sentito un mucchio di pettegolezzi da quelle due signore che chiacchieravano sull'autobus.*

    to have someone's ear — *essere influente.*

He has the boss's ear. *È influente con il capo.*

to keep an ear to the ground — *tenere le orecchie aperte.*
Keep an ear to the ground so we'll know what's going on. *Tieni le orecchie ben aperte per sapere cosa sta succedendo.*

to lend an ear — *ascoltare.*
I lent an ear to Maria because she wanted to talk over her problems. *Sono stato ad ascoltare Maria perchè voleva parlare dei suoi problemi.*

to pin someone's ear back — *dare una tirata d'orecchi a qualcuno.*
When grandmother caught us picking flowers in her garden she really pinned our ears back. *Quando la nonna ci ha sorpreso a cogliere i fiori nel giardino, ci ha dato una tirata d'orecchi.*

to play by ear — *vedere come va a finire.*
Let's play it by ear. *Vediamo come va a finire.*

to talk one's ear off — *frastornare qualcuno.*
She really talked my ear off yesterday afternoon. *Ieri pomeriggio mi ha proprio frastornato con tutte le sue chiacchiere.*

to turn a deaf ear — *fare orecchio da mercante.*
When I asked my uncle for a loan he turned a deaf ear. *Quando chiesi un prestito a mio zio fece orecchio da mercante.*

earth — *la terra*
down to earth — *con i piedi per terra.*
Trust Paula; she's down to earth. *Fidati di Paola, è una con i piedi per terra.*

to run to earth — *risalire all'origine.*
They ran the rumor to earth only after a frank discussion. *Riuscirono a risalire all'origine della dicerìa soltanto dopo una franca discussione.*

ease — *l'agio*
ill at ease — *a disagio.*
He felt ill at ease all alone in such a big house. *Si sentiva a disagio tutto solo in una casa così grande.*

easy — *facile*

Easy come easy go. *È facile passare dalle stelle alle stalle.*

to get off easy — *passarla liscia.*

The boy got off easy; he could have landed in jail for what he did.
*Quel ragazzo l'ha passata liscia; poteva finire in prigione per quello
che ha fatto.*

to go easy — *andarci piano.*

Go easy with that rope! It might snap. *Vacci piano con quella fune,
potrebbe rompersi!*

to take it easy — *prendersela con calma.*

I told him to take it easy. *Gli ho detto di prendersela con calma.*

to eat — *mangiare*

to be eaten by something — *essere tormentato da qualcosa.*
What's eating you? *Cos'è che ti tormenta?*

edge — *il margine*

to be on edge — *avere i nervi tesi.*
He's been on edge lately. *Ha i nervi tesi ultimamente.*

to have an edge on someone — *avere un piccolo vantaggio su.*
For the next soccer game Italy has an edge on England. *Per la
prossima partita di calcio l'Italia ha un piccolo vantaggio
sull'Inghilterra.*

to take the edge off — *smussare gli angoli.*
We had a frank discussion which took the edge off our misunderstanding. *Abbiamo avuto una conversazione franca, che ha smussato
gli angoli del nostro malinteso.*

egg — *l'uovo*

a good (bad) egg — *un brav'uomo (poco di buono).*
William is a good (bad) egg. *Guglielmo è un brav'uomo (poco di buono).*

Don't put all your eggs in one basket. *Non puntare tutto su una carta
sola.*

to egg on — *incitare.*
All the children were egging him on. *Tutti i bambini lo incitavano.*

eight — *otto*
  behind the eight ball — *svantaggiato.*
  He's behind the eight ball when it comes to getting a job. *È svantaggiato quando si tratta di trovare un lavoro.*

elbow — *il gomito*
  elbow grease — *olio di gomito.*
  Give it a little elbow grease. *Mettici un po' di olio di gomito.*

  elbow room — *spazio per muoversi.*
  It's a nice big apartment with plenty of elbow room for the children. *È un appartamento bello grande con molto spazio per i bambini.*

  to rub elbows with — *avere a che fare con.*
  You have to learn how to rub elbows with all kinds of people. *Devi imparare ad aver a che fare con persone di ogni tipo.*

element — *l'elemento*
  in one's element — *trovarsi nel proprio elemento.*
  Here in the Dolomites Frank is really in his element. *Qui sulle Dolomiti Francesco si trova proprio nel suo elemento.*

  out of one's element — *come un pesce fuor d'acqua.*
  He's out of his element with that group of people. *È come un pesce fuor d'acqua con quel gruppo di persone.*

elephant — *l'elefante*
  a white elephant — *una cosa che dà più ingombro di quello che vale.*
  That old Cadillac is a real white elephant. *Quella vecchia Cadicallac è veramente una cosa che dà più ingombro di quello che vale.*

end — *la fine*
  a dead end — *un punto morto.*
  We've come to a dead end on the disarmament talks. *Siamo arrivati a un punto morto nelle trattative per il disarmo.*

  at the end of nowhere — *in capo al mondo.*
  Claire and her husband live out at the end of nowhere. *Clara e suo marito abitano in capo al mondo.*

end to end — *in fila.*

Place the batteries end to end. *Metti le pile una in fila all'altra.*

on end — *di seguito.*

He talks for hours on end. *Parla per ore di seguito.*

to be at loose ends — *non sapere più cosa fare.*

Now that school is out Charles is at loose ends. *Ora che è finita la scuola Carlo non sa più cosa fare.*

to go off the deep end — *perdere la testa.*

She went off the deep end and married him; now she regrets it. *Ha perso la testa e l'ha sposato: adesso se ne pente.*

to make both ends meet — *sbarcare il lunario.*

On his salary he can barely make both ends meet. *Con il suo stipendio riesce appena a sbarcare il lunario.*

to the bitter end — *andare fino in fondo.*

The boxer kept fighting on, though he was clearly beaten. He went on to the bitter end. *Il pugile continuò a lottare, anche se era chiaro che stava perdendo. È andato fino in fondo.*

enough — *abbastanza*

enough to go around — *abbastanza per tutti.*

He got enough sweets to go around. *Ha preso abbastanza dolci per tutti.*

errand — *la commissione*

to run errands — *fare delle commissioni.*

My son made a little money running errands for the neighbors. *Mio figlio si è fatto qualche soldo facendo commissioni per i vicini.*

escape — *l'evasione*

to have a narrow escape — *scamparla bella.*

He had a narrow escape in that accident. *L'ha scampata bella in quell'incidente.*

exception — *l'eccezione*

The exception proves the rule. *L'eccezione conferma la regola.*

eye — *l'occhio*

a private eye — *un investigatore privato.*

She hired a private eye to check whether her husband was cheating on her. *Ha assunto un investigatore privato per accertarsi se suo marito la tradiva.*

in the public eye — *avere una posizione ufficiale.*

He has to be careful of what he says now that he's in the public eye. *Deve stare attento a quello che dice ora che ha una posizione ufficiale.*

in the twinkling of an eye — *in un batter d'occhio.*

I'm going out to buy matches; I'll be back in the twinkling of an eye. *Vado fuori a comprare i fiammiferi; tornerò in un batter d'occhio.*

more than meets the eye — *più di quanto non salti agli occhi.*

I don't believe his story; there's more to it than meets the eye. *Non credo alla sua storia: in quella faccenda c'è sotto più di quanto non salti agli occhi.*

to bat an eye — *batter ciglio.*

When he heard the news he didn't bat an eye. *Quando ha sentito le notizie non ha battuto ciglio.*

to get someone's eye — *attirare l'attenzione.*

He tried to get the waiter's eye. *Ha cercato di attirare l'attenzione del cameriere.*

to have an (a good) eye for — *avere occhio.*

She has an (a good) eye for colors. *Ha occhio per i colori.*

to keep an eye on — *tener d'occhio.*

I'll keep an eye on the children while you're out. *Ti terrò d'occhio i bambini mentre sei fuori.*

to keep an eye out — *attendere.*

I'm keeping an eye out for his new book. *Attendo con interesse il suo ultimo libro.*

to keep one's eyes peeled — *fare attenzione.*

Keep your eyes peeled for the turnpike sign. *Fa'attenzione al segnale dell'autostrada.*

to lay (set) eyes on — *vedere.*

I knew it was love from the first time I laid (set) eyes on her. *Ho capito che era amore dal primo momento che l'ho vista.*

to make one's eyes water — *far lacrimare gli occhi.*

This smoke is making my eyes water. *Questo fumo mi fa lacrimare gli occhi.*

to make (sheep's) eyes at someone — *fare gli occhi dolci a.*

He's making (sheep's) eyes at that girl. *Fa gli occhi dolci a quella ragazza.*

to see eye-to-eye — *andare d'accordo.*

My brother and I don't see eye-to-eye. *Io e mio fratello non andiamo d'accordo.*

to turn a blind eye — *far finta di niente.*

The museum guard turned a blind eye as we entered at closing time. *La guardia del museo ha fatto finta di niente quando siamo entrati all'ora della chiusura.*

to wink an eye at — *chiudere un occhio.*

They wink an eye when we come late on Monday mornings. *Chiudono un occhio quando arriviamo in ritardo il lunedì mattina.*

with an eye to — *tenendo conto di.*

I planted those trees with an eye to both fruit and shade. *Ho piantato quegli alberi tenendo conto sia della frutta che dell'ombra.*

eyebrow — *il sopracciglio*

to raise eyebrows — *fare scandalo.*

The news about the prince's extramarital affairs raised eyebrows. *Le notizie sull'affare extraconiugale del principe fecero scandalo.*

face — *la faccia*

  about-face — *dietro front.*

  When the mayor saw he was losing support he did an about-face.
    Quando il sindaco capì che perdeva i suoi sostenitori, fece dietro front.

  at face value — *(1) accettare una certa versione.*

  I told her my side of the story and she accepted my explanation at face value. *Le ho raccontato la mia versione della storia e lei l'ha accettata.*

  (2) prendere per buono.

  If you take his word at face value, you'll get a surprise. *Se prendi per buono quello che dice, avrai una bella sorpresa.*

  flat on one's face — *lungo disteso.*

  I tripped and fell flat on my face. *Inciampai e caddi lungo disteso.*

  in the face of — *nonostante.*

  In the face of criticism he kept the same policy. *Nonostante le critiche non mutò la sua politica.*

  on the face of — *a prima vista.*

  On the face of it, that might be a good idea. *A prima vista, potrebbe essere una buona idea.*

  to fly in the face of — *ignorare.*

  If you fly in the face of friendly advice, no one will help you anymore. *Se ignori i consigli degli amici, nessuno ti aiuterà più.*

  to keep a straight face — *stare serio.*

  I don't know how he managed to keep a straight face when we were all laughing. *Non so come sia riuscito a star serio mentre noi tutti ridevamo.*

  to lose face — *fare (una) brutta figura.*

  He wouldn't admit he was wrong for fear of losing face. *Non voleva ammettere di aver torto per paura di perdere la faccia.*

to make a face — *fare il muso.*

When I proposed leaving, my wife made a face. *Quando proposi di andare via mia moglie fece il muso.*

to one's face — *in faccia.*

I told her so to her face. *Gliel'ho detto in faccia.*

to save face — *salvare la faccia.*

He had to do something to save face. *Ha dovuto fare qualcosa per salvare la faccia.*

two-faced — *falsa.*

I don't trust that two-faced woman. *Non mi fido di quella donna falsa.*

to face — *affrontare*

to face up to — *far fronte a.*

He couldn't face up to his responsibilities. *Non era in grado di far fronte alle sue responsabilità.*

fair — *equo*

fair and square — *lealmente (onestamente).*

He won fair and square. *Ha vinto lealmente (onestamente).*

to bid fair — *promettere di.*

His book bids fair to becoming a best-seller. *Il suo libro promette di diventare un best seller.*

fair — *la fiera*

a day after the fair — *a festa finita.*

You've come in a day after the fair. *Sei arrivato a festa finita.*

faith — *la fede*

to pin one's faith on — *prestare fede a.*

I wouldn't pin my faith on him if I were you. *Non gli presterei fede se fossi in te.*

fall — *la caduta*
  falling out — *litigare.*
  They've had a falling out recently. *Hanno litigato recentemente.*

  to ride for a fall — *andare incontro a dei guai.*
  If he takes that high-handed attitude he's riding for a fall. *Se assume quell'atteggiamento prepotente andrà incontro a dei guai.*

to fall — *cadere*
  to fall all over someone — *stare addosso a qualcuno.*
  She was falling all over him at the dance. *Lei gli stava tutta addosso durante il ballo.*

  to fall apart — *disintegrarsi.*
  The family is falling apart. *La famiglia si sta disintegrando.*

  to fall back on — *ripiegare.*
  They fell back on a business which was less interesting but more lucrative. *Hanno ripiegato su un'attività meno interessante ma più redditizia.*

  to fall for — *prendersi una cotta per.*
  She fell for him. *Si è presa una cotta per lui.*

  to fall off — *subire un calo.*
  The sales fell off after the holidays. *Le vendite subirono un calo dopo le feste.*

  to fall through — *andare a monte.*
  He couldn't put up the money so the project fell through. *Non ha potuto finanziare il progetto e l'affare è andato a monte.*

family — *la famiglia*
  to run in the family — *di famiglia.*
  Red hair runs in the family. *I capelli rossi sono di famiglia.*

fancy — *l'immaginazione*
  fancy doing something — *ma guarda.*
  Fancy meeting you here! *Ma guarda chi si vede!*

to strike one's fancy — *colpire favorevolmente.*

I bought that lamp because it struck my fancy. *Quella lampada mi ha colpito e l'ho comprata.*

to take a fancy to something (to someone) — *prendere in simpatia qualcosa o qualcuno.*

She's taken a fancy to Sally. *Ha preso Sally in simpatia.*

---

to fancy — *immaginare*

to fancy oneself — *piccarsi, vantarsi.*

She fancies herself a good cook. *Si picca (vanta) di essere una brava cuoca.*

---

far — *lontano*

as far as I can see — *per quanto è dato di vedere, a mio avviso, secondo me.*

As far as I can see, Helen is right. *Per quanto mi è dato di vedere (a mio avviso, secondo me), Elena ha ragione.*

by far — *di gran lunga.*

Ours is by far the oldest school in town. *La nostra è di gran lunga la scuola più vecchia della città*

far and wide — *in lungo e in largo.*

The movie company looked far and wide for a boy to play the part of the hero. *La compagnia cinematografica ha cercato in lungo e in largo un ragazzo che interpretasse la parte dell'eroe.*

from far and wide — *da tutte le parti.*

They came from far and wide. *Venivano da tutte le parti.*

so far, so good — *sin qui va bene.*

The engine is still working; so far, so good. *Il motore funziona ancora; fin qui è andata bene.*

---

to farm — *coltivare*

to farm out — *far fare.*

I had too many translations, so I farmed some out to a student of mine. *Avevo troppe traduzioni da fare, così ne ho fatte fare alcune ad uno dei miei studenti.*

fashion — *la moda*
   after a fashion — *bene o male.*
   Angela can speak Italian after a fashion. *Bene o male, Angela riesce a parlare l'italiano.*

   to be out of fashion — *essere fuori moda, non esser più di moda.*
   These pointed shoes are out of fashion. *Queste scarpe a punta sono fuori moda (non sono più di moda).*

fast — *veloce*
   fast and loose — *sconsiderato.*
   She played fast and loose with her husband's money. *È stata sconsiderata con i soldi del marito.*

   to pull a fast one — *ingannare.*
   He pulled a fast one on us. *Ci ha ingannato.*

fat — *il grasso*
   the fat is in the fire — *ormai il male è fatto.*
   You lied about him and now he's in trouble? Well, the fat is already in the fire. *Hai mentito su di lui e adesso è nei guai? Ormai il male è stato fatto.*

   to chew the fat — *chiacchierare.*
   My wife is over at her friend's chewing the fat. *Mia moglie è da una amica a chiacchierare.*

   to live off the fat of the land — *passarsela bene.*
   Now that he has a good job, they're living off the fat of the land. *Ora che ha un buon lavoro, se la passano bene.*

fault — *la colpa*
   to a fault — *fin troppo.*
   He is meticulous to a fault. *È fin troppo meticoloso.*

to find fault with — *trovare da ridire.*
She's always finding fault with everything. *Trova sempre da ridire su tutto.*

favor — *il favore*
  to curry favor — *ingraziarsi.*
That's his way of trying to curry favor with the teacher. *È il suo modo di cercare di ingraziarsi l'insegnante.*

feast — *il banchetto*
  either a feast or a famine — *andare benissimo o malissimo.*
In this unpredictable business it's either a feast or a famine. *In questo lavoro imprevedibile può andare benissimo o malissimo.*

feather — *la piuma, la penna*
  a feather in one's cap — *un fiore all'occhiello.*
That award was quite a feather in his cap. *Quel premio è il suo fiore all'occhiello.*

  to ruffle feathers — *far arruffare il pelo.*
He's always saying things that ruffle my feathers. *Dice sempre delle cose che mi fanno arruffare il pelo.*

to feed — *nutrire*
  to be fed up with — *averne fin sopra i capelli.*
I'm fed up with this bad weather. *Ne ho fin sopra i capelli di questo brutto tempo.*

to feel — *sentire*
  to feel like — *aver voglia di.*
I feel like going out. *Ho voglia di uscire.*

feeling — *il sentimento*
  a gut feeling — *l'istinto.*
I have a gut feeling that they're cheating us. *L'istinto mi dice che ci stanno ingannando.*

hard feelings — *rancore.*

I don't have any hard feelings about it. *Non serbo alcun rancore per quello che è successo.*

mixed feelings — *sentimenti contradditori.*

I have mixed feelings about him. *Ho dei sentimenti contradditori verso di lui.*

to hurt one's feelings — *offendere qualcuno.*

You'll hurt her feelings by telling her that. *Se glielo dici la offendi.*

fence — *il recinto, la staccionata*
on the fence — *indeciso.*

I'm on the fence as to which way to vote. *Sono indeciso per chi votare.*

to mend one's fences — *ricucire i rapporti.*

The senator approved of closing the army base, and then he had to mend his fences with his constituents. *Il senatore ha votato a favore della chiusura della base militare e poi ha dovuto ricucire i rapporti con i suoi elettori.*

few — *pochi*
few and far between — *rari.*

Good job opportunities are few and far between. *Le buone opportunità di impiego sono rare.*

fiddle — *il violino*
fit as a fiddle — *sano come un pesce.*

The doctors found grandfather fit as a fiddle. *I medici hanno trovato il nonno sano come un pesce.*

to play second fiddle — *essere in secondo piano rispetto a.*

James has always played second fiddle to his brother. *Giacomo è sempre stato in secondo piano rispetto al fratello.*

field — *il campo*
to play the field — *fare il galletto.*

George likes to play the field. *A Giorgio piace fare il galletto.*

fifth — *quinto*

  to take the fifth [amendment] — *avvalersi della facoltà di non rispon-dere.*

The politician took the fifth when asked about his relationship with the mafia boss. *L'uomo politico si avvalse della facoltà di non rispondere quando lo interrogarono a proposito dei suoi rapporti con il boss mafioso.*

fifty — *cinquanta*

  fifty-fifty — *a metà.*

We spent our summer vacation together and went fifty-fifty on the expenses. *Abbiamo passato le vacanze estive insieme e abbiamo diviso a metà le spese.*

fight — *la lotta*

  to be spoiling for a fight — *fare di tutto per venire alle mani.*

Those two are just spoiling for a fight. *Quei due stanno facendo di tutto per venire alle mani.*

to fight — *combattere*

  to fight it out — *vedersela.*

You girls will have to fight it out as to who gets the best seats at the opera. *Voi ragazze dovrete vedervela fra di voi su chi prenderà i posti migliori all'opera.*

figure — *la figura*

  a figure of speech — *un modo di dire.*

What he said was only meant as a figure of speech. *L'ha detto solo per modo di dire.*

  to cut a poor figure — *fare una brutta figura.*

She cut a poor figure by behaving so rudely. *Ha fatto una brutta figura comportandosi così male.*

to figure — *figurare*
  to figure — *quadrare.*
  It figures! *La cosa quadra!*

  to figure on — *calcolare.*
  We figure on 50 people at the party. *Calcoliamo che 50 persone vengano alla festa.*

  to figure out — *capire.*
  I finally figured out what he meant. *Finalmente ho capito quello che voleva dire.*

file — *la fila*
  single file — *in fila indiana.*
  Please get into single file. *Per favore mettetevi in fila indiana.*

fill — *la sazietà*
  to have one's fill of — *averne abbastanza.*
  We've had our fill of violent movies. *Ne abbiamo abbastanza di film violenti.*

to fill — *riempire*
  to fill in for — *sostituire.*
  I have to fill in for my colleague at the office. *Devo sostituire il mio collega in ufficio.*

to find — *trovare*
  to find out — *scoprire.*
  He found out that his grandmother had written a novel and had it published. *Ha scoperto che sua nonna aveva scritto un romanzo e l'ha fatto pubblicare.*

finger — *il dito*
  at one's fingertips — *sulla punta delle dita.*
  He always has the data at his fingertips. *Ha sempre i dati sulla punta delle dita.*

itchy fingers — *impaziente.*
He's got itchy fingers. *È impaziente.*

to cross one's fingers — *incrociare le dita (toccare ferro).*
Let's cross our fingers and hope we'll make it. *Incrociamo le dita (toc-chiamo ferro) e speriamo di farcela.*

to have a finger in the pie — *avere le mani in pasta.*
Although he has retired he still has a finger in the pie in the business. *Benchè sia ormai in pensione ha ancora le mani in pasta negli affari.*

to have sticky fingers — *far sparire le cose.*
I think our new maid has sticky fingers. *Credo che la nostra nuova donna di servizio faccia sparire le cose.*

to lay a finger on — *toccare con un dito.*
The kidnappers didn't lay a finger on their hostage. *I rapitori non hanno toccato l'ostaggio neanche con un dito.*

to lift a finger — *alzare un dito.*
She didn't even lift a finger to help him. *Non ha alzato neanche un dito per aiutarlo.*

to put one's finger on — *identificare una cosa con precisione.*
There's something wrong with his story, but I can't put my finger on it. *C'è qualcosa che non va nel suo racconto, ma non riesco ad identificarla con precisione.*

to put the finger on — *designare (per uccidere).*
They say the underworld put the finger on him. *Si dice che la malavita l'abbia designato (per ucciderlo).*

to slip through one's fingers — *scivolare tra le dita.*
Money slips through his fingers. *Il denaro gli scivola tra le dita.*

to twist around one's little finger — *farne quello che si vuole di qual-cuno.*

Mary can twist her father around her little finger. *Maria ne fa quello che vuole di suo padre.*

fire — *il fuoco*

a ball of fire — *un vero vulcano.*

When it comes to getting advertising for the paper he's a ball of fire. *Quando si tratta di raccogliere pubblicità per il giornale, è un vero vulcano.*

first — *primo*

first and last — *in tutto e per tutto.*

He was a schoolteacher first and last. *Era un insegnante in tutto e per tutto.*

First come first served. *Chi tardi arriva male alloggia.*

not to know the first thing about — *non sapere l'ABC di.*

She doesn't know the first thing about skiing. *Non sa neppure l'ABC dello sci.*

fish — *il pesce*

a cold fish — *un pesce lesso.*

Are you sure you want to marry him? He looks like a cold fish to me. *Sei sicura di volerlo sposare? A me sembra un pesce lesso.*

a queer fish — *un tipo strano.*

John's a queer fish to insist on walking now that it's raining.
Giovanni è un tipo strano ad insistere ad andare a piedi ora che piove.

neither fish nor fowl — *nè carne nè pesce.*

His position on the matter is neither fish nor fowl. *La sua posizione su questa questione non è nè carne nè pesce.*

There are other fish in the sea. *Morto un papa se ne fa un altro.*

to feel like a fish out of water — *sentirsi come un pesce fuor d'acqua.*

I felt like a fish out of water with his friends. *Mi sono sentito come un pesce fuor d'acqua con i suoi amici.*

to have other fish to fry — *avere ben altro da fare.*

He won't be at the party tonight because he has other fish to fry. *Non verrà alla festa stasera, perchè ha ben altro da fare.*

to fish — *pescare*

    to fish or cut bait — *decidersi.*

    Do you want carrot cake or ice cream? Come on, fish or cut bait! *Vuoi la torta di carote o il gelato? Dài, deciditi!*

fishy — *di pesce*

    a fishy story — *una storia inverosimile.*

    He came up with a fishy story. *Ci ha raccontato una storia inverosimile.*

fit — *adatto*

    fit to kill — *molto elegante.*

    He looked fit to kill in his new suit. *Era molto elegante con il vesitito nuovo.*

    to be fit to be tied — *dare fuori di matto.*

    She was fit to be tied when she saw the broken vase. *Ha dato fuori di matto quando ha visto il vaso rotto.*

fit — *la convulsione*
  by fits and starts — *a singhiozzo.*
My car goes by fits and starts; there must be something wrong with it.
  La mia macchina va a singhiozzo: dev'essere guasta.

  to throw a fit — *uscire dai gangheri.*
Father will throw a fit when he sees this bill. *Papà uscirà dai gangheri*
  quando vedrà questo conto.

fit — *l'addattamento*
  a good fit — *andare a pennello.*
These gloves of mine are a good fit. *Questi guanti mi vanno a pennello.*

to fit — *andare*
  to fit in with — *coincidere.*
We'll plan our visit to fit in with your vacation. *Faremo in modo che la*
  nostra visita coincida con le tue vacanze.

fix — *la difficoltà*
  in a bad fix — *nei guai.*
After the accident he was in a bad fix. *Dopo l'incidente si è trovato nei*
  guai.

to fix — *attaccare, montare.*
  to fix someone up — *combinare un appuntamento (romantico).*
I fixed them up and they've been inseparable ever since. *Gli ho com-*
  binato il primo appuntamento e da allora sono inseparabili.

flame — *la fiamma*
  old flame — *una vecchia fiamma.*
She is an old flame of mine. *È una mia vecchia fiamma.*

flash — *il lampo*
  a flash in the pan — *un fuoco di paglia.*
His seeming great genius was only a flash in the pan. *Pareva uomo di*
  grande ingegno, ma era tutto un fuoco di paglia.

in a flash — *in un baleno.*
He got the meaning in a flash. *Ha capito il significato in un baleno.*

flat — *piatto*
flat out — *(1) a tutta birra.*
They ran flat out from the burning barn. *Correvano a tutta birra per-chè il fienile aveva preso fuoco.*
(2) chiaramente.
He told my parents flat out that he didn't want to see them ever
  again. *Ha detto chiaramente ai miei genitori che non li voleva vedere
  mai più.*

to fall flat — *essere un fiasco.*
He fell flat as a comedian. *È stato un fiasco come comico.*

flea — *la pulce*
a flea in one's ear — *una rispostaccia.*
I'll put a flea in her ear, if she asks me one more time. *Le risponderò
  in malo modo se me lo chiede ancora.*

flesh — *la carne (umana)*
in the flesh — *in carne ed ossa.*
After all those telephone conversations it's good to meet you in the
  flesh. *Dopo tutte le nostre conversazioni telefoniche mi fa piacere in-contrarla in carne ed ossa.*

to make one's flesh creep — *far accapponare la pelle.*
That eerie music makes my flesh creep. *Quella musica lugubre mi fa
  accapponare la pelle.*

fleshpot — *la pentola per far cuocere la carne*
the fleshpots of Egypt — *le comodità della civiltà.*
After a year in the boondocks, we were yearning for the fleshpots of
  Egypt. *Dopo un anno passato fuori dal mondo, avevamo proprio
  voglia di tornare alla civiltà!*

floor — *il pavimento*

  to have the floor — *avere la parola.*

  The gentleman on the right has the floor. *Il signore a destra ha la parola.*

  to mop the floor with — *far polpette di.*

  Our team mopped the floor with the opponents. *La nostra squadra ha fatto polpette degli avversari.*

  to take the floor — *prendere la parola.*

  It's time for the opposition to take the floor. *Ora tocca all'opposizione prendere la parola.*

to floor — *pavimentare*

  to floor someone — *lasciare sbigottiti.*

  She floored us with her bad manners. *Ci ha lasciato sbigottiti con le sue cattive maniere.*

fly — *la mosca*

  a fly in the ointment — *un neo.*

  The party was great. The only fly in the ointment was the loud music. *La festa è stata bellissima. L'unico neo era la musica troppo alta.*

to follow — *seguire*

  to follow through — *portare a termine.*

  We had plans to repaint the house, but we didn't follow through. *Avevamo fatto progetti per ridipingere la casa, ma non li abbiamo portati a termine.*

food — *il cibo*

  food for thought — *motivo di riflessione.*

  What you just told me is food for thought. *Quello che mi hai appena detto è motivo di riflessione.*

fool — *lo sciocco*

    A fool and his money are soon parted. *Lo sciocco getta i soldi dalla finestra.*

    Fools rush in where angels fear to tread. *Gli stolti si avventurano là dove i saggi temono di andare.*

    There's no fool like an old fool. *Non v'è sciocco peggiore di un vecchio sciocco.*

    to live in a fool's paradise — *vivere tra le nuvole.*
    He's living in a fool's paradise if he thinks he can do business in that town. *Vive tra le nuvole se crede di poter far affari in quella città.*

    to make a fool of oneself — *rendersi ridicolo.*
    She made a fool of herself behaving like that. *Si è resa ridicola comportandosi in quella maniera.*

to fool — *gingillarsi*

    to fool around — *gingillarsi.*
    Stop fooling around and get to work. *Smetti di gingillarti e mettiti a lavorare.*

    to fool around with — *giocare con.*
    Don't fool around with the television. *Non giocare con il televisore.*

    to fool away one's time — *perdere il proprie tempo.*
    She fools away her time watching television. *Perde il suo tempo guardando la televisione.*

foot — *il piede*

    a foot in the door — *riuscire a introdursi.*
    He has managed to get a foot in the door in his uncle's company; soon he'll take over. *È riuscito a introdursi nella società di suo zio e presto se ne impadronirà.*

    on foot — *a piedi.*
    Let's go home on foot; it's not far. *Andiamo a casa a piedi; non è lontano.*

to be swept off one's feet — *essere sopraffatto dall'emozione.*
She was swept off her feet by his attention. *Era sopraffatta dall'emozione per le sue attenzioni.*

to catch one flat-footed — *cogliere qualcuno sul fatto (in castagna, in fallo).*
They caught the boys flat-footed in the supermarket after hours. *Hanno colto i ragazzi sul fatto (in castagna, in fallo) dentro il supermercato dopo la chiusura.*

to drag one's feet — *essere titubante.*
Don't drag your feet; decide what you're going to do. *Non essere titubante; decidi cosa fare.*

to get cold feet — *mancare il coraggio.*
I'm getting cold feet about asking him. *Mi manca il coraggio di chiederglielo.*

to get off on the wrong foot — *cominciare con il piede sbagliato.*
He got off on the wrong foot. *Ha cominciato con il piede sbagliato.*

to get one's feet wet — *buttarsi.*
Come on, you can dance; it's just a matter of getting your feet wet! *Dài che sai ballare: devi solo buttarti!*

to put one's best foot forward — *mostrare il meglio di.*
When you go for the interview, put your best foot forward. *Quando vai al colloquio, mostra il meglio di te.*

to put one's foot down — *essere irremovibile.*
I wanted to stop going to school, but Dad put his foot down and forced me to continue. *Volevo smettere di andare a scuola, ma papà è stato irremovibile e mi ha obbligato a continuare.*

to put one's foot in — *dirla grossa.*

As soon as he said that he realized he'd put his foot in it. *Appena pronunciate quelle parole si rese conto di averla detta grossa.*

to put one's foot in one's mouth — *parlare a sproposito.*

He put his foot in his mouth when he accused them of cheating. *Ha parlato veramente a sproposito accusandoli di essere disonesti.*

to stand on one's own (two) feet — *essere indipendente.*

That experience taught Mark to stand on his own (two) feet. *Quella esperienza ha insegnato a Marco ad essere indipendente.*

to think on one's feet — *spremersi il cervello.*

The water was rising quickly. I had to think on my feet how to save myself. *L'acqua stava salendo rapidamente: ho dovuto spremermi il cervello per trovare il modo di salvarmi.*

to walk one's feet off — *avere le gambe a pezzi.*

I walked my feet off this afternoon. *Ho le gambe a pezzi percré ho camminato troppo oggi pomeriggio.*

---

forest — *la foresta*

not to see the forest for the trees — *non discernere le cose importanti.*

Teachers may notice language errors and not see the good ideas in a composition; they can't see the forest for the trees. *Capita che gli in-*

segnanti notino gli errori di grammatica e non colgano le buone idee espresse in un tema: non distinguono le cose importanti.

to fork — *biforcare*
to fork over — *sborsare.*
He had to fork over fifty dollars to have the car repaired.
Ha dovuto sborsare cinquanta dollari per far riparare la macchina.

forte — *forte*
someone's forte — *il "forte" di qualcuno.*
Cooking is my forte. *La cucina è il mio forte.*

four — *quattro*
on all fours — *carponi (a quattro zampe).*
They got down on all fours to look for John's contact lens. *Si misero carponi per cercare la lente a contatto di Giovanni.*

to freak — *screziare*
to freak out — *perdere la testa.*
When she saw the man she had hit with her car lying unconscious on the pavement she freaked out. *Quando ha visto l'uomo che aveva investito giacere svenuto sul selciato ha perso la testa.*

free — *libero*
a free-for-all — *le botte da orbi, una scazzottata generale.*
No Western movie is worth the name without a free-for-all.
Nessun film western è degno del nome senza una scazzottata generale.

free and easy — *sereno e tranquillo.*
He's one of those free and easy people who never gets nervous.
È una di quelle persone serene e tranquille che non si innervosiscono mai.

to feel free to — *non esitare a.*
Feel free to come and see me any time. *Non esitare a venire a trovarmi quando vuoi.*

to get off scot free — *passarla liscia.*
Though everyone thought him guilty, he got off scott free. *Nonostante tutti lo credessero colpevole la passò liscia.*

French — *francese*
to take French leave — *svignarsela all'inglese.*
He took French leave from boarding school. *Se l'è svignata all'inglese dal collegio.*

fresh — *fresco*
fresh from — *fresco fresco da.*
He's fresh from Polynesia and thinks he's a new Gauguin. *È arrivato fresco fresco dalla Polinesia e crede di essere un nuovo Gauguin.*

friend — *l'amico*
fairweather friend — *amico nella buona sorte.*
I didn't realize he was just a fairweather friend. *Non mi ero accorto che mi era amico solo nella buona sorte.*

fry — *gli avannotti*
small fry — *i pesci piccoli.*
Don't waste your time asking for their help; they're small fry. *Non sprecare il tempo chiedendo aiuto a loro; sono pesci piccoli.*

frog — *la rana*
a frog in one's throat — *la voce rauca.*
I have a frog in my throat. *Ho la voce rauca.*

to frown — *accigliarsi*
to frown on — *essere contrario a.*
My parents always frowned on smoking. *I miei genitori sono sempre stati contrari al fumo.*

fun — *l'allegria*

    fun and games — *molto divertente.*

I don't think it will be fun and games to spend a weekend with my in-laws. *Non credo che sarà molto divertente passare un fine-settimana dai miei suoceri.*

    to make fun of (poke fun at) — *prendere in giro.*

Don't make fun of (poke fun at) that poor old man. *Non prendere in giro quel povero vecchio.*

fur — *la pelle*

    to make the fur fly — *fare scalpore.*

His comments really made the fur fly. *I suoi commenti fecero molto scalpore.*

fuse — *il fusibile*

    to blow a fuse — *andare su tutte le furie.*

He blows his fuse too easily; it's impossible to discuss anything with him. *Va su tutte le furie troppo facilmente: non si può parlare di nulla con lui.*

fuss — *la confusione*

    fuss and feathers — *festeggiamenti.*

When I get my degree I don't want any fuss and feathers. *Quando mi laureerò non voglio nessun festeggiamento.*

    to make (kick up) a fuss — *fare una scenata.*

She made a big fuss with the waiter because she found a bug in her soup. *Ha piantato una scenata con il cameriere perchè ha trovato un insetto nella minestra.*

gall — *l'amarezza*

to have the gall — *la faccia tosta.*

He had the gall to insinuate I had been responsible for the oversight. *Ha avuto la faccia tosta di insinuare che ero io il responsabile di quella mancanza.*

---

game — *il gioco*

ahead of the game — *in posizione di vantaggio.*

The connections which he had thanks to his family always put him ahead of the game. *Le conoscenze che aveva grazie alla sua famiglia lo hanno messo in posizione di vantaggio.*

the game is up — *il gioco è finito (la partita è chiusa).*

The game is up; they've discovered that we were planning to run away from home. *Il gioco è finito; hanno scoperto che stavamo progettando di scappare di casa.*

the name of the game — *il cuore del problema.*

Getting medium income families to support the poor! That's the name of the game. *Far sì che le famiglie di reddito medio paghino per aiutare i poveri! Questo è il cuore del problema.*

to be game to — *essere della partita.*

"Are you coming with us to the lake?" "I'm game!" *"Vieni al lago con noi?" "Sono della partita!"*

to play the game — *stare al gioco.*

She's good at playing the game, but don't go too far. *Lei è brava a stare al gioco, ma non spingerti troppo in là.*

---

gap — *la breccia*

to fill the gap — *riempire il vuoto.*

We need a man to fill the gap left by his resignation. *Abbiamo bisogno di un uomo che riempia il vuoto creatosi in seguito alle sue dimissioni.*

---

gate — *il cancello*

gate crasher — *qualcuno che non è stato invitato.*

At this party we don't want any gate crashers. *A questa festa non vogliamo gente che non è stata invitata.*

gauntlet — *il quanto*

to run the gauntlet — *passare sotto le forche caudine.*

When I joined the fraternity in college I had to run the gauntlet of their initiation tricks. *Quando sono entrato nell'associazione degli studenti all'università mi hanno fatto passare sotto le forche caudine dei loro riti di iniziazione.*

to get — *prendere*

to get ahead — *farsi strada.*

If you want to get ahead, do as I tell you. *Se vuoi farti strada, fa' come ti dico io.*

to get along — *(1) andare d'amore e d'accordo.*

We get along fine together. *Andiamo d'amore e d'accordo.*

(2) cavarsela.

We got along fine without a car. *Ce la siamo cavata benissimo anche senza macchina.*

to get around — *muoversi bene.*

You certainly manage to get around. *Certo che tu sai muoverti bene in quell'ambiente.*

to get around something — *aggirare.*

There are lots of ways to get around the problem. *Ci sono molti modi per aggirare il problema.*

to get at — *arrivare.*

What are you getting at? *Dove vuoi arrivare?*

to get away with (to get off easy) — *passarla liscia, farla franca.*

He stole the money but didn't get away with it. *Ha rubato i soldi, ma non l'ha fatta franca.*

to get back at — *rendere pan per focaccia.*
He'll get back at us for insulting him. *Ci renderà pan per focaccia per averlo insultato.*

to get by — *farcela.*
We'll get by somehow. *Ce la faremo in qualche modo.*

to get going — *far partire.*
If you get him going, you'll see what stories he tells you about her. *Se lo fai partire, vedrai che storie ti racconterà su di lei.*

to get in on — *entrarci.*
He got in on a very good deal because he overheard their conversation in the restaurant. *Ha potuto fare quel buon affare perchè ha orecchiato la loro conversazione al ristorante.*

to get into — *prendere (a qualcuno).*
I don't know what's gotten into him lately. *Non capisco che cosa gli abbia preso ultimamente.*

to get it — *arrivarci (capire).*
At first I didn't get it, but now I understand. *Sulle prime non capivo, ma ora sì.*

to get it over with — *farla finita.*
Unfortunately the dog must be put to sleep. Let's take him to the vet and get it over with. *Purtroppo dobbiamo far uccidere il cane. Portiamolo dal veterinario e facciamola finita.*

to get on — *avvicinarsi a.*
He's getting on forty. *Si avvicina ai quaranta.*

to get on to — *farsi un'idea di.*
After following him for a year, they got on to his plans. *Dopo averlo seguito per un anno si sono fatti un'idea dei suoi piani.*

to get out from under — *tirarsi fuori.*
John had so many debts that he couldn't get out from under.
Giovanni aveva talmente tanti debiti che non riusciva a tirarsene fuori.

to get over — *(1) superare, uscire da.*

Martha is just getting over an illness and is still weak. *Marta sta superando (uscendo da) una malattia ed è ancora debole.*

(2) capacitarsi.

I can't get over his doing that. *Non riesco a capacitarmi di quello che ha fatto.*

ghost — *il fantasma*

a ghost of a chance — *una minima speranza.*

He hasn't a ghost of a chance of getting any work done with all the family around. *Con tutta la famiglia intorno, non ha la minima speranza di riuscire a lavorare.*

to give up the ghost — *rendere l'anima a Dio.*

My grandfather gave up the ghost at the age of 96. *Mio nonno ha reso l'anima a Dio a 96 anni.*

gift — *il dono*

the gift of gab — *il dono della parlantina.*

Theresa really has the gift of gab. *Teresa ha proprio il dono della parlantina.*

to give — *dare*

give and take — *concessioni reciproche.*

For negotiations to succeed, a certain amount of give and take is necessary. *Perché i negoziati abbiano successo bisogna che le parti si facciano reciprocamente delle concessioni.*

give or take — *più o meno.*

It cost about two hundred dollars, give or take. *È costato sui duecento dollari, più o meno.*

to give away — *rivelare.*

He gave away the secret by mistake. *Ha rivelato il segreto per sbaglio.*

to give in — *darsi per vinto.*

He'll never give in. *Non si darà mai per vinto.*

to give oneself away — *tradirsi.*

When he said that he gave himself away. *Dicendo ciò si è tradito.*

to give out — *(1) finire.*

The ice gave out and we had to serve the whiskey straight. *Il ghiaccio era finito e abbiamo dovuto servire il whiskey liscio.*

(2) dare ad intendere.

Mary gave out that she was going to receive a promotion. *Mary ha dato ad intendere che stava per ricevere una promozione.*

to give up — *(1)arrendersi (darsi per vinto, rinunciare).*

I don't know, I give up. *No lo so, mi arrendo (mi dò per vinto, ci rinuncio).*

(2) smettere.

I should give up smoking. *Dovrei smettere di fumare.*

---

glance — *l'occhiata*

to steal a glance at — *guardare di soppiatto (sbirciare).*

She stole a glance to see if he was still watching her. *Guardò di soppiatto (sbirciò) verso di lui per vedere se la guardava ancora.*

---

to gloss — *lustrare*

to gloss over something — *sorvolare su.*

They glossed over her mistakes and praised her to the director. *Hanno sorvolato sui suoi errori e hanno tessuto le sue lodi al direttore.*

---

glove — *il guanto*

to handle with kid gloves — *trattare con i guanti.*

He's likely to get mad, so handle him with kid gloves. *È probabile che si arrabbierà, perciò trattalo con i guanti.*

---

go — *l'andare*

from the word go — *sin dal primo momento.*

He was wrong from the word go. *Aveva torto sin dal primo momento.*

no go — *picche.*

We asked for a delay, but it was no go. *Abbiamo chiesto un rinvio, ma ci hanno detto picche.*

on the go — *indaffarato.*

You can't ever find her, she's always on the go. *Non la si trova mai, è sempre indaffarata.*

the go-ahead — *il permesso.*

She got the go-ahead to start the new project with the homeless. *Ha ottenuto il permesso di iniziare il nuovo piano per i senzatetto.*

to have a go at — *provarci.*

I'm not sure I can solve your problem, but I'll have a go at it. *Non sono sicuro di poter risolvere il tuo problema, ma ci proverò.*

to make a go of — *mandare avanti.*

He's having a hard time making a go of that store. *Trova difficoltà a mandare avanti il suo negozio.*

---

to go — *andare*

far gone — *spacciato.*

The poor fellow was too far gone when help came. *Il poveretto era ormai spacciato quando arrivarono i soccorsi.*

Oh, go on! *Ma va!*

something to go on — *qualcosa su cui basarsi.*

If we want to prove it, we'll need some evidence to go on. *Se vogliamo dimostrarlo, ci occorrerà qualche elemento su cui basarci.*

to go about — *fare.*

She's going about her business and bothering no one. Why are you upset? *Si fa gli affari suoi e non dà fastidio a nessuno. Perchè te la prendi?*

to go all out — *farsi in quattro.*

He went all out for us. *Si è fatto in quattro per noi.*

to go along with — *assecondare.*

Let's go along with him and make him happy. *Assecondiamolo e facciamolo contento.*

to go far — *andare lontano, fare molta strada.*

That young man will go far. *Quel giovanotto andrà lontano.*

to go in for — *essere interessato a.*

Few people go in for the hard sciences. *Non sono molti quelli che hanno un interesse per le scienze naturali.*

to go on — *continuare (andare avanti).*

I'm listening to you, so go on. *Ti sto ascoltando, continua (va avanti).*

to go over — *passare dall'altra parte.*

Many Democrats went over to Reagan and guaranteed his victory. *Molti democratici passarono dalla parte di Reagan e ne assicurarono la vittoria.*

to go through — *essere approvato.*

The proposal went through at the last meeting. *La proposta è stata approvata durante l'ultima riunione.*

to go too far — *passare la misura.*

I said horrible things to him because I was angry; I went too far. *Gli ho detto delle cose orribili perchè ero arrabbiata; ho passato la misura.*

to go without saying — *andare da sè.*

It goes without saying that you can consider this your home. *Va da sè che ti puoi considerare a casa tua.*

---

goat — *la capra*

to get someone's goat — *far uscire dai gangheri.*

It gets my goat when he doesn't listen to me. *Mi fa uscire dai gangheri quando non mi ascolta.*

---

gold — *l'oro*

All that glitters is not gold. *Non è tutto oro quel che luce.*

to strike gold — *trovare una miniera d'oro.*

The chemist struck gold when he found the formula for biodegradable plastic. *Il chimico ha trovato una miniera d'oro quando ha scoperto la formula della plastica biodegradabile.*

---

good — *buono, il bene*

all to the good — *a tutto vantaggio di.*

It's all to the good that he didn't see you take his car. *È andato tutto a tuo vantaggio che non ti abbia visto prendere la sua macchina.*

as good as (new) — *(1) come (nuovo).*

Since it was fixed, our radio is as good as new. *Da quando è stata aggiustata, la nostra radio è come nuova.*

(2) mancarci poco.

He as good as called me a liar. *Ci è mancato poco che mi desse del bugiardo.*

as good as one's word — *di parola.*

He's as good as his word. *È di parola.*

for good — *per sempre.*

He won't be back; he's gone for good. *Non tornerà; è andato via per sempre.*

good and . . . — *ben . . .*

I'd like my tea good and hot. *Verrei che il mio tè fosse ben caldo.*

good as gold — *un angelo.*

That child is as good as gold. *Quel bambino è un angelo.*

good for nothing — *buono a nulla.*

He's just a good for nothing. *È un buono a nulla.*

never to have had it so good — *non essere mai andata così bene.*

Don't complain, you never had it so good. *Non lamentarti, non ti è mai andata così bene.*

no good — *inutile.*

It's no good saying that; we all know the story. *È inutile dirlo; conosciamo tutti la storia.*

to deliver the goods — *mantenere le promesse.*

I did everything he asked me to do hoping he would get me an academic position, but he isn't delivering the goods. *Ho fatto tutto quello che mi ha chiesto sperando che mi facesse ottenere un posto all'università, ma non mantiene le promesse.*

to get the goods on — *smascherare.*

They've got the goods on the gang that robbed the bank. *Hanno smascherato la banda che ha rapinato la banca.*

to make good on something — *mantenere la parola data.*

She made good on her promise to help him. *Mantenne la parola data e lo aiutò.*

goose — *l'oca*

a wild-goose chase — *una pista sbagliata.*

That false tip sent the police on a wild-goose chase. *Quell'informazione falsa portò la polizia su una pista sbagliata.*

They killed the goose that laid the golden eggs. *Hanno ammazzato la gallina dalle uova d'oro.*

to cook one's goose — *rovinare tutto.*

He cooked his goose when he failed to come to the meeting. *Ha rovinato tutto non presentandosi alla riunione.*

What's sauce for the goose is sauce for the gander. *Mangia quel che passa il convento.*

grabs — *la presa*

up for grabs — *completamente imprevedibile.*

None of the candidates is ahead in this election; it's completely up for grabs. *Nessun candidato è avvantaggiato in questa elezione; non si può fare nessuna previsione.*

grace — *la grazia*

a saving grace — *la qualità che fa perdonare il resto.*

She's authoritarian and impatient, but her generosity is her saving grace. *È autoritaria e impaziente, ma se lo fa perdonare per la sua generosità.*

to fall from grace — *cadere in disgrazia.*

He fell from grace in his uncle's eyes and lost the inheritance. *È caduto in disgrazia con suo zio e ha perso l'eredità.*

grade — *il grado*
> **to make the grade** — *rivelarsi all'altezza.*
> He didn't make the grade with Elsie's family; they considered him a boor. *Non si è rivelato all'altezza della famiglia di Elsa; lo hanno considerato un maleducato.*

grain — *il grano*
> **not a grain of truth** — *non una briciola di verità.*
> There's not a grain of truth in what you said. *Non c'è una briciola di verità in quello che hai detto.*
>
> **to go against the grain** — *urtare.*
> His behavior goes against the grain with me. *Il suo comportamento mi urta.*

to grant — *concedere*
> **to take for granted** — *dare per scontato.*
> I took it for granted that you'd be there. *Ho dato per scontato che tu ci saresti stato.*

grapes — *l'uva*
> **sour grapes** — *la volpe e l'uva.*
> She's glad now she didn't win, and it's not just sour grapes. *Ora è contenta di non aver vinto; e non lo dice solo come la volpe e l'uva.*

grapevine — *la vite*
> **to hear it on the grapevine** — *sentir dire in giro.*
> I heard it on the grapevine that he was back in town. *Ho sentito dire in giro che era tornato.*

grass — *l'erba*
> **The grass is always greener on the other side of the fence.** *L'erba del vicino è sempre più verde.*

Greek — *greco*
  to be Greek to — *essere arabo per.*
  What are you talking about? It's Greek to me. *Di cosa stai parlando? Per me è arabo.*

grief — *il dolore*
  to come to grief — *finir male.*
  From the reckless way he rode that motorcycle, it's not surprising he came to grief. *Con il suo modo spericolato di andare in motocicletta, non è strano che sia finito male.*
  Be careful, Maria, or you'll come to grief! *Guarda, Maria, che se non stai attenta va a finir male per te!*

to grin — *sogghignare*
  to grin and bear it — *far buon viso a cattiva sorte.*
  He doesn't get along with his mother-in-law, but he's learned to grin and bear it. *Non va d'accordo con la suocera, ma ha imparato a far buon viso a cattiva sorte.*

grip — *la presa*
  to come to grips with — *affrontare.*
  Sooner or later you'll have to come to grips with that question. *Prima o poi dovrai affrontare quel problema.*

  to get a grip on — *controllarsi.*
  He's got to calm down and get a grip on himself. *Deve calmarsi e controllarsi.*

grist — *il grano da macinare*
  grist to one's mill — *tutta acqua al proprio mulino.*
  Tell him what you found out about his worst enemy. It will all be grist to his mill. *Digli quello che hai saputo del suo peggior nemico. Sarà tutta acqua al suo mulino.*

ground — *il terreno*

to cut the ground from under one's feet — *far mancare la terra sotti i piedi.*

Theirs was a move to cut the ground from under his feet. *La loro è stata una mossa per fargli mancare la terra sotto i piedi.*

to run into the ground — *seppellire.*

Today we lost, but tomorrow we'll run them into the ground. *Oggi abbiamo perso, ma domani li seppelliamo.*

to shift one's ground — *cambiare le carte in tavola.*

You can't win an argument with him; he's always shifting his ground. *Non puoi aver la meglio in una discussione con lui; ti cambia sempre le carte in tavola.*

to stand one's ground — *tener duro.*

They tried to bribe the witness but he stood his ground and told the truth. *Hanno cercato di corrompere il testimone ma ha tenuto duro e ha detto la verità.*

to ground — *qualcuno in castigo*

to ground someone — *mettere qualcuno in castigo.*

My parents grounded me for a week because they caught me smoking. *I miei genitori mi hanno vietato di uscire per una settimana perchè mi hanno beccato mentre fumavo.*

to grow — *crescere*

to grow on one — *piacere sempre di più.*

The more you play tennis, the more it grows on you. *Più giochi a tennis più ti piace.*

to grow out of a habit — *perdere l'abitudine di.*

I've grown out of the habit of getting up late in the morning. *Finalmente ho perso l'abitudine di alzarmi tardi al mattino.*

grudge — *rancore*

to bear a grudge — *serbare rancore.*

My father could never bear a grudge for very long. *Mio padre non è mai stato capace di serbare rancore a lungo.*

guard — *la guardia*

to catch off guard — *prendere alla sprovvista.*

They caught me off guard and I almost gave away the secret. *Mi hanno preso alla sprovvista e ho quasi rivelato il segreto.*

gun — *il fucile*

to jump the gun — *anticipare i tempi.*

They really jumped the gun this time; they were supposed to wait until summer. *Hanno veramente anticipato i tempi questa volta; avrebbero dovuto aspettare l'estate.*

to stick to one's guns — *tener duro.*

No matter how hard they press him he always sticks to his guns. *Qualunque pressione si faccia su di lui, tiene duro.*

gut — *il budello*

to have guts — *avere del fegato.*

You have to have guts to play football. *Per giocare al football americano bisogna avere del fegato.*

to hail — *salutare*

    to hail from — *venire da.*

    The new doctor hails from my home town. *Il nuovo medico viene dal mio paese.*

---

hair — *i capelli*

    not to turn a hair — *non battere ciglio.*

    When the police questioned him he didn't turn a hair. *Quando la polizia lo interrogò non battè ciglio.*

    to get into one's hair — *dar fastidio.*

    When we lived in the same house she was always getting into my hair. *Quando abitavamo nella stessa casa mi dava sempre fastidio.*

    to have one's hair stand on end — *rizzarsi i capelli.*

    When he saw the bear outside his tent his hair stood on end. *Quando vide l'orso fuori dalla tenda gli si rizzarano i capelli in testa.*

    to let down one's hair — *lasciarsi andare.*

    Finally she let her hair down and told me everything about her new lover. *Finalmente si è lasciata andare e mi ha raccontato tutto del suo nuovo amante.*

    to split hairs — *spaccare il capello in quattro.*

    If you keep splitting hairs we'll never get to the end. *Se continui a spaccare il capello in quattro non arriveremo mai a una conclusione.*

    to tear one's hair — *strapparsi i capelli.*

    When she saw what had happened to the house she started tearing her hair. *Quando ha visto che cosa era successo alla casa ha incominciato a strapparsi i capelli.*

    within a hair's breadth — *per un pelo.*

    We came within a hair's breadth from dying in an accident. *Siamo stati a un pelo dal morire in un incidente.*

half — *mezzo*

to meet half-way — *venire incontro.*
I'll try to meet him half-way and close the deal. *Cercherò di venirgli incontro pur di concludere l'affare.*

hammer — *il martello*

to go at something with hammer and tongs — *metterci troppa energia.*
Take it easy, don't go at it with hammer and tongs. *Piano, non metterci troppa energia.*

hand — *la mano*

a show of hands — *per alzata di mano.*
Let's have a show of hands. *Votiamo per alzata di mano.*

an old hand — *un esperto.*
I'm an old hand as a woodchopper. *Sono un esperto taglialegna.*

close at hand — *a due passi.*
The post office is close at hand. *L'ufficio postale è a due passi da qui.*

Don't bite the hand that feeds you. *Non sputare nel piatto dove mangi.*

first-hand — *di prima mano.*
I have first-hand experience in that field. *Ho esperienza di prima mano in quel campo.*

hand in glove — *pappa e ciccia.*
That judge is hand in glove with the mob. *Quel giudice è pappa e ciccia con la mafia.*

hand over fist — *alla svelta.*
They made money hand over fist with their software program. *Hanno fatto i soldi alla svelta grazie al loro programma per il calcolatore.*

hand-to-hand — *corpo a corpo.*
Hand-to-hand fighting is less common in modern warfare. *Il combattimento corpo a corpo è meno diffuso nella guerra moderna.*

hands down — *con facilità.*
He plays golf well, but I can beat him hands down at tennis. *Gioca bene a golf, ma io lo batto con facilità a tennis.*

hands off — *giù le mani.*

Hands off the cake! Otherwise, there won't be enough for the party. *Giù le mani dalla torta! Se no non ce n'è abbastanza per la festa.*

high-handed — *prepotente.*

That was a high-handed maneuver. *È stata una mossa prepotente.*

in hand (opposite: out of hand) — *sotto controllo (contrario: sfuggito di mano).*

The young teacher surprised everyone by quickly getting the class in hand. *La giovane insegnante sorprese tutti perchè riuscì ad avere rapidamente la classe sotto controllo.*

on hand — *a disposizione.*

I'll be on hand to help out. *Sarò a disposizione per aiutare.*

on one's hands — *sulle spalle.*

I have the old family house on my hands, too. *Ho anche la vecchia casa di famiglia sulle spalle.*

on the one hand . . . on the other hand — *da un lato . . . dall'altro lato.*

On the one hand, things are looking better; on the other, there are still many difficulties. *Da un lato, le cose si stanno mettendo meglio; dall'altro ci sono ancora molte difficoltà.*

red-handed — *con le mani nel sacco.*

The thief was caught red-handed. *Il ladro fu preso con le mani nel sacco.*

second hand — *di seconda mano.*

I bought my skis second hand. *Ho comprato gli sci di seconda mano.*

to be a good hand at — *avere la mano felice.*

Elizabeth is really a good hand at fixing cars. *Elisabetta ha davvero la mano felice come meccanico.*

to change hands — *cambiare proprietario.*

That restaurant has changed hands several times. *Quel ristorante ha cambiato proprietario parecchie volte.*

to get the upper hand — *prendere il sopravvento.*
In that struggle for power, the radical faction got the upper hand.
Nella lotta per il potere i radicali presero il sopravvento.

to give a hand — *dare una mano.*
She comes in the afternoons to give me a hand with the children.
Viene al pomeriggio per darmi una mano con i bambini.

to have one's hands full — *avere il proprio da fare.*
With the children home for vacation she has her hands full. *Con i
bambini a casa per le vacanze ha il suo da fare.*

to keep one's hand in — *non perdere la mano.*
She does substitute teaching sometimes just to keep her hand in. *Ogni
tanto fa le supplenze per non perdere la mano.*

to know something like the back of one's hand — *conoscere qualcosa
come le proprie tasche.*
Trust him; he knows those alleys like the back of his hand. *Fidati di
lui, conosce quei vicoli come le sue tasche.*

to lay hands on — *mettere le mani su.*
Treasure hunters can keep any treasure they can lay hands on. *I cerca-
tori di tesori possono tenersi qualunque tesoro sul quale riescano a
mettere le mani.*

to lay one's hands on — *acchiappare, mettere le mani su.*
You'll see what happens if I lay my hands on you! *Vedrai cosa ti succede se ti acchiappo!*

to live from hand to mouth — *vivere alla giornata.*
He doesn't have a steady job, so they live from hand to mouth. *Non
ha un lavoro sicuro, e così vivono alla giornata.*

to play into the hands of — *fare il gioco di.*
The new law plays into the hands of the tax evaders. *La nuova legge
torna a tutto vantaggio degli evasori fiscali.*

to put one's hand to — *mettere mano a.*
James is successful at anything he puts his hand to. *Giacomo riesce a
fare tutto quello cui mette mano.*

to sit on one's hands — *stare seduto con le mani in mano.*

What are you doing there sitting on your hands all day long? *Che cosa fai lì seduto tutto il giorno con le mani in mano?*

to take a hand in — *partecipare.*

He took a hand in reorganizing the council. *Ha partecipato nella riorganizzazione del consiglio.*

to take off someone's hands — *togliere la responsabilità.*

Can you take that shipment off my hands? *Puoi togliermi la responsabilità di quella spedizione?*

to throw up one's hands — *mettersi le mani nei capelli.*

My mother threw up her hands in horror when she saw the state of my room. *Mia madre si mise le mani nei capelli quando vide in che stato era ridotta la mia stanza.*

to tip one's hand — *scoprire le carte.*

She tipped her hand by telling him she was planning to sell the bonds. *Ha scoperto le carte dicendogli che intendeva vendere i titoli di stato.*

to try one's hand — *provarci.*

I've never gone waterskiing; I'd like to try my hand at it. *Non ho mai fatto lo sci d'acqua; vorrei provarci.*

to wait on someone hand and foot — *trattare qualcuno come un principe.*

He wants to be waited on hand and foot. *Vuole essere trattato come un principe.*

to wash one's hands of — *lavarsi le mani di.*

I'm glad you washed your hands of that deal. *Sono contento che ti sia lavato le mani di quell'affare.*

to win hands down — *vincere a mani basse.*

We should win the match hands down. *Dovremmo vincere l'incontro a mani basse.*

with one hand tied behind one's back — *ad occhi chiusi.*

That job is so easy! You'll do it with one hand tied behind your back. *Quel lavoro è facilissimo: lo farai ad occhi chiusi.*

to hand — *porgere*

    to hand it to — *concederlo, ammetterlo.*

    I have to hand it to you; you're smarter than I thought. *Devo ammetterlo, sei più intelligente di quanto non pensassi.*

    to hand over — *passare le consegne.*

    My father handed the company over to me right before he died. *Mio padre mi ha passato le consegne della società poco prima di morire.*

handle — *il manico*

    to fly off the handle — *perdere le staffe.*

    I flew off the handle when they sent the wrong merchandise. *Ho perso le staffe quando hanno mandato la merce sbagliata.*

handwriting — *la scrittura*

    to see the handwriting on the wall — *avere un segnale chiaro.*

    When Joan's boss rejected her work, she saw the handwriting on the wall and knew she'd be fired. *Quando il capo di Giovanna ha bocciato il suo lavoro, lei ha avuto un chiaro segnale che sarebbe stata licenziata.*

handy — *comodo*

    to come in handy — *tornare utile.*

    A flashlight may come in handy. *Forse una torcia elettrica tornerà utile.*

to hang — *appendere*

    to hang back — *esitare, fare complimenti.*

    Don't hang back, help yourself. *Non esitare (far complimenti), serviti.*

    to hang in there — *tener duro.*

    Hang in there; help is about to arrive! *Tieni duro, i soccorsi sono in arrivo!*

    to hang onto — *tenere.*

    If we can hang onto the farm for a few years we'll be glad we did. *Se riusciamo a tenere la fattoria per un paio d'anni saremo contenti di averlo fatto.*

to hang together — *stare insieme.*
His story didn't hang together. *Il suo racconto non stava insieme.*

happy — *felice*
the happy few — *i pochi eletti.*
The Emerald Coast in Sardinia is for the happy few. *La Costa Smeralda in Sardegna è per i pochi eletti.*

hard — *duro*
hard up — *al verde.*
He comes around to ask for money when he's hard up. *Viene a chiedere soldi quando è al verde.*

to be hard put — *in difficoltà.*
I was hard put to give him an honest answer. *Ero in difficoltà a dargli una risposta onesta.*

to harp — *arpeggiare*
to harp on — *toccare lo stesso tasto.*
He keeps harping on my past mistakes. *Tocca sempre lo stesso tasto. Non fa che parlare dei miei errori.*

hat — *il cappello*
to keep something under one's hat — *tenerselo per sè.*
This information is dangerous. Keep it under your hat! *Quest'informazione è pericolosa. Tientela per te!*

to pass the hat — *fare la colletta.*
We haven't much money in the treasury so we'll have to pass the hat again. *Non abbiamo molti soldi in cassa, così dovremo fare di nuovo una colletta.*

to take one's hat off to — *far tanto di cappello a qualcuno.*
I take off my hat to him; he's doing a good job. *Gli faccio tanto di cappello; ha fatto un buon lavoro.*

to talk through one's hat — *parlare a vanvera.*
Don't pay attention to him; he's just talking through his hat. *Non ascoltarlo; parla a vanvera.*

to have — *avere*

to be had — *essere ingannato.*
I think we've been had. *Credo che ci abbiano ingannato.*

to have had it — *chiudere con, non poterne più.*
I've had it with his family. *Ho chiuso con la sua famiglia.*
I've really had it. *Non ne posso più.*

to have it coming — *cercarsela, volersela.*
See **to ask for it.**

to have it in for — *avercela con.*
He has it in for us because we treated him badly. *Ce l'ha con noi perchè lo abbiamo trattato male.*

to have it out — *discutere a fondo, chiarire le cose.*
I feel there's some misunderstanding between us and want to have it out with him. *Sento che c'è un'incomprensione fra di noi e voglio discuterne a fondo con lui per chiarire le cose.*

to have nothing to do with — *non aver nulla a che vedere con.*
This has nothing to do with you. *Questo non ha nulla a che vedere con te.*

to have to do with — *entrarci.*
What does your divorce have to do with what I was saying? *Che cosa c'entra il tuo divorzio con quello di cui stavo parlando?*

---

havoc — *la devastazione*

to play havoc with — *rovinare.*
The wind played havoc with the television antenna. *Il vento ha rovinato l'antenna della televisione.*

---

haywire — *caotico*

to go haywire — *dare i numeri.*
What is she saying? Has she gone haywire? *Ma che cosa sta dicendo? Dà i numeri?*

My alarm clock rings every ten minutes; it's gone haywire. *La mia sveglia squilla ogni dieci minuti: è impazzita.*

---

head — *la testa, il capo*

from head to toe — *da capo a (dalla testa ai) piedi.*
The car splashed her from head to toe. *La macchina l'ha inzuppata dalla testa ai piedi.*

head and shoulders — *di gran lunga.*
Fred is head and shoulders above any other boy in the class. *Federico è di gran lunga superiore a qualsiasi altro ragazzo della classe.*

head first — *a testa in giù.*
She fell into the ravine head first. *È caduta nel burrone a testa in giù.*

Heads I win, tails you lose. *Testa vinco io, croce perdi tu.*

off the top of one's head — *(1) a memoria.*
He quoted his figures off the top of his head. *Ha citato i dati a memoria.*
(2) sul momento.
Off the top of my head, I wouldn't know what to tell you. *Sul momento non saprei cosa rispondere.*

to be in over one's head — *non essere all'altezza.*
This job is too much for me; I'm in over my head. *Non sono all'altezza del lavoro che mi hanno assegnato.*

to bite one's head off — *mangiare vivo qualcuno.*
When I started to answer he almost bit my head off. *Quando ho cominciato a rispondere mi ha quasi mangiato vivo.*

to bring to a head — *far venire a galla.*
Her illness brought all their problems to a head. *La sua malattia ha fatto venire a galla tutti i loro problemi.*

to bury one's head in the sand — *fare lo struzzo.*

She's no help; she always buries her head in the sand. *Lei non è di nessun aiuto; fa sempre lo struzzo.*

to come to a head — *risolversi.*

We hope that difficulties will come to a head soon. *Speriamo che tutte le difficoltà si risolvano presto.*

to fall head over heels for — *innamorarsi pazzamente di.*

He fell head over heels for one of his students. *Si è innamorato pazzamente di una delle sue studentesse.*

to get it into (through) one's head — *mettersi in testa.*

Get it into (through) your head that we're not going. *Mettiti bene in testa che non ci andiamo.*

to go to one's head — *dare alla testa.*

Success has gone to his head. *Il successo gli ha dato alla testa.*

to hang one's head — *vergognarsi.*

He's hanging his head for causing his team to lose. *Si vergogna per aver causato la sconfitta della sua squadra.*

to have a good head on one's shoulders — *avere la testa sulle spalle.*

That boy has a good head on his shoulders. *Quel ragazzo ha la testa sulle spalle.*

to have a level head — *mantenere la calma.*

He has a level head in an emergency. *È uno che mantiene la calma in casi di emergenza.*

to have a swelled head — *montarsi la testa.*

Since he's been made director he's had a swelled head. *Da quando lo hanno fatto direttore si è montato la testa.*

to have one's head in the clouds — *avere la testa fra le nuvole.*

William's had his head in the clouds lately. *Guglielmo ha la testa fra le nuvole ultimamente.*

to keep one's head — *non perdere la testa.*

During the fire John kept his head and gave clear orders to the crowd. *Durante l'incendio Giovanni non ha perduto la testa e ha dato ordini precisi alla folla.*

to keep one's head above water — *tenersi a galla.*

With high costs and low wages we can hardly keep our heads above water. *Con i costi alti e i salari bassi riusciamo a malapena a tenerci a galla.*

to make heads or tails (out) of — *raccapezzarsi.*

I can't make heads or tails (out) of that book. *Non riesco a raccapezzarmi con quel libro.*

to make one's head swim (reel) — *far girare la testa.*

All these details make my head swim (reel). *Tutti questi dettagli mi fanno girare la testa.*

to put heads together — *riflettere insieme (consultarsi).*

If we put our heads together we ought to come up with some good ideas. *Se riflettiamo insieme (ci consultiamo) dovremmo trovare qualche buona idea.*

to take into one's head — *saltare il ticchio di.*

Every so often he would take it into his head to play practical jokes. *Ogni tanto gli saltava il ticchio di fare degli scherzi.*

to talk someone's head off — *frastornare qualcuno.*
See **to talk one's ears off.**

---

heart — *il cuore*

after one's own heart — *come piace a qualcuno.*

He's a boy after my own heart. *È un ragazzo come piace a me.*

at heart — *in fondo.*

Despite his gruff manner he's a very kind person at heart. *Nonostante le sue maniere brusche in fondo è una persona molto gentile.*

by heart — *a memoria.*

Learn these dialogues by heart. *Imparate questi dialoghi a memoria.*

for one's heart to sink — *sentirsi morire.*

When I realized I had forgotten my passport my heart sank. *Quando mi sono accorto che avevo dimenticato il passaporto, mi sono sentito morire.*

half-hearted — *senza convinzione.*

He gave a half-hearted push as if he knew the gate wouldn't open. *Spinse il cancello senza convinzione, come se avesse saputo che non si sarebbe aperto.*

not to have one's heart in it — *avere altro per la testa.*

He came to the movies with us, but he didn't have his heart in it. *È venuto con noi al cinema, ma aveva altro per la testa.*

to eat one's heart out — *struggersi.*

She's eating her heart out because she's not heard from him in two months. *Si sta struggendo perchè non ha notizie di lui da due mesi.*

to get to the heart of the problem — *andare al fondo del problema.*

After paying the conventional compliments we got to the heart of the problem. *Dopo i convenevoli siamo andati al fondo del problema.*

to have one's heart in the right place — *avere buone intenzioni.*

He may be rough at times, but he has his heart in the right place. *Può essere brusco alle volte, ma ha buone intenzioni.*

to have one's heart set on (to set one's heart on) — *avere proprio una gran voglia, contare.*

She had her heart set on (set her heart on) going to Europe this summer. *Aveva proprio una gran voglia (contava) di andare in Europa quest'estate.*

to take heart — *farsi animo.*

Take heart. You'll see, your father is alive and will come home soon. *Fatti animo: vedrai che tuo padre è vivo e tornerà presto.*

to take to heart — *prendersi a cuore.*

I took my niece's problems to heart. *Mi sono presa a cuore i problemi di mia nipote.*

heaven — *il cielo*

seventh heaven — *il settimo cielo.*

She was in seventh heaven when she heard the good news. *Era al settimo cielo quando ha appreso la buona notizia.*

to move heaven and earth — *muovere mare e monti.*

I'll have to move heaven and earth to do that. *Dovrò muovere mare e monti per farlo.*

heel — *il tacco*

down at the heel — *rovinato.*

This used to be a nice part of town, but now it's pretty down at the heel. *Una volta questo era un bel quartiere, ma ora è molto rovinato.*

to be at someone's heels — *stare alle calcagna di qualcuno.*

The reporters are at his heels for a report on the situation. *I giornalisti gli stanno alle calcagna perchè vogliono un resoconto della situazione.*

to cool one's heels — *essere costretto ad aspettare.*

We sat there cooling our heels until the inspector finally came. *Fummo costretti ad aspettare finchè non arrivò l'ispettore.*

to take to one's heels — *alzare i tacchi.*

When they heard the police sirens the thieves took to their heels. *Quando sentirono le sirene della polizia, i ladri alzarono i tacchi.*

well heeled — *ricco.*

The passengers on the cruise were all well heeled. *I passeggeri in crociera erano tutti ricchi.*

hell — *l'inferno*

a (one) hell of — *un casino di.*

He had to wait a hell of a long time to have his passport renewed. *Ha dovuto aspettare un casino di tempo prima di ottenere il rinnovo del passaporto.*

All hell broke loose. *È successo un finimondo. È successa l'ira di Dio.*

come hell or high water — *costi quel che costi.*

He's determined to move to California come hell or high water. *È deciso a trasferirsi in California costi quel che costi.*

for the hell (heck) of it — *per il gusto di farlo.*

We put frogs in Ann's bed, just for the hell of it. *Abbiamo messo delle rane nel letto di Anna solo per il gusto di farlo.*

to give hell — *fare una sfuriata.*

The boss gave his secretary hell for forgetting to make an important phone call. *Il principale ha fatto una sfuriata alla segretaria che aveva dimenticato di fare una telefonata importante.*

to work like hell — *sgobbare.*

He worked like hell to get the job finished the same day. *Ha sgobbato per finire il lavoro quel giorno stesso.*

What the hell are you doing? *Che diavolo (cavolo) fai?*

when hell freezes over — *quando voleranno gli asini.*

You'll get back the money you lent him when hell freezes over. *Riavrai i soldi che gli hai prestato quando voleranno gli asini.*

---

to help — *aiutare*

not to be able to help — *non poter fare a meno di.*

I can't help telling the truth. *Non posso fare a meno di dire la verità.*

to help oneself — *servirsi.*

Help yourself to the cake. *Serviti della torta.*

---

hen — *la gallina*

a hen party — *una riunione di sole donne.*

Let's have a hen party while our husbands are away. *Facciamo una riunione di sole donne mentre i nostri mariti stanno via.*

---

herd — *il gregge*

to ride herd on — *spingere.*

The coach had to ride herd on the team so they would play their best. *L'allenatore dovette spingere perchè la squadra facesse del suo meglio.*

---

here — *qui*

neither here nor there — *nessuna differenza, irrilevante.*

Whether we go directly or make some stops is neither here nor there. *Non fa nessuna differenza (è irrilevante) se ci andiamo direttamente o se facciamo qualche fermata.*

herring — *l'aringa*

a red herring — *una pista falsa.*

It isn't true that he went to town yesterday. That's a red herring invented for the police. *Non è vero che è andato in città ieri. È una pista falsa per la polizia.*

hide — *la pelle*

to see neither hide nor hair of — *non vedere neanche l'ombra.*

I have seen neither hide nor hair of the children all afternoon. *Non ho visto neanche l'ombra dei bambini per tutto il pomeriggio.*

high — *alto*

high and dry — *solo e senza aiuto.*

When he pulled out of the firm he left me high and dry. *Andandosene dalla ditta mi ha lasciato solo e senza aiuto.*

high and mighty — *arrogante.*

What's so great about him to make him act so high and mighty? *Che cosa ha di speciale per comportarsi in modo così arrogante?*

to look high and low for — *cercare in lungo e in largo.*

The police looked for the thieves high and low but couldn't find them. *La polizia cercava i ladri in lungo e in largo, ma non è riuscita a trovarli.*

hill — *la collina*

as old as the hills — *vecchio come il cucco.*

This coat is as old as the hills. *Questo cappotto è vecchio come il cucco.*

hint — *l'accenno*

    to drop a hint — *far capire.*

The children dropped hints as to what they wanted for Christmas
    presents. *I ragazzi ci fecero capire che cosa volevano per Natale.*

    to take the hint — *capire al volo.*

He took the hint and left us alone. *Capì al volo e ci lasciò soli.*

hit — *colpito*

    hard hit — *ricevere un colpo duro.*

We were hard hit by the recession. *Abbiamo ricevuto un duro colpo
    dalla recessione.*

hit — *il colpo*

    hit or miss — *a casaccio.*

He didn't know the rules and played his cards hit or miss. *Non sapeva
    le regole, perciò giocava le sue carte a casaccio.*

    to make a (big) hit — *avere un (gran) successo.*

That song made a (big) hit and sold a million copies. *Quella canzone
    ha avuto un gran successo ed ha venduto un milione di copie.*

to hit — *colpire*

    to hit it off — *andare subito d'accordo.*

Those two really hit it off. *Quei due sono andati subito d'accordo.*

hog — *il maiale*

    to go the whole hog — *andare fino in fondo.*

No halfway measure for him, he always goes the whole hog. *Non la-
    scia mai le cose a metà, va sempre fino in fondo.*

    to live high on the hog — *nuotare nell'oro (passarsela bene).*

Now that he has a good job they're living high on the hog. *Ora che lui
    ha un buon lavoro nuotano nell'oro (se la passano bene).*

to hold — *mantenere*
  to hold one's own — *tenere duro.*
  Despite two defeats the team is holding its own. *Malgrado due scon-*
    fitte la squadra tiene duro.

  to take hold of oneself — *riprendere il controllo di sè stesso.*
  You've got to take hold of yourself and stop thinking about the past.
    Devi riprendere il controllo di te stesso e smettere di pensare al pas-
    sato.

hole — *il buco*
  to burn a hole in one's pocket — *scivolare tra le dita.*
  From the way he spends money you'd think it burns a hole in his
    pocket. *Spende un mucchio di soldi; è come se gli scivolassero tra le*
    dita.

  to pick holes in — *trovare da ridire.*
  The lawyer picked holes in his opponent's argument. *L'avvocato ha*
    trovato da ridire sulle argomentazioni del suo avversario.

home — *la casa*
  in the home stretch — *in porto.*
  He's been working hard on his thesis and now he's in the home
    stretch. *Ha lavorato sodo alla tesi ed ormai è quasi in porto.*

  to be nothing to write home about — *niente di eccezionale.*
  I had an enjoyable time at the party but it was nothing to write home
    about. *Mi sono divertito alla festa ma non è stato niente di ec-*
    cezionale.

  to bring home — *far comprendere.*
  His losses on the stock exchange brought home to him that financial
    speculation wasn't for him. *Le grosse perdite in borsa gli fecero*
    capire che la speculazione finanziaria non faceva per lui.

  to drive home — *farsi capire.*
  He pounds his fist on the desk when he wants to drive his point home.
    Batte il pugno sulla scrivania quando vuole farsi capire.

to hit (strike) home — *colpire nel segno.*

The speaker hit (struck) home with his remark. *Il conferenziere ha colpito nel segno con la sua osservazione.*

to home in on — *avvicinarsi seguendo un segnale.*

The airplane homed in on the radio beacon. *L'aeroplano si sintonizzò sul segnale radio.*

hook — *il gancio*

by hook or by crook — *di riffa o di raffa.*

I'll get the money by hook or by crook. *Metterò insieme quel denaro di riffa o di raffa.*

to be hooked on — *avere il pallino di.*

I'm really hooked on knitting. *Ho il pallino di lavorare a maglia.*

to get off the hook — *cavare (cavarsi) dagli impicci.*

My twin sister got off the hook by sending me to the appointment with her colleague. *La mia sorella gemella si è cavata dagli impicci mandando me all'appuntamento con il suo collega.*

to swallow hook, line, and sinker — *bere tutto.*

He swallowed the story hook, line, and sinker. *Ha bevuto tutta la storia.*

hooky — *il fannullone*

to play hooky — *marinare la scuola.*

He played hooky whenever he could. *Marinava la scuola tutte le volte che poteva.*

horn — *il corno*

the horns of a dilemma — *un dilemma.*

Mark was on the horns of a dilemma: should he invest his money in that risky business or in state bonds? *Marco era di fronte a un dilemma: investire i soldi in quell'affare rischioso o in titoli di stato?*

to blow one's own horn — *farsi pubblicità.*

David blows his own horn so much that everyone knows about his accomplishments. *Davide si fa tanta pubblicità che tutti sono a conoscenza delle sue imprese.*

to draw in one's horns — *farsi prudente.*

When it comes to spending money you'd better draw in your horns. *Quando si tratta di spendere soldi, faresti meglio a farti prudente.*

to horn — *colpire con le corna*

to horn in — *intromettersi.*

He always tries to horn in on our private conversations. *Cerca sempre di intromettersi nelle nostre conversazioni private.*

horse — *il cavallo*

a horse of another color — *un altro paio di maniche.*

What you say is a horse of a different color. *Quello che dici è un altro paio di maniche.*

Don't look a gift horse in the mouth. *A caval donato non si guarda in bocca.*

straight from the horse's mouth — *da fonti sicure.*

I got the news straight from the horse's mouth so I assume it's true. *Ho avuto la notizia da fonti sicure e quindi ritengo che sia vera.*

to back the wrong horse — *puntare sul cavallo perdente.*

I backed the wrong horse in that discussion. *Ho puntato sul cavallo perdente in quella discussione.*

to change horses in midstream — *cambiare il generale nel mezzo della battaglia.*

They fired him while his policies were beginning to bear fruit; that's changing horses in midstream. *L'hanno licenziato quando le sue politiche incominciavano a dare frutti: quello si chiama cambiare il generale nel mezzo della battaglia.*

to get off one's high horse — *abbassare la cresta.*

All the members of the board ridiculed her proposal and she finally got off her high horse. *Tutti i consiglieri hanno considerato ridicola la sua proposta e finalmente ha abbassato la cresta.*

to get on one's high horse — *montare in cattedra.*

He's unbearable when he gets on his high horse. *È insopportabile quando monta in cattedra.*

to hold one's horses — *avere un po' di pazienza.*

Hold your horses, dinner is almost ready. *Abbiate un po' di pazienza, la cena è quasi pronta.*

---

hot — *caldo*

hot under the collar — *paonazzo dalla rabbia.*

My brother gets hot under the collar when I tease him in front of his army buddies. *Mio fratello diventa paonazzo dalla rabbia quando lo prendo in giro di fronte ai suoi commilitoni.*

to blow hot and cold — *essere lunatico.*

Claire blows hot and cold about everything; it's impossible to do anything with her. *Clara è proprio lunatica; non si può fare mai niente con lei.*

You're hot! [in children's games] — *Fuoco! [nei giochi dei bambini]*

---

hotcake — *la frittella*
  to sell (go) like hotcakes — *andare a ruba.*
  Those English sheepskin coats sell (go) like hotcakes. *Quei cappotti di montone vanno a ruba.*

hour — *l'ora*
  after hours — *dopo l'orario di chiusura.*
  She lives above her store and you can buy from her even after hours. *Vive proprio sopra il negozio: puoi fare compere da lei anche dopo l'orario di chiusura.*

  at all hours — *le ore piccole.*
  Henry comes in at all hours. *Enrico fa le ore piccole.*

  at the eleventh hour — *all'ultimo momento.*
  We decided to go on this trip at the eleventh hour. *Ci siamo decisi a fare questo viaggio all'ultimo momento.*

house — *la casa*
  on the house — *offre la ditta.*
  Tonight the drinks are on the house. *Stasera offre la ditta.*

  to bring down the house — *far venire giù la sala.*
  The stand-up comic was so funny he brought down the house. *Il comico era così bravo che ha fatto venire giù la sala.*

  to put (set) one's house in order — *mettere le cose in ordine.*
  Grandpa set his house in order knowing he was about to die. *Il nonno ha messo tutte le cose in ordine sapendo che stava per morire.*

housetops — *i tetti*
  to shout from the housetops — *gridare ai quattro venti.*
  I'm so happy about my new job I could shout from the housetops. *Sono così contento del mio nuovo lavoro che potrei gridarlo ai quattro venti.*

how — *come*

how come — *come mai.*

How come you're late? *Come mai sei in ritardo?*

to hum — *ronzare*

to make things hum — *mandare avanti le cose.*

No matter how slow business has been, John makes things hum. *Per quanto gli affari vadano a rilento, Giovanni manda avanti le cose.*

I

ice — *il ghiaccio*

to break the ice — *rompere il ghiaccio.*

William spoke first to break the ice. *Guglielmo ha parlato per primo per rompere il ghiaccio.*

to cut no ice — *non fare nè caldo nè freddo.*

His arguments cut no ice with the dean. *Le sue parole non hanno fatto nè caldo nè freddo al rettore.*

to skate on thin ice — *rischiare forte.*

When you make personal comments about the boss, you're skating on thin ice. *Quando fai quei commenti sulla vita privata del capo, rischi forte.*

in — *dentro, in*

to know the ins and outs — *conoscere da cima a fondo.*

Let him drive, he knows the ins and outs of this town. *Lascia guidare lui, conosce questa città da cima a fondo.*

inch — *pollice*

every inch — *da capo a piedi.*

He was every inch a soldier. *Era un soldato da capo a piedi.*

Give him an inch and he'll take a mile. *Se gli dai un dito si prenderà tutto il braccio.*

to come within an inch of — *per un pelo.*
He stayed too late and came within an inch of missing his train. *Si trattenne troppo a lungo e per un pelo non perse il treno.*

to inch — *muovere lentamente*
to inch along — *andare a passo d'uomo.*
The traffic was so heavy we had to inch along for miles. *Il traffico era così intenso che siamo dovuti andare a passo d'uomo per molte miglia.*

Indian — *l'indiano*
Indian summer — *l'estate di S. Martino.*
What a beautiful Indian summer we're having this year. *Che bella estate di S. Martino abbiamo quest'anno.*

inroads — *l'invasione*
to make inroads on — *infiltrarsi.*
Our company is making inroads into our competitor's market. *La nostra società si sta infiltrando nel mercato del nostro concorrente.*

inside — *dentro*
inside and out — *a memoria.*
I know that story inside and out. *Conosco quella storia a memoria.*

to turn inside out — *mettere sottosopra.*
I turned the house inside out to find my keys. *Ho messo la casa sottosopra per trovare le mie chiavi.*

insult — *l'insulto*
To add insult to injury. *Oltre al danno, anche le beffe.*

intent — *l'intento*
to all intents and purposes — *a tutti gli effetti.*
To all intents and purposes, his secretary runs the office. *È la sua segretaria il capo dell'ufficio a tutti gli effetti.*

iron — *il ferro*

Strike while the iron is hot. *Batti il ferro finchè è caldo.*

to have too many irons in the fire — *avere troppa carne al fuoco.*

He has so many irons in the fire that he can never conclude any of his projects. *Ha tanta carne al fuoco che non riesce mai a finire nessuno dei suoi progetti.*

---

to iron — *stirare*

to iron out — *appianare.*

There are still a lot of problems to iron out. *Ci sono ancora molti problemi da appianare.*

---

issue — *il problema*

to take issue — *mettere in discussione.*

She never misses a chance to take issue with what I say. *Non perde mai l'occasione di mettere in discussione le mie affermazioni.*

---

it — *esso*

at it — *darci dentro.*

He was at it day and night studying for his medical boards. *Ci dava dentro giorno e notte per preparare gli esami di stato da medico.*

---

to itch — *prudere*

to be itching to — *non vedere l'ora di.*

He's just itching to get out of the dentist's office. *Non vede l'ora di uscire dallo studio del dentista.*

---

item — *l'articolo (di una merce)*

to be an item — *fare coppia fissa.*

Richard and Susan have been an item for over six months now. *Riccardo e Susanna fanno coppia fissa da sei mesi, ormai.*

---

jack — *il fante*
   a jack of all trades — *factotum (uno che sa fare un po' di tutto).*
   My uncle was a jack of all trades. *Mio zio era un factotum (sapeva fare un po' di tutto).*

jackpot — *il piatto di apertura ai fanti in poker*
   to hit the jackpot — *avere un colpo di fortuna.*
   He hit the jackpot with his latest novel. *Ha avuto un colpo di fortuna con il suo ultimo romanzo.*

jam — *la marmellata*

   in a jam — *nei pasticci.*
   I'm in a jam and need some money. *Sono nei pasticci e ho bisogno di soldi.*

jam — *l'ammasso*
   a traffic jam — *un ingorgo stradale.*
   I'm late because there was a traffic jam downtown. *Sono in ritardo perchè c'è stato un ingorgo stradale in centro.*

jig — *la giga*
  the jig is up — *il gioco è finito.*
  See **the game is up.**

job — *il lavoro*
  odd job — *lavoro saltuario.*
  He does odd jobs in the neighborhood. *Fa dei lavori saltuari nel quartiere.*

  to do a job on — *conciar male.*
  What have you done to my book? You did a job on it. *Che cos'hai fatto al mio libro? Guarda come l'hai conciato!*

  to lie down on the job — *non fare il proprio lavoro.*
  Someone in the office must be lying down on the job. *Ci dev'essere qualcuno in ufficio che non fa il suo lavoro.*

joke — *la barzelletta*
  a standing joke — *una fonte permanente d'ilarità.*
  That's a standing joke in my family. *Quella storia è una fonte permanente d'ilarità in famiglia.*

  to crack jokes — *raccontare barzellette.*
  In his lectures the professor is always cracking jokes. *A lezione il professore racconta sempre delle barzellette.*

  to play a joke on — *fare uno scherzo a.*
  The boys played a joke on the teacher. *I ragazzi hanno fatto uno scherzo all'insegnante.*

  to take a joke — *stare allo scherzo.*
  He's so serious he can never take a joke. *È così serio che non sa stare allo scherzo.*

juice — *il succo*
  to stew in one's own juice — *cuocere nel proprio brodo.*
  Now let them stew in their own juice. *Ora lasciamoli cuocere nel loro brodo.*

jump — *il salto*
  to get the jump on — *prendere l'iniziativa anticipando.*
  We got the jump on them and presented our proposal first. *Abbiamo preso l'iniziativa anticipandoli e abbiamo presentato la proposta per primi.*

to jump — *saltare*
  to jump at — *cogliere (prendere) al volo.*
  He jumped at the job offer, even though it wasn't very attractive. *Ha colto al volo l'offerta di lavoro, anche se non era molto interessante.*

justice — *la giustizia*
  to do justice to — *fare onore a.*
  I don't think I can do justice to such a big meal. *Non penso di poter fare onore a un pranzo così abbondante.*

to keep — *tenere*
  in keeping with — *in accordo con.*
  Our spring picnic is in keeping with an old tradition. *Il nostro picnic di primavera è in accordo con una vecchia tradizione.*

  to keep at — *insistere.*
  If you keep at it, you'll learn how to ski. *Se insisti, vedrai che imparerai a sciare.*

  to keep up with the Joneses — *stare al passo con i propri vicini.*
  They bought a luxury car only to keep up with the Joneses. *Hanno comprato una macchina di lusso solo per stare al passo con i loro vicini.*

kettle — *il bollitore*
   a pretty kettle of fish — *un bel pasticcio.*
   That's a pretty kettle of fish! *È un bel pasticcio!*

key — *la chiave*
   low-key — *misurato, rilassato.*
   His manners are low-key, but he has radical opinions. *Ha modi misu-rati ma opinioni radicali.*

kick — *il calcio*
   to get a kick out of — *prendersi la propria dose di emozioni.*
   He gets a kick out of car racing. *Si prende la sua dose di emozioni partecipando alle corse automobilistiche.*

to kick — *calciare*
   to kick oneself — *prendersi a calci.*
   I could kick myself for saying that. *Vorrei prendermi a calci per averlo detto.*

kind — *il genere*
   in kind — *(1) in natura.*
   Exchange in kind is typical of very ancient economies. *Lo scambio in natura è tipico delle economie molto antiche.*
   (2) per le rime.
   When she insulted me I answered in kind. *Quando mi ha insultata ho risposto per le rime.*

kindly — *gentilmente*
   to take kindly to — *prender bene.*
   Will your mother take kindly to your going abroad for college? *Vuoi andare all'università all'estero: pensi che tua madre la prenderà bene?*

king — *il re*
   fit for a king — *da re.*
   They served me a meal fit for a king. *Mi servirono un pasto da re.*

kite — *l'aquilone*

    to go fly a kite — *sparire dalla circolazione (levarsi di torno).*
    They told the younger boy to go fly a kite. *Dissero al ragazzo più giovane di sparire dalla circolazione (levarsi di torno).*

knee — *il ginocchio*

    to be knee-high to a grasshopper — *essere alto come un soldo di cacio.*
    You want to play basketball? But you're knee-high to a grasshopper!
    Vuoi giocare a pallacanestro? Ma se sei alto come un soldo di cacio!

to knock — *bussare*

    to knock oneself out — *farsi in quattro.*
    Peter knocked himself out for them. *Pietro si è fatto in quattro per loro.*

knot — *il nodo*

    to tie the knot — *fare il gran passo (unirsi in matrimonio).*

Harry and Pamela tied the knot two months ago. *Enrico e Pamela hanno fatto il gran passo due mesi fa.*

know — *la conoscenza*
   in the know — *al corrente.*
   For those in the know the news was no surprise. *Per quelli al corrente la notizia non fu una sorpresa.*

to know — *sapere*
   to know if (whether) one is coming or going — *raccapezzarsi.*
   We told him so many different things that at the end he didn't know if he was coming or going. *Gliene abbiamo raccontate talmente tante che alla fine non si raccapezzava più.*

   to know what's what — *sapere il fatto proprio (avere le idee chiare).*
   When it comes to motors, he really knows what's what. *Quando si tratta di motori, sa il fatto suo (ha le idee chiare).*

labor — *il lavoro*
   to have pains for one's labors — *non avere alcuna ricompensa per le proprie fatiche.*
   All I got were pains for my labors. *Non ho avuto nessuna ricompensa per le mie fatiche.*

to lace — *allacciare*
   to lace into — *dare una strigliata.*
   My mother laced into me for coming home late. *Mia madre mi ha dato una strigliata perchè sono venuta a casa tardi.*

lady — *la signora*
   ladies' man — *un uomo benvoluto dalle donne.*
   He's lucky; he's a ladies' man. *È fortunato, è molto benvoluto dalle donne.*

lady killer — *dongiovanni.*
He has a reputation of being a lady killer. *Ha la fama di essere un dongiovanni.*

land — *il terreno*
the lay of the land — *come stanno le cose.*
Before opening a new branch we want to get the lay of the land. *Prima di aprire una nuova succursale vediamo come stanno le cose.*

lane — *la corsia*
to live in the fast lane — *fare la gran vita.*
Since they came to New York they've been living in the fast lane. *Da quando sono venuti a New York fanno la gran vita.*

lap — *il grembo*
in the lap of the gods — *nelle mani di Dio.*
I can't do anything now; the affair is in the lap of the gods. *Non posso farci niente per ora; l'affare è nelle mani di Dio.*

large — *largo*
at large — *in libertà (latitante).*
The robber was at large for a week before he was caught by the police. *Il rapinatore rimase in libertà per una settimana prima di essere catturato dalla polizia.*

last — *l'ultimo*
at long last — *alla fin fine.*
You've made up your mind, at long last! *Ti sei deciso, alla fin fine!*

last but not least — *da ultimo, ma non meno importante.*
Last but not least, I wish to remind you that peace depends on the presence of international observers. *Da ultimo, ma non meno importante, desidero ricordarvi che la pace dipende dalla presenza degli osservatori internazionali.*

to laugh — *ridere*
He who laughs last laughs best. *Ride bene chi ride ultimo.*

laurel — *l'alloro*
    to rest on one's laurels — *dormire sugli allori.*
He's no longer a productive composer; he's just resting on his laurels. *Non è più un compositore prolifico; sta dormendo sugli allori.*

law — *la legge*
    to lay down the law — *dettar legge.*
Father laid down the law. *Papà dettò legge.*

to lay — *posare*
    to lay off — *(1) licenziare.*
During the economic crisis the company laid off half its workers. *Durante la crisi economica la società ha licenziato metà dei suoi operai.*
(2) piantarla.
You're torturing the cat. Lay off! *Piantala di torturare il gatto!*

leaf — *il foglio, la foglia*
    to take a leaf out of someone's book — *seguire l'esempio di qualcuno.*
If you want to be a good hostess, take a leaf out of your aunt's book. *Se vuoi essere una buona padrona di casa, segui l'esempio di tua zia.*

    to turn over a new leaf — *voltar pagina.*
He turned over a new leaf and gave up gambling. *Ha smesso di giocare d'azzardo: finalmente ha voltato pagina.*

to leak — *perdere*
    to leak out — *trapelare.*
The news about her disappearance leaked out. *La notizia della sua scomparsa è trapelata.*

leap — *il salto*
by leaps and bounds — *a passi da gigante.*
The project is going ahead by leaps and bounds. *Il progetto procede a passi da gigante.*

least — *il minimo*
in the least — *per nulla (niente).*
I'm not in the least concerned about her delay. *Non sono per nulla preoccupata per il suo ritardo.*

to say the least — *a dir poco.*
The weather's been terrible, to say the least. *Il tempo è stato terribile, a dir poco.*

leave — *il permesso*
to take leave of one's senses — *perdere la testa.*
You can't swim thirty miles. Have you taken leave of your senses?
Non sei in grado di nuotare per trenta miglia. Hai perso la testa?

to leave — *lasciare*
to leave it at that — *lasciar stare.*
Our political opinions are very different, so let's leave it at that. *Le nostre opinioni politiche sono molto diverse: lasciamo stare.*

leg — *la gamba*
not to have a leg to stand on — *non reggere.*
His argument is so weak that he doesn't have a leg to stand on. *La sua tesi non regge che non ha ragione che tenga.*

on one's last legs — *ridotto al lumicino (a mal partito).*
This business is on its last legs. *Questa azienda è ridotta al lumicino (a mal partito).*

to pull someone's leg — *prendere in giro.*
Don't take him seriously; he's just pulling your leg. *Non prenderlo sul serio; ti sta soltanto prendendo in giro.*

to shake a leg — *sbrigarsi.*
Come on, shake a leg! *Dài, sbrigati!*

563

to stand on one's own legs — *essere indipendente.*
If you're ever going to get ahead, you must stand on your own legs. *Se vuoi fare strada, devi essere indipendente.*

length — *la lunghezza*
  to go to any lengths — *fare carte false.*
  He'd go to any lengths to be in on their plans. *Farebbe carte false per conoscere i loro progetti.*

leopard — *il gattopardo*
  A leopard never changes his spots. *Il lupo perde il pelo ma non il vizio.*

less — *meno*
  in less than no time — *in men che non si dica.*
  It'll be ready in less than no time. *Sarà pronto in men che non si dica.*

to let — *lasciare*
  to let down — *deludere.*
  I never expected him to let us down that way. *Non mi sarei mai aspettato che ci deludesse così.*

  to let on — *far capire.*
  Don't let on to the guests that I'm not feeling well. *Non far capire agli ospiti che non mi sento bene.*

  to let oneself in for — *esporsi a (andare incontro a).*
  When I took that job I didn't know what I was letting myself in for. *Quando accettai quel lavoro non sapevo a che cosa mi esponevo (andavo incontro).*

  to let up — *mollare.*
  My parents worked all their lives and never let up. *I miei genitori hanno lavorato tutta la vita senza mollare mai.*

level — *il livello*
  on the level — *onesto.*
  I trust him because he's always on the level with me. *Mi fido di lui perchè è sempre stato onesto con me.*

lick — *la leccata*

a lick and a promise — *dove passa il papa.*

She cleaned the room with a lick and a promise. *Ha pulito la stanza dove passa il papa.*

to lick — *leccare, battere*

if you can't lick 'em, join 'em — *battere qualcuno o unirsi a lui.*

The Japanese are so strong in the computer business! If you can't lick 'em, join 'em. *I giapponesi sono così forti nel campo dei computer! Se non puoi batterli, unisciti a loro.*

lid — *il coperchio*

to blow one's lid — *andare su tutte le furie.*
See **to blow one's top.**

to clamp on the lid (to put the lid on) — *stringere i freni.*

If I don't get home on time, my parents will clamp on the lid (put the lid on) so I can't go out again. *Se non arrivo a casa in tempo, i miei genitori stringeranno i freni e non potrò più uscire.*

lie — *la bugia*

a white lie — *una bugia innocente.*

She told a white lie so as not to offend her hostess. *Ha detto una bugia innocente per non offendere la padrona di casa.*

to lie — *sdraiarsi*

to take something lying down — *sopportare senza reagire.*

He would never take an injustice lying down. *Non sopporterebbe mai un'ingiustizia senza reagire.*

life — *la vita*

as big as life — *in carne ed ossa.*

We didn't expect to see him but there he was as big as life. *Non ci aspettavamo di vederlo e invece era lì in carne ed ossa.*

for the life of me — *per quanto mi sforzi.*

I can't remember his name for the life of me. *Per quanto mi sforzi non riesco a ricordarmi il suo nome.*

not on your life — *non per tutto l'oro nel mondo.*

I'd never take a risk like that, not on your life. *Non rischierei mai così, non per tutto l'oro nel mondo.*

the life of Riley — *la vita di Michelaccio.*

I can't wait to retire and live the life of Riley. *Non vedo l'ora di andare in pensione e fare la vita di Michelaccio.*

to take one's life in one's hands — *rischiare la vita.*

You take your life in your hands trying to cross that street. *Rischi la vita provando ad attraversare quella strada.*

---

lift — *il sollevamento*

to give a lift — *dare un passaggio.*

Can you give me a lift into town? *Puoi darmi un passaggio in città?*

to give a lift to — *rallegrare.*

Those new curtains give a lift to this dingy room. *Quelle tende nuove rallegrano questa camera triste.*

---

light — *la luce*

out like a light — *addormentarsi in un baleno.*

He was so tired he went out like a light. *Era così stanco che si addormentò in un baleno.*

to give a green light — *approvare.*

They've given us the green light on the construction project, so we're going to begin next week. *Ci hanno approvato il progetto edile, così cominceremo i lavori la prossima settimana.*

to see the light — *aprire gli occhi.*

After we had argued with him for months, he finally saw the light. *Ci sono voluti dei mesi per fargli capire le cose, ma finalmente ha aperto gli occhi.*

---

light — *leggero*

to make light of — *prendere alla leggera.*

He made light of his studies and never got a degree. *Ha preso alla leggera i suoi studi e non si è mai laureato.*

liking — *la simpatia*

to take a liking to — *prendere gusto a.*

You never know what people will take a liking to. *Non si sa mai a che cosa prenderà gusto la gente.*

limb — *il ramo*

to go out on a limb — *assumersi un rischio.*

I'll go out on a limb and promise it for tomorrow. *Mi assumo un rischio e prometto di farlo per domani.*

limelight — *il riflettere, la ribalta.*

in the limelight — *alla ribalta.*

They say that new actress will be in the limelight for years. *Si dice che quella nuova attrice resterà alla ribalta per anni.*

limit — *il limite*

That's the limit! *È il colmo!*

line — *la linea*

down the line — *sul lungo termine.*

Things are looking good right now, but down the line a crisis is looming. *Adesso sembra che le cose vadano bene, ma sul lungo termine c'è una crisi in vista.*

out of line — *pretendere ingiustamente.*

You have no right to ask for all of your husband's assets. You're way out of line. *Non hai nessun diritto di esigere tutti i beni di tuo marito. Le tue pretese sono ingiuste.*

the bottom line — *l'ultima parola.*

Give me the bottom line on the proposed merger. *Dammi l'ultima parola sull'offerta di fusione.*

to draw the line — *mettere un limite.*

I draw the line at cheating him. *C'è un limite a tutto: mi rifiuto di ingannarlo.*

to drop someone a line — *mandare due righe.*

He dropped me a line to let me know he was coming to town. *Mi mandò due righe per farmi sapere che veniva in città.*

to fall (get) into line — *rigar dritto.*

When the students saw that the authorities were serious, they fell (got) into line. *Quando gli studenti hanno capito che le autorità facevano sul serio, hanno rigato dritto.*

to have a line on — *avere delle indicazioni.*

We have a line on two possible candidates. *Abbiamo delle indicazioni su due possibili candidati.*

to lay on the line — *rischiare.*

We laid a hundred thousand dollars on the line to buy that business. *Abbiamo rischiato centomila dollari per comprare quell'azienda.*

to read between the lines — *leggere tra le righe.*

She sounded cheerful on the phone, but I could read between the lines. *Sembrava allegra al telefono, ma leggendo tra le righe si capiva che qualcosa non andava.*

to toe the line — *rispettare le regole.*

In that school the students really toe the line on discipline. *In quella scuola gli studenti rispettano le regole della disciplina.*

---

linen — *il lino*

    to wash one's dirty linen in public — *lavare i panni sporchi in pubblico.*

    There's no need to wash our dirty linen in public. *Non c'è alcun bisogno di lavare i nostri panni sporchi in pubblico.*

---

lion — *il leone*

    the lion's share — *la parte del leone.*

    His partner took the lion's share of the earnings. *Il suo collega fece la parte del leone nella ripartizione dei guadagni.*

---

lip — *il labbro*

to bite one's lip — *mordersi la lingua.*

My mother bit her lip when her daughter-in-law scolded her husband in public. *Mia madre si è morsa la lingua per non parlare quando sua nuora ha rimproverato il marito di fronte a tutti.*

to keep a stiff upper lip — *non perdersi d'animo.*

When things don't go well you have to keep a stiff upper lip. *Quando le cose vanno male non bisogna perdersi d'animo.*

to pay lip service to — *onorare formalmente.*

They pay lip service to the welfare state, but they don't approve of re-distributive policies. *Formalmente riconoscono la bontà dello stato sociale, ma non approvano le politiche redistributive.*

to live — *vivere*

to live down — *far dimenticare.*

He'll never live down that story. *Non riuscirà mai a far dimenticare quella storia.*

to live it up — *passarsela bene.*

He's living it up now that he's gotten a pay raise. *Se la passa bene ora che ha avuto un aumento di stipendio.*

to live off someone — *vivere alla busca (alle spalle di qualcuno).*

He lived off his aunt all his life and now that she needs him he's deserting her. *Ha vissuto alle spalle di sua zia tutta la vita e adesso che lei ha bisogno di lui la pianta in asso.*

to live up to — *essere all'altezza di.*

It's difficult to live up to his expectations. *È difficile essere all'altezza delle sue aspettative.*

living — *il vivere*

for a living — *per guadagnarsi da vivere.*

What does he do for a living? *Che cosa fa per guadagnarsi da vivere?*

loaf — *la pagnotta*

Half a loaf is better than none. *Meglio un uovo oggi che una gallina domani.*

lock — *la serratura*

lock, stock, and barrel — *armi e bagagli.*

They moved out lock, stock, and barrel. *Si sono trasferiti armi e bagagli.*

log — *il tronco d'albero*

as easy as falling off a log — *facile come bere un bicchier d'acqua.*

For a strong person like you, moving that machine is as easy as falling off a log. *Per una persona forte come te, spostare quel macchinario è facile come bere un bicchier d'acqua.*

to sleep like a log — *dormire come un ghiro.*

I slept like a log last night. *Ho dormito come un ghiro stanotte.*

long — *lungo*

all (day, morning, etc.) long — *tutto il/tutta la (giorno, mattina).*

I waited in line all day long. *Ho aspettato in fila tutto il giorno.*

the long and the short of it — *il fatto.*

The long and the short of it is that I haven't the money to go. *Il fatto è che non ho i soldi per partire.*

to make a long story short — *per farla breve.*

To make a long story short, we didn't get there until midnight. *Per farla breve, siamo arrivati non prima di mezzanotte.*

look — *lo sguardo*

a dirty look — *un'occhiataccia.*

He gave me a dirty look. *Mi ha dato un'occhiataccia.*

to look — *guardare*

to look after — *badare a (occuparsi di).*

The children look after their kittens. *I ragazzi badano ai (si occupano dei) loro gattini.*

to look forward to — *non vedere l'ora.*
I look forward to telling you the whole story! *Non vedo l'ora di raccontarti tutto!*

lookout — *la guardia*
  on the lookout — *all'erta.*
  I'm always on the lookout for nice things to buy. *Sono sempre all'erta per trovare cose belle da comprare.*

loose — *sciolto*
  on the loose — *libero.*
  The children can be on the loose at the park without worrying their mothers. *I bambini possono essere liberi al parco senza impensierire le loro madri.*

  to cut loose — *scatenarsi.*
  When he went to the disco, he cut loose. *Quando è andato in discoteca si è scatenato.*

to lose — *perdere*
  to get lost — *andare a farsi friggere.*
  Tell him to get lost. *Digli di andare a farsi friggere.*

loss — *la perdita*
  a dead loss — *una perdita completa, totale.*
  That apartment building has been a dead loss. *Quel palazzo è stato una perdita completa (totale).*

  to be at a loss — *non saper da che parte cominciare.*
  He's at a loss when it comes to choosing wines. *Quando si tratta di scegliere i vini non sa da che parte cominciare.*

love — *l'amore*
  for neither love nor money — *non per tutto l'oro del mondo.*
  I wouldn't go there for either love or money. *Non andrei in quel posto per tutto l'oro del mondo.*

there is no love lost — *detestarsi a vicenda.*

There's no love lost between those two. *Quei due si detestano a vicenda.*

to fall in love with (opposite: to fall out of love with) — *innamorarsi (contrario: disamorarsi).*

She fell in love with a man she met in Rome. *Si è innamorata di un uomo che ha conosciuto a Roma.*

low — *basso*

to lie low — *stare nascosto.*

The escaped prisoner had to lie low while they were searching the neighborhood. *L'evaso ha dovuto stare nascosto mentre perquisivano il quartiere.*

luck — *la fortuna*

down on one's luck — *sfortunato.*

He's really down on his luck. *È veramente sfortunato.*

hard (tough) luck — *sfortuna.*

They've had hard (tough) luck ever since they were married. *Da quando si sono sposati, hanno sempre avuto sfortuna.*

lunch — *il pranzo*

out to lunch — *non esserci con la testa.*

You're really out to lunch today! *Oggi non ci sei proprio con la testa!*

lung — *il polmone*

at the top of one's lungs — *a squarciagola.*

He shouted at the top of his lungs. *Ha gridato a squarciagola.*

lurch — *il sobbalzo*

to leave in the lurch — *piantare in asso.*

The taxi driver drove off and left us in the lurch. *Il tassista se n'è andato e ci ha piantato in asso.*

mad — *arrabbiato*

  to be boiling mad — *andare in bestia.*

  The unfairness of the exam made him boiling mad. *Le ingiustizie del esame lo hanno fatto andare in bestia.*

---

mad — *pazzo*

  as mad as a hatter — *matto da legare.*

  That man on the bus was as mad as a hatter. *Quel signore sull'autobus era matto da legare.*

  to be mad about — *andare pazzo per.*

  My cousin is mad about horses. *Mio cugino va pazzo per i cavalli.*

  to drive one mad — *fare impazzire.*

  That noise is driving me mad. *Quel rumore mi fa impazzire.*

---

make, making — *la fattura*

  on the make — *cercare di sfondare.*

  The new boss makes everyone work like mad because he's on the make. *Il nuovo capo fa lavorare tutti come dei matti perchè vuole sfondare.*

  to have the makings of — *avere la stoffa (il talento) di.*

  Tom is still young, but he has the makings of a great pianist. *Tommaso è ancora giovane, ma ha la stoffa per diventare un grande pianista.*

---

to make — *fare*

  to make believe — *fare finta.*

  Let's make believe we're rich. *Facciamo finta di essere ricchi.*

  to make do — *arrangiarsi.*

  I'll have to make do with this old coat this winter. *Dovrò arrangiarmi con questo cappotto vecchio quest'inverno.*

to make for — *dirigersi verso.*

As soon as the meeting was over he made for the door. *Non appena la riunione si è conclusa, si è diretto verso la porta.*

to make it — *farcela.*

I tried to come, but I couldn't make it. *Ho provato a venire, ma non ce l'ho fatta.*

to make off with — *appropriarsi.*

Someone's made off with my pen. *Qualcuno si è preso la mia penna.*

to make oneself up — *truccarsi.*

She always makes herself up before going out. *Si trucca sempre prima di uscire.*

to make or break someone — *far vincere o stroncare.*

Publishing this book will make or break my academic career. *La mia carriera accademica dipende dalla pubblicazione di questo libro.*

to make out — *capire.*

I can't make out what's written here. *Non riesco a capire cosa c'è scritto qui.*

to make up — *inventare.*

He made up a senseless story. *Ha inventato una storia senza senso.*

to make up for — *recuperare.*

We'll have to make up for lost time some way. *Dobbiamo recuperare il tempo perduto in qualche modo.*

to make up with — *fare la pace.*

I made up with Charles after the argument. *Ho fatto la pace con Carlo dopo la discussione.*

man — *l'uomo*

a man about town (of the world) — *un uomo di mondo.*

George is a man about town (of the world) who knows all that's going on. *Giorgio è un uomo di mondo che sa tutto quello che succede.*

a man of means — *un uomo a mezzi.*

His father is not a man of means. *Suo padre non è un uomo a mezzi.*

a man of no account — *un uomo da poco, una mezza cartuccia.*
You would think he's a man of no account from his clothes, but he's just modest. *Da come va in giro vestito lo diresti un uomo da poco, ma è solo modesto.*

the man in the street — *l'uomo della strada (l'uomo qualunque).*
For our statistics we have to interview the man in the street. *Per le nostre statistiche dobbiamo intervistare l'uomo della strada.*

to a man — *tutti quanti.*
They agreed to a man that the situation required action at once. *Erano tutti quanti d'accordo che la situazione richiedeva un intervento immediato.*

many — *molti*
many's the time — *tante volte.*
Many's the time I've heard my father tell that story. *Ho sentito mio padre raccontare quella storia tante volte.*

marble — *il marmo*
to lose one's marbles — *dare i numeri.*
Have you lost your marbles? Don't you see the bridge is about to crumble? *Dai i numeri? Non vedi che il ponte sta per crollare?*

march — *la marcia*
to steal a march on — *anticipare.*
He stole a march on his competitors by offering a big discount. *Ha anticipato i suoi concorrenti offrendo un grosso sconto.*

mark — *il segno*
to be wide off the mark — *sbagliarsi di grosso (mancare il bersaglio).*
I'm laughing because your suspicions are wide off the mark. *Rido perchè i tuoi sospetti sono del tutto infondati.*

to make one's mark — *farsi un nome.*
He made his mark in the world as an historian. *Si è fatto un nome come storico.*

to mark — *marcare*
  to mark down — *ridurre il prezzo.*
  I bought the dress because it had been marked down. *Ho comprato il vestito perchè avevano abbassato il prezzo.*

market — *il mercato*
  in the market for — *avere idea di comprare.*
  I'm in the market for a tape recorder. *Ho idea di comprare un registratore.*

match — *il pari*
  to meet one's match — *trovar pane per i propri denti.*
  He's met his match. *Ha trovato pane per i suoi denti.*

matter — *la faccenda, l'argomento*
  a matter of course — *dare per scontato.*
  I took it as a matter of course that you would come. *Ho dato per scontato il fatto che tu saresti venuto.*

  as a matter of fact — *in verità.*
  As a matter of fact, I intend to go there tomorrow. *In verità, intendo andarci domani.*

  matter-of-fact — *concreto.*
  He was very matter-of-fact in talking about his problem. *Ha parlato del suo problema in termini molto concreti.*

  no matter what — *qualunque cosa.*
  Don't believe him, no matter what he says. *Non credergli, qualunque cosa dica.*

  to be the matter — *esserci.*
  What's the matter? *Che cosa c'è?*

meal — *il pasto*
  a square meal — *un pasto sostanzioso.*
  During the expedition they didn't have a square meal for weeks. *Durante la spedizione non mangiarono un pasto sostanzioso per settimane.*

means — *il mezzo*

by all means — *certamente.*

I'll talk to him about your problem by all means. *Sta certo che gli parlerò del tuo problema.*

by no means — *affatto.*

It is by no means certain that we will go. *Non è affatto certo che ci andremo.*

to measure — *misurare*

to measure up — *essere all'altezza.*

Her written papers don't measure up to her abilities. *I suoi saggi non sono all'altezza delle sue capacità.*

medicine — *la medicina*

a dose of one's own medicine — *lo stesso trattamento.*

If he's always asking you for favors, give him a dose of his own medicine and ask him for one. *Se continua sempre a chiederti dei favori, riservagli lo stesso trattamento chiedendogliene uno.*

medium — *il mezzo*

a happy medium — *il giusto mezzo.*

We've finally found the happy medium that satisfies everybody. *Abbiamo finalmente trovato il giusto mezzo che soddisfa tutti.*

mend — *il rammendo*

on the mend — *in via di guarigione.*

After a serious illness now he's on the mend. *Dopo una grave malattia ora è in via di guarigione.*

merry — *allegro*

the more the merrier — *più siamo e meglio è.*

Come to the movies with us; the more the merrier. *Vieni al cinema con noi; più siamo e meglio è.*

to mess — *guastare*
  to mess around — *mettersi nei pasticci.*
  Don't mess around with Tony; he belongs to a big Cosa Nostra family. *Non metterti nei pasticci con Tony: appartiene a una grossa famiglia di Cosa Nostra.*

  to mess up — *mandare a monte.*
  His presence will mess up our plans. *La sua presenza manderà a monte i nostri piani.*

message — *il messaggio*
  to get the message — *capire l'antifona.*
  Did you get the message? We don't want any drugs around here. *Hai capito l'antifona? Non vogliamo droghe da queste parti.*

method — *il metodo*
  method in one's madness — *una logica.*
  He bought thousands of shares overnight because he had a tip about the merger. There was method in his madness! *Ha comprato migliaia di azioni dall'oggi al domani perchè ha avuto informazioni riservate sulla fusione. C'era una logica nel suo comportamento!*

might — *la forza*
  with might and main — *con tutta la propria energia.*
  He was cutting the grass with might and main. *Tagliava l'erba con tutta la sua energia.*

mildly — *dolcemente*
  to put it mildly — *a dir poco.*
  To put it mildly I wish he hadn't come. *Vorrei che non fosse venuto, a dir poco.*

mile — *il miglio*
  a mile a minute — *a raffica.*
  He talks a mile a minute. *Parla a raffica.*

to miss by a mile — *sbagliarsi di grosso.*
See **to be wide off the mark.**

to stick out a mile — *saltare agli occhi.*
His drive for power stuck out a mile. *La sua sete di potere saltava agli occhi.*

milk — *il latte*
It's no use crying over spilt milk. *È inutile piangere sul latte versato.*

to milk someone dry — *spremere qualcuno come un limone.*
They milked me dry and then they fired me! *Mi hanno spremuto come un limone e poi mi hanno licenziato!*

mill — *il mulino*
run-of-the-mill — *niente di speciale.*
I hear that's just a run-of-the-mill movie. *Ho sentito che quel film non è niente di speciale.*

to be through the mill — *passarsela brutta.*
He looks as though he's been through the mill. *Ha l'aria di essersela passata brutta.*

to mill — *macinare*
to mill around — *gironzolare.*
The crowd was milling around outside the theater waiting for the show to begin. *La folla gironzolava fuori dal teatro in attesa che cominciasse lo spettacolo.*

mind — *la mente*
frame of mind — *l'atteggiamento.*
You can't speak with her when she's in that stubborn frame of mind. *Non si può parlare con lei quando adotta quell'atteggiamento ostinato.*

in one's right mind — *sano di mente.*
After what he said I wonder if he's in his right mind. *Dopo quello che ha detto mi chiedo se è sano di mente.*

579

never mind — *poco male.*

You dropped the bottle? Never mind, we'll open another one. *Ti è caduta la bottiglia? Poco male, ne apriamo un'altra.*

out of one's mind — *matto.*

All this work is driving me out of my mind. *Tutto questo lavoro mi fa diventare matto.*

presence of mind — *presenza di spirito.*

When he smelled smoke he had the presence of mind to call the fire department. *Quando ha sentito l'odore di fumo ha avuto la presenza di spirito di chiamare i pompieri.*

to bear in mind — *tener presente.*

You'll have to bear in mind that grandmother is very forgetful. *Devi tener presente che la nonna è molto distratta.*

to blow one's mind — *lasciare senza fiato.*

The Victoria Falls blew my mind; I didn't expect something so majestic. *Le cascate Vittoria mi hanno lasciato senza fiato: non mi aspettavo uno spettacolo così maestoso.*

to change one's mind — *cambiare idea.*

I've changed my mind; I'm not going out. *Ho cambiato idea; non esco.*

to cross one's mind — *passare per la mente.*

The thought never crossed my mind. *L'idea non mi è mai passata per la mente.*

to give a piece of one's mind to — *dirne quattro.*

After the boys broke the window I gave their parents a piece of my mind. *Dopo che i ragazzi hanno rotto la finestra ne ho dette quattro ai loro genitori.*

to have a good mind to — *avere una mezza idea di.*

I have a good mind to leave him there. *Ho una mezza idea di lasciarlo lì.*

to have a one-track mind — *non pensare che ad una sola cosa.*

George has a one-track mind: girls. *Giorgio non pensa che ad una sola cosa: le ragazze.*

to lose one's mind — *impazzire.*
I'm losing my mind over these tax forms. *Sto impazzendo con questi moduli delle tasse.*

to make up one's mind — *decidersi.*
I will have to make up my mind. *Dovrò decidermi.*

to my mind — *a mio avviso.*
To my mind, he's wrong. *A mio avviso, ha torto.*

to prey on one's mind — *rodere l'anima.*
Remorse is preying on his mind. *I rimorsi gli rodono l'anima.*

to set one's mind to — *mettersi di buzzo buono.*
You can do it if you set your mind to it. *Ce la fai se ti ci metti di buzzo buono.*

to set someone's mind at rest — *tranquillizzare.*
The doctor set her mind at rest when he told her that the tests were negative. *Il medico la tranquillizzò quando le disse che le analisi erano negative.*

to slip one's mind — *dimenticarsene.*
I meant to call you, but it slipped my mind. *Volevo chiamarti ma me ne sono dimenticato.*

to speak one's mind — *esprimere chiaramente la propria opinione.*
It was no easy matter to get him to speak his mind. *Non è stato facile convincerlo ad esprimere chiaramente la sua opinione.*

---

mint — *la zecca*
a mint of money — *un mucchio di quattrini.*
She's marrying a man with a mint of money. *Sposa un uomo che ha un mucchio di quattrini.*

in mint condition — *come nuovo (di zecca).*
There was an ad in the paper for a Rolls Royce "in mint condition"!
Nel giornale c'era un'inserzione per una Rolls Royce "come nuova"!

---

miss — *il colpo mancato*
A miss is as good as a mile. *Per un punto Martin perse la cappa.*

---

money — *il danaro*
  for one's money — *per conto mio.*
  For my money, the best candidate for President is the former general.
    Per conto mio, il miglior candidato alla presidenza è l'ex generale.

  Money is the root of all evil. *L'ozio è il padre dei vizi.*

  to be rolling in (made of) money — *nuotare nell'oro.*
  Don't expect us to help you; we're not rolling in (made of) money.
    Non aspettare il nostro aiuto, non nuotiamo nell'oro.

  to sink money into — *investire danaro.*
  He's sunk a lot of money into that project. *Ha investito molto danaro in quel progetto.*

monkey — *la scimmia*

  monkey business — *qualcosa di poco chiaro.*
  I think there is some monkey business going on. *Mi sembra che in questa faccenda ci sia qualcosa di poco chiaro.*

month — *il mese*
  a month of Sundays — *da secoli.*
  I haven't seen you for a month of Sundays. *Non ti vedo da secoli.*

moon — *la luna*
  once in a blue moon — *ogni morte di papa.*
  We go out to dinner once in a blue moon. *Andiamo a cena fuori ogni morte di papa.*

most — *il più*
  to make the most of — *sfruttare al massimo.*
  Try to make the most of what you have. *Cerca di sfruttare al massimo quello che hai.*

motion — *il movimento*
  to go through the motions — *fare finta.*
  He went through the motions of handling their problem. *Faceva finta di interessarsi del loro problema.*

mountain — *la montagna*
  to make a mountain out of a molehill — *farne un affare di stato.*
  The neighbors are making a mountain out of a molehill over that incident. *I vicini stanno facendo un affare di stato di quell'incidente.*

mouth — *la bocca*
  a big mouth — *uno sfacciato.*
  He has a big mouth. *È uno sfacciato.*

  down in the mouth — *giù.*
  He was down in the mouth when he failed the examination. *Era molto giù quando è stato bocciato all'esame.*

  to laugh out of the other side of one's mouth — *passare dal riso al pianto.*
  He thought it was a joke but soon found himself laughing out of the other side of his mouth. *Pensava che fosse uno scherzo, ma presto passò dal riso al pianto.*

  to make one's mouth water — *far venire l'acquolina in bocca.*
  His offer made my mouth water. *La sua offerta mi fece venire l'acquolina in bocca.*

to shoot one's mouth off — *parlare a sproposito.*

He thinks he's very savvy, but he's always shooting his mouth off. *Crede di essere tanto sofisticato, ma lui parla continuamente a sproposito.*

mouthful — *il boccone*
  to say a mouthful — *dÈrla giusta.*
  When William told us the hotels would be full, he said a mouthful. *Quando Guglielmo ci disse che gli alberghi sarebbero stati pieni, l'ha detta giusta.*

move — *la mossa*
  to be one's move — *toccare a.*
  It's your move to play. *Tocca a te giocare.*

  to get a move on — *muoversi.*
  If you don't get a move on you'll be late. *Se non ti muovi sarai in ritardo.*

much — *molto*
  to make (think) much of — *dare grande importanza a (tenere in grande considerazione).*
  I didn't think they'd make so much of my article. *Non pensavo che avrebbero dato tanta importanza al mio articolo.*
  They don't think much of him. *Non lo tengono in grande considerazione.*

mud — *il fango*
  a stick-in-the-mud — *un posapiano.*
  That stick-in-the-mud is afraid to try anything new. *Quel posapiano ha paura di provare qualcosa di nuovo.*

mum — *silenzioso*
  Mum's the word! — *Acqua in bocca!*

murder — *l'assassinio*
  to get away with murder — *farla franca.*
  These children get away with murder. *Questi bambini la fanno sempre franca.*

to scream bloody murder — *gridare allo scandalo.*
When the city doubled property taxes, homeowners screamed bloody murder. *Quando il comune raddoppiò le tasse sulla casa, i proprietari gridarono allo scandalo.*

muscle — *il muscolo*
to muscle in on — *introdursi a forza.*
If he thinks he can muscle in on our project, he's mistaken! *Se crede di potersi introdurre a forza nel nostro settore, si sbaglia!*

music — *la musica*
to face the music — *subire la conseguenze.*
They caught him and now he'll have to face the music. *L'hanno preso e ora dovrà subire le conseguenze.*

must — *dovere*
a must — *da non perdere.*
The Rolling Stones are coming to New York next year; that's a must! *I Rolling Stones verranno a New York l'anno prossimo: quello sì che è uno spettacolo da non perdere!*

muster — *l'appello*
to pass muster — *incontrare l'approvazione.*
She hopes her boyfriend will pass muster with her parents. *Spera che il suo ragazzo incontri l'approvazione dei suoi genitori.*

nail — *il chiodo*
as hard as nails — *duro come una roccia.*
He has a pleasant manner, but when it comes to business he's as hard as nails. *È una persona di buone maniere, ma nei rapporti di affari è duro come una roccia.*

to hit the nail on the head — *colpire nel segno.*

His speech on domestic policy hit the nail on the head. *Il suo discorso sulla politica interna ha colpito nel segno.*

name — *il nome*

to drop names — *fare il nome di persone importanti.*

He dropped names all evening hoping to impress her. *Ha fatto il nome di persone importanti tutta la sera cercando di far colpo su di lei.*

to one's name — *in possesso di.*

I don't have a decent dress to my name. *Non sono in possesso di un vestito decente.*

to nap — *fare una dormitina*

to catch someone napping — *prendere qualcuno alla sprovvista.*

They caught him napping this time. *Questa volta l'hanno preso alla sprovvista.*

neck — *il collo*

neck and neck — *testa a testa.*

The two were neck and neck in the contest. *I due erano testa a testa nella gara.*

one's neck of the woods — *dalle proprie parti.*

We were down in your neck of the woods last week. *Eravamo dalle tue parti l'altra settimana.*

to breathe down one's neck — *stare addosso.*

The editor is breathing down my neck so I'll finish the work in time. *L'editore mi sta addosso perchè finisca il lavoro in tempo.*

to get it in the neck — *beccarsi una punizione.*

If the teacher catches you cheating you'll get it in the neck. *Se l'insegnante ti sorprende a copiare ti beccherai una bella punizione.*

to save one's neck — *cavarsela per il rotto della cuffia.*

He just barely saved his neck. *Se l'è cavata per il rotto della cuffia.*

to stick one's neck out — *esporsi a rischi.*

I'm not going to stick my neck out. *Non mi espongo a rischi.*

needle — *l'ago*

a needle in a haystack — *un ago nel pagliaio.*

Trying to find the contact lens she dropped is like looking for a needle in a haystack. *Tentare di trovare la lente a contatto che le è caduta è come cercare un ago nel pagliaio.*

nerve — *il nervo*

a lot of nerve — *una bella faccia tosta.*

He's got a lot of nerve to get into the middle of the line. *Ha una bella faccia tosta ad inserirsi a metà della fila.*

some nerve! — *un bel coraggio!*

He has some nerve calling at midnight! *Ha un bel coraggio a chiamare a mezzanotte!*

to be a bundle of nerves — *avere i nervi.*

Don't talk to me this morning; I'm a bundle of nerves. *Non parlarmi stamattina: ho i nervi.*

to jar (get) on someone's nerves — *dare ai nervi.*

His singing off-key jars on my nerves. *Quel suo cantare stonato mi dà ai nervi.*

nest — *il nido*

nest egg — *il gruzzolo.*

He has a nice little nest egg put away for himself. *Si è messo da parte un bel gruzzolo.*

to feather one's nest — *arrotondare il bilancio.*

While he worked at the university he was feathering his nest by doing consulting work. *Mentre lavorava all'università arrotondava il bilancio facendo il consulente.*

to stir up a hornet's nest — *suscitare un vespaio.*

The activists tried to stir up a hornet's nest over the housing situation. *Gli attivisti hanno tentato di suscitare un vespaio sulla questione della casa.*

new — *nuovo*
  brand new — *nuovo di zecca.*
  He's got brand new shoes. *Ha delle scarpe nuove di zecca.*

nick — *la tacca*
  in the nick of time — *appena in tempo (all'ultimo momento).*
  We got back to the ship in the nick of time. *Siamo tornati alla nave appena in tempo (all'ultimo momento).*

night — *la notte*
  to make a night of it — *far le ore piccole divertendosi.*
  They made a night of it in the night clubs. *Hanno fatto le ore piccole divertendosi nei locali notturni.*

nip — *il pizzicotto*
  nip and tuck — *testa a testa.*
  The election was nip and tuck until the very end. *Sono stati testa a testa nelle elezioni fino all'ultimo.*

none — *niente, nessuno*
  none too — *appena.*
  The doctor arrived none too soon, as he was having chest pains. *Quando lui ha avuto quei dolori al petto, il medico è arrivato appena in tempo.*

nook — *l'angolino*
  every nook and cranny — *in ogni angolo.*
  I've looked for it in every nook and cranny. *L'ho cercato in ogni angolo.*

nose — *il naso*
  as plain as the nose on one's face — *chiaro come la luce del sole (evidente).*
  That he married her for money is as plain as the nose on your face. *Che l'abbia sposata per i suoi soldi è chiaro come la luce del sole (evidente).*

by a nose — *per un pelo.*

He won by a nose. *Ha vinto per un pelo.*

right under one's nose — *proprio sotto il naso.*

He took it from right under my nose. *Me l'ha preso proprio sotto il mio naso.*

to cut off one's nose to spite one's face — *darsi la zappa sui piedi da solo.*

By refusing to continue his studies he cut off his nose to spite his face. *Rifiutando di proseguire gli studi si è dato la zappa sui piedi da solo.*

to hit on the nose — *colpire nel segno.*

Your theory hit it right on the nose. *La tua tesi ha colpito nel segno.*

to lead around by the nose — *menare per il naso.*

She's so madly in love that she doesn't realize he's leading her around by the nose. *È talmente innamorata che non capisce che lui la sta menando per il naso.*

to look down one's nose at — *guardare dall'alto in basso.*

She looks down her nose at them because they live in the poor section of town. *Li guarda dall'alto in basso perchè abitano nel quartiere povero della città.*

to nose around (into), to stick one's nose into — *ficcare il naso.*

He enjoys nosing around in (into); (sticking his nose into) other people's business. *Gli piace ficcare il naso negli affari degli altri.*

to nose one's way — *farsi strada.*

He nosed his way into our group thanks to our introduction. *Si è fatto strada nel nostro gruppo grazie alla nostra presentazione.*

to nose out — *riuscire a scoprire (fiutare).*

The journalist nosed out the secrets of the politicians. *Il giornalista è riuscito a scoprire (ha fiutato) i segreti degli uomini politici.*

to pay through the nose — *pagare un occhio della testa.*

She had to pay through the nose for those shoes. *Ha dovuto pagare un occhio della testa per quelle scarpe.*

to thumb one's nose — *fare "marameo."*
The little boy thumbed his nose at us. *Il ragazzino ci ha fatto "marameo."*

to turn up one's nose — *arricciare il naso.*
He turned up his nose at that offer. *A quell'offerta ha arricciato il naso.*

note — *l'appunto*
to compare notes — *scambiarsi le impressioni.*
When we got home we compared notes on our trips. *Quando siamo arrivati a casa ci siamo scambiati le impressioni sui nostri viaggi.*

nothing — *niente, nulla*
next to nothing — *quasi niente.*
They got married on next to nothing but they're happy. *Si sono sposati con quasi niente, ma sono felici.*

nothing but — *altro che (nient'altro che).*
This is nothing but the truth, believe me. *Questa non è nient'altro che la verità, credimi.*

nothing doing — *niente da fare.*
I tried to get tickets but there was nothing doing. *Ho cercato di prendere i biglietti ma non c'è stato niente da fare.*

to come to nothing — *finire in un nulla di fatto.*
All our efforts to buy the company came to nothing. *Tutti i nostri tentativi di comprare la società sono finiti in un nulla di fatto.*

now — *ora*
every now and then — *ogni tanto.*
I see her every now and then. *Mi vedo con lei ogni tanto.*

from now on — *d'ora in poi.*
From now on things will be different. *D'ora in poi le cose cambieranno.*

nowhere — *da nessuna parte*
  in the middle of nowhere — *in un posto deserto.*
My car broke down at night in the middle of nowhere. *La mia macchina ha avuto un guasto di notte in un punto deserto della strada.*

  out of nowhere — *dal nulla.*
The policeman appeared out of nowhere and saved her from the attacker. *Il poliziotto sbucò fuori dal nulla e la salvò dall'aggressore.*

number — *il numero*
  a hot number — *una cosa speciale.*
The new car Bob is driving is a real hot number. *La nuova macchina di Bob è proprio una cosa speciale.*

  to have someone's number — *capire i motivi segreti.*
We've got his number. *Abbiamo capito i suoi motivi segreti.*

nut — *la noce*
  a hard (tough) nut to crack — *un osso duro da rodere.*
Latin has always been a hard (tough) nut to crack for John. *Il latino è sempre stato per Giovanni un osso duro da rodere.*

  to be nuts about — *andare pazzo per (avere il pallino di).*
They're nuts about skiing and go to Austria every winter. *Vanno pazzi per lo (hanno il pallino dello) sci e vanno in Austria ogni inverno.*

  to go nuts — *impazzire.*
I'm going nuts trying to do this math problem. *Sto impazzendo nel tentativo di risolvere questo problema di matematica.*

nutshell — *il guscio di noce*
  in a nutshell — *in poche parole.*
To put it in a nutshell, we won. *In poche parole, abbiamo vinto.*

oar — *il remo*

> **to put in one's oar** — *dire la propria.*
> We were doing fine until Thomas put in his oar. *Procedevamo bene finchè Tommaso non disse la sua.*

---

oat — *l'avena*

> **to feel one's oats** — *essere arzillo.*
> Paula is feeling her oats today. *Paola è arzilla oggi.*

> **to sow one's wild oats** — *correre la cavallina.*
> He's a bit old to be sowing his wild oats. *È un po' vecchio per correre la cavallina.*

---

occasion — *l'occasione*

> **to rise to the occasion** — *essere all'altezza della situazione.*
> Don't be afraid of the exams because you'll rise to the occasion. *Non aver paura degli esami poichè sarai all'altezza della situazione.*

---

odds — *la probabilità, la differenza*

> **at odds with** — *ai ferri corti.*
> Joseph is always at odds with his classmates. *Giuseppe è sempre ai ferri corti con i suoi compagni di classe.*

> **for the odds to be against** — *esserci poche probabilità.*
> The odds are against our getting in before midnight. *Ci sono poche probabilità di arrivare prima di mezzanotte.*

> **odds and ends** — *(1) le cianfrusaglie.*
> He left us the odds and ends to clean up. *Ci ha lasciato le cianfrusaglie da mettere a posto.*
> *(2) cosette.*
> I must finish a few odds and ends before I go. *Devo sbrigare alcune cosette prima di andare.*

---

off — *spento*

off and on — *ad intervalli.*

It rained off and on all day. *È piovuto ad intervalli tutto il giorno.*

often — *spesso*

every so often — *di quando in quando.*

We go to the museum every so often. *Di quando in quando andiamo al museo.*

oil — *l'olio*

to burn the midnight oil — *fare le ore piccole.*

He had to burn the midnight oil to finish his work. *Ha dovuto fare le ore piccole per finire il lavoro.*

to pour oil on troubled waters — *calmare la acque (gettare acqua sul fuoco).*

His intervention will help to pour oil on troubled waters. *Il suo intervento servirà a calmare le acque.*

on — *su*

on and on — *senza sosta.*

He talked on and on for hours. *Parlò senza sosta per delle ore.*

once — *una volta*

once and for all — *una volta per tutte.*

I've told you once and for all that you can't borrow my clarinet. *Ti ho detto una volta per tutte che non ti presto il clarinetto.*

once in a while — *ogni tanto.*

Once in a while we go there for a visit. *Ogni tanto andiamo a fargli visita.*

once upon a time — *c'era una volta.*

Once upon a time there was a king. *C'era una volta un re.*

the once-over — *occhiata superficiale.*

I gave his theme the once-over. *Ho dato un'occhiata superficiale al suo tema.*

one — *uno*
   one up on — *un passo avanti rispetto a.*
   You are one up on your fellow students because you studied computer science in high school. *Sei un passo avanti rispetto ai tuoi compagni perchè hai studiato informatica al liceo.*

one's — *il proprio*
   to get one's — *avere quello che uno si merita.*
   He'll get his. *Avrà quello che si merita.*

open — *aperto*
   open and above board — *aperto a chiaro.*
   With us he's always open and above board. *Nei nostri confronti è sempre stato aperto e chiaro.*

   open-and-shut — *evidente.*
   It was an open-and-shut case of swindling. *Fu un caso evidente di frode.*

   to come into the open — *mettere le carte in tavola (venire allo scoperto).*
   He came into the open and told us exactly what he thought. *Ha messo le carte in tavola dicendoci esattamente cosa pensava.*

order — *l'ordine*
   a tall order — *un lavoro difficile.*
   Writing an article on that subject will be a tall order. *Scrivere un articolo su quell'argomento sarà un lavoro difficile.*

   in order to — *per.*
   I questioned everyone in order to find out who was responsible. *Ho interrogato tutti per capire chi era responsabile.*

   in short order — *in breve tempo (in quattro e quattr'otto).*
   It has to be completed in short order. *Dev'essere completato in breve tempo (in quattro e quattr'otto).*

out of order — *rotto, fuori servizio.*

We had to walk up ten floors because the elevator was out of order. *Abbiamo dovuto salire dieci piani a piedi perchè l'ascensore era fuori servizio.*

to order — *ordinare*

to be made to order — *fatto su misura.*

That job is made to order for him. *Quel lavoro è fatto su misura per lui.*

other — *altro*

every other — *uno sì e uno no.*

We go to their house every other Saturday. *Andiamo a casa loro un sabato sì e uno no.*

out — *fuori*

on the outs — *in cattivi rapporti.*

George and Frank are on the outs. *Giorgio e Franco sono in cattivi rapporti.*

out-and-out — *bell'e buono.*

That man he trusted turned out to be an out-and-out crook. *L'uomo di cui si fidava era in realtà un truffatore bell'e buono.*

Out with it! *Sputa l'osso!*

to go all out for — *fare di tutto.*

She goes all out for her children. *Fa di tutto per i suoi figli.*

over — *di sopra*

over and above — *in sovrappiù.*

The price was ten dollars over and above what he had quoted us. *Il prezzo era dieci dollari in sovrappiù di quello che ci aveva quotato.*

over and over again — *più volte.*

I've repeated it over and over again. *L'ho ripetuto più volte.*

overboard — *fuori bordo*
  to go overboard — *esagerare.*
  You don't have to go overboard and buy the most expensive cam-
    era. *Non deri esagerare e comprare la macchina fotografica più
    cara.*

owl — *il gufo*
  a night owl — *un nottambulo.*
  Tom is a night owl; he works at night and sleeps during the day. *Tom-
    maso è un nottambulo: lavora di notte e dorme di giorno.*

own — *proprio*
  on one's own — *per conto proprio.*
  He's been on his own since he quarrelled with George. *Sta per conto
    suo da quando ha litigato con Giorgio.*

  to hold one's own — *tenere testa.*
  I can't hold my own against the competition. *Non riesco a tenere testa
    alla concorrenza.*

to own — *possedere*
  to own up — *ammettere.*
  He owns up to his mistakes. *Ammette di aver fatto degli errori.*

oyster — *l'ostrica*
  as closed as an oyster — *muto come un pesce.*
  He's as closed as an oyster about what he does. *È muto come un pesce
    su quello che fa.*

P — *the letter P*

to mind one's p's and q's — *stare attenti a quello che si dice.*
You'd better mind your p's and q's when you talk to the principal.
Faresti bene a fare attenzione a quello che dici quando parli con il preside.

---

pace — *il passo*

at an easy pace — *con calma.*
We can finish the work with no trouble even if we take it at an easy pace. *Possiamo finire il lavoro senza difficoltà anche se ce la prendiamo con calma.*

to keep pace with — *tenere il passo con.*
He works so hard I can barely keep pace with him. *Lavora tanto che non riesco a tenere il passo con lui.*

to put through one's paces — *mettere alla prova.*
Put him through his paces and see if he can do all he claims. *Mettilo alla prova e vedi se sa fare tutto quello che dice.*

to set the pace — *fare l'andatura.*
You set the pace and I'll follow. *Fa' l'andatura e io ti seguo.*

---

to pack — *impacchettare, fare le valigie.*

to send someone packing — *togliersi qualcuno dai piedi.*
He disturbed them so they sent him packing. *Li ha disturbati e così se lo sono tolto dai piedi.*

---

pain — *la pena*

a pain in the neck — *insopportabile (uno strazio).*
My little brother is a pain in the neck because he always wants to tag along with me. *Il mio fratellino è insopportabile (uno strazio) perchè vuole sempre andare dove vado io.*

to take pains — *darsi pena.*

He always takes pains to come early. *Si dà sempre pena di arrivare in anticipo.*

pale — *il palo, la palizzata*

beyond the pale — *oltre il limite.*

Your behavior is beyond the pale; we all know you're sleeping with your female students. *Il tuo comportamento ha passato ogni limite; sappiamo tutti che vai a letto con le tue studentesse.*

palm — *la palma*

in the palm of one's hand — *in mano.*

The mayor has the councilmen in the palm of his hand. *Il sindaco ha i consiglieri in mano.*

to grease someone's palm — *"ungere" (corrompere con danaro, dare la bustarella).*

He certainly had to grease many palms to get where he is today. *Certamente avrà unto molto (corrotto molte persone con danaro, dato tante bustarelle) per arrivare dov'è.*

to have itchy palms — *avido di danaro.*

That man gave the impression of having itchy palms. *Quel tipo mi ha dato l'impressione di essere avido di danaro.*

to palm — *nascondere nel palmo della mano*

to palm off — *sbolognare.*

He tried to palm off his old typewriter on me. *Ha cercato di sbolognarmi la sua vecchia macchina da scrivere.*

pan — *la padella*

Out of the frying pan into the fire. *Dalla padella nella brace.*

pants — *i pantaloni*

to wear the pants — *portare i pantaloni.*

She wears the pants in the family. *È lei che porta i pantaloni nella loro famiglia.*

par — *il pari*

par for the course — *tipico.*

It's par for the course that he was late for the meeting. *È tipico che fosse in ritardo per la riunione.*

up to par — *in forma.*

He still doesn't feel up to par after his illness. *Non si sente ancora in forma dopo la malattia.*

part — *la parte*

part and parcel — *parte integrante.*

The principle "one man, one vote" is part and parcel of modern democracy. *Il principio "un uomo, un voto" è parte integrante della democrazia moderna.*

party — *la festa*

to throw a party — *dare una festa.*

We want to throw a party before summer vacation. *Vogliamo dare una festa prima delle vacanze estive.*

pass — *il passo*

to a pretty pass — *a un brutto punto.*

Things have come to a pretty pass. *Le cose sono giunte a un brutto punto.*

to make passes at — *fare delle avance.*

Michael's new friend made passes at Sarah at the party. *Alla festa, il nuovo amico di Michele ha fatto delle avance a Sara.*

to pass — *passare*

to pass away — *mancare.*

It's ten years since Grandfather passed away. *Son dieci anni da quando è mancato il nonno.*

to pass oneself off as — *farsi passare per.*

He passed himself off as a journalist. *Si fece passare per giornalista.*

to pass out — *(1) svenire.*

He passed out in the hot room. *È svenuto nella stanza calda.*

(2) distribuire.

He passed out the papers to everyone. *Ha distribuito i fogli a tutti.*

to pass someone by — *lasciarsi sfuggire.*

Don't let this opportunity pass you by. *Non lasciarti sfuggire questa opportunità.*

to pass something on — *passare (trasmettere).*

Pass the news on to your friends. *Passa (trasmetti) la notizia ai tuoi amici.*

to pass up — *rinunciare.*

I passed up the chance to go to the opera. *Ho rinunciato alla possibilità di andare all'opera.*

pat — *a punto*

to have down pat — *sapere a menadito.*

I have the Italian irregular verbs down pat. *So a menadito i verbi irregolari italiani.*

to stand pat — *tener duro.*

He stood pat and wouldn't reconsider. *Teneva duro e si rifiutava di ripensarci.*

to pat — *dare un colpetto*
   to pat oneself on the back — *compiacersi con se stesso.*
   Anthony is the type that pats himself on the back. *Antonio è proprio il tipo che si compiace con se stesso.*

pause — *la pausa.*
   to give pause — *far riflettere.*
   What he said the other night gave us pause. *Quello che ha detto l'altra sera ci ha fatto riflettere.*

pavement — *il pavimento*
   to pound the pavements — *bussare a molte porte.*
   Paul is pounding the pavements looking for a job. *Paolo sta bussando a molte porte in cerca di lavoro.*

to pay — *pagare*
   to pay off — *ripagare.*
   Her sacrifices as a piano student paid off in fame and money. *È stata ripagata con la fama e con i soldi dei sacrifici che ha fatto quando studiava pianoforte.*

payment — *il pagamento*
   down payment — *la caparra.*
   We have just enough money for the down payment for the new house. *Abbiamo giusto giusto i soldi della caparra per la nuova casa.*

pea — *il pisello*
   to be like two peas in a pod — *assomigliarsi come due gocce d'acqua.*
   They're just like two peas in a pod. *Si assomigliano come due gocce d'acqua.*

to peck — *beccare*

pecking order — *l'ordine di precedenza.*
Democracy on the job is an illusion; there's a rigid pecking order even
for the smallest things. *La democrazia sul posto di lavoro è un'illusione; c'è un ordine di precedenza anche per le cose più insignifi-
canti.*

to peep — *guardare*
peeping Tom — *un guardone.*
There's a peeping Tom in the neighborhood. *C'è un guardone nel
quartiere.*

peg — *il piolo*
a square peg in a round hole — *un pesce fuor d'acqua.*
It's too bad he took that job; now he's a square peg in a round hole.
*Peccato che abbia accettato quel lavoro; ora è come un pesce fuor
d'acqua.*

to take someone down a peg — *far abbassare la cresta a qualcuno.*
His defeat in the final of the chess tournament took him down a peg!
*La sconfitta che ha subìto nella finale del torneo di scacchi gli ha
fatto abbassare la cresta!*

to peg — *fissare*
  to peg (plug) away at — *sgobbare.*
  He's really pegging (plugging) away at his Latin this semester. *Sta veramente sgobbando col latino questo semestre.*

pen — *la penna*
  The pen is mightier than the sword. *Ne uccide più la penna che la spada.*

penny — *centesimo*
  A penny for your thoughts. *Pagherei per sapere a che cosa stai pensando.*

  a pretty penny — *una bella sommetta.*
  That camera must have cost a pretty penny. *Quella macchina fotografica deve essere costata una bella sommetta.*

  In for a penny, in for a pound. *Quando si è in ballo, bisogna ballare.*

  not to be worth a penny — *non valere un'acca (una cicca).*
  That old TV set isn't worth a penny. Why are you holding on to it? *Quel vecchio televisore non vale una cicca. Perchè lo tieni?*

  Take care of the pence, the pounds will take care of themselves. A penny saved is a penny earned. *Il risparmio incomincia dal centesimo.*

  to earn an honest penny — *guadagnarsi il pane onestamente.*
  He never earned an honest penny in his life. *Non si è mai guadagnato il pane onestamente in vita sua.*

  to pinch pennies — *fare economia.*
  After the devaluation we had to pinch pennies to get along. *Dopo la svalutazione abbiamo dovuto fare economia per tirare avanti.*

pet — *l'animale prediletto*
  pet name — *il soprannome.*
  She was embarrassed to be called by her pet name in public. *La imbarazzava essere chiamata col suo soprannome in pubblico.*

Peter — *Pietro*

to rob Peter to pay Paul — *derubare un altare per vestirne un altro.*

Let's set up an adequate budget so we won't have to rob Peter to pay Paul. *Cerchiamo di stabilire un bilancio adeguato, così non dovremo derubare un altare per vestirne un altro.*

to pick — *scavare, cogliere, scegliere*

to pick and choose — *scegliere il meglio.*

Don't pick and choose; take what's offered to you. *Non scegliere il meglio; prendi quello che ti si dà.*

to pick on — *criticare.*

Stop picking on me. *Smettila di criticarmi.*

to pick over — *esaminare.*

I've picked over all the shirts and like this one the best. *Ho esaminato tutte le camicie e questa è quella che mi piace di più.*

to pick up — *(1) imparare.*

I picked up a little German in Bonn. *Ho imparato un po' di tedesco a Bonn.*

(2) andare a prendere.

I picked up William at the station. *Sono andato a prendere Guglielmo alla stazione.*

pickle — *il sottaceto*

in a fine pickle — *in un bel pasticcio.*

She's in a fine pickle; they caught her shoplifting. *È in un bel pasticcio: è stata sorpresa a rubare in un negozio.*

picture — *il quadro*

out of the picture — *non fare più parte di qualcosa.*

He was active in our group, but now he's out of the picture. *Era attivo nel nostro gruppo, ma ora non ne fa più parte.*

to come into the picture — *entrarci.*

Just how does he come into the picture? *Come c'entra lui?*

to get the picture — *capire la situazione.*

Thanks for telling me; I get the picture now. *Grazie di avermelo detto; ora capisco la situazione.*

pie — *la torta*

    as easy as pie — *senza la minima difficoltà.*

With that map it's as easy as pie to find one's way around. *Con quella carta uno può girare senza la minima difficoltà.*

    pie in the sky — *un'illusione.*

He says that the reward for being kind is only pie in the sky. *Lui dice che è un'illusione pensare di essere ricompensati per la propria gentilezza.*

    to eat humble pie — *chinare il capo (chiedere scusa).*

After that mistake he had to eat humble pie. *Dopo quell'errore ha dovuto chinare il capo (chiedere scusa).*

piece — *il pezzo*

    all of a piece — *collegato.*

Even though they claim there is no connection, the disturbances are all of a piece. *Anche se si dice che non ci sono legami, i disordini sono tutti collegati.*

    to go to pieces — *crollare.*

He's so upset he's going to pieces. *È così preoccupato che sta crollando.*

    to say one's piece — *dire la propria (raccontare).*

You ought to say your piece about how badly you were treated. *Dovresti dire la tua (raccontare) sul modo in cui come ti hanno trattato.*

to piece — *attaccare insieme*

    to piece out a story — *ricostruire una storia.*

From the few things he said we weren't able to piece out the story. *Dalle poche cose che ci ha detto non siamo riusciti a ricostruire la storia.*

pig — *il maiale*

    a pig in a poke — *a scatola chiusa.*

At auctions you have to be careful not to buy a pig in a poke. *Alle aste si deve stare attenti a non comprare a scatola chiusa.*

pill — *la pillola*

    a bitter pill — *un boccone amaro.*

It was a bitter pill for him not to be accepted. *È stato un boccone amaro per lui non essere ammesso.*

    to sugar-coat the pill — *indorare la pillola.*

They didn't take their child with them on the trip, but to sugar-coat the pill they gave him a new toy. *Non hanno portato il figlio in viaggio con loro, ma per indorare la pillola gli hanno regalato un giocattolo nuovo.*

pillar — *il pilastro*

    from pillar to post — *a destra e sinistra.*

The refugees have been driven from pillar to post. *I profughi sono stati sballottati a destra e sinistra.*

pin — *lo spillo*

    on pins and needles — *sulle spine.*

I've been on pins and needles all afternoon waiting for him. *Sono stata sulle spine tutto il pomeriggio ad aspettarlo.*

    to hear a pin drop — *sentire una mosca volare.*

They were so shocked at the news you could hear a pin drop. *Le notizie li hanno talmente sconvolti che potevi sentire una mosca volare.*

to pin — *agganciare*

    to pin down — *mettere con le spalle al muro.*

He talks a lot about his travels, but when you pin him down he hasn't been away from home much. *Parla molto dei suoi viaggi, ma quando lo metti con le spalle al muro, scopri che è stato poco all'estero.*

pinch — *il pizzicotto*
  to feel the pinch — *sentire la stretta.*
  Big companies felt the pinch more than small ones when the financial
    crisis came. *Quando si è verificata la crisi finanziaria, le grandi in-
    dustrie hanno sentito la stretta più di quelle piccole.*

to pinch — *pizzicare*
  to pinch hit — *sostituire.*
  I don't know much about the subject, but I'm willing to pinch hit for
    you if you need me. *Non ne so molto sull'argomento, ma sono dis-
    posto a sostituirti se hai bisogno di me.*

pink — *rosa*
  in the pink — *al massimo della forma.*
  The boxer was in the pink of condition for the fight. *Il pugile era al
    massimo della forma per l'incontro.*

  to be tickled pink — *essere felice come una Pasqua.*
  The children were tickled pink to go to the party. *I bambini erano fe-
    lici come Pasque di andare alla festa.*

to pipe — *suonare il piffero*
  to pipe down — *stare zitto.*
  Pipe down, you're making too much noise. *Sta' zitto, fai troppo ru-
    more.*

piper — *il pifferaio*
  He who pays the piper calls the tune. *Bisogna attaccare l'asino dove
    vuole il padrone.*

pitch — *la pece*
  pitch dark — *buio pesto.*
  It was pitch dark when we got home. *Quando siamo tornati a casa era
    buio pesto.*

to pitch — *rizzare*
   to pitch in — *darci dentro.*
   If we all pitch in we'll get the job done. *Se ci diamo dentro tutti finiremo il lavoro.*

place — *il posto*
   high places — *le alte sfere.*
   People in high places want it that way. *Le alte sfere vogliono così.*

   to fall into place — *acquistare senso.*
   When she saw them kissing all the strange things her husband had been doing fell into place. *Quando li vide baciarsi ha capito cosa significavano tutte le stranezze che aveva fatto suo marito.*

   to go places — *aver successo.*
   That young man is going places. *Quel giovane sta avendo successo.*

play — *il gioco*
   fair play — *la correttezza.*
   As a businessman he's well known for his fair play. *La sua correttezza negli affari è ben nota.*

   foul play — *qualcosa di losco.*
   The newspapers think his disappearance is to be attributed to foul play. *I giornali pensano che la sua sparizione si possa attribuire a qualcosa di losco.*

to play — *giocare*
   to be played out — *essere esausto (non poterne più).*
   After a hard week I'm all played out. *Dopo una settimana difficile sono esausto (non ne posso più).*

   to play off — *mettere l'uno contro l'altro.*
   They played off the liberals against the conservatives in the hope that both would be hurt. *Hanno messo i liberali contro i conservatori nella speranza di danneggiare entrambi.*

to play up to — *assecondare*.

He plays up to people in the hope that they will do him favors. *Asseconda le persone nella speranza di ricevere dei favori da loro.*

plug — *la presa*

to pull the plug on — *far cessare*.

Valerie pulled the plug on the whole project. *Valeria ha bloccato il progetto completamente.*

plunge — *il tuffo*

to take the plunge — *saltare il fosso*.

After talking it over with his family, he's ready to take the plunge and go into business for himself. *Dopo averne parlato con la famiglia è pronto a saltare il fosso ed a mettersi per conto proprio.*

pocket — *la tasca*

to line one's pockets (purse) — *farsi il gruzzolo*.

Some policemen line their pockets with money they find at the scene of the crime. *Ci sono dei poliziotti che si fanno il gruzzolo rubando i soldi che trovano sul luogo del delitto.*

to pay out of pocket — *pagare di tasca propria*.

The diplomat had to pay large out of pocket sums for entertaining. *Il diplomatico dovette pagare di tasca sua per i ricevimenti.*

point — *il punto*

a case in point — *un esempio calzante*.

Let me explain what I mean by a case in point. *Mi spiego con un esempio calzante.*

beside the point — *fuori tema*.

His remarks were beside the point. *Le sue osservazioni erano fuori tema.*

on the point of — *stare per (essere sul punto di)*.

We're on the point of finishing the work. *Stiamo per (siamo sul punto di) finire il lavoro.*

point-blank — *di punto in bianco (a bruciapelo, chiaro e tondo)*.
I had to tell him point-blank that his work wasn't good enough. *Ho dovuto dirgli di punto in bianco (a bruciapelo) che il suo lavoro non era soddisfacente.*

to come to the point — *venire al dunque*.
I follow you, but come to the point. *Ti seguo, ma vieni al dunque.*

to have a point — *non avere tutti i torti*.
I agree, you have a point there. *Sono d'accordo, non hai tutti i torti.*

to make a point of — *farsi un punto d'onore di*.
They make a point of visiting their aunt during the holidays. *Si fanno un punto d'onore di fare visita alla zia durante le feste.*

to miss the point — *non capire il punto (non afferrare l'essenziale)*.
He missed the point of what I was trying to explain. *Non ha capito il punto (non ha afferrato l'essenziale) di quello che cercavo di spiegare.*

to stick to the point — *stare al punto*.
Stick to the point and don't throw in so many side issues. *Sta' al punto e non divagare.*

to stretch a point — *fare un'eccezione*.
They stretched a point and let him leave early. *Hanno fatto un'eccezione e l'hanno lasciato partire in anticipo.*

turning point — *una svolta*.
We're all convinced that things have reached a turning point. *Siamo tutti convinti di essere arrivati ad una svolta.*

to point — *puntare*
to point out — *precisare*.
Just let me point out the facts. *Fammi solo precisare i fatti.*

poison — *il veleno*
poison pen — *lo scrittore che diffonde notizie false e tendenziose*.
You would be amazed how many people believed his poison-pen letters! *Rimarresti sorpreso se sapessi quanta gente credeva alle sue lettere velenose!*

pole — *il palo*

  not to touch with a ten-foot pole — *non volere per tutto l'oro del mondo.*

  I wouldn't touch that kind of job with a ten-foot pole. *Non vorrei quel tipo di lavoro per tutto l'oro del mondo.*

---

pole — *il polo*

  to be poles apart — *essere diversissimi.*

  The two brothers are poles apart in everything. *I due fratelli sono diversissimi in tutto.*

---

to polish — *pulire*

  to polish off — *spolverare.*

  The boy polished off a big dish of ice cream. *Il ragazzo spolverò una gran porzione de gelato.*

---

to pop — *schioccare*

  to pop in — *fare una capatina.*

  He's very popular; students pop into his office all the time. *È molto popolare: gli studenti fanno spesso una capatina nel suo ufficio.*

---

possum — *l'opossum*
  to play possum — *fare finta (di dormire).*
  We thought he was asleep but he was only playing possum. *Pensavamo che dormisse, ma faceva solo finta.*

to post — *impostare*
  to keep one posted — *tenere informato.*
  Keep us posted on what you're doing. *Teneteci informati su quello che fate.*

pot — *la pentola*
  A watched pot never boils. *Pentola guardata non bolle mai.*

  It's the pot calling the kettle black. *Senti da che pulpito viene la predica!*

  potluck — *quello che passa il convento.*
  I don't know what we're having for dinner, but come and take potluck with us. *Non so cosa c'è per cena, ma vieni e mangeremo quello che passa il convento.*

  to go to pot — *andare alla malora.*
  It used to be a nice house but the owners let it go to pot. *Una volta era una bella casa, ma i proprietari l'hanno lasciata andare alla malora.*

potato — *la patata*
  a couch potato — *appiccicato alla TV.*
  Since his retirement he's become a couch potato. *Da quando è andato in pensione sta appiccicato alla TV tutto il giorno.*

to pour — *versare*
  to pour in — *arrivare in gran numero.*
  The telegrams are pouring in. *I telegrammi stanno arrivando in gran numero.*

power — *il potere*
  more power to one — *buon per qualcuno.*
  If you can do it, more power to you. *Se riesci a farlo, buon per te.*

the powers that be — *le alte sfere.*

He wanted his vacation in July, but the powers that be had other plans for him. *Voleva prendersi le vacanze a luglio, ma le alte sfere avevano altri progetti per lui.*

practice — *la pratica*

Practice makes perfect. *La pratica vale più della grammatica.*

to practice — *esercitare*

Practice what you preach. *Metti in pratica i principi che predichi.*

premium — *il premio*

at a premium — *con un sovrapprezzo.*

Bordeaux wine from that year sells at a premium. *Quell'annata del Bordeaux viene venduta a caro prezzo perchè è molto richiesta.*

to press — *premere*

to be hard pressed — *avere una necessità urgente (impellente).*

He was hard pressed for cash and had to sell the silver. *Aveva una necessità urgente (impellente) di contanti, e ha dovuto vendere l'argento.*

to press — *spingere*

to press on — *affrettarsi.*

We'll have to press on because it's late. *Dobbiamo affrettarci perchè è tardi.*

pretty — *bello*

to sit pretty — *essere a cavallo.*

The burglar thought he was sitting pretty until he heard the police sirens. *Il ladro pensava di essere a cavallo, finchè non ha sentito le sirene della polizia.*

prevention — *la prevenzione*

An ounce of prevention is worth a pound of cure. *È meglio prevenire che curare.*

pride — *l'orgoglio*

Pride goes before a fall. *La superbia andò a cavallo e tornò a piedi.*

to swallow (pocket) one's pride — *frenare l'orgoglio (mandar giù il rospo).*

He had to swallow (pocket) his pride and admit he was wrong. *Ha dovuto frenare l'orgoglio (mandar giù il rospo) e ammettere di avere torto.*

---

prime — *il colmo*

in one's prime — *nel pieno delle forze.*

They say a man of forty is in his prime. *Si dice che un uomo di quarant'anni sia nel pieno delle forze.*

---

print — *la stampa*

out of print — *esaurito.*

The book has been out of print for a year. *Il libro è esaurito da un anno.*

---

program — *il programma*

crash program — *un corso intensivo.*

He's taking a crash program in Spanish. *Segue un corso intensivo di spagnolo.*

---

proof — *la prova*

The proof of the pudding is in the eating. *Vedremo quello che vale alla prova dei fatti.*

---

property — *proprietà*

a hot property — *un bene prezioso.*

Five university hospitals offered that physician a job. He's a hot property! *Cinque cliniche universitarie hanno offerto un lavoro a quel medico. È un bene prezioso!*

---

proud — *orgoglioso*
   to do someone proud — *fare onore a qualcuno.*
   James did us proud by winning an award. *Giacomo ci ha fatto onore vincendo un premio.*

to pry — *indagare*
   to pry into — *ficcare il naso in.*
   I dislike people who pry into my affairs. *Non mi piace la gente che ficca il naso nei miei affari.*

pull — *il tiro*
   to have pull — *avere ascendente su.*
   He has pull with the boss, so he can come and go as he pleases. *Ha ascendente sul capo e così va e viene come vuole.*

to pull — *tirare*
   to pull off — *portare a termine.*
   I don't know how he ever pulled off that plan. *Non so come sia riuscito a portare a termine quel piano.*

   to pull oneself together — *riacquistare il controllo di sè.*
   After the first shock, he pulled himself together. *Dopo il primo momento di shock, ha riacquistato il controllo di sè.*

   to pull out — *uscire.*
   He pulled out of the partnership. *È uscito dalla società.*

   to pull over — *accostare e fermare la macchina.*
   Pull over! I think we have a flat tire. *Fermati! Credo che abbiamo bucato.*

   to pull through — *farcela (salvarsi).*
   He's pretty ill, but we're sure he'll pull through. *È malato seriamente, ma siamo sicuri che ce la farà (si salverà).*

to pump — *pompare*
> **to pump someone** — *cavare informazioni.*
> He pumped us about our plans for the summer. *Cavava informazioni sui nostri progetti estivi.*

Punch — *Pulcinella*
> **He's as pleased as Punch.** *È contento come una Pasqua.*

punch — *il pugno*
> **not to pull punches** — *dire la verità nuda e cruda.*
> Don't pull any punches with me. *Dimmi la verità nuda e cruda.*

purpose — *il proposito*
> **on purpose** — *apposta (di proposito).*
> I think he left us here on purpose. *Credo che ci abbia lasciati qui apposta.*

> **to be at cross purposes** — *in contrasto (fraintendersi).*
> My mother and I are always at cross purposes. *Io e mia madre siamo sempre in contrasto (ci fraintendiamo sempre).*

purse strings — *i cordoni della borsa*
> **to tighten the purse strings** — *stringere i cordoni della borsa.*
> The government decided to tighten its purse strings and reduce social services. *Il governo ha deciso di stringere i cordoni della borsa e tagliare la spesa per i servizi sociali.*

push — *la spinta*
> **when push comes to shove** — *venire al dunque.*
> When push comes to shove, I'll come up with the money you need. *Quando saremo al dunque, tirerò fuori i soldi di cui hai bisogno.*

to push — *spingere*
> **to push around** — *fare il prepotente.*
> You can't push me around because I know my rights. *Non può fare il prepotente con me perchè conosco i miei diritti.*

to push off — *partire.*

If we want to be on time we must push off now. *Se vogliamo essere in orario dobbiamo partire ora.*

to push on — *tirare avanti.*

We're tired, but we'll have to push on until we're finished. *Siamo stanchi, ma dovremo tirare avanti fino a quando non avremo finito.*

---

put — *fermo*

to stay put — *stare fermo.*

That child won't stay put for a moment. *Quel bambino non sta fermo un minuto.*

---

to put — *mettere*

to put across — *far capire.*

The teacher put the idea across with the help of pictures. *L'insegnante ha fatto capire quel concetto aiutandosi con delle figure.*

to put off — *rimandare.*

The meeting has been put off until next week. *La riunione è stata rimandata alla prossima settimana.*

to put oneself out — *farsi in quattro.*

I put myself out for him and got not a word of thanks. *Mi sono fatto in quattro per lui e non ho ricevuto nessun ringraziamento.*

to put out — *(1) spegnere.*

We must all put out our cigarettes at takeoff. *Dobbiamo spegnere tutti le sigarette al momento del decollo.*

(2) offendere, irritare.

Dick behaved rudely at the party, and the hostess was quite put out. *Dick si è comportato in maniera rozza alla festa e la padrona di casa si è offesa.*

to put someone off — *liberarsi di qualcuno.*

They didn't put me off with excuses. *Non si sono liberati di me con delle semplici scuse.*

(2) dare fastidio.

His way of talking about her put me off. *Il modo in cui parlava di lei mi ha dato fastidio.*

to put someone up to something — *istigare qualcuno a fare qualcosa.*
Who put the boys up to this mischief? *Chi ha istigato i ragazzi a fare questa bricconeria?*

to put up — *offrire alloggio.*
He put us up for the night. *Ci ha offerto alloggio per la notte.*

to put up with — *sopportare.*
I don't know how she puts up with his complaining. *Non so come sopporta le sue lamentele.*

quantity — *quantità*
an unknown quantity — *un'incognita.*
The new surgeon is supposed to be great, but actually he's an unknown quantity. *Il nuovo chirurgo dovrebbe essere molto bravo, ma in realtà è un'incognita.*

quarrel — *la lite*
to pick a quarrel — *attaccar briga.*
That man picks a quarrel with everyone he meets. *Quell' uomo attacca briga con tutti quelli che incontra.*

quarter — *il quartiere*
in close quarters — *allo stretto.*
We lived in close quarters in the tiny summer house on the lake. *Stavamo allo stretto nella piccola casa sul lago.*

question — *la questione*
out of the question — *impossibile.*
I know you'd like to go too, but it's out of the question. *Lo so che anche a te piacerebbe andare, ma è impossibile.*

to beg the question — *dare per certa la cosa che non è stata provata.*
Your answer is clever, but it begs the question. *La tua risposta è brillante, ma dà per certo ciò che non è stato ancora provato.*

to call into question — *mettere in discussione.*
They called his work as C.E.O. into question. *Hanno messo in discussione il suo operato come presidente del consiglio di amministrazione.*

to pop the question — *fare la proposta (di matrimonio).*
Angela kept hoping her boyfriend would pop the question. *Angela continuava a sperare che il suo ragazzo le facesse la proposta (di matrimonio).*

---

quick — *il vivo*
to cut (sting) to the quick — *pungere sul vivo.*
They were cut (stung) to the quick by their son's misbehavior. *Sono stati punti sul vivo dal cattivo comportamento del figlio.*

---

quid pro quo — *this instead of that.*
quid pro quo — *do ut des*
Her teacher is in trouble because he proposed her a quid pro quo: he wanted to sleep with her in exchange for a fellowship. *Il professore è nei guai perchè le ha proposto un do ut des: voleva andare a letto con lei in cambio di una borsa di studio.*

---

quits — *pari*
to call it quits — *riconoscere che la partita è pari (riconciliarsi).*
I don't want to argue with you any more, so let's call it quits. *Non voglio più discutere con te e allora riconosciamo che la partita è pari (riconciliamoci).*

619

rack — *la rastrelliera*
    to go to rack and ruin — *andare in rovina.*
    The tenants let the garden go to rack and ruin. *Gli inquilini hanno lasciato che il giardino andasse in rovina.*

rage — *il furore*
    all the rage — *di moda.*
    Her outfits are always all the rage. *I suoi completi sono sempre di moda.*

    to fly into a rage — *andare su tutte le furie.*
    He flies into a rage every time his mother tells him no. *Va su tutte le furie ogni volta che sua madre gli dice di no.*

rain — *la pioggia*
    a raincheck — *un biglietto omaggio dato quando si annulla una manifestazione per la pioggia.*
    I'm sorry I can't come to your dinner tomorrow night. Can I take a raincheck? *Mi dispiace di non poter venire a cena da te domani sera: posso considerare l'invito valido per un'altra volta?*

    rain or shine — *comunque.*
    We'll be there rain or shine. *Saremo lì comunque.*

to rain — *piovere*
    It never rains but it pours. *Piove sul bagnato.*

rank — *il rango*
    the rank and file — *la base del partito.*
    His ideas appeal to the rank and file. *Le sue idee piacciono alla base del partito.*

to pull rank — *sfruttare le prerogative della propria posizione.*
The senator tried to pull rank to get a seat on the airplane at the last
    minute. *Il senatore ha cercato di sfruttare le prerogative della sua po-
    sizione per avere un posto sull'aereo all'ultimo momento.*

to rise from the ranks — *venire dalla gavetta.*
The most successful people in this field have risen from the ranks.
    *Quelli che hanno più successo in questo campo vengono dalla
    gavetta.*

rap — *il colpetto*
    to take the rap — *addossarsi la colpa.*
    John took the rap for all of us. *Giovanni s'è addossato la colpa per
        tutti noi.*

rat — *il topo, il ratto*
    rat race — *il ritmo convulso.*
    My uncle was glad to retire to a small farm and get away from the rat
        race of the city. *Mio zio fu contento di andare in pensione in una
        piccola fattoria e lasciare il ritmo convulso della città.*

    to smell a rat — *sentire puzza di bruciato.*
    They smelled a rat and refused to let him board the plane. *Sentirono
        puzza di bruciato e si rifiutarono di lasciarlo salire sull'aereo.*

to rattle — *far risuonare*
    to get rattled — *agitarsi.*
    My aunt always gets rattled when she has unexpected company. *Mia
        zia si agita sempre quando riceve degli ospiti inattesi.*

    to rattle away — *chiacchierare.*
    She rattles away for hours on the phone. *Chiacchiera per delle ore al
        telefono.*

raw — *crudo*
    in the raw — *crudo, selvaggio.*
    See **in the buff.**

reach — *la portata*
out of one's reach — *al di sopra delle proprie capacità.*
Those matters are out of her reach. *Quelle questioni sono al di sopra delle sue capacità.*

within reach — *a portata di mano.*
Don't keep medicine within the reach of small children. *Non tenere medicine a portata di mano dei bambini.*

ready — *pronto*
ready-made — *bell'e fatto.*
Nowadays most people buy all their clothes ready-made. *Oggigiorno la maggior parte delle persone compra i vestiti bell'e fatti.*

rear — *il didietro*
to bring up the rear — *essere l'ultimo della fila.*
On the hike Emily brought up the rear as usual. *Nella gita Emilia era l'ultima della fila come al solito.*

reason — *la ragione*
to listen to reason — *ascoltare la voce della ragione (lasciarsi persuadere).*
I tried to tell her, but she wouldn't listen to reason. *Ho provato a dirglielo, ma non voleva ascoltare la voce della ragione (lasciarsi persuadere).*

to stand to reason — *andare da sè.*
It stands to reason that an efficient public transport system will alleviate traffic congestion. *Va da sè che un sistema di trasporti pubblici efficienti alleggerirà il traffico.*

to reckon — *contare*
to reckon with — *tenere conto di.*
The undecided voters are a force to be reckoned with. *Gli elettori indecisi costituiscono una forza di cui occorre tener conto.*

record — *la documentazione*

   off the record — *in via confidenziale.*

   I told him about it off the record. *Gliel'ho detto in via confiden-*
     ziale.

   to go on record — *esprimere pubblicamente le proprie opinioni.*

   The candidate has gone on record on unemployment. *Il candidato ha*
     espresso pubblicamente le sue opinioni sulla disoccupazione.

record — *il primato*

   to break the record — *migliorare il primato.*

   Three runners broke the record. *Tre corridori hanno migliorato il pri-*
     mato.

red — *rosso*

   a red-letter day — *un giorno importante.*

   It was a red-letter day when I met Charles. *Fu un giorno importante*
     quello in cui incontrai Carlo.

   in the red — *in rosso (in passivo).*

   Despite the increase in sales the company is still in the red. *Nono-*
     stante l'aumento delle vendite, la ditta è ancora in rosso.

   red hot — *del momento.*

   That soccer player is having the best year of his career. He's red hot.
     Questo è l'anno migliore della sua carriera per lui: è il calciatore del
     momento.

   to paint the town red — *farne di cotte e di crude (fare baldoria).*

   My brother and his friends painted the town red. *Mio fratello e i*
     suoi amici ne hanno fatte di cotte e di crude (hanno fatto bal-
     doria).

   to see red — *vedere rosso.*

   His insolence made me see red. *La sua insolenza mi ha fatto vedere*
     rosso.

to reel — *avvolgere*
  to reel off — *sparare.*
  He reeled off the names of a lot of important people he claimed were his friends. *Ha sparato i nomi di persone importanti che diceva erano suoi amici.*

rein — *la briglia*
  to give rein to — *dare sfogo.*
  From time to time he has to give rein to his imagination. *Di tanto in tanto deve dare sfogo alla sua fantasia.*

  to keep a tight rein on — *tenere a freno.*
  The babysitter had to keep a tight rein on the children. *La bambinaia doveva tenere a freno i bambini.*

relief — *il sussidio*
  on relief — *percepire il sussidio di disoccupazione.*
  One out of five persons in New York is on relief. *Una persona su cinque a New York percepisce il sussidio di disoccupazione.*

return — *il ritorno*
  Many happy returns (of the day)! *Cento di questi giorni!*

rhyme — *la rima*
  without rhyme or reason — *senza capo nè coda.*
  His idea is without rhyme or reason. *La sua idea è senza capo nè coda.*

riddance — *la liberazione*
  Good riddance to bad rubbish. *Ce ne siamo liberati, finalmente!*

ride — *la gita*
  along for the ride — *per divertimento.*
  If you're only along for the ride, those church meetings are not for you. *Se vai solo per divertirti, quelle riunioni della chiesa non fanno per te.*

to take for a ride — *(1) fregare.*

They took her for a ride when they sold her a fake Rolex watch.

L'hanno fregata, vendendole come autentico un Rolex falso.

(2) far fuori.

The gangster feared his enemies would take him for a ride. *Il bandito temeva che i suoi nemici l'avrebbero fatto ruori.*

to thumb a ride — *fare l'autostop.*

I thumbed a ride to the next town. *Ho fatto l'autostop per andare nel paese vicino.*

to ride — *cavalcare*

to let something ride — *lasciare in sospeso.*

We'll let your account ride for a few months. *Lasciamo in sospeso il suo conto per qualche mese.*

right — *la destra*

right and left — *tutti.*

They congratulated him right and left. *Tutti si sono congratulati con lui.*

right — *giusto*

to put to rights — *mettere in ordine.*

We're not leaving here until we've put the books to rights. *Non usciamo da qui finchè non abbiamo messo in ordine i libri contabili.*

to serve one right — *stare bene a.*

He got a ticket for driving so fast, but it serves him right. *Ha avuto una contravvenzione perchè guidava troppo veloce, ma gli sta bene.*

ring — *lo squillo*

to give a ring — *dare un colpo di telefono.*

Give me a ring after dinner and I'll let you know. *Dammi un colpo di telefono dopo cena e te lo dirò.*

riot — *la sommossa*
    to read the riot act — *dare un severo avvertimento.*
    After he misbehaved his father read him the riot act. *Quando si è comportato male suo padre gli ha dato un severo avvertimento.*
    to run riot — *crescere eccessivamente.*
    The weeds ran riot until they choked out the flowers. *L'erbaccia è cresciuta a tal punto che ha soffocato i fiori.*

rise — *l'elevazione*
    to get a rise out of — *stuzzicare.*
    He just said that to get a rise out of us. *L'ha detto solo per stuzzicarci.*

risk — *il rischio*
    to run the risk — *correre il rischio.*
    This way we run the risk of losing everything. *In questo modo corriamo il rischio di perdere tutto.*

river — *il fiume*
    to sell down the river — *tradire.*
    In order to be successful he sold many of his friends down the river. *Per avere successo, ha tradito molti amici.*

road — *la strada*
    for the road — *ultimo.*
    Let's have one more for the road. *Beviamone ancora uno.*

    on the road — *sulla via.*
    He's on the road to success. *È sulla via del successo.*

    to hit the road — *avviarsi.*
    It's late; we'd better hit the road. *È tardi; è meglio che ci avviamo.*

rock — *la roccia*
    on the rocks — *(1) col ghiaccio.*
    I drink my vodka on the rocks. *Bevo la vodka col ghiaccio.*

(2) a rotoli.

Because of bad management the company is on the rocks. *A causa della cattiva amministrazione la ditta sta andando a rotoli.*

rock bottom — *il fondo.*

The stocks hit rock bottom. *Le azioni hanno toccato il fondo.*

rocker — *la sedia a dondolo*

off one's rocker — *svitato.*

Our neighbor was strange, but not really off his rocker. *Il nostro vicino era un tipo strano, ma non proprio svitato.*

to roll — *rotolare*

to roll up — *accumulare.*

He rolled up a bill at the grocer's. *Ha accumulato un debito dal droghiere.*

Rome — *Roma*

Rome was not built in a day. *Roma non è stata fatta in un giorno.*

When in Rome do as the Romans do. *Paese che vai, usanza che trovi.*

roof — *il tetto*

to raise the roof — *fare il diavolo a quattro.*

The teenagers raised the roof with their music. *I ragazzi facevano il diavolo a quattro con la loro musica.*

room — *la stanza*

room and board — *vitto e alloggio.*

I pay room and board by the month. *Pago vitto e alloggio mensilmente.*

roost — *il pollaio*

to rule the roost — *spadroneggiare.*

Grandmother rules the roost in our family. *La nonna spadroneggia nella nostra famiglia.*

to root — *radicare*
> **to root for** — *fare il tifo per.*
> Which team are you rooting for? *Per quale squadra fai il tifo?*

rope — *la corda*
> **at the end of one's rope** — *allo stremo.*
> I'm at the end of my rope trying to cope with my family's problems. *Sono allo stremo nel tentativo di far fronte ai problemi della mia famiglia.*

> **Give him enough rope to hang himself.** *Se gli dai una vanga si scaverà la fossa con le sue mani.*

> **to give someone rope** — *dare spago.*
> Give him some rope and see what he tells you. *Dagli spago e vediamo cosa ti dice.*

> **to know the ropes** — *sapere il fatto proprio.*
> I suggest you ask someone who knows the ropes. *Ti suggerisco di chiedere a qualcuno che sappia il fatto proprio.*

to rope — *legare con delle corde*
> **to be roped into** — *trascinare.*
> They roped me into working on the project. *Mi hanno trascinato a lavorare a quel progetto.*

rose — *rosa*
> **to see through rose-colored glasses** — *vedere rosa.*
> He never gets upset because he sees everything through rose-colored glasses. *Non si preoccupa mai perchè vede tutto rosa.*

rough — *ruvido*
> **rough-and-ready** — *rozzo.*
> He's a rough-and-ready character. *È un tipo rozzo, tagliato con l'accetta.*

> **rough-and-tumble** — *violento.*
> Some girls like to play the same rough-and-tumble games as the boys. *A certe bambine piace giocare agli stessi giochi violenti dei maschi.*

to be rough on — *essere duro.*

My father was rough on those who didn't tell the truth. *Mio padre era duro con chi non diceva la verità.*

to take the rough with the smooth — *prendere il buono con il cattivo.*

You'll have to learn to take the rough with the smooth. *Dovrai imparare a prendere il buono con il cattivo.*

to rough — *rendere ruvido*

    to rough it — *vivere senza le comodità.*

They have a cabin in the mountains where they go every summer to rough it. *Hanno una baita in montagna dove vanno ogni estate a vivere senza le comodità.*

rough-shod — *ferrato a ghiaccio*

    to ride rough-shod over — *fare il prepotente.*

He won't be able to ride rough-shod over us. *Non riuscirà à fare il prepontente con noi.*

round — *il tondo*

    to go the rounds — *essere in giro.*

Measles has been going the rounds of the elementary schools this year. *Il morbillo è in giro nelle scuole elementari quest'anno.*

row — *la fila*

    a hard row to hoe — *un osso duro.*

She's got a hard row to hoe with that little boy who misbehaves constantly. *Ha un osso duro con quel ragazzino che disobbedisce in continuazione.*

row — *il baccano*

    to kick up a row — *andare su tutte le furie.*

When his team lost he kicked up a row. *Quando la sua squadra ha perso è andato su tutte le furie.*

rub — *la difficoltà*
   There's the rub. *Questo è il guaio.*

to rub — *fregare*
   to rub it in — *farla lunga.*
   I know I made a mistake, but you don't have to rub it in. *Lo so che ho sbagliato, ma tu non farla lunga.*

   to rub off on — *trasmettersi a.*
   The father's good manners never rubbed off on the son. *Le buone maniere del padre non si sono mai trasmesse al figlio.*

   to rub the wrong way — *dare fastidio.*
   The way he talks rubs me the wrong way. *Il suo modo di parlare mi dà fastidio.*

   to rub up against — *incontrare (conoscere).*
   As a child she never rubbed up against racial discrimination. *Da bambina non ha mai incontrato (conosciuto) la discriminazione razziale.*

rug — *il tappeto*
   to pull the rug out from under — *far mancare il terreno sotto i piedi.*
   They made me believe I had their support at the meeting, but they pulled the rug out from under me. *Mi hanno fatto credere che mi avrebbero sostenuto alla riunione, invece mi hanno fatto mancare il terreno sotto i piedi.*

to rule — *governare*
   to rule out — *escludere.*
   The doctor ruled out the possibility of a kidney stone. *Il dottore escluse che si trattasse di un calcolo al rene.*

run — *la corsa*
   a run for one's money — *filo da torcere.*
   Although our boys were defeated, they gave the opponents a run for their money. *Benchè abbiano perso, i nostri ragazzi hanno dato filo da torcere agli avversari.*

in the short run ... in the long run — *a breve termine ... a lungo termine.*

In the short run it's better to invest in derivatives, but in the long run federal bonds are safer. *A breve termine è meglio investire nei derivati, ma sul lungo termine i titoli di stato sono più sicuri.*

run down — *in rovina, in cattive condizioni.*

The villa must have been beautiful once, but now it's run down. *La villa doveva essere bella un tempo, ma adesso è in rovina.*

Run that by me again! *Ripetimelo un'altra volta!*

the run of — *libero accesso a.*

He has the run of my house. *Ha libero accesso alla mia casa.*

to give someone the rundown — *dare spiegazioni.*

He gave us the rundown on the meeting. *Ci ha dato spiegazioni sulla riunione.*

to run — *correre*

an also ran — *insignificante.*

He was an also ran in the struggle for power. *Era insignificante nella lotta per il potere.*

to run down — *criticare.*

My mother-in-law is always running down my cooking. *Mia suocera critica sempre il mio modo di cucinare.*

to run for office — *presentarsi candidato.*

The first time he ran for office he won by a big majority. *La prima volta che si presentò candidato vinse con una grande maggioranza.*

to run on — *continuare a parlare.*

He can run on for hours about his troubles. *È capace di continuare a parlare dei suoi guai per ore.*

to run out of — *finire.*

We've run out of sugar. *Abbiamo finito lo zucchero.*

running — *la corsa*

in the running — *in gara.*

He's in the running for that post. *È in gara per quel posto.*

out of the running — *fuori gara.*

He's been out of the running for that post for some time. *È fuori gara per quel posto da parecchio tempo.*

runaround — *il giro*

   to give the runaround — *far girare a vuoto.*

   She wants to see the President, but they'll give her the runaround. *Vuole vedere il Presidente, ma la faranno girare a vuoto.*

rut — *il solco*

   in a rut — *il solito trantran.*

   After teaching the same subject for several years, she felt she was in a rut. *Dopo aver insegnato la stessa materia per anni, era stufa del solito trantran.*

sack — *il sacco*

   to get sacked (the sack) — *essere licenziato.*

   He got sacked (the sack) for being late to work. *È stato licenziato perchè veniva sempre tardi al lavoro.*

   to hit the sack — *andare a letto.*

   I'm so tired I'm going to hit the sack early. *Sono così stanco che vado a letto presto.*

to saddle — *sellare*

   to be saddled with — *essere oberato di.*

   After his uncle's death he discovered that the firm was saddled with debts. *Dopo la morte di suo zio scoprì che l'azienda era oberata di debiti.*

safe — *salvo*

safe and sound — *sano e salvo.*

The children arrived home safe and sound. *I bambini sono arrivati a casa sani e salvi.*

safe — *sicuro*

to play safe (to be on the safe side) — *essere prudente.*

We'd better play it safe and lock everything. *È meglio essere prudenti e chiudere tutto a chiave.*

sail — *la vela*

to trim one's sails — *ridurre le spese.*

Now that Frank's retired we have to trim our sails. *Ora che Franco è in pensione dobbiamo ridurre le nostre spese.*

to sail — *navigare*

to sail into — *sgridare.*

The policeman sailed into the boys for playing on the grass. *Il poliziotto ha sgridato i ragazzi perchè giocavano sul prato.*

to sail through — *andare a gonfie vele.*

I sailed through that exam I dreaded so much. *Ho passato a gonfie vele l'esame che temevo tanto di non superare.*

sailing — *la navigazione*

clear sailing — *un compito facile.*

We'll have clear sailing now that the deadline has been put off. *Avremo un compito facile ora che il termine di consegna è stato rinviato.*

salad — *l'insalata*

salad days — *la giovinezza (gli anni verdi).*

In his salad days he went to the theater often. *Da giovane (nei suoi anni verdi) andava spesso a teatro.*

salt — *il sale*

an old salt — *un vecchio lupo di mare.*

The boys like to hear the old salt tell of his adventures. *Ai ragazzi piace ascoltare il vecchio lupo di mare raccontare le sue avventure.*

to be worth one's salt — *valere qualcosa.*

The older son is not worth his salt. *Il figlio maggiore non vale niente.*

to rub salt into someone's wound — *rigirare il coltello nella piaga.*

Don't rub salt into my wound by reminding me how happy I would have been with him. *Non rigirare il coltello nella piaga ricordandomi quanto sarei stata felice con lui.*

to take with a grain of salt — *prendere con un grano di sale (cum grano salis).*

Take what he says with a grain of salt. *Prendi quello che dice con un grano di sale (cum grano salis).*

---

same — *lo stesso*

all the same — *comunque, lo stesso.*

Her parents were opposed to their marriage, but they married all the same. *I genitori di lei erano contrari al loro matrimonio, ma si sono sposati lo stesso.*

---

say — *l'opinione*

to have a say — *avere voce in capitolo.*

He has no say in the matter. *Non ha voce in capitolo.*

---

to say — *dire*

Easier said than done. *Tra il dire e il fare c'è di mezzo il mare.*

No sooner said than done. *Detto fatto.*

when all is said and done — *a conti fatti.*

When all is said and done, it wasn't a very good idea. *A conti fatti, non è stata una buona idea.*

You can say that again! *Puoi dirlo forte! Puoi ben dirlo!*

You don't say! *Davvero!*

---

scale — *la bilancia*

    to tip the scales — *far pendere la bilancia.*

His knowledge of Italian tipped the scales in his favor. *La sua conoscenza dell'italiano ha fatto pendere la bilancia a suo favore.*

scarce — *scarso*

    to make oneself scarce — *sparire.*

Make yourself scarce while I talk to your mother. *Sparisci mentre parlo con tua madre.*

scared — *spaventato*

    to be scared stiff (silly) — *molto spaventato.*

I was scared stiff (silly) when I heard the noise. *Mi sono molto spaventato quando ho sentito il rumore.*

scent — *il profumo*

    to throw off the scent — *far perdere le tracce.*

We each went our own way hoping to throw the enemy off the scent. *Abbiamo preso ognuno una strada diversa sperando di far perdere le nostre tracce al nemico.*

school — *la scuola*

    of the old school — *di vecchio stampo.*

Grandfather is a gentleman of the old school. *Il nonno è un signore di vecchio stampo.*

    the school of hard knocks — *imparare dall'esperienza (venire dalla gavetta).*

He's proud to have been through the school of hard knocks. *È fiero di avere imparato tutto dall'esperienza (essere venuto dalla gavetta).*

score — *il punteggio*

    a score to settle — *un vecchio conto da regolare (un conto in sospeso).*

We have a score to settle. *Abbiamo un vecchio conto da regolare (un conto in sospeso).*

on that score — *a questo riguardo.*

You don't have to worry about it on that score. *Non ti devi preoccupare a questo riguardo.*

to know the score — *sapere come stanno le cose.*

You need to get a lawyer who knows the score. *Devi prenderti un avvocato che sappia come stanno le cose.*

scrape — *la scorticatura*
  to get into a scrape — *mettersi nei pasticci.*

He's always getting himself into a scrape. *Si mette sempre nei pasticci.*

to scrape — *raschiare*
  to scrape through — *cavarsela.*

Somehow he managed to scrape through the examination. *In qualche modo è riuscito a cavarsela all'esame.*

  to scrape together — *raccimolare.*

By dint of being frugal he managed to scrape together a tidy little sum. *A forza di risparmiare è riuscito a raccimolare tanti bei soldini.*

scratch — *il graffio*
  to start from scratch — *ricominciare da capo.*

He lost the manuscript and had to start again from scratch. *Ha perso il manoscritto e così ha dovuto ricominciare da capo.*

  up to scratch — *soddisfacente.*

His essay was not up to scratch so he had to rewrite it. *Il suo tema non era soddisfacente e così l'ha dovuto riscrivere.*

screw — *la vite*

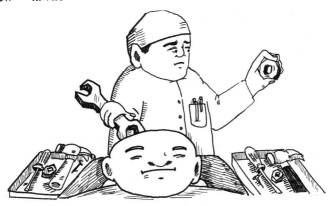

to have a screw loose — *avere una rotella che manca.*
You can't go by what he says because he has a screw loose. *Non puoi fidarti di quello che dice perchè gli manca una rotella.*

to put the screws on — *esercitare forti pressioni.*
They put the screws on him to make him give the money back. *Hanno esercitato forti pressioni su di lui per farsi restituire i soldi.*

to screw — *avvitare*
　　to screw around — *sprecare il proprio tempo.*
　　Instead of helping us you screw around all day. *Invece di aiutarci sprechi tempo tutta la giornata.*

sea — *il mare*
　　all at sea — *disorientato.*
　　The clerks are all at sea because they haven't been told what to do. *Gli impiegati sono disorientati perchè non è stato detto loro cosa devono fare.*

seam — *la cucitura*
　　to burst at the seams — *scoppiare.*
　　Our classrooms are bursting at the seams. *Le nostre aule scoppiano.*

seat — *la sedia*
    by the seat of one's pants — *a lume di naso.*
    I need time to answer your request. I can't make a decision by the seat of my pants. *Ho bisogno di tempo per rispondere alla sua richiesta. Non voglio prendere una decisione a lume di naso.*

    to take a back seat — *assumere un ruolo secondario.*
    After all those years of leadership it's hard for him to take a back seat. *Dopo tanti anni al comando, gli è difficile assumere un ruolo secondario.*

second — *il secondo*
    in a split second — *in un attimo.*
    It all happened so fast that it was over in a split second. *Tutto è successo così rapidamente che in un attimo era già finito.*

    the second to last — *il penultimo.*
    On the second-to-last day of our vacation, the sun finally came out. *Il penultimo giorno della nostra vacanza finalmente il sole si è fatto vedere.*

    to second-guess — *fare della dietrologia.*
    It's easy now to second-guess the strategy. *È facile adesso fare della dietrologia su quale sarebbe stata la strategia corretta.*

to see — *vedere*
    not to see (a number) again — *aver passato da un pezzo.*
    He'll never see forty again. *Ha passato da un pezzo la quarantina.*

    to see off — *accompagnare.*
    He came to the station to see us off. *Ci ha accompagnato alla stazione.*

    to see through — *capire.*
    We saw through his scheme right away. *Abbiamo capito subito il suo piano.*

    to see to something — *pensarci.*
    I'll see to it. *Ci penso io.*

seed — *il seme*
   to go to seed — *decadere.*
   This neighborhood has gone to seed in the last few years. *Questo quartiere è decaduto negli ultimi anni.*

self — *se stesso*
   all by oneself — *tutto solo (solo soletto).*
   Maria is there all by herself. *Maria sta lì tutta sola (sola soletta).*

to sell — *vendere*
   to be sold on — *essere entusiasta di (andar matto per).*
   He's sold on basketball. *È entusiasta della (va matto per la) pallacanestro.*

   to sell someone out — *tradire.*
   I never thought he would sell us out. *Non avrei mai pensato che ci avrebbe traditi.*

to send — *mandare*
   to send for — *mandare a chiamare.*
   They sent for Julie at the last minute. *Hanno mandato a chiamare Giulia all'ultimo momento.*

sense — *il senso*
   to come to one's senses — *tornare in sè.*
   He finally came to his senses and withdrew his investment. *Finalmente tornò in sè e ritirò il proprio investimento.*

   to make sense — *avere senso.*
   That kind of protest doesn't make sense. *Quel genere di protesta non ha senso.*

   to take leave of one's senses (to be out of one's senses) — *dare di volta il cervello.*
   He must have taken leave (be out) of his senses if he thinks that car will work. *Deve avergli dato di volta il cervello se pensa che quella macchina funzioni.*

set — *fermo*

  set in one's ways — *attaccato ai sistemi tradizionali.*

The old bookkeeper was too set in his ways to use a computer. *Il vecchio ragioniere era troppo attaccato ai sistemi tradizionali per usare un calcolatore elettronico.*

to set — *porre*

  all set — *pronto.*

Are we all set to go? *Siamo pronti?*

  to set off — *far risaltare.*

The bright colors of the sofa were set off by the white of the walls. *Il bianco del muro faceva risaltare i colori brillanti del divano.*

  to set up — *organizzare.*

I'd like to set up a new language course. *Mi piacerebbe organizzare un nuovo corso di lingue.*

to settle — *stabilire*

  to settle down — *(1) calmarsi.*

Things should settle down after the Christmas rush. *Le cose dovrebbero calmarsi dopo il trambusto di Natale.*

  (2) stabilirsi.

After the wedding, they settled down in New York. *Dopo il matrimonio si stabilirono a New York.*

  to settle for — *accontentarsi di.*

We settled for the smaller basket. *Ci siamo accontentati del cestino più piccolo.*

to sew — *cucire*

  to have something sewn up — *monopolizzare.*

They've sewn up the coffee imports in the state. *Hanno monopolizzato le importazioni di caffè nello stato.*

shadow — *l'ombra*

  beyond the shadow of a doubt — *senza ombra di dubbio.*

He was guilty beyond the shadow of a doubt. *Era colpevole senza ombra di dubbio.*

shake — *la scossa*
  in half a shake (in two shakes) — *in un attimo.*
  I'll be back in half a shake (two shakes). *Sarò di ritorno in un attimo.*

  no great shakes — *niente di straordinario.*
  The performance was no great shakes. *La recita non era niente di straordinario.*

shame — *la vergogna*
  to put someone to shame — *eclissare.*
  His skiing put the rest of us to shame. *Sciava così bene da eclissare tutti noi.*

shank — *lo stinco*
  Shank's mare — *il cavallo di S. Francesco.*
  My auto ran out of gas and I had to use Shank's mare. *La mia macchina è rimasta senza benzina e ho dovuto usare il cavallo di S. Francesco.*

shape — *la forma*
  in bad shape — *giù di corda (male in arnese).*
  He's in bad shape since the accident. *È giù di corda (sta male in arnese) da quando ha avuto l'incidente.*

in good shape — *in forma.*
Charles has been in good shape lately. *Carlo è in forma da un po' di tempo in qua.*

to shape — *formare*
Shape up or ship out. *Datti una smossa.*

to shape up well — *prendere una buona piega.*
Things are shaping up well. *Le cose stanno prendendo una buona piega.*

shave — *la rasatura*
to have a close shave — *scamparla bella.*
Coming home we had a close shave when a truck bumped into us. *Tornando a casa l'abbiamo scampata bella quando un camion ci ha tamponato.*

sheet — *il lenzuolo*
three sheets to the wind — *ubriaco fradicio.*
He came out of the bar three sheets to the wind. *È uscito dal bar ubriaco fradicio.*

shelf — *lo scaffale*
to be put on the shelf — *venire messo a riposo.*
Old people dread being put on the shelf. *Le persone anziane temono di venire messe a riposo.*

shell — *la conchiglia*
in one's shell — *nel proprio guscio.*
Who knows whether she's nice or not? She's always in her shell. *Chi lo sa se è simpatica o no? È sempre chiusa nel suo guscio.*

to shell — *sgusciare*
to shell out — *sborsare.*
His father shelled out a lot of money for his education. *Suo padre ha sborsato un mucchio di soldi per la sua istruzione.*

to shift — *cambiare*
   to shift for oneself — *fare da sè.*
   I have to shift for myself in the kitchen this week. *Devo fare da me in cucina questa settimana.*

shine — *lo splendore*
   to take a shine to — *innamorarsi di.*
   My aunt took a shine to that vase so I gave it to her. *Mia zia s'è innamorata di quel vaso, così gliel'ho regalato.*

ship — *la nave*
   when one's ship comes in — *quando qualcuno fa fortuna.*
   When our ship comes in we'll buy a new house. *Quando faremo fortuna compreremo una nuova casa.*

shirt — *la camicia*
   a stuffed shirt — *un pallone gonfiato.*
   He's just a stuffed shirt; he has no power. *È solo un pallone gonfiato; non ha alcun potere.*

   to give the shirt off one's back — *togliersi il pane di bocca.*
   He's so generous he'd give you the shirt off his back. *È così generoso che si toglierebbe il pane di bocca.*

   to keep one's shirt on — *non perdere la calma.*
   Keep your shirt on and don't get excited. *Non perdere la calma e non ti eccitare.*

   to lose one's shirt — *perdere anche la camicia.*
   He lost his shirt in the stock market. *Ha perso anche la camicia giocando in borsa.*

shoe — *la scarpa*
   If the shoe fits, wear it. *Se la critica è giusta, accettala.*

   in someone's shoes — *nei panni di qualcuno.*
   I wouldn't want to be in his shoes. *Non vorrei essere nei suoi panni.*

to have the shoe on the other foot — *essere dall'altra parte della barricata.*

I was a student until recently; now I'm a teacher. I have the shoe on the other foot. *Sono stata una studentessa fino a poco tempo fa; adesso sono un'insegnante. Sono dall'altra parte della barricata.*

shoestring — *il laccio da scarpa*
   on a shoestring — *dal niente.*
   He started out on a shoestring, but now has a prosperous business. *Ha cominciato dal niente, ma ora ha un'azienda prospera.*

to shoot — *sparare*
   to shoot from the hip — *parlar chiaro.*
   With my boss you know where you stand; he shoots from the hip. *Con il mio capo sai come stanno le cose: parla chiaro.*

shop — *la bottega*
   to talk shop — *parlare del lavoro.*
   The men are talking shop in the living room. *Gli uomini stanno parlando di lavoro in salotto.*

short — *corto*
   to fall short — *essere inferiore alle aspettative.*
   Your work falls short of my expectations. *Il tuo lavoro è inferiore alle mie aspettative.*

   to sell short — *(1) sottovalutare.*
   You ought to get at least ten dollars an hour; don't sell yourself short. *Dovresti guadagnare almeno dieci dollari all'ora; non ti sottovalutare.*
   (2) prendere sottogamba.
   Carl is a good manager, don't sell him short. *Carlo è un bravo amministratore, non prenderlo sottogamba.*

   to stop short of — *fermarsi davanti a.*
   They won't stop short of anything, including murder. *Non si fermeranno davanti a niente, nemmeno all'omicidio.*

to take someone up short — *interrompere bruscamente.*

She took him up short in the middle of his explanation. *Lo interruppe bruscamente nel bel mezzo della sua spiegazione.*

---

shot — *lo sparo*

a big shot — *un pezzo grosso.*

Now that he has a job he thinks he's a big shot. *Ora che ha un lavoro si crede un pezzo grosso.*

a long shot — *un tentativo dall'esito incerto.*

Jones's candidacy as mayor was a long shot. *Jones si è candidato a sindaco con scarse speranze di successo.*

a shot in the arm — *un incoraggiamento.*

We gave him a shot in the arm before he stepped onstage. *Gli abbiamo dato un incoraggiamento prima che salisse sul palcoscenico.*

a shot in the dark — *una risposta alla cieca.*

His answer was a shot in the dark, because he didn't know much about the subject. *La sua è stata una risposta alla cieca, perchè non ne sapeva molto sull'argomento.*

off like a shot — *via come un fulmine.*

He came home to change his clothes and was off like a shot. *Tornò a casa a cambiarsi e poi via come un fulmine.*

to call the shots — *comandare.*

Who's calling the shots around here? *Chi comanda qui?*

to have a shot at — *provare a fare.*

Have a shot at this puzzle. *Prova a fare questo rompicapo.*

---

shoulder — *la spalla*

straight from the shoulder — *con tutta franchezza.*

He told them straight from the shoulder what was wrong with their work. *Ha detto loro con tutta franchezza che cosa non andava nel loro lavoro.*

to give someone the cold shoulder — *voltare le spalle.*

When I saw her at the market she gave me the cold shoulder. *Quando l'ho vista al mercato mi ha voltato le spalle.*

645

to put one's shoulder to the wheel — *mettersi a sgobbare.*
You'll have to put your shoulder to the wheel if you're going to succeed. *Dovrai metterti a sgobbare se vuoi avere successo.*

to rub shoulders with — *frequentare.*
She likes to rub shoulders with the aristocracy. *Le piace frequentare l'aristocrazia.*

shouting — *il clamore*
all over but the shouting — *praticamente finito.*
When we got there it was all over but the shouting. *Quando siamo arrivati noi praticamente era tutto finito.*

show — *lo spettacolo*
to steal the show — *accentrare su di sè tutta l'attenzione.*
The baby stole the show. *Il bambino accentrò su di sè tutta l'attenzione.*

to show — *mostrare*
to go to show — *provare.*
It all goes to show that the best man doesn't always win. *Tutto ciò prova che non è sempre il migliore che vince.*

to show off — *mettersi in mostra.*
That child likes to show off in front of adults. *A quel bambino piace mettersi in mostra di fronte agli adulti.*

to show someone up — *surclassare.*
He really showed me up at tennis. *Mi ha veramente surclassato a tennis.*

to show up — *presentarsi.*
She showed up an hour late. *Si è presentata con un'ora di ritardo.*

to shut — *chiudere*
to shut up — *chiudere il becco (stare zitto).*
Shut up and let me think. *Chiudi il becco (sta' zitto) e fammi pensare.*

shy — *timido*

    shy of — *a corto di.*

    I'm shy of money and can't go to the movies with you. *Sono a corto di soldi e non posso venire al cinema con voi.*

    to shy away — *evitare.*

    He will always try to shy away from any responsibility. *Cercherà sempre di evitare ogni responsabilità.*

---

sick — *malato*

    sick and tired — *stufo.*

    I'm sick and tired of this affair. *Sono stufo di quest'affare.*

---

side — *il lato*

    to get on the good side of — *ingraziarsi qualcuno.*

    He tried to get on the good side of the boss by taking him out to dinner. *Ha cercato di ingraziarsi il principale invitandolo fuori a cena.*

    to split one's sides laughing — *sbellicarsi dalle risate.*

    We split our sides laughing at the Laurel and Hardy movie. *Ci siamo sbellicati dalle risate guardando il film di Stanlio e Ollio.*

    to take sides (side) against — *schierarsi contro.*

    He'll be sorry he took sides (sided) against us. *Peggio per lui se si è schierato contro di noi.*

---

sight — *la vista*

    a sight for sore eyes — *un piacere a vedersi.*

    I haven't seen you for so long, you're a sight for sore eyes! *È tanto tempo che non ci vediamo, è un piacere vederti!*

    Out of sight, out of mind. *Lontano dagli occhi, lontano dal cuore.*

    sight unseen — *a scatola chiusa.*

    He bought the land sight unseen. *Ha comprato il terreno a scatola chiusa.*

    to catch sight of — *intravedere.*

I caught sight of him as he went by. *L'ho intravisto mentre passava.*

to drop out of sight — *sparire dalla circolazione.*
After they bought their new house the Smiths dropped out of sight. *Da quando hanno comprato la casa nuova, gli Smith sono spariti dalla circolazione.*

to lose sight of — *perdere di vista.*
She lost sight of the other members of the group in the crowd. *Nella ressa ha perso di vista gli altri membri del gruppo.*

to sign — *firmare*
signed, sealed, and delivered — *concluso.*
"How is the contract coming along?" "It's signed, sealed, and delivered." *"A che punto è il contratto?" "Concluso!"*

silence — *il silenzio*
Silence gives consent. *Chi tace acconsente.*

to single — *distinguere*
to single out — *selezionare.*
They singled out three students for the fellowship. *Hanno selezionato tre studenti per la borsa di studio.*

to sink — *affondare*
to sink in — *digerire.*
When we heard that he had run away with his secretary, it took a while before it sank in. *Quando abbiamo saputo che se n'era andato con la segretaria, c'è voluto un po' prima che digerissimo la notizia.*

to sink or swim — *o bere o affogare.*
In the business world it's either sink or swim. *Nel mondo degli affari, o bevi o affoghi.*

to sit — *sedersi*

    to sit up and take notice — *risvegliare l'attenzione.*

    When the witness entered, everyone sat up and took notice. *Quando è entrato il testimone si è risvegliata l'attenzione del pubblico.*

six — *sei*

    at sixes and sevens — *sottosopra.*

    The confusion in the office is terrible; everything is at sixes and sevens. *C'è una terribile confusione nell'ufficio; è tutto sottosopra.*

    It's six of one and half dozen of the other. *Se non è zuppa è pan bagnato.*

size — *la misura*

    to cut someone down to size — *ridimensionare.*

    He likes to boast, so we'll have to cut him down to size. *Gli piace darsi delle arie, così dovremo ridimensionarlo.*

to size — *misurare*

    to size up — *valutare.*

    After sizing up the situation he decided not to accept the offer. *Dopo aver valutato la situazione, decise di non accettare l'offerta.*

skeleton — *lo scheletro*
    skeleton in the closet — *scheletro nell'armadio.*
    An uncle in jail is their skeleton in the closet. *Uno zio in prigione è il loro scheletro nell'armadio.*

skin — *la pelle*
    by the skin of one's teeth — *per un pelo (per il rotto della cuffia).*
    He passed the exam by the skin of his teeth. *Ha passato l'esame per il rotto della cuffia.*

    skin and bones — *pelle e ossa.*
    After his illness he's all skin and bones. *Dopo la sua malattia è tutto pelle e ossa.*

    to get under one's skin — *seccare.*
    It got under my skin when the boss accused us of loafing. *Mi ha seccato che il capo ci accusasse di perdere tempo.*

    to jump out of one's skin — *gelarsi il sangue nelle vene.*
    I was so scared I nearly jumped out of my skin. *Ero così spaventato che mi si gelò il sangue nelle vene.*

to skip — *saltare*
    to skip it — *lasciar perdere.*
    Oh, skip it; it wasn't important. *Oh, lascia perdere; non era importante.*

    to skip out — *squagliarsela.*
    He skipped out without paying for his dinner. *Se la squagliò senza pagare la cena.*

sky — *il cielo*
    out of the clear blue sky — *come un fulmine a ciel sereno.*
    His offer came out of the clear blue sky. *La sua offerta è arrivata come un fulmine a ciel sereno.*

    sky high — *alle stelle.*
    The prices went sky high after the elections. *I prezzi andarono alle stelle dopo le elezioni.*

    the sky's the limit — *non c'è limite.*

When they shop for the grandchildren the sky's the limit. *Quando fanno compere per i nipotini non c'è limite di spesa.*

to praise to the skies — *portare qualcuno ai sette cieli.*

She particularly likes that student and has always praised him to the skies. *Ha un debole per quello studente e lo ha sempre portato ai sette cieli.*

to reach for the sky — *mirare in alto.*

His family is poor but he's reaching for the sky and going to medical school. *La sua famiglia è povera, ma lui mira in alto e va a fare medicina.*

---

slate — *la lavagna*

a clean slate — *senza debiti.*

We paid all our bills, so we can start the year with a clean slate. *Abbiamo pagato tutti i nostri conti, così possiamo iniziare l'anno senza debiti.*

---

sleeve — *la manica*

to have something up one's sleeve — *avere un asso nella manica.*

I don't trust him because I think he's got something up his sleeve. *Non mi fido di lui perchè credo che abbia un asso nella manica.*

to laugh up one's sleeve — *ridere sotto i baffi.*

He made a fool of himself and didn't realize we were all laughing up our sleeves. *Si è reso ridicolo e non ha capito che ridevamo tutti sotti i baffi.*

to roll up one's sleeves — *rimboccarsi le maniche.*

If I want to finish by the deadline I'll have to roll up my sleeves. *Se voglio finire entro la scadenza dovrò rimboccarmi le maniche.*

---

to slide — *scivolare*

to let something slide — *lasciar correre.*

I don't agree with that, but we'll let it slide. *Non sono d'accordo, ma lasciamo correre.*

---

slip — *la scivolata*
    a slip of the tongue — *un lapsus.*
    There was some truth in that slip of the tongue. *C'era un po' di verità in quel lapsus.*

    to give the slip to — *sfuggire a qualcuno.*
    The escaped convict gave the slip to his pursuers. *L'evaso sfuggì ai suoi inseguitori.*

to slip — *scivolare*
    to let something slip — *lasciarsi scappare qualcosa.*
    She let something slip about the new job. *Si è lasciata scappare qualcosa a proposito del nuovo impiego.*

slow — *lento*
    slow on the draw (uptake) — *duro di comprendonio.*
    He's not a bad fellow, but he's slow on the draw. *Non è cattivo, ma è duro di comprendonio.*

sly — *scaltro*
    on the sly — *sotto banco.*
    When he was an inspector he made a lot of money on the sly. *Quando era ispettore fece molti soldi sotto banco.*

smile — *il sorriso*
    to crack a smile — *abbozzare un sorriso.*
    All the time they were telling jokes he didn't even crack a smile. *Per tutto il tempo in cui hanno raccontato barzellette lui non ha neppure abbozzato un sorriso.*

smoke — *il fumo*
    to go up in smoke — *andare in fumo.*
    Our plans for the summer went up in smoke when he broke his leg. *I nostri piani per l'estate andarono in fumo quando si ruppe la gamba.*
    Where there's smoke there's fire. *Non c'è fumo senza arrosto.*

snag — *l'ostacolo*
   to strike (hit) a snag — *incontrare un ostacolo imprevisto.*
   When we shipped our luggage home we struck (hit) a snag at customs.
   Quando abbiamo spedito il nostro bagaglio a casa abbiamo incontrato un ostacolo imprevisto alla dogana.

snake — *il serpente*
   a snake in the grass — *una serpe in seno.*
   Her once-friendly sister-in-law turned out to be a snake in the grass.
   Sua cognata, un tempo sua amica, si è rivelata una serpe in seno.

snappy — *vivace*
   to make it snappy — *sbrigarsi.*
   I need a hand, so make it snappy. *Ho bisogno di una mano, quindi sbrigati.*

to snow — *nevicare*
   to be snowed under — *essere sommerso.*
   We're snowed under with orders for the holidays. *Siamo sommersi dalle ordinazioni per le feste.*

   to snow — *colpire.*
   She was snowed by his skill. *È stata colpita dalla sua bravura.*

snowball — *la palla di neve*
   to snowball — *crescere a valanga.*
   They started off slowly but now their business is really snowballing.
   Hanno cominciato lentamente, ma ora i loro affari crescono a valanga.

snuff — *il tabacco da fiuto*
   up to snuff — *all'altezza.*
   His performance was not up to snuff. *La sua prova non è stata all'altezza.*

so — *così*

  a so-and-so — *impolite, unprintable.*

  He called me a so-and-so and I hit him. *L'ho colpito perchè mi ha dato del . . .*

  so-and-so — *il tale.*

  That so-and-so talks too much. *Quel tale parla troppo.*

so much — *tanto*

  so much for — *basta.*

  So much for our vacation. What about yours? *Basta parlare delle nostre vacanze. Come sono state le tue?*

soft — *morbido*

  a soft spot — *un debole.*

  Ever since I visited Sydney I've had a soft spot for Australians. *Da quando sono stato a Sydney ho un debole per gli australiani.*

  to soft-pedal — *non parlare.*

  You'd better soft-pedal your plans for leaving at the end of the year. *Faresti meglio a non parlare dei tuoi progetti di andartene alla fine dell'anno.*

some — *qualche*

  and then some — *molti di più.*

  That house would have cost all the money he had and then some. *Quella casa costa molti più soldi di quanti non ne abbia.*

son — *il figlio*

  son of a gun — *figlio d'un cane.*

  That son of a gun cheated me. *Quel figlio d'un cane mi ha truffato.*

song — *la canzone*

  for a song — *per un pezzo di pane.*

  I bought this chair at an auction for a song. *Ho comprato questa sedia a un'asta per un pezzo di pane.*

song and dance — *una tiritera.*

The salesman went into a song and dance as to why we should buy this product. *Il commesso ci ha fatto una tiritera per convincerci a comperare il suo prodotto.*

sorrow — *il dolore*

  to drown one's sorrows — *affogare il dolore (l'affanno).*

Let's drown our sorrows in a glass of beer. *Affoghiamo i nostri dolori (affanni) in un bicchiere di birra.*

sort — *il tipo*

  out of sorts — *sverso.*

I've been out of sorts all day. *Sono stato sverso per tutta la giornata.*

soul — *l'anima*

  a living soul — *un'anima, un cane.*

The town was deserted; there wasn't a single soul around. *La città era deserta: non c'era un'anima in giro.*

to sound — *suonare*

  to sound someone out — *tastare il terreno.*

Before we offer him the job, we ought to sound him out and see if he's interested. *Prima di offrirgli il lavoro, dovremmo tastare il terreno per vedere se gli interessa.*

soup — *la minestra*

  in the soup — *nelle peste.*

We saw them waiting for us on the corner and we realized we were in the soup. *Li abbiamo visti che ci aspettavano all'angolo e abbiamo capito che eravamo nelle peste.*

space — *lo spazio*

  to be in outer space (to be spaced-out) — *non esserci con la testa.*

Hello! I'm talking to you! Are you in outer space? *Ehi, sto parlando con te! Dove hai la testa?*

spade — *la vanga*
  to call a spade a spade — *dire pane al pane.*
  He's one politician who calls a spade a spade. *È un uomo politico che dice pane al pane.*

to speak — *parlare*
  to be spoken for — *prenotato (preso).*
  Those seats are already spoken for. *Quei posti sono già prenotati (presi).*

  to speak out (up) — *parlare chiaro e tondo.*
  I spoke out at the town meeting and accused them of taking bribes. *Ho parlato chiaro e tondo alla riunione del consiglio comunale e li ho accusati di prendere delle bustarelle.*

  to speak up for — *parlare in favore di.*
  I'll speak up for him anytime because I think he's a good man. *Parlerò in suo favore ogni volta che sarà necessario perchè penso che sia un brav'uomo.*

spin — *la rotazione*
  to go for a spin — *andare a fare un giro.*
  He took me for a spin in his new car. *Mi ha portato a fare un giro nella sua macchina nuova.*

to spit — *sputare*
  to spit it out — *parlare (dire quello che uno ha da dire).*
  We waited for an hour for him to spit it out. *Abbiamo aspettato un'ora che lui parlasse (dicesse quello che aveva da dire).*

splash — *lo spruzzo*
  to make a splash — *fare sensazione.*
  His speech made a splash in the newspapers. *Il suo discorso ha fatto sensazione sui giornali.*

to split — *spaccare*
  to split up — *separarsi, divorziare.*
  They split up after twenty years of marriage. *Hanno divorziato dopo vent'anni di matrimonio.*

sponge — *la spugna*
  to throw in the sponge — *gettare la spugna.*
  I never thought he'd throw in the sponge when he was so close to finishing. *Non pensavo che avrebbe gettato la spugna quando era così vicino alla fine.*

to sponge — *assorbire*
  to sponge off — *vivere alle spalle di.*
  I don't want to sponge off my family so I'm trying to be self-supporting. *Non voglio vivere alle spalle della mia famiglia e così cerco di essere autosufficiente.*

spoon — *il cucchiaio*
  a greasy spoon — *una bettola.*
  It's a greasy spoon, but the food is good. *È una bettola, ma ci si mangia bene.*

  He was born with a silver spoon in his mouth. *È nato con la camicia.*

to spoon — *prendere con un cucchiaio*
  to spoon-feed — *avere la pappa fatta.*
  Some students want the teacher to spoon-feed them. *Alcuni studenti vogliono avere la pappa fatta dall'insegnante.*

sport — *lo sport, la burla*
  to be a good sport about — *prenderla sportivamente.*
  He was a good sport about being left at home. *L'ha presa sportivamente quando lo abbiamo lasciato a casa.*

spot — *il posto, il punto*
   on the (in a tight) spot — *alle strette.*
   The journalist's questions put him on the (in a tight) spot. *Le domande del giornalista lo hanno messo alle strette.*

to spring — *scaturire*
   to spring from — *sbucare fuori da.*
   Where did you spring from? *Da dove sei sbucato fuori?*

   to spring on one — *comunicare di botto.*
   They sprang the news on me that I had to work on Saturdays. *Mi hanno comunicato di botto che dovevo lavorare anche al sabato.*

spur — *lo sperone*
   on the spur of the moment — *lì per lì.*
   He did it on the spur of the moment, without thinking. *L'ha fatto lì per lì, senza pensare.*

square — *il quadrato*
   to call it square — *essere pari.*
   Pay me ten dollars and we'll call it square. *Dammi dieci dollari e siamo pari.*

to square — *quadrare*
   to square with — *essere in accordo con.*
   His practice does not square with his principles. *Le sue azioni non sono in accordo con i suoi principii.*

squeeze — *la stretta*
   in a tight squeeze — *alle strette.*
   They were in a tight squeeze until he was able to go back to work. *Si sono trovati alle strette finchè non è tornato al lavoro.*

stab — *la pugnalata*
  a stab in the back — *una pugnalata alla schiena.*
  What she said about him was a real stab in the back. *Quello che ha detto di lui è stata una vera pugnalata alla schiena.*

stag — *il cervo maschio*
  to go stag — *andare senza la ragazza.*
  Several guys are going stag to the dance. *Parecchi ragazzi andranno al ballo senza la ragazza.*

stake — *il palo*
  at stake — *in gioco (andarci di mezzo).*
  Take care of that cough because your health is at stake. *Curati quella tosse perchè è in gioco la tua salute (ne va di mezzo la tua salute).*

  to pull up stakes — *lasciare la vita di prima.*
  We're pulling up stakes and moving to Alaska. *Lasciamo la vita di prima e ci trasferiamo in Alaska.*

to stake — *delimitare con picchetti*
  to stake someone to something — *offrire qualcosa a qualcuno.*
  If you help me I'll stake you to a good dinner. *Se mi aiuti ti offrirò un buon pranzo.*

to stamp — *calpestare*
  to stamp out — *eliminare (debellare).*
  They've finally stamped out smallpox. *Hanno finalmente eliminato (debellato) il vaiolo.*

stand — *la resistenza*
  a one-night stand — *l'avventura di una notte.*
  She just had a one-night stand with Charles, but she never forgot him. *Carlo è stato l'avventura di una notte, ma lei non l'ha mai dimenticato.*

to take a stand — *prendere posizione.*

The union took a stand on the wage increase. *Il sindacato prese posizione sugli aumenti dei salari.*

to stand — *stare in piedi*

   to know where one stands — *conoscere la posizione di qualcuno.*

   I'd like to know where you stand on the matter. *Vorrei conoscere la tua posizione sulla questione.*

   to stand for — *(1) tollerare.*

   I won't stand for this behavior. *Non tollererò questo comportamento.* *(2) significare.*

   What do these initials stand for? *Cosa significano queste iniziali?*

   to stand out — *farsi notare.*

   His yellow jacket really stood out. *La sua giacca gialla si faceva notare.*

   to stand someone up — *fare il bidone a qualcuno.*

   Ann was furious when her boyfriend stood her up. *Anna era furibonda quando il suo ragazzo le ha fatto il bidone.*

   to stand up against — *resistere.*

   This new material stands up against wear. *Questa nuova stoffa resiste all'usura.*

   to stand up and be counted — *farsi avanti e dire da che parte uno sta.*

   It's time for us to stand up and be counted on this issue. *È ora che ci facciamo avanti e diciamo da che parte stiamo su questa questione.*

   to stand up for — *difendere.*

   His brother will always stand up for him in an argument. *Suo fratello lo difenderà sempre in una discussione.*

standing — *la reputazione*

   in good standing with — *nelle grazie di.*

   She's in good standing with his family. *È nelle grazie della sua famiglia.*

long standing — *di lunga data.*
They have a long-standing friendship. *Hanno un'amicizia di lunga
data.*

standstill — *l'arresto*
to come to a standstill — *subire una battuta d'arresto.*
We were making progress, but we came to a standstill when funds ran
out. *Stavamo facendo progressi, ma abbiamo subito una battuta
d'arresto quando abbiamo esaurito i fondi.*

star — *la stella*
to thank one's lucky stars — *ringraziare la propria buona stella.*
Thank your lucky stars that you weren't hurt in the accident.
Ringrazia la tua buona stella se non ti sei fatto male nell'incidente.

state — *la condizione, lo stato*
to lie in state — *giacere nella camera ardente.*
The President's corpse was lying in state so that people could pay
their respects. *La salma del Presidente era esposta al pubblico in
modo che la gente potesse rendere l'estremo omaggio.*

to stave — s*fondare*
to stave off — *evitare (scongiurare).*
He hoped his report would stave off an investigation. *Sperava che la
sua relazione evitasse (scongiurasse) una indagine.*

stead — *il luogo*
to stand in good stead — *essere di aiuto (utile).*
His advice has stood me in good stead for many years. *Il suo consiglio
mi è stato di aiuto (utile) per tanti anni.*

steady — *fisso*
to go steady — *fare coppia fissa.*
John and Martha have been going steady for almost a year. *Giovanni
e Marta fanno coppia fissa da quasi un anno.*

steam — *il vapore*

to blow off steam — *scaricarsi (sfogarsi).*

Children need to blow off steam after sitting all day at school. *I bambini hanno bisogno di scaricarsi (sfogarsi) dopo essere stati seduti a scuola tutto il giorno.*

to get up steam — *riprendersi (raccogliere le proprie forze).*

At first he didn't do well in school, but now he's getting up steam. *All'inizio non andava bene a scuola, ma ora si sta riprendendo (sta raccogliendo le proprie forze).*

under one's own steam — *per conto proprio.*

You don't need to come and get me; I can come under my own steam. *Non è necessario che tu mi venga a prendere; posso venire per conto mio.*

---

steer — *la manovra*

to give a bum steer — *dare un'indicazione sbagliata.*

I shouldn't have taken his advice; this time he gave me a bum steer. *Non dovevo seguire il suo consiglio; questa volta mi ha dato un'indicazione sbagliata.*

---

step — *il passo*

in step with — *al passo con.*

Do you want to keep in step with business developments? Read the financial pages of the paper. *Vuoi tenerti al passo con quello che succede nel mondo degli affari? Leggi le pagine finanziarie del giornale.*

out of step — *non al passo.*

The youngsters think their parents are out of step with the times. *I giovani pensano che i loro genitori non siano al passo con i tempi.*

to dog one's steps — *stare alle calcagna di qualcuno.*

Wherever I go he dogs my steps. *Ovunque vada lui mi sta alle calcagna.*

(to keep) in step — *(stare) al passo.*
It's impossible to keep in step with our rich neighbors. *È impossibile stare al passo coi nostri vicini ricchi.*

to watch one's step — *stare attento.*
Watch your step or you'll be sorry. *Sta' attento o te ne pentirai.*

to step — *fare un passo*
    to step down — *dare le dimissioni.*
    When the judge became ill, he had to step down. *Quando il giudice si è ammalato, ha dovuto dare le dimissioni.*

    to step up — *aumentare.*
    Industry has to step up production to increase profits. *L'industria deve aumentare la produzione per aumentare i profitti.*

stew — *lo stufato*
    in a stew — *nei pasticci.*
    You've forgotten the keys; now we're in a stew. *Hai dimenticato le chiavi; ora siamo nei pasticci.*

stick — *il bastone*
    more than you can shake a stick at — *una grande quantità (tanto che non si sa che farne).*
    That child has more toys than you can shake a stick at. *Quel bambino ha una grande quantità di giocattoli (tanti giocattoli che non sa che farne).*

    to get (end up with) the short end of the stick — *rimanere fregati.*
    Why do I always get the short end of the stick? I want my fair share! *Perchè finisco sempre per rimanere fregato? Voglio la mia parte!*

to stick — *attaccarsi, conficcare*
    Stick 'em up! *Mani in alto!*

to stick around — *rimanere.*

Stick around and I'll take you out to lunch when I've finished. *Rimani e ti porto fuori a pranzo quando ho finito.*

to stick at nothing — *non fermarsi davanti a nulla (essere senza scrupoli).*

He would stick at nothing to get what he wanted. *Non si fermerebbe davanti a nulla per ottenere quello che vuole. (È senza scrupoli quando vuole ottenere qualcosa.)*

to stick by (with) — *restare fedele a.*

Stick by (with) me and you'll get the position you want. *Resta fedele a me ed avrai il lavoro che desideri.*

to stick it out — *resistere.*

We stuck it out camping in the rain for a week. *Abbiamo resistito una settimana in campeggio sotto la pioggia.*

to stick out — *saltare agli occhi, spiccare.*

Her red dress stuck out at the funeral. *Il suo vestito rosso saltava agli occhi al funerale.*

to stick to — *attenersi.*

Let's stick to the rules. *Atteniamoci alle regole.*

to stick up for — *prendere le difese di.*

She always sticks up for her friends. *Prende sempre le difese dei suoi amici.*

still — *calmo*

stock still — *completamente immobile.*

When the cat saw the dog it stood stock still. *Quando il gatto ha visto il cane è restato completamente immobile.*

stink — *la puzza*

to raise a stink — *piantare una grana.*

The customers raised a stink about the poor service. *I clienti piantarono una grana per il servizio scadente.*

stitch — *il punto*

   A stitch in time saves nine. *Un punto a tempo ne salva cento.*

   to keep someone in stitches — *far scoppiare qualcuno dalle risate.*
   His jokes had everyone in stitches. *Le sue barzellette ci fecero scoppiare dalle risate.*

   without a stitch on — *tutto nudo.*
   The little boy ran down the street without a stitch on. *Il bambino corse tutto nudo giù per la strada.*

stock — *la provvista*

   stock in trade — *la risorsa principale (la migliore risorsa).*
   His stock in trade was a pleasant manner. *La sua risorsa principale (la sua migliore risorsa) era il suo modo di fare.*

   to take stock — *fare il punto.*
   Let's take stock of the situation and decide what to do. *Facciamo il punto della situazione e decidiamo che cosa fare.*

stone — *la pietra*

   A rolling stone gathers no moss. *Chi si agita troppo non combina mai niente di buono.*

665

to leave no stone unturned — *non lasciare nulla di intentato.*

When I looked for a job I left no stone unturned. *Quando cercavo lavoro non ho lasciato nulla di intentato.*

within a stone's throw — *a un tiro di schioppo.*

The main office is within a stone's throw of the factory. *L'ufficio principale è a un tiro di schioppo dalla fabbrica.*

to stonewall — *fare dell'ostruzionismo.*

It's no use trying to convince him because he's determined to stonewall. *È inutile cercare di convincerlo perchè ha deciso di fare dell'ostruzionismo.*

---

store — *il negozio*

in store for — *in serbo.*

There's something in store for you when you come. *C'è qualcosa in serbo per te quando vieni.*

to set store by — *dare peso a (attribuire importanza a).*

He sets store by whatever his father says. *Dà peso (attribuisce importanza) a qualunque cosa dica suo padre.*

---

storm — *la tempesta*

to take by storm — *conquistare a prima vista.*

The singer took the audience by storm. *Il cantante conquistò il pubblico a prima vista.*

to weather the storm — *superare una crisi.*

They've weathered the storm and are getting along fine again. *Hanno superato la crisi e ora vanno d'accordo di nuovo.*

---

story — *la storia*

a tall story — *una palla (balla).*

Every time he goes out hunting he comes back with a tall story. *Ogni volta che va a caccia torna e ci racconta una palla.*

that's another story — *questo è un altro paio di maniche.*

I agreed to your first idea but this is another story. *Ero d'accordo con la tua prima idea, ma questo è un altro paio di maniche.*

---

straight — *diritto*

to get it straight — *capire bene.*

Now repeat it to me to see if you've got it straight. *Ora ripetimelo, così vedo se hai capito bene.*

to keep to the straight and narrow — *rigare diritto.*

After his losses at the casino he's tried to keep to the straight and narrow. *Dopo le sue perdite al casinò, ha cercato di rigare diritto.*

straits — *lo stretto (di mare)*

to be in dire straits — *essere nei guai.*

He's been in dire straits with his job since he fell ill. *È nei guai col lavoro da quando si è ammalato.*

straw — *la paglia*

a straw in the wind — *un segno premonitore.*

His resignation was a straw in the wind. *Le sue dimissioni furono un segno premonitore.*

It's the last straw! *È il colmo! La misura è colma.*

This is the straw that breaks the camel's back. *Questa è la goccia che fa traboccare il vaso.*

to grasp at straws — *arrampicarsi sugli specchi.*

Alan was grasping at straws because he couldn't answer the teacher's question. *Alan si arrampicava sugli specchi cercando di rispondere alla domanda dell'insegnante.*

street — *la strada*

on easy street — *una vita agiata.*

I'd like nothing better than to win a fortune in the lottery and live on easy street. *Non c'è niente che mi piacerebbe di più che vincere una fortuna alla lotteria e fare una vita agiata.*

stride — *il passo lungo*

to hit one's stride — *trovare il ritmo giusto.*

At first he didn't do well, but this semester he really hit his stride.
*All'inizio non andava tanto bene, ma questo semestre ha trovato
il ritmo giusto.*

to take in stride — *non battere ciglio.*
His mother is very strong; she takes any problems the children cause
in stride. *Sua madre è molto forte: non batte ciglio di fronte a qualsiasi problema creato dai figli.*

to strike — *colpire*
  to strike off — *cancellare.*
  Strike his name off the list. I don't want him at my wedding! *Cancella
  il suo nome dalla lista: non lo voglio al mio matrimonio!*

string — *lo spago, la corda*
  another string to one's bow — *un'altra freccia al proprio arco.*
  If you learn another language you will have another string to your
  bow when you look for a job. *Se imparerai un'altra lingua avrai
  un'altra freccia al tuo arco quando cercherai lavoro.*

  no strings attached — *senza particolari condizioni.*
  Don't accept that gift until you're sure there are no strings attached.
  *Non accettare quel regalo senza esserti accertato che non sia comple-
  tamente disinteressato.*

  to pull strings — *avere una raccomandazione.*
  In order to get ahead in that organization you have to pull strings. *Per
  andare avanti in quell'organizzazione devi avere una raccomandazione.*

to string — *infilare*
  to string along (to have someone on a string) — *tenere sul filo.*
  He strung her along (He had her on a string) with promises of marriage. *La teneva sul filo facendole promesse di matrimonio.*

strong — *forte*
  still going strong — *stare ancora benone (essere ancora vigoroso).*

He's ninety and still going strong. *Ha novant'anni e sta ancora benone (ed è ancora vigoroso).*

To be as strong as an ox. *Essere forte come un toro.*

stuff — *la roba*

  to know one's stuff — *sapere il fatto proprio.*

  Michael really knows his stuff in science. *Nelle scienze Michele sa il fatto suo.*

stuffing — *il ripieno*

  to knock the stuffing out of — *conciare per le feste.*

  Get out of here before I knock the stuffing out of you. *Vattene prima che ti conci per le feste.*

to stumble — *inciampare*

  to stumble across — *imbattersi in.*

  I stumbled across Bob while I was standing in line at the post office. *Mi sono imbattuto in Roberto mentre facevo la coda all'ufficio postale.*

  to stumble on — *trovare per caso.*

  I stumbled on his letter while I was going through some old papers. *Ho trovato per caso la sua lettera mentre stavo guardando delle vecchie carte.*

style — *lo stile*

  to cramp one's style — *non lasciare libertà di azione.*

  Living at home cramps my style. *Vivere a casa non mi lascia libertà di azione.*

such — *tale*

  such-and-such — *la tale cosa.*

  She told me to go to such-and-such a street and to turn right. *Mi ha detto di andare in quella tale strada e girare a destra.*

suit — *il vestito*

  in one's birthday suit — *come mamma l'ha fatto (completamente nudo)*.

  The little boy appeared in the doorway in his birthday suit. *Il bambino si è presentato alla porta come mamma l'ha fatto (completamente nudo)*.

suit — *la domanda*

  to follow suit — *seguire l'esempio*.

  One boy started singing and the rest followed suit. *Un ragazzo cominciò a cantare e gli altri seguirono il suo esempio*.

to suit — *adattare*

  to suit oneself — *fare come meglio pare*.

  Do you want to wake up early or late? Suit yourself. *Vuoi svegliarti presto o tardi? Fa' come ti pare*.

sum — *la somma*

  a tidy sum — *una bella sommetta*.

  His latest record has netted him a tidy sum. *Il suo ultimo disco gli ha procurato una bella sommetta*.

sun — *il sole*

  where under the sun? — *dove diavolo?*

  Where under the sun did you put my glasses? *Dove diavolo hai messo i miei occhiali?*

sunny — *soleggiato*

  sunny-side up — *fritto da una sola parte*.

  Barbara likes her eggs sunny-side up. *A Barbara le uova piacciono fritte da una sola parte*.

sure — *certo*

sure enough — *come ci si aspettava.*

I was afraid I had failed the test and sure enough, I did. *Temevo di non aver passato l'esame ed è stato come mi aspettavo.*

to make sure — *accertarsi.*

Look to make sure you haven't forgotten anything. *Accertati di non avere dimenticato niente.*

sweep — *la spazzata*

a clean sweep — *piazza pulita.*

The two brothers made a clean sweep of the prizes. *I due fratelli fecero piazza pulita dei premi.*

swim — *il nuoto*

in the swim — *al corrente di tutto.*

He's in the swim in his field. *È al corrente di tutto nel suo campo.*

swing — *l'altalena*

in full swing — *in pieno svolgimento.*

When we arrived the party was in full swing. *Quando siamo arrivati la festa era in pieno svolgimento.*

swoop — *lo slancio*

in one fell swoop — *in un sol colpo.*

They fired twenty workers in one fell swoop. *Licenziarono venti lavoratori in un sol colpo.*

T

T — *the letter T*

   to suit to a T (a turn) — *andare a pennello.*

   What you said you intend to do suits me to a T. *Quello che hai detto che intendi fare mi va a pennello.*

tab — *la linguetta*

   to keep tabs on — *tener d'occhio.*

   We have to keep tabs on that boy. *Dobbiamo tener d'occhio quel ragazzo.*

   to pick up the tab — *assumersi le spese.*

   They can't expect us to pick up the tab for such an expensive program. *Non possono aspettarsi che ci assumiamo le spese di un progetto così caro.*

table — *la tavola*

   to turn the tables on — *rovesciare la situazione.*

   They were going to fire him, but when his father bought the company the tables were turned. *Stavano per licenziarlo, ma quando suo padre comprò la società la situazione si rovesciò.*

   under-the-table — *sottobanco.*

   He's not considered very reputable and is known for his under-the-table dealings. *Non ha una buona reputazione ed è famoso per i suoi traffici sottobanco.*

tail — *la coda*

   the tail end — *la fine.*

   We had good weather up to the tail end of the trip. *Abbiamo avuto bel tempo fino alla fine del viaggio.*

   the tail that wags the dog — *una persona di rango inferiore che comanda.*

In that office the secretary's the tail that wags the dog. *In quell'ufficio comanda la segretaria.*

to turn tail and run — *darsela a gambe.*

When the gangster saw the police he turned tail and ran. *Quando il gangster vide la polizia se la diede a gambe.*

with one's tail between one's legs — *con la coda fra le gambe.*

We scolded him and sent him off with his tail between his legs. *Lo abbiamo sgridato e mandato via con la coda fra le gambe.*

---

take — *la presa*

to do a double take — *rendersi conto.*

I did a double take when she repeated "I don't wish to keep you any longer," and I left. *Quando ha ripetuto, "Non voglio trattenerti oltre", ho capito e me ne sono andato.*

---

to take — *prendere*

Take it or leave it. *Prendere o lasciare.*

to be taken aback — *essere (lasciare) sbigottito.*

We were taken aback by his behavior. *Il suo comportamento ci ha lasciati sbigottiti.*

to be taken by — *essere attratto da.*

I was taken by his voice. *Ero attratto dalla sua voce.*

to take after someone — *prendere da qualcuno.*

The boys take after their father. *I ragazzi prendono dal padre.*

to take back — *ritrattare.*

He took back what he said. *Ha ritrattato quello che ha detto.*

to take down — *prendere nota di.*

He took down everything the professor said. *Ha preso nota di tutto quello che ha detto il professore.*

to take in — *raggirare.*

It's so easy to take her in; she believes anything you say. *È così facile raggirarla; crede a tutto quello che le dici.*

to take it — *sopportare qualcosa.*
I can't take it any longer. *Non posso più sopportarlo.*

to take it all in — *non perdere una battuta.*
The children took it all in while their parents argued. *I bambini non persero una battuta mentre i genitori bisticciavano.*

to take it from someone — *credere a qualcuno.*
Take it from me; that film isn't worth seeing. *Credimi, non vale la pena di vedere quel film.*

to take it out of — *stroncare.*
This hot weather takes it out of me. *Questo caldo mi stronca.*

to take it out on — *prendersela con.*
Don't take it out on me because it's not my fault. *Non prendertela con me perchè non è colpa mia.*

to take on — *prendersi.*
I took on too much work. *Mi sono preso troppo lavoro.*

to take on oneself — *prendersi la responsabilità.*
She took it on herself to see that the nurse gave him the tranquillizer. *Si è presa la responsabilità di controllare che l'infermiere gli desse il tranquillante.*

to take over — *subentrare.*
He took over from Joe in the office. *È subentrato a Giuseppe in ufficio.*

to take someone on — *sfidare.*
He took on both of us at tennis. *Ci ha sfidato entrambi a tennis.*

to take someone up — *accettare.*
I'd like to take Mark up on his offer. *Vorrei accettare l'offerta di Marco.*

to take to — *darsi a.*
He has really taken to tennis seriously. *Si è dato seriamente al tennis.*

to take up — *cominciare a.*
Father has taken up playing golf. *Papà ha cominciato a giocare a golf.*

to take up with someone — *frequentare qualcuno.*
He's taken up with a new group of people. *Frequenta un nuovo gruppo di persone.*

---

tale — *la storia*
   to tell tales out of school — *gridare ai quattro venti (spifferare tutto).*
   You can't trust her with confidential information because she tells tales out of school. *Non puoi confidarle niente perchè va a gridarlo ai quattro venti (spifferare tutto).*

   to tell tall tales — *dirle (spararle) grosse.*
   If you listen to her, she's in the Guinness Book of Records. They're all tall tales! *Se dai retta a lei, è nel Guinness dei primati. Le spara grosse!*

---

talk — *il discorso*
   back talk — *l'insolenza.*
   I don't want to hear any back talk from you. *Non voglio sentire nessuna insolenza da te.*

   pep talk — *il discorsino di incoraggiamento.*
   Why don't you get going? Do you need a pep talk? *Perchè non vi muovete? Avete bisogno di un discorsino di incoraggiamento?*

   small talk — *i convenevoli (le chiacchiere).*
   I heard nothing at the party but small talk. *Alla festa ho sentito solo convenevoli (chiacchiere).*

   the talk of the town — *sulla bocca di tutti.*
   Since she married a man fifty years younger she's been the talk of the town. *È sulla bocca di tutti da quando ha sposato un uomo cinquant'anni più giovane di lei.*

   to be all talk — *parlare parlare, ma non concludere nulla.*
   Joseph is all talk. *Giuseppe parla parla, ma non conclude nulla.*

   to be all talked out — *sentirsi sfiatato.*
   After that long meeting I'm all talked out. *Dopo quella lunga riunione mi sento completamente sfiatato.*

to talk down to — *fare discorsi troppo semplici a.*

It's a mistake to talk down to children. *È un errore fare discorsi troppo semplici ai bambini.*

to talk someone into — *convincere qualcuno.*

I'll try to talk my dad into letting me go to Europe. *Proverò a convincere mio padre a lasciarmi andare in Europa.*

to talk someone out of — *dissuadere qualcuno da.*

The more moderate members tried to talk the union out of a strike. *I membri più moderati hanno provato a dissuadere il sindacato dallo sciopero.*

---

tape — *il nastro*

  red tape — *le scartoffie burocratiche.*

I had to go through a lot of red tape to get accepted into the course. *Ho dovuto riempire un mucchio di scartoffie per riuscire a farmi accettare al corso.*

---

task — *il compito*

  to take to task — *rimproverare.*

She took me to task for being late. *Mi ha rimproverato perchè ero arrivato in ritardo.*

---

tea — *il tè*

  for all the tea in China — *per tutto l'oro del mondo.*

I wouldn't drive all the way there for all the tea in China. *Non guiderei fin laggiù per tutto l'oro del mondo.*

---

tear — *lo strappo*

  to go on a tear — *darsi alla pazza gioia.*

Her parents are very strict, so every time she gets away from home she goes on a tear. *I suoi genitori sono molto severi, così non appena esce di casa si dà alla pazza gioia.*

---

to tell — *dire*

  to tell someone off — *sgridare.*

She told him off for being so rude. *L'ha sgridato per essere stato così maleducato.*

to tell someone where to get off — *dirne quattro a qualcuno.*

I lent her my condo and she made a mess. I must tell her where to get off. *Le ho imprestato il mio appartamento e ha piantato un gran casino: devo dirgliene quattro.*

temper — *l'umore*

to lose one's temper — *perdere le staffe.*

Driving in heavy traffic makes me lose my temper. *Guidare quando c'è molto traffico mi fa perdere le staffe.*

tempest — *la tempesta*

a tempest in a teapot — *una tempesta in un bicchier d'acqua.*

They made all that fuss, but it turned out to be a tempest in a teapot. *Hanno fatto un gran casino, ma era solo una tempesta in un bicchier d'acqua.*

ten — *dieci*

to be ten to one — *scommettere.*

It's ten to one that he'll be coming home before Saturday. *Scommetto che tornerà a casa prima di sabato.*

tenterhooks — *l'uncino di uno stenditoio*

to be on tenterhooks — *essere (stare) sui carboni ardenti, stare sulle spine.*

I was on tenterhooks waiting for the result of the medical tests. *Stavo sulle spine in attesa dell'esito degli esami clinici.*

term — *il termine*

to come to terms — *trovare un accordo.*

After a bitter fight the union has come to terms with the management. *Dopo una lotta aspra il sindacato ha trovato un accordo con la direzione.*

that — *quello*

at that — *lasciare le cose come stanno.*

Don't keep arguing with him; it's better to leave it at that. *Non continuare a discutere con lui: è meglio lasciare le cose come stanno.*

in that — *in quanto.*

He was a real gentleman in that he never treated people condescendingly. *Era un vero signore in quanto non trattava mai gli altri dall'alto in basso.*

then — *allora*

then and there — *su due piedi (lì per lì).*

I told him to leave right then and there. *Gli ho detto di andarsene su due piedi (lì per lì).*

there — *là*

not to be all there — *mancare un venerdì.*

The poor fellow is not all there. *A quel poveretto manca un venerdì.*

thick — *fitto*

through thick and thin — *nella buona e nella cattiva sorte.*

He was loyal to his friend through thick and thin. *È stato fedele al suo amico nella buona e nella cattiva sorte.*

to lay it on thick — *esagerare con i complimenti.*

He was laying it on thick when he told her how pretty she was. *Ha esagerato con i complimenti quando le ha detto che era bellissima.*

thief — *il ladro*

as thick as thieves — *amici per la pelle.*

After collaborating on that book they became as thick as thieves. *Dopo aver collaborato al libro sono diventati amici per la pelle.*

thin — *sottile*

to spread oneself too thin — *aver assunto troppi impegni.*
I'm too busy these days. I'm afraid I spread myself too thin. *Mi sono preso troppi impegni ultimamente.*

to wear thin — *stufare.*
That joke is starting to wear thin. *Quella barzelletta incomincia a stufare.*

thing — *la cosa*
all the thing — *molto di moda.*
See **all the rage.**

to know a thing or two about — *saperne qualcosa.*
I know a thing or two about the matter. *Ne so qualcosa della questione, io.*

thorn — *la spina*
a thorn in one's flesh (side) — *una spina nel fianco.*
Katherine has been a thorn in our flesh (side) since she came to town. *Caterina è stata una spina nel fianco per noi da quando è arrivata in città.*

thought — *il pensiero*

on second thought — *ripensandoci bene.*

On second thought, your solution seems the best. *Ripensandoci bene, la tua soluzione sembra la migliore.*

perish the thought! — *Dio non voglia!*

If I don't finish this afternoon, I'll have to work this evening, perish the thought. *Se non finisco questo pomeriggio, dovrò lavorare questa sera, Dio non voglia.*

throat — *la gola*

to jump down someone's throat — *sgridare qualcuno.*

Dad jumped down my throat because I took out the car without permission. *Mio padre mi ha sgridato perchè ho preso la macchina senza chiedere il permesso.*

to ram (thrust) down someone's throat — *obbligare qualcuno ad accettare.*

He tried to ram (thrust) his thesis down my throat. *Mi ha obbligato ad accettare la sua tesi.*

through — *attraverso*

through and through — *completamente.*

Alice is sincere through and through. *Alice è completamente sincera.*

to be through — *essere un uomo finito.*

He's through in this town. *È un uomo finito in questa città.*

to be through with — *(1) non aver più niente a che fare con.*

I'm through with that group. *Io non ho più niente a che fare con quel gruppo.*

(2) aver finito.

I'm through with my exams. *Ho finito i miei esami.*

to go right through one — *penetrare nelle ossa.*

The cold is going right through me; let's go inside. *Il freddo mi sta entrando nelle ossa; rientriamo.*

to throw — *gettare*

to throw away — *sprecare.*

He threw away a chance to go to China. *Ha sprecato un'occasione per andare in Cina.*

to throw out — *(1) buttar via.*

Throw out the old flowers and pick some fresh ones in the garden. *Butta via i fiori vecchi e raccogline di freschi nel giardino.*
(2) buttar fuori.

They threw him out of school for misbehavior. *L'hanno buttato fuori dalla scuola per cattiva condotta.*

---

thumb — *il pollice*

a thumbnail sketch — *una descrizione assai concisa.*

He gave me a thumbnail sketch of the situation. *Mi fece una descrizione assai concisa della situazione.*

by rule of thumb — *a lume di naso (ad occhio e croce).*

By rule of thumb, a liter of ice cream will serve six people. *A lume di naso (ad occhio e croce), un litro di gelato basterà per sei persone.*

thumbs down — *bocciare (respingere).*

We got the thumbs down on our project. *Ci hanno bocciato (respinto) il progetto.*

to be all thumbs — *essere veramente maldestro.*

When it comes to mechanical things, I'm all thumbs. *Quando si tratta di cose meccaniche, sono veramente maldestro.*

to have a green thumb — *avere il pollice verde.*

What lovely flowers! You really have a green thumb. *Che bei fiori! Hai davvero il pollice verde!*

to twiddle one's thumbs — *girare i pollici.*

He waited all afternoon twiddling his thumbs. *È stato ad aspettare girando i pollici tutto il pomeriggio.*

under one's thumb — *in pugno.*

The conductor had the orchestra under his thumb. *Il direttore teneva l'orchestra in pugno.*

---

to thumb — *voltare col pollice*
    to thumb through — *sfogliare.*
    I've thumbed through the book, but I haven't read it yet. *Ho sfogliato il libro, ma non l'ho ancora letto.*

thunder — *il tuono*
    to steal one's thunder — *prendere in contropiede.*
    We stole his thunder by making our announcement first. *L'abbiamo preso in contropiede facendo per primi il nostro annuncio.*

tide — *la marea*
    to stem the tide — *arginare.*
    The central bank tried to stem the tide of inflation. *La banca centrale tentò di arginare l'inflazione.*

    to turn the tide — *capovolgere la situazione.*
    His loan turned the tide for our business. *Il suo prestito ha capovolto la situazione per la nostra azienda.*

to tide — *navigare con la marea*
    to tide someone over — *aiutare (soccorrere).*
    I lent him ten dollars to tide him over until payday. *Gli ho prestato dieci dollari per aiutarlo (soccorrerlo) fino al giorno della paga.*

to tie — *legare*
    (to be) tied up — *(essere) impegnato.*
    He was tied up at the office until midnight. *Fu impegnato in ufficio fino a mezzanotte.*

tight — *stretto*
    to sit tight — *non mollare.*
    If we just sit tight he'll come over to our side. *Se non molliamo passerrà dalla nostra parte.*

tilt — *l'inclinazione*
  at full tilt — *a tutta velocità.*
  The truck came down the street at full tilt. *Il camion veniva giù per la strada a tutta velocità.*

time — *il tempo*
  all in good time — *quando sarà il momento.*
  "I want to go to the movies with my friends." "All in good time; you're still too young." *"Voglio andare al cinema con i miei amici." "Quando sarà il momento; sei ancora troppo piccolo."*

  behind the times — *antiquato.*
  Old Aunt Sarah is behind the times in her ways. *La vecchia zia Sara è antiquata nei suoi modi.*

  behind time — *di ritardo.*
  The journal came out a month behind time. *La rivista uscì con un mese di ritardo.*

  for the time being — *per il momento (ora).*
  This desk will do for the time being. *Questa scrivania è sufficiente per il momento (ora).*

  hard times — *tempi duri.*
  Hard times are ahead. *Andiamo incontro a tempi duri.*

  high time — *ora.*
  It's two in the morning! It's high time we left. *Sono le due del mattino. È ora che ce ne andiamo!*

  in no time — *in un batter d'occhio.*
  I'll be back in no time. *Sarò di ritorno in un batter d'occhio.*

  not to give someone the time of day — *non degnare qualcuno neanche di uno sguardo.*
  She wouldn't give Helen the time of day. *Non degna Elena neanche di uno sguardo.*

  on time — *in orario.*
  Why hasn't the train arrived yet? It's always on time. *Come mai il treno non è ancora arrivato? È sempre in orario!*

time and again — *più di una volta, tante volte.*
I told you time and again not to pull the cat's tail. *Ti ho detto più di una volta di non tirare la coda al gatto!*

Time is money. *Il tempo è denaro.*

to bide one's time — *aspettare il momento opportuno.*
If you bide your time you'll get a better price. *Se aspetti il momento opportuno otterrai un prezzo migliore.*

to do time — *scontare una pena.*
He's doing time in the penitentiary for robbery. *Sta scontando una pena in prigione per rapina.*

to give someone a rough time — *creare difficoltà a qualcuno.*
The opposition gave them a rough time. *L'opposizione gli ha creato delle difficoltà.*

to have a bad (hard) time — *passarsela male.*
They're having a bad (hard) time since their father lost his job. *Se la passano male da quando il padre è stato licenziato.*

to have a good time — *divertirsi.*
We had a good time on our vacation. *Ci siamo divertiti durante la nostra vacanza.*

to have the time of one's life — *divertirsi un mondo.*
Anthony had the time of his life in Spain. *Antonio si è divertito un mondo in Spagna.*

to kill (mark) time — *passare (ammazzare) il tempo.*
He plays solitaire to kill (mark) time. *Fa il solitario per passare (ammazzare) il tempo.*

to pass the time of day — *chiacchierare.*
We stopped to pass the time of day with the neighbors. *Ci siamo fermati a chiacchierare con i vicini.*

to take one's sweet time — *prendersela comoda.*
They're taking their sweet time with that job; we should hurry them up. *Se la stanno prendendo comoda con quel lavoro; dovremmo farli muovere.*

to tip — *dare la mancia*
    to tip off — *fare una soffiata.*
    The police were tipped off that there would be a robbery at the bank.
    La polizia ricevette una soffiata che li informava di una rapina in banca.

tit — *lo strappo*
    tit for tat — *pan per focaccia.*
    He cheated on that deal, but I'll give him tit for tat. *Mi ha fregato con quell'affare, ma gli renderò pan per focaccia.*

toe — *il dito (del piede)*
    to be on one's toes — *stare sul chi va là.*
    If parents want to keep up with their children, they have to be on their toes. *Se i genitori vogliono tenere dietro ai figli, devono stare sul chi va là.*

    to step (tread) on someone's toes — *pestare i piedi a qualcuno.*
    We have to make some changes even if we have to step (tread) on some people's toes. *Dobbiamo fare dei cambiamenti anche a costo di pestare i piedi a qualcuno.*

    to turn up one's toes — *morire.*
    We all have to turn up our toes someday. *Tutti dobbiamo morire un giorno o l'altro.*

toll — *il pedaggio, il sacrificio*
    to take its toll — *fare danni o vittime.*
    The bombs took their toll on the civilian population. *Le bombe fecero delle vittime tra la popolazione civile.*

Tom — *Maso*
    Tom, Dick, and Harry — *Tizio, Caio, e Sempronio.*
    He asks advice from every Tom, Dick, and Harry he meets. *Chiede consigli a ogni Tizio, Caio, e Sempronio che incontra.*

tone — *il tono*
    to set the tone — *dare il la.*
    She set the tone and everyone felt entitled to get drunk. *Lei ha dato il la e tutti si sono sentiti autorizzati ad ubriacarsi.*

to tone — *accordare*
    to tone down — *moderare.*
    When his mother walked into the room, Tom toned down his language. *Quando sua madre è entrata nella stanza, Tom ha moderato il suo linguaggio.*

tongue — *la lingua*
    a silver tongue — *eloquente.*
    He has a silver tongue. *È molto eloquente.*

    on the tip of one's tongue — *sulla punta della lingua.*
    His name is on the tip of my tongue, but I just can't remember it. *Ho il suo nome sulla punta della lingua, ma non lo ricordo.*

    to be tongue-tied — *ammutolire.*
    The little girl is tongue-tied in front of strangers. *La bambina ammutolisce davanti a estranei.*

    to hold one's tongue — *stare zitto.*
    Hold your tongue and do as I say. *Sta' zitto e fa' come ti dico.*

    tongue in cheek — *in chiave ironica.*
    From the twinkle in his eye we knew he was telling his story with tongue in cheek. *Dalla strizzata d'occhio abbiamo capito che raccontava la storia in chiave ironica.*

    tongue-twister — *lo scioglilingua.*
    Try and repeat this tongue-twister. *Prova a ripetere questo scioglilingua.*

tooth — *il dente*
    sweet tooth — *ghiotto di dolciumi.*
    Susan has a sweet tooth. *Susanna è ghiotta di dolciumi.*

to be like pulling teeth — *volerci le cannonate.*

It's like pulling teeth to get him to do anything around the house. *Ci vogliono le cannonate per fargli dare una mano in casa.*

to fight tooth and nail — *combattere con le unghie e con i denti.*

He fought tooth and nail to be promoted. *Ha lottato con le unghie e con i denti per essere promosso.*

to lie through one's teeth — *mentire spudoratamente.*

He lies through his teeth, but everyone believes him! *Mente spudoratamente, eppure tutti gli credono!*

to put teeth into — *rendere efficace.*

They put teeth into the law by making a jail sentence mandatory. *Hanno reso efficace la legge rendendo obbligatoria la carcerazione.*

to set one's teeth on edge — *dare ai nervi.*

His bad performance on the piano set my teeth on edge. *La sua pessima esecuzione al pianoforte mi ha dato ai nervi.*

to sink one's teeth into — *esserci qualcosa da mordere.*

Those are nice ideas, but there's nothing we can sink our teeth into. *Sono belle idee, ma c'è poco da mordere.*

---

top — *la cima*

on top of that — *per giunta.*

He ate all the bread and on top of that he finished the bottle of good wine. *Ha mangiato tutto il pane e per giunta ha finito tutta la bottiglia di vino buono.*

to blow one's top — *andare su tutte le furie.*

Mother blew her top when we broke the kitchen window. *La mamma andò su tutte le furie quando rompemmo la finestra della cucina.*

to come out on top — *prevalere.*

In the game our team came out on top. *Nella partita la nostra squadra ha prevalso.*

top drawer — *importantissimo.*

He's in intelligence and deals with top drawer secrets. *È nel servizio segreto ed ha a che fare con segreti importantissimi.*

top notch — *di prim'ordine.*
Cincinnati has a top notch orchestra. *Cincinnati ha un'orchestra di prim'ordine.*

to top — *fornire di copertura*
    to top it off — *per di più.*
He forgot her present and, to top it off, he even forgot to wish her happy birthday. *Ha dimenticato il suo regalo e per di più si è scordato di augurarle buon compleanno.*

    to top off — *dare il tocco finale a.*
They topped off the decoration for the party with tropical flowers. *Hanno dato il tocco finale alle decorazioni per la festa con dei fiori tropicali.*

torch — *la fiaccola*
    to carry a torch for — *essere innamorato cotto di qualcuno.*
She carries a torch for George. *È innamorata cotta di Giorgio.*

to toss — *lanciare*
    to toss off — *(1) buttare lì.*
She tossed off clever remarks all evening. *Ha buttato lì delle osservazioni interessanti tutta la sera.*
    (2) buttare giù.
Journalists are supposed to be able to toss off an article at the last minute. *Si presume che i giornalisti siano in grado di buttar giù un articolo all'ultimo minuto.*

touch — *il tocco*
    to be out of touch — *perdere i contatti.*
We've been out of touch for years but I still consider her one of my best friends. *Abbiamo perso i contatti da anni, ma la considero ancora una delle mie migliori amiche.*

    to get in touch — *mettersi in contatto.*
I have to get in touch with him at his office. *Devo mettermi in contatto con lui dove lavora.*

to lose one's touch — *perdere la mano.*

He used to be a great teacher, but now he's lost his touch. *Era un bravissimo insegnante, ma ha perso la mano.*

to touch — *toccare*

  touch and go — *molto dubbio.*

  It was touch and go whether he would recover. *C'erano molti dubbi che si sarebbe rimesso.*

  to touch off — *provocare (fare esplodere).*

  A few innocuous words touched off her violent reaction. *Poche parole innocenti hanno provocato (fatto esplodere) la sua reazione violenta.*

  to touch up — *ritoccare.*

  You should touch up your speech a bit. *Dovresti ritoccare un po' il tuo discorso.*

tow — *il rimorchio*

  to take in tow — *portarsi dietro.*

  The older children took the little ones in tow. *I bambini più grandi si portarono dietro i più piccoli.*

towel — *l'asciugamano*

  to throw in the towel — *gettare la spugna (darsi per vinto).*

  He won't throw in the towel when things get difficult. *Non getterà la spugna (si darà per vinto) quando le cose diventeranno difficili.*

tower — *la torre*

  a tower of strength — *una persona fidata.*

  His secretary is his tower of strength. *La sua segretaria è la sua persona di fiducia.*

town — *la città*

  to go to town — *mettercela tutta.*

  The women went to town preparing a big dinner. *Le donne ce l'hanno messa tutta a preparare una cena speciale.*

to paint the town red — *fare baldoria.*

The sailors went ashore and painted the town red. *I marinai scesero a terra a fare baldoria.*

to toy — *giocherellare*

to toy with the idea — *trastullarsi con l'idea.*

I'm toying with the idea of buying a boat. *Mi sto trastullando con l'idea di comprare una barca.*

trace — *la traccia*

to kick over the traces — *scuotersi il giogo di dosso.*

Young people today want to kick over the traces and lead independent lives. *I giovani d'oggi vogliono scuotersi il giogo di dosso per avere una vita indipendente.*

track — *il sentiero*

off the beaten track — *fuori mano.*

We like to visit places off the beaten track. *Ci piace visitare i posti fuori mano.*

the wrong side of the tracks — *la parte povera della città.*

His family came from the wrong side of the tracks. *La sua famiglia proveniva dalla parte povera della città.*

to keep track of — *tenersi al corrente di.*

He likes to keep track of everything that happens in the world of sports. *Gli piace tenersi al corrente di tutto quello che succede nel mondo dello sport.*

to make tracks — *affrettarsi.*

It was getting dark so we had to make tracks for the nearest town. *Si stava facendo buio e dovemmo affrettarci per raggiungere la città più vicina.*

to stop dead in one's tracks — *fermarsi di colpo.*

The robber heard the German shepherd barking and stopped dead in his tracks. *Il ladro sentì il pastore tedesco abbaiare e si fermò di colpo.*

to throw someone off the track — *mettere fuori strada (disorientare).*
His explanation threw everyone off the track. *La sua spiegazione mise tutti fuori strada (disorientò tutti).*

trade — *il commercio*
   to drum up trade — *aumentare gli affari.*
They hope to drum up trade by giving big discounts. *Sperano di aumentare gli affari praticando grossi sconti.*

tree — *l'albero*

to bark up the wrong tree — *sbagliare indirizzo.*
Anyone who asks me for money is barking up the wrong tree. *Chiunque mi chieda soldi sbaglia indirizzo.*

trial — *il tentativo*
   trial and error — *prova e riprova.*
Finding the right formula is a matter of trial and error. *Trovare la formula giusta è una questione di prova e riprova.*

trick — *il trucco*
   not to miss a trick — *non sfuggire a qualcuno.*
When it comes to business he never misses a trick. *Quando si tratta di affari non gli sfugge mai niente.*

to do the trick — *risolvere il problema.*
Tightening that bolt should do the trick. *Se stringiamo quella vite dovremmo risolvere il problema.*

trigger — *il grilletto*
quick on the trigger — *capire al volo una situazione.*
He's intelligent and quick on the trigger. *È intelligente e capisce al volo una situazione.*

trigger-happy — *dal grilletto facile.*
Clint Eastwood became popular by playing trigger-happy Dirty Harry. *Clint Eastwood è diventato popolare interpretando la parte di Dirty Harry, un tipo dal grilletto facile.*

trouble — *il guaio*
to ask for trouble — *andare in cerca di guai.*
Don't ask for trouble. *Non andare in cerca di guai.*

to go to (take) the trouble — *prendersi la briga.*
Since your aunt went to the trouble of introducing you to the senator, you should at least thank her. *Visto che la zia si è presa la briga di presentarti al senatore, dovresti almeno ringraziarla.*

to spell trouble — *voler dire guai in vista.*
The letter I received from the chairman spells trouble for me. *La lettera che ho ricevuto dal preside vuol dire guai in vista per me.*

to stir up trouble — *intorbidare le acque.*
They spread false information about his will so as to stir up trouble. *Hanno diffuso notizie false riguardanti il suo testamento per intorbidare le acque.*

true — *vero*
to ring true — *convincere.*
From what I know of the situation his story doesn't ring true. *Da quello che so della situazione la sua storia non mi convince.*

too good to be true — *troppo bello per essere vero.*
The news is too good to be true. *La notizia è troppo bella per essere vera.*

truth — *la verità*
   Truth will out. *Le bugie hanno le gambe corte.*

tug — *lo strappo*
   tug-of-war — *il braccio di ferro.*
   The tug-of-war between trade unions and management lasted four
      months. *Il braccio di ferro tra i sindacati e la direzione aziendale è
      durato quattro mesi.*

tune — *la melodia*
   to sing another (to change one's) tune — *cambiare musica.*
   When he learned that his wife was going to divorce him, he sang an-
      other (changed his) tune and settled down. *Quando capì che la
      moglie voleva divorziare, cambiò musica e si calmò.*

   to the tune of — *per la bella somma di.*
   He had to bribe the clerk to the tune of twenty thousand dollars. *Ha
      dovuto sborsare la bella somma di ventimila dollari per corrompere
      l'impiegato dell'assessorato.*

turkey — *il tacchino*
   to talk turkey — *parlare chiaro e tondo.*
   The doctor talked turkey about my need to go on a diet. *Il medico mi
      ha parlato chiaro e tondo della necessità di mettermi a dieta.*

turn — *un giro*
   at every turn — *ogni volta.*
   I don't know what's wrong with him, but he's rejected by women at
      every turn. *Non so che cos' abbia che non va, ma le donne gli dicono
      sempre di no.*

   done to a turn — *cotto a puntino.*
   This steak is done to a turn. *Questa bistecca è cotta a puntino.*

   One good turn deserves another. *Una buona azione merita di essere ri-
      cambiata.*

   out of turn — *non essere il proprio turno.*
   Don't speak out of turn. *Non parlare quando non è il tuo turno.*

to miss one's turn — *saltare il turno (perdere il giro).*

You'll miss your turn if you don't pay attention. *Salterai il turno (perderai il giro) se non presti attenzione.*

to turn — *girare*

   to turn down — *(1) respingere.*

He turned down our offer. *Ha respinto la nostra offerta.*

(2) abbassare.

Turn down the radio; it's too loud. *Abbassa la radio; è troppo forte.*

   to turn in — *(1) restituire.*

He turned in his uniform. *Ha restituito l'uniforme.*

(2) ritirarsi.

He turned in at midnight. *Si è ritirato a mezzanotte.*

(3) consegnare.

He turned the escaped prisoner in. *Ha consegnato l'evaso alla polizia.*

   to turn out — *risultare (venir fuori).*

It turned out to be the wrong number. *È risultato essere il numero sbagliato.*

turtle — *la tartaruga*

   to turn turtle — *capovolgersi*

In the midst of a bad storm the little boat turned turtle. *Durante la tempesta la piccola imbarcazione si capovolse.*

two — *due*

   that makes two of us — *siamo in due.*

"I wish I had more money." "That makes two of us!" *"Vorrei avere più soldi." "Siamo in due!"*

   to put two and two together — *trarre le conseguenze logiche.*

He put two and two together when he saw me with Peter and stopped asking me out. *Ha tratto le conseguenze logiche quando mi ha visto con Piero e ha smesso di invitarmi a uscire con lui.*

ugly — *brutto*

To be as ugly as sin. *Essere brutto come il demonio (il peccato, la morte, la peste, brutto da far paura).*

---

underground — *sotteraneo*

to go underground — *darsi alla macchia.*

The revolutionaries had to go underground after the coup. *I rivoluzionari si sono dovuti dare alla macchia dopo il colpo di stato.*

---

up — *su*

up against it — *in difficoltà.*

The chorus is up against it without a place to practice. *Il coro si trova in difficoltà perchè non ha un posto dove fare le prove.*

up and about — *ristabilito.*

She's finally up and about after having had the flu. *Si è finalmente ristabilita dopo aver avuto l'influenza.*

up-and-coming — *promettente.*

The award went to an up-and-coming young man. *Il premio andò a un giovane promettente.*

up front — *essere esplicito.*

She was completely up front about her feelings toward him. *È stata del tutto esplicita riguardo ai suoi sentimenti per lui.*

ups and downs — *gli alti e bassi.*

He's had a lot of ups and downs in his business. *Ha avuto molti alti e bassi nei suoi affari.*

---

upright — *dritto*

to sit bolt upright — *restare irrigidito.*

When he heard the shot he sat bolt upright in bed. *Quando ha sentito lo sparo è rimasto irrigidito nel letto.*

---

upside — *la parte superiore*
   upside down — *capovolto.*
   He was holding the newspaper upside down. *Teneva il giornale capo-*
     volto.

use — *l'uso*
   to be no use — *essere del tutto inutile.*
   It's no use redoing our calculations; we don't have enough money for
     a new house. *È del tutto inutile rifare i calcoli; non abbiamo abba-*
     stanza soldi per una nuova casa.

view — *la vista*
   to take a dim view — *non vedere di buon occhio.*
   The administration takes a dim view of all these demonstrations.
     L'amministrazione non vede di buon occhio tutte queste di-
     mostrazioni.

   with a view to — *con lo scopo di.*
   I went to the meeting with a view to deciding our work plan. *Sono*
     andato alla riunione con lo scopo di decidere il nostro piano di la-
     voro.

vine — *la vite*
   to die on the vine — *morire sul nascere.*
   All her beautiful plans die on the vine. *Tutti i suoi bei progetti*
     muoiono sul nascere.

virtue — *la virtù*
   by virtue of — *in virtù di (a causa di).*
   I couldn't go by virtue of the fact that my parents came to visit. *Non*
     sono potuto andare in virtù del (a causa del) fatto che sono venuti a
     trovarmi i miei genitori.

to make a virtue of necessity — *fare di necessità virtù.*

Her car broke down, so she had to make a virtue of necessity and walked home. *La macchina si è rotta, così ha dovuto fare di necessità virtù e tornare a casa a piedi.*

---

vision — *la visione*

to have visions of — *vederselo.*

I have visions of his walking into our meeting just when we're talking about him. *Già me lo vedo che arriva alla nostra riunione proprio quando stiamo parlando di lui.*

tunnel vision — *visione limitata o concentrata.*

When you write a paper it's useful to have tunnel vision and to focus on your own argument. *Quando si scrive un saggio è importante sapersi concentrare sulla propria tesi.*

---

voice — *la voce*

at the top of one's voice — *a squarciagola.*

He shouted for his team at the top of his voice. *Ha incitato la sua squadra a squarciagola.*

---

volume — *il volume*

to speak volumes — *dirla lunga.*

His expression spoke volumes about his feelings. *La sua espressione la diceva lunga sui suoi sentimenti.*

---

vote — *il voto*

to take a straw vote — *un sondaggio (una votazione) informale.*

When they took a straw vote in the department she was elected. *Quando hanno fatto un sondaggio informale nel dipartimento è stata eletta.*

---

wagon — *il carro*
  on the wagon — *sobrio.*
When he's on the wagon he's an ideal family man, which is not so
  when he's drunk. *Quando è sobrio è un padre di famiglia ideale, ma*
  non è così quando è ubriaco.

wait — *l'attesa*
  to lie in wait — *tendere un'imboscata.*
The bandits used to lie in wait here for the mail coaches to pass by. *I*
  banditi tendevano un'imboscata qui dove passavano le diligenze con
  la posta.

wake — *la scia*
  in the wake — *sulla scia.*
  See **on the coattails.**

walk — *il cammino, la passeggiata*
  all walks of life — *ogni ceto.*
People from all walks of life came to pay him their respects. *Gente*
  d'ogni ceto è venuta ad ossequiarlo.

to walk — *camminare*
  to give someone his (her) walking papers — *dare il benservito.*
  See **to give someone the boot.**

  to walk all over someone — *mettere qualcuno sotto i piedi.*
Just because he's a poor immigrant people walk all over him. *Solo*
  perchè è un povero immigrante tutti lo mettono sotto i piedi.

  to walk away (off) with — *portarsi via.*
The boy who walked away (off) with all the music prizes is very talented. *Il ragazzo che si è portato via tutti i premi per la musica è di*
  grande ingegno.

to walk out — *andarsene.*

The boss wouldn't give her a raise so she walked out on him. *Il principale non voleva aumentarle lo stipendio e così se n'è andata.*

wall — *il muro*

to climb the walls — *impazzire.*

With all her domestic problems she was climbing the walls. *I suoi
problemi domestici la facevano impazzire.*

to drive to the wall — *mettere con le spalle al muro.*

The demands of the unions are driving many small businesses to the
wall. *Le richieste dei sindacati stanno mettendo molte piccole
aziende con le spalle al muro.*

to see through a brick wall — *essere assai perspicace.*

She can see through a brick wall. *È assai perspicace.*

Walls have ears. *I muri hanno orecchi.*

warpath — *il sentiero di guerra*

to go on the warpath — *scendere sul sentiero di guerra.*

When they questioned George's honesty, he went on the warpath.
*Quando hanno messo in discussione la sua onestà, Giorgio è sceso
sul sentiero di guerra.*

to wash — *lavare*

to be washed up — *essere un uomo finito.*

He lost all his money and now he's washed up. *Ha perso tutto e ora è
un uomo finito.*

to wash — *non andare giù a.*

That story doesn't wash with me. *Quella storia non mi va giù.*

waste — *lo spreco*

to waste away — *deperire.*

She was wasting away with anorexia. *Deperiva sempre più a causa
dell'anoressia.*

to watch — *guardare*
Watch out! *Sta' attento!*

water — *l'acqua*
in deep (hot) water — *in difficoltà.*
That lawsuit has put him in deep (hot) water. *Quella causa l'ha messo in difficoltà.*

like water off a duck's back — *nè caldo nè freddo.*
Criticism bounces off him like water off a duck's back. *Le critiche non gli fanno nè caldo nè freddo.*

not to hold water — *non reggere.*
That theory will never hold water. *Quella teoria non reggerà mai.*

Still waters run deep. *L'acqua cheta rovina i ponti.*

to throw cold water on — *far sbollire gli entusiasmi.*
John threw cold water on our ideas. *Giovanni fece sbollire i nostri entusiasmi per quelle idee.*

water over the dam (under the bridge) — *acqua passata.*
That experience cost us a lot of money, but it's water over the dam (under the bridge) now. *Quell'esperienza ci è costata cara, ma ora è acqua passata.*

watered-down — *diluito.*
He didn't understand her anger because he had a watered-down version of the facts. *Non capiva la sua rabbia perchè aveva solo una versione diluita dei fatti.*

wave — *l'onda*
to make waves — *fare scalpore.*
She made big waves when she accused her boss of sexual harassment. *Il fatto che lei abbia denunciato il principale per molestie sessuali ha fatto scalpore.*

wavelength — *la lunghezza d'onda*

to be on the same wavelength — *essere sulla stessa lunghezza d'onda.*
I don't understand what you mean; we're not on the same wavelength.
Non ti capisco; non siamo sulla stessa lunghezza d'onda.

---

way — *la via*

any old way (how) — *come viene viene.*
He does things any old way, and yet they work! *Fa le cose come viene viene, eppure funzionano!*

by the way — *a proposito, tra l'altro.*
By the way, did I tell you he's going to Europe? *A proposito, te l'ho detto che va in Europa?*

every which way — *dappertutto.*
When she came home she found her things scattered every which way; thieves had been there. *Quando tornò a casa trovò le sue cose sparse dappertutto: i ladri erano stati lì.*

in a bad way — *nei guai.*
A new supermarket opened across the street and Simon's shop was soon in a bad way. *È stato aperto un nuovo supermercato dall'altra parte della strada ed il negozio di Simone è stato ben presto nei guai.*

no two ways about it — *non esserci scelta.*
There are no two ways about it; you must give him the money back. *Non c'è scelta: devi restituirgli i soldi.*

not to know which way to turn — *non sapere a che santo votarsi.*
I asked my parents, my friends, my boss, but no one can help me. I don't know which way to turn! *Ho chiesto ai miei, agli amici, al mio capo, ma nessuno può aiutarmi. Non so più a che santo votarmi!*

out-of-the-way — *fuori mano (lontano, remoto).*
They live in an out-of-the-way street that is hard to find. *Stanno in una strada fuori mano (lontana, remota) che è difficile da trovare.*

to come a long way — *farne di strada.*
We've come a long way from the time women couldn't vote! *Ne abbiamo fatto di strada dai tempi in cui le donne non potevano votare!*

to cut two (both) ways — *sia da destra sia da sinistra.*

That argument cuts both ways. *Quella tesi è valida sia se la guardi da destra sia se la guardi da sinistra.*

to feel one's way — *tastare il terreno.*

He's still feeling his way with his new boss. *Sta ancora tastando il terreno con il nuovo principale.*

to give way — *(1) farsi da parte.*

We had to give way and let the faster runners pass us. *Abbiamo dovuto farci da parte e lasciar passare i corridori più veloci.*

(2) cedere.

The old bridge gave way when the eighteen-wheeler crossed it. *Il vecchio ponte ha ceduto quando il diciotto ruote gli è passato sopra.*

My father gave way and let me go on vacation with my friends. *Mio padre ha ceduto e mi ha lasciato andare in vacanza con i miei amici.*

to go out of one's way — *fare di tutto.*

She went out of her way to befriend her stepdaughter. *Ha fatto di tutto per diventare amica della figliastra.*

to have a way with — *saperci fare con.*

The kindergarten teacher has a way with children. *Quella maestra d'asilo ci sa fare con i bambini.*

to have it both ways — *avere la botte piena e la moglie ubriaca.*
See **to have one's cake and eat it too.**

to mend one's ways — *cambiare il proprio modo di fare.*

If you don't mend your ways you'll get into trouble. *Se non cambi il tuo modo di fare ti metterai nei guai.*

to pave the way — *spianare la strada.*

Daniel Boone paved the way for later settlers. *Daniel Boone spianò la strada ai futuri colonizzatori.*

under way — *in corso.*

The work on the underground is under way. *I lavori della metropolitana sono in corso.*

well on the way to — *sulla buona strada per.*

He's well on the way to becoming a leading authority in his field. *È sulla buona strada per diventare un'autorità nel suo campo.*

wear — *l'uso*

wear and tear — *logorìo.*

The contract says anything beyond normal wear and tear must be paid for. *Il contratto dice che bisogna pagare extra tutto ciò che non è normale logorìo.*

weather — *il tempo*

in fair or foul weather — *nella fortuna e nell'avversità.*

He'll help his friends in fair or foul weather. *Aiuterà i suoi amici nella fortuna e nell'avversità.*

under the weather — *indisposto.*

Mother has been under the weather, but she's better now. *La mamma era indisposta, ma ora sta meglio.*

weight — *il peso*

to pull one's weight — *fare la propria parte (contribuire).*

If the undertaking is going to be successful, everyone must pull his weight. *Se vogliamo che questa impresa abbia successo, ognuno dovrà fare la propria parte (contribuire).*

to throw one's weight around — *fare il prepotente.*

Because his father was a senator, he thought he could throw his weight around. *Dato che suo padre era senatore, faceva il prepotente.*

well — *bene*

to be just as well — *tanto vale.*

It's just as well that I told her the truth. *Tanto vale che le dica la verità.*

to mean well — *avere buone intenzioni.*

Don't be so hard on her; she means well. *Non essere così dura con lei; le sue intenzioni sono buone.*

to sit well — *andare bene.*

The new school budget didn't sit well with the teachers. *Il nuovo bilancio scolastico non andava bene agli insegnanti.*

to stand in well — *godere di prestigio.*
He has a lot of influence because he stands in well with the policy
  makers. *Esercita notevole influenza perchè gode di prestigio negli
  ambienti dove si fa politica.*

well-to-do (well off) — *benestante.*
Her family isn't rich, but it's definitely well-to-do. *La sua famiglia non
  è ricca, ma certamente benestante.*

wet — *bagnato*
  to be all wet — *essere matto.*
  He's all wet if you ask me. *Secondo me è matto.*

whale — *la balena*
  a whale of — *coi fiocchi.*
  We had a whale of an evening at the reception. *Abbiamo passato una
    serata coi fiocchi al ricevimento.*

what — *che cosa*
  so what? — *e chi se ne frega?*
  Ken boasted about his victory at the tennis tournament, but Dennis
    answered: "So what?" *Ken si vantava della sua vittoria nel torneo di
    tennis, ma Dennis rispose: "E chi se ne frega?"*

  to know what's what — *saperla lunga.*
  You can't fool me, I know what's what. *Non puoi fregarmi, la so lunga
    su quella faccenda.*

  what have you (what not) — *e roba del genere.*
  In the attic there were old papers, clothes, a bicycle, dolls, and what
    have you. *Nella soffitta c'erano vecchie carte, abiti, una bicicletta,
    delle bambole, e roba del genere.*

wheel — *la ruota*
  a big wheel — *un pezzo grosso.*
  He's a big wheel in the mayor's office. *È un pezzo grosso nell'ufficio
    del sindaco.*

to spin one's wheels — *pestare l'acqua nel mortaio.*
You're spinning your wheels with him; he'll never listen to your advice. *Stai pestando l'acqua nel mortaio con lui: non ascolterà mai i tuoi consigli.*

to wheel — *girare*
to wheel and deal — *fare degli intrallazzi.*
How did he make his money? By wheeling and dealing in Washington. *Come ha fatto i soldi? Facendo un intrallazzo dopo l'altro a Washington.*

which — *quale, il quale*
which is which — *distinguere questo da quello.*
Your coat and mine are so alike I can't say which is which. *Il tuo cappotto e il mio si assomigliano tanto che non riesco a distinguerli.*

whip — *la frusta*
to hold the whip hand — *poter dettare legge.*
With the majority of votes in his favor he will hold the whip hand. *Con la maggioranza dei voti a suo favore potrà dettare legge.*

whirlwind — *la tromba d'aria*
to reap the whirlwind — *pagare le conseguenze.*
After years of taking shortcuts with safety regulations, the airlines are now reaping the whirlwind. *Le linee aeree hanno preso sotto gamba le norme di sicurezza per anni e adesso ne pagano le consequenze.*

whistle — *il fischietto*
to blow the whistle — *tradire.*
The kidnappers' accomplice blew the whistle and helped the police find the baby. *Il complice dei rapitori li ha traditi ed ha aiutato la polizia a trovare il bambino.*

to wet one's whistle — *bagnarsi la gola.*
I'm so thirsty I need something to wet my whistle. *Ho tanta sete che ho bisogno di qualcosa per bagnarmi la gola.*

whole — *l'intero*
  on the whole — *nell'insieme.*
  On the whole yours is a good idea. *Nell'insieme la tua idea è buona.*

wig — *la parrucca*

  a bigwig — *un pezzo grosso.*
  His father is a bigwig in the auto industry. *Suo padre è un pezzo grosso nell'industria automobilistica.*

wildfire — *il baleno*
  to spread like wildfire — *diffondersi in un baleno (un lampo).*
  The story spread like wildfire. *La storia si è diffusa in un baleno (un lampo).*

will — *la volontà*
  Where there's a will there's a way. *Volere è potere.*

to win — *vincere*
  no-win situation — *una situazione impossibile.*
  I'm really in a no-win situation. If I don't protest against the firm, I'll lose my job; if I do, they'll give me hell afterwards. *Sono in una situazione impossibile. Se non protesto con l'azienda, perdo il lavoro e se protesto, poi mi faranno vedere i sorci verdi.*

wind — *il vento*

It's an ill wind that blows nobody good. *Ogni cosa ha il suo lato buono.*

There's something in the wind. *C'è qualcosa nell'aria.*

to get one's second wind — *riprendersi.*

He was tired from studying all day, but got his second wind after dinner. *Era stanco perchè aveva studiato tutto il giorno, ma si è ripreso dopo cena.*

to get wind of — *aver sentore.*

The lawyer got wind of the change only at the last moment. *L'avvocato ha avuto sentore del cambiamento solo all'ultimo momento.*

to take the wind out of someone's sails — *far abbassare la cresta a qualcuno.*

She tore his paper to pieces at the conference; that took the wind out of his sails. *Ha fatto a pezzi la sua relazione al convegno: quello sì che gli ha fatto abbassare la cresta!*

---

windmill — *il mulino a vento*

to tilt at windmills — *combattere contro i mulini a vento.*

Trying to wipe out cholera where the water supply is contaminated is like tilting at windmills. *Cercare di eliminare il colera dove l'acqua è contaminata è come combattere contro i mulini a vento.*

---

window — *la finestra*

window dressing — *mascherare con il trucco.*

They made changes so as to appear solvent, but it was all mere window dressing. *Hanno truccato un po' le carte e voilà, la società sembrava finanziariamente sana.*

window shopping — *guardare le vetrine dei negozi.*

I love to go window shopping downtown. *Mi piace andare in centro a guardare le vetrine dei negozi.*

---

wing — *l'ala*

to clip someone's wings — *tarpare le ali a.*

His parents clipped his wings when he was a child, and he's never been able to make decisions for himself. *I suoi genitori gli hanno tarpato le ali quando era bambino, e non è mai riuscito a prendere decisioni da solo.*

to try one's wings — *provare.*

I'd like to try my wings at skating. *Vorrei provare il pattinaggio.*

under one's wings — *sotto le proprie ali.*

The parish priest took the basketball team under his wings. *Il parroco ha preso la squadra di pallacanestro sotto le sue ali.*

wink — *la strizzata d'occhio*

forty winks — *un sonnellino.*

I caught forty winks this afternoon. *Ho fatto un sonnellino oggi pomeriggio.*

not to sleep a wink — *non chiudere occhio.*

The traffic made so much noise I didn't sleep a wink. *Il traffico era così rumoroso che non ho chiuso occhio.*

quick as a wink — *subito.*

I'll be back quick as a wink. *Torno subito.*

wire — *il filo*

a live wire — *pieno di energia.*

I get tired just watching him, he's such a live wire. *Mi stanco solo a vederlo, è così pieno di energia.*

to pull wires — *avere le raccomandazioni.*

Because he knows a lot of influential people, he can pull wires to get what he wants. *Poiché conosce gente influente, può avere le raccomandazioni per ottenere quello che vuole.*

under the wire (down to the wire) — *appena in tempo.*

I got my application in just under the wire. *Ho presentato la mia domanda appena in tempo.*

wise — *saggio*
   to get wise — *mangiare la foglia.*
   She got wise and stopped believing her daughter's stories. *Ha mangiato la foglia e non ha più creduto alle storie di sua figlia.*

to wish — *desiderare*
   to wish it off (on) someone else — *scaricare su qualcun altro.*
   I'd like to be able to wish this work off (on) someone else. *Vorrei poter scaricare questo lavoro su qualcun altro.*

wit — *l'intelligenza*
   to be at one's wit's end — *non sapere più dove sbattere la testa.*
   My son has gotten into so many scrapes that I'm at my wit's end. *Mio figlio ha combinato tanti guai che non so più dove sbattere la testa.*

   to collect one's wits — *raccogliere le idee.*
   I'm all confused; I haven't had time to collect my wits. *Sono tutto confuso; non ho ancora avuto il tempo di raccogliere le idee.*

   to keep one's wits about one — *avere la testa sul collo.*
   If the nurse hadn't kept her wits about her, my father would have died. *Se l'infermiera non avesse avuto la testa sul collo, mio padre sarebbe morto.*

   to live by one's wits — *vivere di espedienti.*
   Their son lives by his wits. *Il loro figlio vive di espedienti.*

witness — *testimone*
   to bear witness to — *essere la testimonianza di.*
   These fires bear witness to people's carelessness. *Questi incendi sono la testimonianza della sbadataggine della gente.*

wolf — *il lupo*
   to cry wolf — *gridare al lupo.*
   Don't cry wolf. You're not in serious trouble. *Non gridare al lupo, non sei in guai seri.*

to keep the wolf from the door — *tenere lontana la miseria.*
With that big family he has to work hard to keep the wolf from the
    door. *Con una famiglia così numerosa deve lavorare sodo per tenere
    lontana la miseria.*

---

wood — *il bosco, il legno*
   out of the woods — *fuori pericolo.*
   The patient is much better, but he's still not out of the woods. *Il
      paziente sta molto meglio, ma non è ancora fuori pericolo.*

---

wool — *la lana*
   dyed-in-the-wool — *irriducibile.*
   He's a dyed-in-the-wool conservative. *È un conservatore irriducibile.*

   to pull the wool over someone's eyes — *gettare fumo negli occhi di
      qualcuno (ingannare).*
   When shopping at the flea market watch that they don't pull the wool
      over your eyes. *Quando compri al mercato delle pulci bada che non
      ti gettino fumo negli occhi (ingannino).*

---

word — *la parola*
   a man of his word — *un uomo di parola.*
   You can trust Frank; he's a man of his word. *Puoi fidarti di Franco, è
      un uomo di parola.*

   A word to the wise is sufficient. *A buon intenditor poche parole.*

   beyond words — *senza parole.*
   This situation leaves me beyond words. *Questa situazione mi lascia
      senza parole.*

   by word of mouth — *a voce.*
   The news went around by word of mouth before it came out in the
      paper. *La notizia è circolata a voce prima ancora di essere pubbli-
      cata sul giornale.*

   buzz word — *il parolone.*
   His speech was full of buzz words, but there was no substance. *Il suo
      discorso era pieno di paroloni, ma era senza sostanza.*

four-letter word — *la parolaccia.*

Four-letter words are not permitted on prime time television shows.
Le parolacce non sono ammesse nei programmi televisivi di prima serata.

He took the words right out of my mouth. *Mi ha tolto la parola di bocca.*

Kind words go a long way. *Le buone parole possono fare molto.*

not to breathe a word of it — *non dire niente (acqua in bocca!).*

Don't breathe a word of it to anyone. *Non dire niente a nessuno (Acqua in bocca!).*

not to mince words — *non avere peli sulla lingua.*

Tell me what my mistakes are and don't mince words. *Dimmi che errori ho fatto e non avere peli sulla lingua.*

to eat one's words — *rimangiarsi tutto.*

After boasting about his team, Gene ate his words when his side lost. *Dopo essersi vantato della sua squadra, Gene ha rimangiato tutto quando hanno perso.*

to get a word in edgewise — *riuscire a inserirsi nella conversazione.*

It's hard to get a word in edgewise when Mary starts talking. *È difficile riuscire a inserirsi nella conversazione quando Maria attacca a parlare.*

to go back on one's word — *rimangiarsi la parola.*

He's not the type to go back on his word. *Non è il tipo da rimangiarsi la parola.*

to hang on someone's every word — *pendere dalle labbra di qualcuno.*

She was looking at him adoringly, hanging on his every word. *Lo guardava con occhi adoranti e pendeva dalle sue labbra.*

to have a word with — *dire due parole a.*

I'd like to have a word with you in private. *Vorrei dirti due parole in privato.*

to mark one's word — *stare bene a sentire.*

Mark my word! *Stammi bene a sentire!*

to say the word — *dire una parola.*

I'll help you if you just say the word. *Basta che tu dica una parola e ti aiuterò.*

to take someone at his (her) word — *prendere qualcuno in parola.*

She said she'd help me, so I took her at her word. *Ha detto che mi avrebbe aiutato, e così l'ho presa in parola.*

to weigh one's words — *pesare (misurare) le parole.*

He weighed his words carefully in telling them about the accident. *Pesava (misurava) le parole quando ha detto loro dell'incidente.*

---

work — *il lavoro*

all in a day's work — *parte del solito trantran.*

I have to put up with my colleague's insults, but it's all in a day's work. *Devo sopportare gli insulti del mio collega, ma fa tutto parte del solito trantran.*

in the works — *nei piani, in progetto.*

The trip to India has been in the works for years. *Sono anni che abbiamo in progetto un viaggio in India.*

the works — *un mucchio di roba.*

He ordered the works at the restaurant, as if he hadn't eaten for a week. *Ha ordinato un mucchio di roba al ristorante: sembrava che non avesse mangiato da una settimana.*

to get down to work — *mettersi al lavoro.*

Stop fooling around and get down to work. *Smetti di perdere tempo in sciocchezze e mettiti al lavoro.*

to gum up the works — *essere un pasticcio per tutti.*

It will gum up the works if you leave. *Sarà un pasticcio per tutti se parti.*

to make short work of — *fare piazza pulita di.*

The children will make short work of all these cookies. *I bambini faranno piazza pulita di tutti questi dolci.*

work in progress — *un'opera in corso di completamento.*

My book is work in progress. *La stesura del mio libro è in corso di completamento.*

---

to work — *lavorare*

all worked up — *agitato, eccitato.*

Elizabeth was all worked up about the job interview. *Elisabetta era tutta agitata in vista del colloquio di lavoro.*

to work out — *risolvere.*

If you go to a marriage counselor you can work out your problems with your husband. *Se vai da un esperto dei problemi della coppia puoi risolvere i problemi che hai con tuo marito.*

world — *il mondo*

for all the world — *proprio.*

From his voice he seemed for all the world like my old boyfriend. *Dalla voce sembrava proprio il mio ragazzo di un tempo.*

for the world to be one's oyster — *avere il mondo nelle proprie mani.*

Since she inherited from her uncle she's been feeling that the world is her oyster. *Da quando ha ereditato da suo zio ha la sensazione di avere il mondo nelle sue mani.*

not for all the money in the world — *non per tutto l'oro del mondo.*

I'm not going to talk to him ever again, not for all the money in the world! *Non gli parlerò mai più, neanche per tutto l'oro del mondo!*

out of this world — *la fine del mondo.*

The dinner she prepared was out of this world. *La cena che ha preparato era la fine del mondo.*

to come down in the world — *non essere più come un tempo.*

His family used to be well-to-do, but they've come down in the world. *La sua famiglia era molto agiata, ma ora non è più come un tempo.*

to give the world — *dare un occhio della testa.*

I would give the world to be able to go with you. *Darei un occhio della testa per poter partire con te.*

to set the world on fire — *sfondare.*

He's a good musician, but he'll never set the world on fire. *È un buon musicista, ma non sfonderà mai.*

worlds apart — *lontani mille miglia.*

We're good friends, but in politics we're worlds apart. *Siamo buoni amici, ma in politica siamo lontani mille miglia.*

worm — *il verme*

Even the worm can turn. *La pazienza ha un limite.*

to open a can of worms — *scoperchiare il vaso di Pandora.*

Don't talk to me about the inheritance; do you want to open a can of worms? *Non parlarmi dell'eredità: vuoi scoperchiare il vaso di Pandora?*

to worm — *strisciare*

to worm one's way out of — *svicolare.*

This is your job, and you can't worm your way out of it. *Questo è il tuo incarico, non puoi mica svicolare!*

worse — *peggio*

all the worse — *tanto peggio.*

All the worse for you if you don't want to learn English. *Non vuoi imparare l'inglese? Tanto peggio per te.*

the worse for wear — *mal ridotto.*

These old shoes are the worse for wear. *Queste vecchie scarpe sono mal ridotte.*

to worship — *adorare*
  to worship the ground — *baciare il terreno.*
  She worships the ground he walks on. *Lei bacia il terreno dove lui cammina.*

the worst — *il peggio*
  if worst comes to worst — *alle brutte (alla peggio).*
  If worst comes to worst, we'll swim back to the beach. *Alla peggio, dovremo tornare alla spiaggia a nuoto.*

worth — *il valore*
  for all one is worth — *a più non posso.*
  He's studying for all he's worth. *Sta studiando a più non posso.*

  for what it's worth — *per quel che vale.*
  Take it for what it's worth. *Prendilo per quel che vale.*

  to be worth one's while — *valere la pena.*
  There's so little work it's not worth your while to come in today. *C'è così poco lavoro che non vale la pena che tu venga in ufficio oggi.*

wrap — *la coperta*
  to keep under wraps — *tenere nascosto.*
  The Army kept the experiments under wraps for fear of the reaction of public opinion. *L'esercito tenne nascosti gli esperimenti per paura della reazione dell'opinione pubblica.*

to wrap — *coprire*
  to be wrapped up in — *vivere solo per.*
  She's wrapped up in her children. *Vive solo per i suoi bambini.*

wreck — *il relitto*
  to be a nervous wreck — *avere i nervi a pezzi.*
  She's a nervous wreck since her in-laws have moved in. *Ha i nervi a pezzi da quando i suoi suoceri si sono trasferiti da lei.*

wrench — *la chiave inglese*
　to throw a [monkey] wrench — *mettere i bastoni tra le ruote.*
　They threw a [monkey] wrench into my plans by telling her what I
　　was up to. *Mi hanno messo i bastoni tra le ruote rivelandole i miei
　　piani.*

to write — *scrivere*
　to write someone or something off — *non fare caso.*
　When she complained about him, I wrote it off. She's a whiner.
　　Quando lei si è lamentata di lui, non le ho fatto caso: è una piagnona.

wrong — *il torto*
　in the wrong — *dalla parte del torto.*
　We both said the other was in the wrong. *Entrambi dicevamo che l'al-
　tro era dalla parte del torto.*

wrong — *sbagliato*
　to get someone wrong — *fraintendere qualcuno.*
　Don't get me wrong when I say I can't do it; I mean I haven't the
　　time. *Non fraintendermi quando dico che non posso farlo; voglio
　　dire che non ne ho il tempo.*

　to go wrong — *andare a finire male.*
　That nice young boy has gone wrong. *Quel simpatico giovane è andato
　　a finir male.*

yarn — *il filo*
　to spin a yarn — *tessere un lungo racconto.*
　The old man spun a yarn about his adventures as a youth. *Il vecchio
　　tessè un lungo racconto sulle sue avventure da giovane.*

yellow — *giallo*
   a yellow streak — *un codardo.*
   You can't depend on Raymond; there's a yellow streak in him. *Non puoi contare su Raimondo; è un codardo.*

yes — *sì*
   yes man — *individuo servile.*
   I don't like him; he's a yes man. *Lui non mi piace: è un individuo servile.*

yuppy (young upwardly mobile professionals) — *i rampanti.*
   The eighties were the years of the yuppies. And the nineties? *Gli anni ottanta sono stati gli anni dei giovani rampanti. E gli anni novanta?*

Z

zero — lo zero
   to zero in — *affrontare (concentrarsi).*
   After a general introduction he zeroed in on the main topic. *Dopo una breve introduzione ha affrontato l' (si è concentrato sull') argomento principale.*

English Index

A bird in the hand is worth two in the bush., 435
about, 413
about-face, 497
above, 413
aboveboard, 440
above-board, 413
accord, 413
account, 413
ace, 414
ace in the hole, 414
across, 414
across-the-board, 440
act, 414
action, 415
Actions speak louder than words., 415
ad lib (itum), 415
A fool and his money are soon parted., 512
after a fashion, 501
after hours, 551
after one's own heart, 541
after the dust clears (when the dust settles), 489
against the clock, 463
age, 415
ahead of the game, 518
air, 415
a la, 416
à la, 416
A leopard never changes his spots., 564
alive, 416
alive and kicking, 416
all, 416
all at sea, 637
all but, 416
all by oneself, 639
all (day, morning, etc.) long, 570
all dolled up, 484
alley, 417
All hell broke loose., 544
all in a day's work, 712
all in all, 416

all in good time, 683
all of a piece, 605
all over but the shouting, 646
allowance, 417
all set, 640
All that glitters is not gold., 524
all the better, 434
all the rage, 620
all the same, 634
all the thing, 679
all the worse, 714
all to the good, 525
all walks of life, 698
all worked up, 713
alone, 417
along, 417
along for the ride, 624
also ran, an, 631
ambulance, 417
ambulance chaser, an, 417
amiss, 418
A miss is as good as a mile., 581
another string to one's bow, 668
An ounce of prevention is worth a pound of cure., 613
ant, 418
any, 418
anybody, 418
any old way (how), 701
anything, 418
anything but, 418
A penny for your thoughts., 603
appearance, 418
apple, 419
applecart, 419
apple of one's eye, 419
apple polisher, 419
apron, 419
arm, 419
arm and a leg, an, 419
arm in arm, 420
arms, 420
A rolling stone gathers no moss., 665
around, 420
around the clock, 463
as, 420
as a matter of fact, 576

English Index

INDEX ENGLISH•ITALIAN

English Index

English Index

English Index

to drum up trade, 691
to dry, 488
to dry out, 488
to dry up, 488
to duck, 488
to duck out, 488
to dye, 489
toe, 685
to earn an honest penny, 603
to eat, 492
to eat crow, 472
to eat humble pie, 605
to eat one's heart out, 542
to eat one's words, 711
to egg on, 492
to face, 498
to face the music, 585
to face up to, 498
to fall, 499
to fall all over someone, 499
to fall apart, 499
to fall back on, 499
to fall flat, 510
to fall for, 499
to fall from grace, 526
to fall (get) into line, 568
to fall head over heels for, 540
to fall in love with (opposite: to fall
   out of love with), 572
to fall into place, 608
to fall off, 499
to fall short, 644
to fall through, 499
to fancy, 500
to fancy oneself, 500
to farm, 500
to farm out, 500
to feather one's nest, 587
to feed, 502
to feel, 502
to feel free to, 515
to feel like, 502
to feel like a fish out of water, 508
to feel one's oats, 592
to feel one's way, 702
to feel the pinch, 607
to fight, 504

to fight it out, 504
to fight tooth and nail, 687
to figure, 505
to figure on, 505
to figure out, 505
to fill, 505
to fill in for, 505
to fill the bill, 435
to fill the gap, 518
to find, 505
to find fault with, 502
to find out, 505
to fish, 508
to fish for compliments, 467
to fish or cut bait, 508
to fit, 509
to fit in with, 509
to fix, 509
to fix someone up, 509
to floor, 511
to floor someone, 511
to fly in the face of, 497
to fly into a rage, 620
to fly off the handle, 536
to follow, 511
to follow suit, 670
to follow through, 511
to fool, 512
to fool around, 512
to fool around with, 512
to fool away one's time, 512
to foot the bill, 435
to fork, 515
to fork over, 515
to freak, 515
to freak out, 515
to frown, 516
to frown on, 516
to get, 519
to get a break, 446
to get acquainted with, 414
to get a grip on, 528
to get ahead, 519
to get a kick out of, 558
to get along, 519
to get along with, 417
to get a move on, 584

English Index

English Index

English Index

English Index

English Index

English Index

Abbreviations—English-Italian
Abbreviazioni—Inglese-Italiano

Abbreviation	Meaning	Italian Equivalent	Italian Abbreviation

A

Abbreviation	Meaning	Italian Equivalent	Italian Abbreviation
A.B.	Bachelor of Arts	Laureato in Lettere	dott.
a.c.	alternating current	corrente alternata	c.a.
A.D.	Anno Domini	dopo Cristo	d.C.
ADC	aide-de-camp	aiutante di campo (addetto)	
ad lib	at will; without restraint	a volontà	ad lib
A.M., a.m.	ante meridiem; before noon	del mattino; della mattina	a.m.
anon.	anonymous	anonimo	
Apr.	April	aprile	apr.
apt.	apartment	appartamento	
assn.	association	associazione	A
asst.	assistant	assistente	
att(n)	(to the) attention (of)	attenzione	
atty.	attorney	avvocato	avv
at. wt.	atomic weight	peso atomico	pA
Aug.	August	agosto	ag.

B

Abbreviation	Meaning	Italian Equivalent	Italian Abbreviation
b.	born	nato (-a)	
B.A.	Bachelor of Arts	Laureato in Lettere	dott.
B.C.	Before Christ	avanti Cristo	a.C.
bldg.	building	edificio	
Blvd.	Boulevard	corso	
Br.	British	brittanico	
B.Sc.	Bachelor of Science	Laureato in Scienze	dott.

C

Abbreviation	Meaning	Italian Equivalent	Italian Abbreviation
C.A.	Central America	America del Centro	
Can.	Canada	Canada	

Abbreviation	Meaning	Italian Equivalent	Italian Abbreviation
Capt.	Captain	Capitano	
cf.	compare	confronta	cfr.
ch., chap.	chapter	capitolo	cap.
cm.	centimeter	centimetro	cm
c/o	in care of	presso	
Co.	Company	Ditta; Azienda	
C.O.D.	Cash on Delivery	Pagamento alla consegna	
Col.	Colonel	Colonnello	
Comdr.	Commander	Comandante	
Corp.	Corporation	Società per Azioni	S.p.A.
C.P.A.	Certified Public Accountant	Ragioniere iscritto all'albo professionale	Rag.
cu.	cubic	cubico	

D

Abbreviation	Meaning	Italian Equivalent	Italian Abbreviation
D.A.	District Attorney	Procuratore	P.R.
d.c.	direct current	corrente continua	c.c.
Dec.	December	dicembre	dic.
dept.	department	reparto	
dist.	district	distretto	
do.	ditto	idem	id.
doz.	dozen	dozzina	
Dr.	Doctor	Dottore	Dott.

E

Abbreviation	Meaning	Italian Equivalent	Italian Abbreviation
ea.	each	ciascuno	
ed.	editor	redattore (-trice)	
e.g.	for example	per esempio	e.g.; p es.
enc.	enclosure	allegato	all.
Eng.	English	inglese	ingl.
et al.	and others	autori vari	et al.; AA.VV.
etc.	et cetera	eccetera	ecc.
ext.	extension	estensione	

Abbreviation	Meaning	Italian Equivalent	Italian Abbreviation

F

F	Fahrenheit	Fahrenheit	F
F.B.I.	Federal Bureau of Investigation	Ufficio Federale Investigativo	F.B.I.
Feb.	February	febbraio	frb.
fed.	federal	federale	
fem.	feminine	femminile	f.
fig.	figurative	figurato	fig.
F.M.	Frequency Modulation	Modulazione di frequenza	F.M.
for.	foreign	straniero	
Fri.	Friday	venerdì	ven.
ft.	foot	piede	

G

gen.	gender	genere	
Ger.	Germany	Germania	Ger.
govt.	government	governo	
gr.	gram	grammo	g.
Gr. Brit.	Great Britain	Gran Bretagna	GB
gro. wt.	gross weight	peso lordo	p.l.

H

HQ	headquarters	quartiere generale	QG
H.M.	Her/His Majesty	Sua Maestà	
Hon.	Honorable	Onorevole	
h.p.	horsepower	cavallo vapore	c.v.
hr.	hour	ora	

I

id.	the same	idem, lo stesso	id.
i.e.	that is	cioè	i.e.
in.	inch	pollice	
Inc.	incorporated	Società per Azioni	S.p.A
Inst.	Institute	Istituto	

Abbreviation	Meaning	Italian Equivalent	Italian Abbreviation
I.Q.	intelligence quotient	quoziente d'intelligenza	Q.I.
It.; Ital.	Italy; Italian	Italia; italiano	I; It.
ital.	italics	corsivo	cors.

J

Abbreviation	Meaning	Italian Equivalent	Italian Abbreviation
Jan.	January	gennaio	gen.
Jap.	Japan	Giappone	J
J.C.	Jesus Christ	Gesù Cristo	G.C.
J.P.	Justice of the Peace	Magistrato	
Jr.	junior	figlio (-a)	
Jul.	July	luglio	lug.
Jun.	June	giugno	giu.

K

Abbreviation	Meaning	Italian Equivalent	Italian Abbreviation
kg.	kilogram	chilogrammo	kg.
km.	kilometer	chilometro	km.
kw.	kilowatt	kilowatt	kw.

L

Abbreviation	Meaning	Italian Equivalent	Italian Abbreviation
lab.	laboratory	laboratorio	
lat.	latitude	latitudine	
Lat.	Latin	latino	La.
lb.	pound	libbra	lb.
l.c.	lower case	minuscola	
Lieut., Lt.	Lieutenant	Tenente	
Lit. D.	Doctor of Letters	Dottore in Lettere	Dott.
LL.D.	Doctor of Laws	Dottore in Legge	Dott.
loc. cit.	in the place cited	passo citato	
long.	longitude	longitudine	
Ltd.	Limited	Società a responsabilità limitata	

M

Abbreviation	Meaning	Italian Equivalent	Italian Abbreviation
M.A.	Master of Arts	Master of Arts	M.A.
Maj.	Major	Maggiore	

Abbreviation	Meaning	Italian Equivalent	Italian Abbreviation
Mar.	March	marzo	mar.
masc.	masculine	maschile	m.
M.C.	Master of Ceremonies	Maestro di cerimonie	
M.D.	Doctor of Medicine	Dottore in Medicina	Dott.
Messrs.	plural of Mr.	Signori	Sigg.
Mex.	Mexico	Messico	Mex.
mfg.	manufacturing	fabbricazione	
mfr.	manufacturer	fabbricante	
mg.	milligram	milligrammo	mg.
min.	minute	minuto	min.
misc.	miscellaneous	miscellaneo	
mm.	millimeter	millimetro	mm.
mo.	month	mese	
Mon.	Monday	lunedì	lun.
M.P.	Military Police	Polizia Militare	P.M.
m.p.h.	miles per hour	miglia all'ora	
Mr.	Mister	Signore	Sig.
Mrs.	Mistress	Signora	Sig.ra
Ms.	Miss or Mrs.	Signorina/Signora	Sig.na/Sig.ra
ms.	manuscript	manoscritto	ms.
M.Sc.	Master of Science	Master of Science	M.Sc.
Mt.	mountain	monte, montagna	Mt.

N

Abbreviation	Meaning	Italian Equivalent	Italian Abbreviation
n.	number; noun	numero; nome	n.
N.A.	North America	America del Nord	
nat., nat'l.	national	nazionale	
N.E.	New England	New England	N.E.
neut.	neuter	neutro	
No.	number	numero	n.
Nov.	November	novembre	nov.
nt. wt.	net weight	peso netto	p.n.

O

Abbreviation	Meaning	Italian Equivalent	Italian Abbreviation
Oct.	October	ottobre	ott.
O.K.	all right	va bene	
oz.	ounce	oncia	oz.

Abbreviation	Meaning	Italian Equivalent	Italian Abbreviation

P

Abbreviation	Meaning	Italian Equivalent	Italian Abbreviation
p.	page	pagina	p.
Pac.	Pacific	Pacifico	
par.	paragraph	paragrafo	par.
p.c.	per cent	percento	
pd.	paid	pagato	
Ph.D.	Doctor of Philosophy	Philosophiae Doctor	Ph.D.
P.I.	Philippine Islands	Le Isole Filippine	
pl., plur.	plural	plurale	pl.
P.M., p.m.	post meridiem; in the afternoon	del pomeriggio/della sera	p.m.
P.O.	post office	ufficio postale	
P.O. Box	Post Office Box	Casella Postale	C.P.
pp.	pages	pagine	pp.
ppd.	prepaid	franco di porto	
p.p.	parcel post	servizio dei pacchi postali	
pr.	pair	paio	
P.R.	Puerto Rico	Puerto Rico	P.R.
pres.	present	presente	pres.
Prof.	Professor	Professore (-essa)	Prof.
pron.	pronoun	pronome	pro.
P.S.	Postscript	Poscritto	P.S.
pt.	pint	pinta	pt.
pvt.	private	privato	
POW	Prisoner of War	Prigionero di Guerra	
pub., publ.	publisher	editore, casa editrice	ed.

Q

Abbreviation	Meaning	Italian Equivalent	Italian Abbreviation
qt.	quart	quarto	

R

Abbreviation	Meaning	Italian Equivalent	Italian Abbreviation
R.A.F.	Royal Air Force	Reale Aviazione Militare	
R.C.	Roman Catholic	Cattolico	

Abbreviation	Meaning	Italian Equivalent	Italian Abbreviation
Rd.	Road	Strada	
ref.	reference	riferimento	
reg.	registered	raccomandata	racc.
regt.	regiment	reggimento	
Rep.	Representative	Rappresentante	
Rep.	Republic	Repubblica	
Rev.	Reverend	Reverendo	Rev.
Rev.	Revolution	rivoluzione	
riv.	river	fiume	
R.N.	Registered Nurse	Infermiere (-a) Professionale	
r.p.m.	revolutions per minute	rivoluzioni per minuto	
R.R.	Railroad	Ferrovia	Ferr.
Ry.	Railway	Ferrovia	Ferr.
R.S.V.P.	Please answer	Si Prega di Rispondere	

S

Abbreviation	Meaning	Italian Equivalent	Italian Abbreviation
S.A.	South America	America del Sud	
Sat.	Saturday	sabato	sab.
sec.	second; section	secondo; paragrafo	sec.; par.
secy.	secretary	segretario (-a)	
Sen.	Senator	Senatore	
Sept.	September	settembre	sett.
Sgt.	Sergeant	Sergente	
sing.	singular	singolare	s.
So.	South	Sud	
Soc.	Society	Società	
Sp.	Spain; Spanish	Spagna; spagnolo	
sq.	square	quadrato; piazza	
Sr.	Sister	Suora, Sorella	
S.S.	steamship	nave a vapore	s/s
St.	Saint	San (Santo, Santa, Sant')	
St.	Street	Via, Corso, Viale	
subj.	subject	soggetto	sogg.
Sun.	Sunday	domenica	dom.

Abbreviation	Meaning	Italian Equivalent	Italian Abbreviation
supp.	supplement	supplemento	
Supt.	Superintendent	sovrintendente	

T

tbs.	tablespoon	cucchiaio	
tel.	telephone; telegram	telefono; telegramma	
Test.	Testament	Testamento	
Thurs.	Thursday	giovedì	giov.
TNT	trinitrotoluene	trinitrotoluolo	
trans.	transitive; transportation	transitivo; trasporto	
tsp.	teaspoon	cucchiaino	
Tue.	Tuesday	martedì	mar.
TV	Television	Televisione	TV

U

U., Univ.	University	Università	Univ.
u.c.	upper case	maiuscola	
U.K.	United Kingdom	Regno Unito	
U.N.	United Nations	Nazioni Unite	N.U.
U.S.A.	United States of America	Stati Uniti d'America	U.S.A./ S.U.A.
U.S.A.F.	United States Air Force	Aviazione Militare degli Stati Uniti	
U.S.S.R.	Union of Soviet Socialist Republics	Unione delle Repubbliche Socialiste Sovietiche	U.R.S.S.

V

v.	verb; volt	verbo; potenziale elettrico	v.
V.D.	venereal disease	malattia venerea	
Ven.	Venerable	Venerabile	Ven.
Visc.	Viscount	Visconte	

Abbreviation	Meaning	Italian Equivalent	Italian Abbreviation
viz.	namely	vale a dire	viz.
vol.	volume	volume	vol.
V.P.	Vice President	Vicepresidente	V.P.
vs.	versus; against	versus; contro	vs.

W

Abbreviation	Meaning	Italian Equivalent	Italian Abbreviation
w.	watt	watt	w.
W.C.	water closet	gabinetto di decenza	
Wed.	Wednesday	mercoledì	merc.
wk.	week	settimana	
wt.	weight	peso	

Y

Abbreviation	Meaning	Italian Equivalent	Italian Abbreviation
yd.	yard	iarda	yd.
yr.	year	anno	A.

Z

Abbreviation	Meaning	Italian Equivalent	Italian Abbreviation
Z.	Zona	Zona	